全国审判业务专家司法理论与实践丛书

聚众犯罪研究

NATIONAL
TRIAL EXPERT

李宇先 著

人民法院出版社 People's Court Press

图书在版编目（CIP）数据

聚众犯罪研究 / 李宇先著. --北京：人民法院出版社，2019.11
（全国审判业务专家司法理论与实践丛书）
ISBN 978-7-5109-2609-9

Ⅰ.①聚… Ⅱ.①李… Ⅲ.①刑事犯罪-研究-中国
Ⅳ.①D924.114

中国版本图书馆 CIP 数据核字（2019）第 185216 号

聚众犯罪研究

李宇先 著

策划编辑 范春雪
责任编辑 张 奎
出版发行 人民法院出版社
地　　址 北京市东城区东交民巷 27 号（100745）
电　　话 （010）67550673（责任编辑） 67550558（发行部查询）
65223677（读者服务部）
客服 QQ 2092078039
网　　址 http://www.courtbook.com.cn
E-mail courtpress@sohu.com
印　　刷 天津嘉恒印务有限公司
经　　销 新华书店

开　　本 787 毫米×1092 毫米 1/16
字　　数 306 千字
印　　张 18
版　　次 2019 年 11 月第 1 版 2019 年 11 月第 1 次印刷
书　　号 ISBN 978-7-5109-2609-9
定　　价 60.00 元

聚众犯罪研究的开拓之作[1]

（代序）

陈兴良[2]

李宇先是湖南省高级人民法院的一位资深法官，并且担任刑二庭副庭长。大学毕业以后，李宇先在从事司法审判业务的同时，始终保持了一种对理论的兴趣，在纸刊杂志上时有论文发表。2002 年 12 月，我到湖南省高级人民法院讲课，认识了李宇先，对他留有深刻的印象。一年半后，李宇先给我寄来他的第一本专著《聚众犯罪研究》（湖南人民出版社 2004 年版），这是令我吃惊的。由于我的博士论文是研究共同犯罪的，因此对于聚众犯罪这个题目自以为是较为熟悉的。以先睹为快之心，翻阅了李宇先的《聚众犯罪研究》一书，感到这是我国在聚众犯罪领域取得的前沿性学术成果，具有填补空白之功。

聚众犯罪是共同犯罪的一种特殊形式，我国刑法中规定的近 20 种犯罪是以聚众犯罪为其构成特征的。因此，聚众犯罪也是司法实践中极为常见的一种犯罪形式。尽管如此，在刑法理论上对聚众犯罪的研究极为薄弱，不仅没有专著，论文也只有 10 多篇。李宇先是如何对聚众犯罪这个问题产生兴趣并进行研究的，我不得而知。应该说，本书的写作是没有任何功利性的，既不是为拿学位，也不是为申报职称。这种纯粹出于个人兴趣的学术探求是值得鼓励和提倡的。

李宇先是在共同犯罪理论的框架中对聚众犯罪问题展开研究的。尤其是本书第一篇聚众犯罪总论，按照作者的介绍，其内容主要是着重介绍聚众犯罪的基本概念和与之相关的刑法基本理论，包括聚众犯罪的概念、性

---

① 原载《检察日报》2005 年 9 月 17 日。

② 中国刑法学研究会副会长、北京大学法学院教授、博士生导师。

质、特征、构成、归责原则、分类等一系列问题，还介绍了大陆法系国家和地区刑法典中与聚众犯罪相关的共同犯罪的理论。可以说，这部分内容是最见作者的理论功底的。尤其是关于共同犯罪理论部分，李宇先在书中重点介绍了任意共同犯罪与必要共同犯罪这对范畴，并将聚众犯罪归入必要共同犯罪。因为必要共同犯罪是由刑法分则加以规定的，因而一般并不适用刑法总则关于共同犯罪的规定。关于必要共同犯罪与任意共同犯罪的区分，一般都是以是否只能由数人（一般为三人）以上才能构成作为区分标准的：在某种犯罪既可以由单数主体构成又可以由复数主体构成的情况下，当由复数主体构成时，此种犯罪称为任意共同犯罪。例如故意杀人罪，单独犯罪与共同犯罪均可成立故意杀人罪，当构成故意杀人罪的共同犯罪时，就是任意共同犯罪。在某种犯罪只能由复数主体构成的情况下，此种犯罪称为必要共同犯罪。必要共同犯罪又有对合犯、聚合犯与集团犯之分，聚众犯罪则是必要共同犯罪的一种情形。在关于聚众犯罪的特征中，李宇先揭示了犯罪主体的复数性，这是完全正确的。但这里的犯罪主体是责任主体还是行为主体，在我和李宇先之间存在理解上的差异。我认为，这里的犯罪主体是指作为犯罪人追究刑事责任的主体，因而是一种责任主体。由此得出结论，某些以聚众为特征的犯罪，例如仅追究首要分子刑事责任的聚众扰乱社会秩序罪等，当首要分子只有一人时，并不符合(在责任主体的意义上）犯罪主体的复数性的特征，是单独犯罪。只有当首要分子为二人以上时才构成共同犯罪。就此而言，尽管它是以聚众为特征的，但是仍然属于任意共同犯罪，符合既可以由单数主体构成又可以由复数主体构成的特征，而非必要共同犯罪。而李宇先则似乎将犯罪主体理解为行为主体，只要有三人以上参与实施，就符合聚众犯罪的特征。因此，只要刑法分则规定以聚众为特征的犯罪都属于聚众犯罪。由此，我与李宇先对聚众犯罪规定的认识存在差异，在本书中也有所论及。这确实是一个颇有意思的问题，在学理上展开讨论是十分必要的。李宇先在本书中就此表达了其个人的见解并作了论证，这种严谨的学术态度是值得肯定的。当然，我还是坚持自己的观点。在我看来，犯罪学意义上的聚众犯罪与刑法学意义上的聚众犯罪是有区分的。刑法分则规定的以聚众为特征的犯罪均是犯罪学意义上的聚众犯罪，但只有三人以上才能构成犯罪的聚众犯罪才是刑法学意义上的聚众犯罪。

尽管聚众犯罪总论是本书学术性较强、足以反映作者理论水平的部分，但我对第二篇聚众犯罪各论也是颇感兴趣的。这部分内容对刑法分则规定的聚众犯罪逐一作了探讨，其内容更加贴近司法实践，也更具有现实意义。尤其是在对聚众犯罪的分则性探讨中，李宇先引用了大量的案例，并对这些案例进行了学理上的分析，这都是难能可贵的。

正如李宇先在前言中所说，作者没有受过正规的大学法学教育的熏陶，并非科班出身。李宇先毕业于武汉大学哲学系，离开学校后一直在法院从事刑事审判工作。尽管如此，我以为李宇先在司法实践中积累起来的审判经验和培养起来的理论兴趣，已经使其法学功底远远超出一般受过法学专门训练的人。尤其是李宇先在大学里所受到的哲学训练，使其在思维方法和理论视野上都有独到之处，这恰恰是他的优势。从本书内容来看，对聚众犯罪的行为特征和心理特征的描述，都是颇具理论功底的。

我们现在正在提倡建设学习型法院，这表明了审判业务对于知识的渴求。学然后知，知然后行。不过，我认为对于有条件的法院来说，不仅要建设学习型法院，还要建设研究型法院。法院要提倡研究的风气，当然这并非纸上谈兵式的纯学术研究，而是对司法实践中产生的疑难问题的研究。正是这种研究，必将提升法院的整体审判水平。要建设研究型法院，必先要有研究型法官，李宇先就是这样一个研究型的法官，《聚众犯罪研究》就是这样一部研究型的作品。读其书知其人，使我对法院审判水平的提高充满憧憬。

前　言

聚众犯罪是我国常见的犯罪形式之一。国内外一些坚持“台独”“藏独”“疆独”主张的宗教极端势力、民族分裂势力、暴力恐怖势力以及其他敌视人民民主专政和社会主义制度的敌对分子，为了达到他们推翻我国人民民主专政政权和社会主义制度的目的，纠集在一起，组织、策划、实施分裂国家，武装叛乱、暴乱和颠覆国家政权；还有一些别有用心的人或者利用党和政府个别工作人员在工作中的某些失误，或者为达到满足他们某些不合理要求的目的，聚集多人有时是数十上百甚至成千人聚众冲击国家机关、企事业单位、公共场所、交通要道、军事单位，扰乱公共秩序，危害国防利益；一些人或者聚众阻碍国家机关工作人员解救被拐卖的妇女、儿童，或者聚众哄抢公私财物，侵害公民的人身权利和公私财产权利；还有一些人或者聚众斗殴、聚众淫乱、聚众赌博，破坏社会公德，扰乱正常的社会管理秩序；一些人因对司法机关正常的工作秩序和管理秩序不满，或者聚众哄闹、冲击法庭，扰乱正常的法庭工作秩序；或者聚众闹事，或者组织越狱、暴动越狱、聚众持械劫狱，妨害监狱管理秩序。所有这些聚众犯罪往往会造成严重后果，或者危害国家安全，或者侵害公民的人身权利、财产权利，或者扰乱正常的社会管理秩序、司法管理秩序，或者危害国防利益。由于这些犯罪活动容易诱发民众不健康的“凑热闹心理（这是群众心理的一种独特形式）”，[①] 在事实真相尚处于模糊状态时，人们会出现猜疑、不安、焦躁等心理反应，但是由于自己无法弄清事情的原由，只能通过模仿他人的行为来缓解自身的焦虑，获得内心的安全感。[②] 在这种心理因素的诱导下，聚众犯罪一旦实施，就可能造成一种极为恶劣

① 甘雨沛、何鹏：《外国刑法学（下册）》，北京大学出版社 1985 年版，第 840 页。

② 梁良：《从众》，东方出版中心 2007 年版，第 10～11 页。

的社会声势，使得一些平时就对社会不满的人或者闲散无聊的人找到了发泄不满、排遣无聊的机会，往往引起更大规模的群体性叛乱、暴乱、骚乱，动摇人民民主专政政权的根基，破坏社会的安宁局面。所以，西方有些学者又将这种性质的犯罪称之为“爆炸性的犯罪”，① 就是因为这种犯罪极易造成巨大的经济损失和极为恶劣的社会影响、政治影响。聚众犯罪的社会危害性极大，不能不引起我国刑法理论界和司法实务界在理论上、实践上的高度关注。

聚众犯罪不仅是多发性、常见性犯罪，同样也是我国刑法理论研究和司法实践中经常遇到的难点问题之一。因此，认真地研究聚众犯罪的基本原理并用以指导司法实践是十分必要的。聚众犯罪不仅社会危害性极大，而且往往在处理时也存在很多的问题，特别是在司法实践中适用法律时更是如此。如果对聚众犯罪处理不当，有时还会引发新的更大规模的聚众犯罪。因此，在处理聚众犯罪时，一要注意依法严厉打击，二要极其谨慎行事，必须准确地适用法律。这就要求我们对聚众犯罪的基本概念、性质、基本犯罪构成以及界定聚众犯罪时应当注意的问题和归责原则，特别是聚众犯罪的基本概念和性质有一个较为准确完整的理解和把握，只有这样才能准确地定罪量刑，在处理聚众犯罪时才能真正落实罪刑法定原则和罪责刑相适应原则。

笔者从事刑事审判工作三十余年，审理了不少聚众犯罪案件，在审理这些案件时，由于在适用法律上遇到不少问题，而我国大陆刑法理论界对聚众犯罪进行专题研究的论著几乎没有，这样就引起我对聚众犯罪研究的兴趣。“聚众犯罪”这一概念是我国刑法理论界的首创，大陆法系国家和地区的刑法中虽然有聚众犯罪的法律规定，但是在刑法理论界却没有提出过明确的“聚众犯罪”这一概念。笔者查阅了一些大陆法系国家和我国台湾地区的刑法理论著作，除了在分则部分对一些我国刑法理论认为是聚众犯罪的罪名进行过分析外，在总则部分从未发现聚众犯罪的概念。如野村稔的《刑法总论》、弗兰茨·冯·李斯特的《德国刑法教科书》、杜里奥·帕多瓦尼的《意大利刑法学原理》、韩忠谟的《刑法原理》、郑健才的《刑法总论》、张灏的《中国刑法理论及其实用》。在查到的资料中，只有台湾

---

① 甘雨沛、何鹏：《外国刑法学（下册）》，北京大学出版社 1985 年版，第 840 页。

地区蔡墩铭主编的《刑法分则论文选辑（上）》中录有叶志刚的论文《聚众犯之本质特征与分类》和蔡墩铭的论文《聚众犯之探讨》。在我国刑法理论界，对于聚众犯罪的研究仅仅散见于各类刑法总论的著作中。恕笔者孤陋寡闻，在本书初版时还没有读到过专门对聚众犯罪进行专题性研究的专著。我国刑法理论界关于聚众犯罪的一些基本概念存在着模糊不清、各种观点分歧较大的问题，而从事司法实务工作特别是在基层从事司法实务工作的同志又鲜有对刑法总论特别是刑法基本理论感兴趣并加以深入学习研究的。同时，司法实践中也的确存在一些由于法律规定和理论研究不明确而导致司法工作人员在实践中无所适从的问题，由此带来的司法实践中错误地适用法律的现象也屡有发生。读者从本书介绍的一些案例中就不难看出，司法实务界在对聚众犯罪适用法律时存在着一些重大的认识上的误区。有鉴于此，自己在办案之余开始了对聚众犯罪理论的再学习、再研究，并萌发了将自己学习心得撰写成册的想法，这一方面当然有使自己的学习心得形成理论成果的动机，另一方面则主要是想将此理论成果奉献给司法实务界的同行，供大家在办案时予以参考，而后者则是笔者撰写这本“小册子”最根本的初衷。这是因为我在从事刑事审判工作期间，发现一些刑事司法工作者无论是学习还是从事刑事审判实务时，大多忽略对刑法总则的学习、理解和运用，而对刑法分则则有比较浓厚的兴趣，不善于运用刑法总则的理论去指导刑法分则的适用，拘泥于刑法分则的某些具体规定，一碰到具体问题或疑难问题就挠头，或者梳理不清法律关系。这其中的主要原因就是从事司法实践的人往往忽视法学理论的重要性。1998 年夏天，我听了一次梁慧星先生的讲座。当时梁慧星先生在那次讲座中就指出一些审判人员不善于理解并运用《合同法》总则的原理去指导具体的合同纠纷案件的审理，总是拿一些他们在审判实践中遇到的具体问题向他请教，他每次都是说等把总则讲完了再来探讨，但是当他讲完总则后，学员们认为他们的问题已经解决了，因为他们知道了如何运用《合同法》总则去指导案件的审理了。

在写作的过程中，笔者注意运用所学刑法理论知识深入探讨聚众犯罪的基本原理并结合自己的审判实践经验对一些地方人民法院已经判决的案例进行了分析、判解。理论与实践的有机结合当然是从事刑事审判工作多年的我应当具有的优势，这一优势发挥得如何则不敢在此夸耀，但是自己毕竟还是在对聚众犯罪进行研究的过程中提出了自己的一些结论或想法。这些结论或想法或许不一定完全正确或者符合千变万化的司法实践的要求，这一方面当然是由于自己的理论功底不深所致，这并非自谦，而是一个事实，因为我毕竟不是一个纯理论工作者，而且也没有受过正规大学法学教育的熏陶；[①] 另一方面也是由于这一课题本身所具有的难度所致。因此，缺点、错误在所难免。好在审判是一门“选择的学问”，法律理论的研究和司法实践是不断发展的，世界上没有什么终极真理，特别是在法学理论这一领域更是如此。[②] 同时，读者更是睿智的，他们可以根据自己所学习到的刑法理论知识和司法实践经验对我的结论或想法作出明智的判断，予以批判取舍，这一切又足以弥补我对此问题研究的不足。我以为在运用理论为司法实践特别是审判实践服务时，只要我们秉着“凭党性和良心办案，对事实和法律负责”的原则，也就无愧于天地良心了。

鉴于对聚众犯罪的研究在刑法理论界毕竟不是空白，笔者在研究的过程中吸收、采纳、引用他人已有的研究成果是不可避免的，这也是学术研究的一个重要方法。当然，为避免有“学术腐败”之嫌，对他人的研究成果会在书中以注释的形式加以说明，对于被吸收、采纳、引用已有的研究成果的学者们，在此深表感谢。此外，在本书中还引用了一些大陆法系国家和地区较为经典的刑法典，这些被引用的国外和我国台湾地区刑法条文的刑法典的版本有：1994 年 3 月 1 日生效的《法国刑法典》（罗结珍译，高铭暄专业审校，中国人民公安大学出版社 1995 年版）；1997 年 1 月 1 日起施行的《俄罗斯联邦刑法典》（黄道秀等译，何秉松审订，中国法制出版社 1996 年版）；1988 年 12 月 31 日修订的《韩国刑法典》（[韩] 金永哲翻译、韩大元校对、赵秉志专业审校：《韩国刑法典及单行刑法》，中国人民大学出版社 1996 年版）；1985 年加拿大修正法第 46 章及修正案《刑事法典·关于刑事法典的法律》（卞建林等译，中国政法大学出版社 1999 年版）；1976 年 5 月 18 日再次公布的《德意志联邦共和国刑法典》、1968 年 10 月修订的《意大利刑法典》、1995 年第 91 号法律修正的《日本刑法

---

① 从我的简历可以看出来，我在大学学的是哲学专业。好在有哲学专业的熏陶，使我养成了对理论的浓厚兴趣，使我对法学理论不致产生厌恶感，多年的审判工作经验也弥补了自己法学功底先天不足的缺陷，而这又是一个纯理论工作者所不具有的优势。

② 谢圣华：《审判是门“选择的学问”》，载《人民法院报》2000 年 8 月 4 日。

典》、1961年1月1日起施行的《苏俄刑法典》、1950年4月1日起施行的《朝鲜民主主义人民共和国刑法》、1961年1月31日批准的《蒙古人民共和国刑法典》（萧榕主编：《世界著名法典选编·刑法卷》，中国民主法制出版社1998年版）；1999年增订的台湾地区"刑法"（张知东编、林纪东续编：《最新六法全书》，台湾地区大中国图书公司2000年修订版）。在引用上述刑法典的条文时，笔者将不再一一注明出处和页码。

最后必须申明的是，在本书中对所引用的案例进行的是学理性分析，纯属作者个人对案件的看法，绝对不能作为当事人及其辩护人进行申诉以及有关单位作为案件质量评查的理由和依据。

李宇先

二〇一九年十月于湖南长沙嘤鸣斋[①]

---

① 《诗经·伐木篇》有云："嘤其鸣矣，求其友声。"

目 录

第一篇 聚众犯罪总论

第二篇　聚众犯罪各论

第一篇　聚众犯罪总论

本篇着重介绍聚众犯罪的基本概念和与之相关的刑法基本理论，将具体介绍聚众犯罪的概念、性质、特征、构成、归责原则、分类等一系列问题，还将介绍大陆法系国家和地区刑法中与聚众犯罪相关的有关共同犯罪的理论。目的就在于使读者对聚众犯罪有一个最基本的了解，并以此引起读者对聚众犯罪研究的兴趣，指导对各具体的聚众犯罪的研究。

第一章　聚众犯罪概述

第二十五条　共同犯罪是指二人以上共同故意犯罪。

二人以上共同过失犯罪，不以共同犯罪论处；应当负刑事责任的，按照他们所犯的罪分别处罚。

第二十六条　组织、领导犯罪集团进行犯罪活动的或者在共同犯罪中起主要作用的，是主犯。

三人以上为共同实施犯罪而组成的较为固定的犯罪组织，是犯罪集团。

对组织、领导犯罪集团的首要分子，按照集团所犯的全部罪行处罚。

对于第三款规定以外的主犯，应当按照其所参与的或者组织、指挥的全部犯罪处罚。

第二十七条　在共同犯罪中起次要或者辅助作用的，是从犯。

对于从犯，应当从轻、减轻处罚或者免除处罚。

第二十八条　对于被胁迫参加犯罪的，应当按照他的犯罪情节减轻处罚或者免除处罚。

第二十九条　教唆他人犯罪的，应当按照他在共同犯罪中所起的作用处罚。教唆不满十八周岁的人犯罪的，应当从重处罚。

如果被教唆的人没有犯被教唆的罪，对于教唆犯，可以从轻或者减轻处罚。

第九十七条　本法所称首要分子，是指在犯罪集团或者聚众犯罪中起组织、策划、指挥作用的犯罪分子。

——《中华人民共和国刑法》

在大陆法系国家和地区的刑法条文中，虽然有一些关于聚众犯罪的规定，但是大陆法系国家刑法理论界却并没有在刑法理论上对聚众犯罪进行深入的研究，甚至于在理论上都没有提出聚众犯罪这一概念，而只有必要的共犯、集合犯、聚众犯等概念。我国台湾地区的“刑法”对具体的聚众犯罪在其分则中作了规定，刑法学者在理论上也有一些实质性的探讨，但是他们提出的概念则是聚众犯，如叶志刚；集合共犯，如张灏；凑合犯，如韩忠谟；共行犯，如郑健才；群众犯罪，如蔡墩铭等。1979 年 7 月 1 日，中华人民共和国第五届全国人民代表大会第二次会议通过的《中华人民共和国刑法》第 86 条首次在法律上明确提出了“聚众犯罪”（gather a crowd crime 或者 mass crime）这一法律概念。但是时至今日，《中华人民共和国刑法》仍然没有对聚众犯罪这一概念加以明确的定义。我国大陆刑法理论界在《中华人民共和国刑法》颁布并实施后的近十年间，虽然也对聚众犯罪作了一些研究，但是对聚众犯罪研究的理论成果极少。[①] 直到 20 世纪 90 年代，我国大陆刑法理论界对聚众犯罪的理论探讨才逐步有了一些进展。但是对于聚众犯罪的基本概念、聚众犯罪的性质仍然存在着研究不够深入的问题，特别是对聚众犯罪问题作专题研究的则更少。为此，笔者在这里试图对聚众犯罪的基本概念和与之相关的理论问题进行深入的研究和阐述，以期勾画出一个较为清晰的理论脉络，以指导下一步对聚众犯罪具体研究的深入进行。

第一节　聚众犯罪的概念

一、聚众犯罪的概念

犯罪作为一种复杂的社会问题，就实施犯罪的人数而言，大多数犯罪都是由一个人单独实施的。刑法分则所规定的大多数犯罪都是关于一个人的犯罪，它意味着刑法分则各罪的单独犯。这种只要由一个人实施了刑法分则所规定的行为，就可以对此一个人的行为认定为构成犯罪并追究刑事责任的犯罪类型就是单独犯。例如，达到刑事责任年龄并且具有刑事责任能力的某甲

---

① 高铭暄主编的《刑法学》（法律出版社 1982 年版）、林准主编的《中国刑法教程》（人民法院出版社 1989 年版）是我国较具代表性的刑法学教科书，一个代表刑法理论界，一个代表刑法实务界，而在这两种教科书的总则部分对聚众犯罪几乎没有涉及。当时，这方面的论文也很少。

实施了故意杀害某乙的行为，即可以按故意杀人罪追究某甲故意杀人罪的刑事责任，这个故意杀人罪就是可以由一个人单独独立完成的，因此故意杀人罪就是单独犯，因为它具备了一个完全的犯罪构成要件。这种某一行为具备了一个完全的犯罪构成要件，就是单独犯。但是，在现实生活中，我们也可以看到，有不少的犯罪是由两个人以上共同实施的，也就是说犯罪可能是多个人合作的结果，而且这种多个人合作实施犯罪的趋势越来越明显，也越来越严重。这种由多个人合作而犯下的罪行，从实施行为或形成犯罪心理的角度来看，使得犯罪会因多个行为人适当力量的联合与分工而变得更加容易。这种由多个人合作进行犯罪的社会危害性（这种社会危害性并不是指犯罪的结果，因为由一个人杀死一人与由多个人共同杀死一人的结果是一样的）往往比一个人单独犯罪更为严重。① 此外，更有一些犯罪是由刑法分则规定由多个人聚集在一起进行，以“聚众”（gather a crowd 或者 mass）这一形式作为构成犯罪的必要条件的共同犯罪，这种犯罪具有更大的社会危害性，这种犯罪就是我们所要研究的聚众犯罪。②

众所周知，《中华人民共和国刑法》除了提出“聚众犯罪”这一概念外，并没有对聚众犯罪的概念加以定义或解释。③ 由于《中华人民共和国刑法》没有对聚众犯罪进行明确的定义或解释，造成我国大陆刑法理论界对聚众犯罪的概念有着不同的概括。从目前来看，对于聚众犯罪概念的定义或概括主要有四种观点。第一种观点是高铭暄等认为，聚众犯罪是指聚集特定或者不特定的多人实施犯罪，这些众多的人之所以能够聚集在一起实施犯罪，是由于其中的首要分子进行组织、策划、指挥的结果。④ 第二种观点是陈兴良认为，聚众犯罪是指法律规定以聚众作为构成犯罪必要条件的犯罪；⑤ 或者如姜伟认为，是指法律明文规定以聚众作为构成要件的犯罪形态。⑥ 第三种观点是马克

---

① ［意］杜里奥·帕多瓦尼：《意大利刑法学原理》，陈忠林译，法律出版社 1998 年版，第 316 页。

② 还有一种犯罪是以“犯罪组织”（criminal organzation）这一形式作为构成犯罪的必要条件的共同犯罪，其社会危害性最大，这种犯罪就是“有组织性共同犯罪”，当然这一问题不是本书所要研究的问题。

③ 刑法有义务对某些概念予以适当的解释，如《中华人民共和国刑法》总则第 5 章的“其他规定”就对一些概念进行了解释。

④ 高铭暄主编：《中国刑法学》，中国人民大学出版社 1989 年版，第 196 页。

⑤ 陈兴良：《共同犯罪论》，中国社会科学出版社 1992 年版，第 150 页；陈兴良：《刑法适用总论（上卷）》，法律出版社 1999 年版，第 492 页。

⑥ 姜伟：《犯罪形态通论》，法律出版社 1994 年版，第 240 页。

昌、赵廷光等认为，聚合性共同犯罪，又称聚合犯，即以多数人的聚合行为为犯罪构成要件的犯罪。[①] 第四种观点则是吴明夏等认为，所谓聚众犯罪，就是指行为人聚集多人一同进行犯罪的一种共同犯罪形式，它是以聚众作为犯罪构成的必要条件。[②] 上述四种关于聚众犯罪概念的定义或概括各有可取之处，同时也有不足之处。第一种观点扩大了聚众犯罪的范围，因为即使是单独犯同样也可以以聚众的形式实施犯罪，即以聚集众人的方式进行犯罪。这不是我们所要研究的聚众犯罪，而实际上就是我们所说的“聚众犯某罪”，按这种观点来理解聚众犯罪的话，研究聚众犯罪就没有什么更大的实际意义了，并且这样一来也就将聚众犯罪完全等同于一般共同犯罪，实际上也就失去了聚众犯罪在理论研究和司法实践中存在的空间。第二种观点既强调了“聚众”这一特征，又强调了聚众犯罪的法定性，即必须以法律明文规定为限，这种观点颇具科学性。但是，我们尚不能从这一定义中看出聚众犯罪具有什么样的性质，这与持此观点的陈兴良等对聚众犯罪的性质的理解有关，关于这个问题在下面的研究中笔者还将提到。第三种观点纯粹属于从国外的刑法理论中引进的概念，连聚众犯罪这个词都未表述出来。第四种观点虽然强调了聚众犯罪的基本性质，却没有体现聚众犯罪所应当具备的法定性这一基本特征。笔者认为，上述四种观点虽然是名家所论，但这些观点却没有完整地表达出聚众犯罪这一概念的基本内容和特征。

所谓概念，是人们进行思维的基本形式之一，它反映了客观事物的最一般的本质特征，是人类在认识事物的过程中，把事物的共同特点抽象出来，加以概括，这种概括的结果就是我们所说的概念。[③] 任何概念都包括概念的内涵和外延。所谓概念的内涵，也就是某个概念的定义或内容。所谓概念的外延，是指某个概念所包括的范围。那么，如何对一个概念下定义呢？弗拉基米尔·伊里奇·列宁在批判了“经验批判主义”的唯心主义认识论后，有一个最为经典的论述，他指出：“下‘定义’是什么意思呢？这首先就是把某一个概念放在另一个更广泛的概念里。”[④] 用这一观点来指导我们对聚众犯罪这

---

① 马克昌主编：《犯罪通论》，武汉大学出版社 2001 年版，第 502 页；赵廷光主编：《中国刑法原理》，武汉大学出版社 1992 年版，第 434 页。

② 吴明夏、江绍恒、王亲生主编：《新刑法通释（上）》，人民出版社 1998 年版，第 149 页。

③ 中国社会科学院语言研究所词典编辑室编：《现代汉语词典（第五版）》，商务印书馆 2005 年版，第 438 页。

④ ［俄］弗拉基米尔·伊里奇·列宁：《唯物主义和经验批判主义》，中共中央马克思、恩格斯、列宁、斯大林著作编译局译，载《列宁全集》第 18 卷，人民出版社 1988 年版，第 148 页。

一概念下定义，就必须将聚众犯罪这一概念放在另一个相对广泛的某个犯罪概念当中进行。笔者认为，所谓**聚众犯罪，就是指首要分子聚集多人一起实施以“聚众”作为构成犯罪的必要条件，以刑法分则为特别规定的共同犯罪。**从这一聚众犯罪概念的定义或内涵来看，聚众犯罪包括了四个方面的内容或特征。一是聚集“”多人，即非固定的多人性。所谓“多”者，在我国刑法中一般是指“三”以上。它表明参加聚众犯罪的人至少要达到三人以上，但是这些人员又具有相对的不固定性，如果具有绝对的固定性，则可能成为集团性共同犯罪或者是有组织性共同犯罪。二是必须由刑法分则特别规定，即聚众犯罪的法定性。它表明哪些犯罪是聚众犯罪，必须由刑法分则加以明确规定。在这里必须指出的是，一种犯罪是否为聚众犯罪，不能仅仅以其罪名是否出现了“聚众”二字才确定其是否为聚众犯罪，而在于刑法具体的罪状表述中是否以“聚众”作为犯罪构成要件的犯罪。例如扰乱法庭秩序罪，在罪名上并没有“聚众”两字，但是其中有两种行为是以“聚众哄闹、冲击法庭”为必要条件而构成扰乱法庭秩序罪的。此外，还有一类犯罪就是在罪名中没有使用“聚众”二字，在罪状中也没有使用“聚众”二字，但是这些犯罪仍然属于聚众犯罪，这就必须结合刑法总则中有关规定综合分析认定。如暴动越狱罪，在罪名上并没有使用“聚众”二字，在罪状中也没有出现“聚众”二字，但是暴动越狱罪仍然属于聚众犯罪的一种，因为在暴动越狱罪的罪状中使用了“首要分子”一词，而《中华人民共和国刑法》第 97 条规定“本法所称首要分子是指在犯罪集团或者聚众犯罪中起组织、策划、指挥作用的犯罪分子”。在暴动越狱罪中的首要分子，显然是指聚众暴动越狱犯罪中的首要分子，而不是暴动越狱犯罪集团中的首要分子。三是以“聚众”作为构成犯罪的必要条件，也就是说聚众犯罪体现了犯罪的公然性。它往往是公开、公然实施的，这主要就是体现在所谓“聚众”上，它与其他类型的共同犯罪有所不同，其他共同犯罪人在实施共同犯罪时往往是不想让人知道，具有很大的隐秘性，而聚众犯罪则正好相反。当然，单独犯罪也是不想让人发现的。四是聚众犯罪是一种共同犯罪，共同犯罪这个概念就是聚众犯罪这一定义中“更为广泛的概念”（列宁语），而这一问题也是刑法理论界在聚众犯罪研究中争议较大的问题之一。笔者认为，对聚众犯罪下这样的定义也就明确了聚众犯罪的犯罪主体特征、法律特征、行为特征及其形态特征，这样我们就可以从整体上较为全面地把握聚众犯罪的基本概念。从我国聚众犯罪的外延来看，就是由《中华人民共和国刑法》分则所规定的所有的聚众犯罪。其他各大陆法系国家和地区的聚众犯罪的外延则是该国和地区刑法分则所规定的所有的聚众犯罪。

二、聚众犯罪的性质

笔者认为，聚众犯罪的性质问题就是关于聚众犯罪是不是共同犯罪形式的问题。对于聚众犯罪是不是共同犯罪这一问题，在我国大陆刑法理论界存在着两种不同的观点。持第一种观点的学者们认为，聚众犯罪是共同犯罪的一种形式，而且相对而言，持这种观点的学者在刑法理论界是占多数的，大多数学者在研究聚众犯罪问题时也都是将聚众犯罪问题放在刑法总论关于共同犯罪这一章进行的，因此，这一观点可以说是通说。在认为聚众犯罪是共同犯罪的一种形式的观点中，又存在着两种不完全相同的观点。一是力康太所持有的“独立形式说”，这种观点认为，聚众犯罪既区别于集团性共同犯罪，又区别于一般结伙性共同犯罪，是共同犯罪中一种独立的犯罪形式。① 二是高格所持的“非独立形式说”，这种观点认为，聚众犯罪不是共同犯罪的一种独立形式，提出聚众犯罪一般是指结伙这种共同犯罪，当然个别情况也可能是犯罪集团这种共同犯罪形式。② 第二种观点则是陈兴良所持的“非必然说”，这种观点认为，聚众犯罪并非必然都是共同犯罪，提出聚众犯罪可以分为两种，一种是属于共同犯罪的聚众犯罪，它是指在法律上规定不仅处罚聚众犯罪的首要分子而且还要处罚积极参加者或其他参加者的情形，这种情形的聚众犯罪就是共同犯罪。另一种是属于单独犯罪的聚众犯罪，是指在法律上规定只处罚聚众犯罪的首要分子的情形，这种情形的聚众犯罪就不必然是共同犯罪，当首要分子只有一个人时，就是单独犯，就不是共同犯罪，也就不存在共同犯罪的问题，只有在首要分子是二人以上时才谈得上是共同犯罪，认为只有作为共同犯罪的聚众犯罪才是共同犯罪的一种独立形式。陈兴良还将聚众犯罪分为两大类：一是犯罪的聚众；二是聚众的犯罪。所谓犯罪的聚众，是指属于共同犯罪的聚众犯罪，在这种情况下，不仅聚集者构成犯罪，而且被聚集者也构成犯罪。如《中华人民共和国刑法》第 292 条规定的聚众斗殴罪等，法律规定这些犯罪不仅仅要追究首要分子的刑事责任，而且还要

---

① 力康太：《刑法自修函授教程》，河北政法函授辅导大学 1985 年印，第 206 页。

② 高格：《关于共同犯罪的几个理论问题的探讨》，载《吉林大学学报》1983 年第 1 期。

追究积极参加者甚至其他参加者的刑事责任。所谓聚众的犯罪，是指属于单独犯罪的聚众犯罪，在这种情况下，只有首要分子才构成犯罪，其他积极参加者和其他参加者均不构成犯罪。如《中华人民共和国刑法》第291条规定的聚众扰乱公共场所秩序、交通秩序罪等，这些犯罪只有首要分子或聚集者才构成犯罪，其他参加者不构成犯罪。[①] 他还提出《中华人民共和国刑法》第97条关于“首要分子”的规定之所以在《中华人民共和国刑法》“其他规定”这一章中出现而没有规定在《中华人民共和国刑法》关于“共同犯罪”这一章节中，主要原因就是因为聚众犯罪存在上述两种形式。[②] 对于这一观点，笔者认为是值得商榷的。关于对聚众犯罪的首要分子的解释之所以没有放在《中华人民共和国刑法》“共同犯罪”这一章节来规定的问题，笔者认为有两个原因。一是因为聚众犯罪是必要的共同犯罪的一种，而《中华人民共和国刑法》关于“共同犯罪”的规定是针对任意的共同犯罪的而言的，两者当然不能放在一起予以规定。因此，如果按上述观点来解释的话，也就无法解释清楚犯罪集团的首要分子为什么也要放在《中华人民共和国刑法》“其他规定”这一章中来规定，因为按上述观点的解释，关于犯罪集团的首要分子的问题完全可以在《中华人民共和国刑法》关于“共同犯罪”这一章节来规定。二是我们只要对《中华人民共和国刑法》总则第5章的“其他规定”的内容分析一下就可以看出，在“其他规定”这一章中均是对《中华人民共和国刑法》中一些法律概念的解释，而这些解释又无法归类到其他章节中去解释，关于“首要分子”的规定其实就是对“首要分子”的解释。陈兴良虽然认为聚众犯罪并非必然都是共同犯罪，但在研究聚众犯罪时还是将聚众犯罪放在共同犯罪这一章中进行。[③] 马克昌则认为“首要分子”是刑法分则条文中明文规定的概念，而由刑法总则条文对这一概念专门加以解释。[④] 可见“首要分子”并非仅就任意的共同犯罪而言。因此，在规定任意共同犯罪的总则“共同犯罪”这一章节中没有对首要分子概念进行解释是可以理解的。

对聚众犯罪是不是共同犯罪的问题，笔者采纳第一种观点，即认为聚众犯罪的性质就是：聚众犯罪是共同犯罪的一种独立形式，它既不同于集团性

---

① 陈兴良：《共同犯罪论》，中国社会科学出版社1992年版，第150～151页。

② 陈兴良：《刑法疏议》，中国人民公安大学出版社1997年版，第204页。

③ 陈兴良自己也认为共同犯罪的形式分为结伙犯罪、聚众犯罪、集团犯罪。参见陈兴良：《刑法适用总论（上卷）》，法律出版社1999年版，第7章第3节。

④ 马克昌主编：《犯罪通论》，武汉大学出版社2001年版，第566页。

共同犯罪，也不同于一般结伙性共同犯罪，更不同于有组织性共同犯罪。从笔者对聚众犯罪所下的定义可以看出，笔者是将聚众犯罪这一概念放在更广泛的另一个概念即共同犯罪的概念里进行阐述。由于聚众犯罪是刑法分则所规定的犯罪，聚众的行为是实行行为，因此，从某种意义上来说，聚众犯罪人就是共同实行犯，也就是大陆法系国家和地区所说的共同正犯。因此，要了解聚众犯罪就有必要对共同犯罪的有关概念有所了解。

第二节　共同犯罪的基本概念

一、共同犯罪概念的由来

共同犯罪在刑法理论研究中一直是一个比较疑难复杂的问题，内容较多，争论较大，观点不一。笔者就不再对共同犯罪的理论进行详细的阐述，在此主要是介绍共同犯罪的一些基本概念，以便大家准确地理解聚众犯罪的概念。①

对于由二人以上共同实施的犯罪，大陆法系国家和地区的刑事立法有着不同的称呼。我们知道，大陆法系刑法理论中关于共同犯罪的理论是产生于中世纪意大利刑法学家对犯罪构成要件的解释，他们认为，在共同犯罪中，凡是一个人实施了某个行为具备了犯罪构成的全部要件，这个犯罪行为具有充足构成要件的就是正犯（即实行犯），其余的则为共犯（教唆犯和帮助犯），他们认为共犯是对犯罪构成的修正。后来苏维埃社会主义共和国联盟、蒙古人民共和国以及后来的俄罗斯联邦的刑法典对共犯还增加了组织犯的概念。大陆法系中的德国、意大利、日本、俄罗斯等国和我国台湾地区的刑法理论界关于共同犯罪的理论都是围绕着正犯与共犯的关系建立起来的。因此，大陆法系国家和地区刑法理论界关于共同犯罪理论大同小异。大陆法系国家和

---

① 要更为详细地了解共同犯罪的理论，有兴趣的读者可以参阅各类刑法总则书籍中关于共同犯罪部分，特别值得一读的是陈兴良的博士论文《共同犯罪论》。由此可见，仅关于共同犯罪的问题就可以写上 45 万字的博士论文，可想其内容是何等的丰富。

地区的刑法理论界对于共同犯罪中共犯的概念有狭义与广义之分，他们将与正犯相对应的组织犯、教唆犯、从犯（又称帮助犯）称为狭义的共犯；将共同正犯、组织犯、教唆犯和从犯（帮助犯）等一并称为广义的共犯，即包括所有的共同犯罪人。[①] 而刑法理论上或刑法典规定的共犯则一般是指狭义的共犯。大陆法系国家和地区刑事立法和刑法理论一般是按共同犯罪人在共同犯罪中的分工，将共同犯罪人分为正犯（即实行犯）、共犯（即组织犯、帮助犯、教唆犯）。因此，也有的学者如陈忠林认为，如果从严格意义上的共同犯罪理论来说，除了中华人民共和国和苏维埃社会主义共和国联盟、蒙古人民共和国等少数社会主义国家和俄罗斯联邦的刑事立法和刑法理论外，世界上大多数的大陆法系国家和地区的刑事立法和刑法理论都只有关于共同犯罪人的规定而没有关于共同犯罪的规定。[②] 中华人民共和国和苏维埃社会主义共和国联盟、蒙古人民共和国等少数社会主义国家和俄罗斯联邦的刑事立法和刑法理论均对共同犯罪的概念作了表述，如《蒙古人民共和国刑法典》第 13 条规定“二人或二人以上共同故意实施某种犯罪，是共同犯罪”，《俄罗斯联邦刑法典》第 32 条规定“两人以上故意参加实施犯罪，是共同犯罪”，在对共同犯罪的概念进行表述后，还在第 33 条对共同犯罪人的种类和概念作了表述，规定“组织犯、教唆犯和帮助犯与实行犯一样，都是共犯”。而其他大陆法系国家刑事立法和刑法理论却没有对共同犯罪的概念予以表述，仅对共同犯罪人如实行犯、组织犯、教唆犯、帮助犯的概念及其承担责任的原则进行了表述。由于共同犯罪在刑法理论中是一个较为复杂疑难的问题，正确的共同犯罪理论对于我们指导审判实践，正确地处理共同犯罪特别是聚众犯罪是有着十分重要的意义的。

---

① 甘雨沛、何鹏：《外国刑法学（上）》，北京大学出版社 1984 年版，第 414 页。

② 陈忠林认为，世界各国有关共同犯罪的规定可以归纳为两大模式：一是按共同犯罪中的分工将共同犯罪分为实行犯、组织犯、帮助犯和教唆犯等；二是按共同犯罪中的作用将共同犯罪人分为主犯、从犯。前者利于定罪，却不利于正确地确定行为人的刑事责任；后者利于量刑，但是在正确认定共同犯罪行为上却有一定的困难。而意大利刑法则抛弃了各国刑法制度中普遍采纳的立法模式，提出了在共同犯罪中“对各共同犯罪人应同等对待”这一共同犯罪人承担刑事责任基本原则。参见陈忠林：《〈意大利刑法学原理〉译者序》，载［意］杜里奥·帕多瓦尼：《意大利刑法学原理》，陈忠林译，法律出版社 1998 年版。

二、共同犯罪的基本理论

大陆法系国家和地区的刑法理论界关于共犯的学说有许多种，其中关于共同犯罪的本质的理论主要包括**犯罪共同说和行为共同说。**

犯罪共同说是一种客观主义的共同犯罪理论。德国刑法学家毕克迈尔（Birkmeyer）是这一学说的主要代表，日本刑法学家小野清一郎、泷川幸辰、团藤重光等也都持这一观点。这种学说认为，共犯是指多个行为者的实施行为指向刑法规定的某一特定犯罪，它是指在客观上符合特定的犯罪构成要件，通过多人的共同努力达到他们所希望达到的犯罪目的，共犯是在实现特定的、具体的罪型上的共同，并为这一同一罪型而确定他们的共同实施的行为。① 由于犯罪的本质是侵害某一法定的利益，也就是所谓的法益，共同犯罪也就是二人以上共同对同一法益的侵害行为。所谓共犯，也就是两个以上达到法定刑事责任年龄并且有刑事责任能力的人共同参与实施一个犯罪。所谓共同，其实就是指行为人一起犯同一个罪的意思，是行为人对同一个犯罪事实的协同加功。② 因此，犯罪共同说也被称**犯意共同说**。要考察二人以上共同实行某一行为是否构成共同犯罪，应当以客观的犯罪事实为依据，是数人犯一罪的关系。这种学说是以因果关系论中的原因说为基础的，认为对于结果的发生最有力的条件是原因，而不是别的因素或条件，其余的为单纯条件。共犯是数人为了发生一个犯罪结果而共同协力，共同惹起犯罪结果的，是共同正犯；仅仅成为结果的条件的，就是教唆犯或者是帮助犯。由于犯罪共同说是资产阶级上升时期产生的刑法理论，它是在反对封建主义的罪刑擅断主义这一历史条件下产生的，因此它反映了资产阶级民主主义思想，严格地确定了共犯成立的条件。③ 陈兴良认为，从这一学说出发，可以得出以下结论：①共同犯罪只能发生在所实施的行为都具备犯罪构成要件的行为人之间；②共同犯罪

---

① 甘雨沛、何鹏：《外国刑法学（上）》，北京大学出版社 1984 年版，第 414 页。

② 所谓“加功”，是《唐律》中的一个法律术语。《唐律》规定：“诸谋杀人者，徒三年；已伤者，绞；已杀者，斩。从而加功者，绞；不加功者，流三千里。”根据《唐律疏议》的解释，加功就是指同谋共杀，杀时加功，虽不下手杀人，当时共相拥迫，由其遮遏，逃窜无所，既相因籍，始得杀之，如此经营，皆是加功之类。参见《唐律疏议》，中华书局 1983 年版，第 329 页。此处的加功者，相当于我们现在所说的次要的实行犯。也有的学者认为就是帮助犯。参见吴振兴：《论教唆犯》，吉林人民出版社 1985 年版，第 27 页。

③ 马克昌：《比较刑法原理·外国刑法总论》，武汉大学出版社 2002 年版，第 653～654 页。

只能发生在一个犯罪实施的范围内；③共同犯罪只能发生在具有共同犯罪故意的场合。[①] 也就是说，按犯罪共同说这一学说，认定共犯成立的条件有三：一是二人以上的有责任能力者；二是对于同一个犯罪的共同犯罪行为；三是对于同一个犯罪的共同犯罪意思，否则不能成立共犯。这一学说虽然有其巨大的进步性，但由于它是用因果关系论并以原因说作为共犯理论的基础，因此，它不可能对共犯的成立和共犯者的区分作出科学的解释。因为即便是客观方面也不仅仅是因果关系，而且还有行为人的行为，只以客观方面的一个要件来说明共犯的成立和共犯者的区分，就会以偏概全，发生将连累犯（如藏匿犯人，湮灭罪证或者窝藏赃物等事后帮助行为）认定为事后共犯或者否认片面共犯的存在的问题。[②]

行为共同说则是一种主观主义共同犯罪理论。德国刑法学家布黎（Buri）为此学说的代表，日本刑法学家牧野英一、山冈万之助、宫本英修、木村龟二等也持此说。这种学说认为，共犯是多个行为者的着眼点是共同的实施行为，而不是共同特定的罪型，它是指多个行为者通过共同的行为，达到其各自希望达到的目的，实现其犯罪。[③] 也就是说，二人以上通过共同行为以实现各自企图的犯罪人，就是共犯。共同犯罪的行为不能与法律规定的构成要件混为一谈，二人以上的行为人是否构成共同犯罪，应当以行为人的自然行为是否共同而论。[④] 陈兴良认为，从这一学说出发，可以得出以下结论：①共同犯罪不一定只在所实施的行为都具有犯罪构成要件的行为人之间发生。如二人以上只要有共同行为，即使其中一人没有责任能力等事由，并不影响共同犯罪的成立。不过一方负刑事责任，另一方不负刑事责任而已，即承认片面共犯的成立。②共同犯罪不一定只在一个犯罪事实范围内发生，只要有共同行为，即使是数个不同的犯罪事实，也可以成立共同犯罪。③共同犯罪既然以共同行为为要件，犯罪后的藏匿犯人，湮灭罪证或者窝藏赃物等事后帮助行为就不是共同犯罪，即不承认事后共犯。④共同犯罪不一定必须出于共同犯罪的意思，因而一方有共同犯罪的意思，另一方面没有共同犯罪的意思；或者一方为故意，另一方为过失，都可以成立共同犯罪。[⑤] 也就是说，按行为

---

① 陈兴良：《刑法适用总论（上卷）》，法律出版社 1999 年版，第 465 页。

② 马克昌：《比较刑法原理·外国刑法总论》，武汉大学出版社 2002 年版，第 654 页。

③ 甘雨沛、何鹏：《外国刑法学（上）》，北京大学出版社 1984 年版，第 415 页。

④ 陈兴良：《刑法适用总论（上卷）》，法律出版社 1999 年版，第 466 页。

⑤ 陈兴良：《刑法适用总论（上卷）》，法律出版社 1999 年版，第 466～467 页。

共同说这一学说，认定共犯成立的条件有二，一是二人以上，二是有共同的行为。这一学说从犯罪是犯罪人恶性的表现出发，认为凡是二人以上通过共同行为以实现各自的犯罪意图的犯罪人，就是共同犯罪人，他们是否构成犯罪应当以行为人自然行为本身是否共同为依据，共犯中的“共同”关系，是共同表现恶性的关系而不是数人犯一罪的关系，因此，对共犯应当理解为二人以上基于共同行为而各自实现自己的犯意。只要行为共同，不仅共犯一罪可以成立共犯，即使各自实施不同的犯罪，也不影响共犯的成立。[①] 这一学说是运用因果关系理论中的条件学说阐述自己主观主义共犯论的，在他们看来，对于一定事实的诸原因力之间并没有什么根本性的差别，共犯与正犯同样惹起犯罪结果，他们主张只要加功于犯罪事实的发生，都有同等的地位，因此仅仅根据犯罪的客观方面是不能区别共犯的，对共犯的区别应当依主观的标准，以行为人的目的——利益差别探求正犯与共犯的区别。[②] 行为共同说是资本主义向帝国主义转化时期出现的主观主义的共犯理论，反映了资产阶级加强刑事镇压的需要，这一学说放宽了共犯成立的条件。这种学说的可取之处在于一是否认了事后共犯的存在，二是肯定了片面共犯的存在。其不足之处是这一学说只从行为人的主观方面来区别正犯与共犯，而不考虑任何客观方面的因素，这就必然导致对正犯与共犯区别的随意性，从而也不可能对正犯与共犯作出科学的区分。[③]

大陆法系国家和地区刑法理论中关于共同犯罪的性质的理论则有**共犯从属性说和共犯独立性说**之分。

共犯从属性说是一种客观主义的共同犯罪理论，以德国刑法学家毕克迈尔、梅耶（M·E·Mayer）、李斯特（Franz·V·Liszt）和日本刑法学家泷川幸辰、小野清一郎等为代表。这种学说认为，以数个实施行为者的正犯为前提，确定了共犯的从属性，如果没有正犯，也就无从谈起与其相对应的具有从属性的共犯的问题，如教唆犯、帮助犯等共犯，如果没有被教唆者、被帮助者的犯罪行为的存在，就不可能有教唆犯、帮助犯的存在并进而追究其刑事责任。[④] 也就是说，共犯对于正犯具有从属性，共犯的成立和刑法的可惩罚性是以一定的实行行为也即正犯的存在为必要的前提，只有在正犯已经构

① 马克昌:《比较刑法原理·外国刑法总论》，武汉大学出版社 2002 年版，第 654～655 页。
② 马克昌:《比较刑法原理·外国刑法总论》，武汉大学出版社 2002 年版，第 655 页。
③ 马克昌:《比较刑法原理·外国刑法总论》，武汉大学出版社 2002 年版，第 656 页。
④ 甘雨沛、何鹏:《外国刑法学（上）》，北京大学出版社 1984 年版，第 415 页。

成犯罪并且具有刑法的可惩罚性的情况下，共犯才从属于正犯而成立并具有刑法的可惩罚性。[①] 共犯的犯罪性和刑法的可惩罚性是从属于正犯的犯罪性和刑法的可惩罚性的。共犯要构成犯罪，必须是正犯已经着手实施犯罪，如果正犯没有实施犯罪行为，共犯的犯罪性和刑法的可惩罚性也就根本不成立。[②] 共犯从属性中关于“从属性”的涵义，日本学者多有论述。有齐藤金作的二重意义说，即共犯成立上的从属性和共犯处罚上的从属性。有植田重正的三重意义说，即共犯实行上的从属性、共同犯罪名上的从属性和共犯可罚上的从属性。有山中敬一的四重意义说，即共犯实行从属性、共同犯罪名从属性、共犯可罚从属性和共犯要素从属性（这个要素是指正犯的构成要件或者违法性或者责任）。[③] 这一学说认为，加功于正犯的教唆行为或帮助行为，只有在正犯已着手实行犯罪时，才能构成共犯并处以刑罚。这种学说严格限制了共犯成立的条件和刑事责任，对于我们对帮助犯的性质的理解有较大的帮助作用，也有较大的进步性。但这一学说也有一个最大的局限性，这就是掩盖了教唆犯的真面目，把教唆犯作为从属犯的一种，忽略了教唆犯的独立性，忽略了教唆犯本身所具有的社会危害性和刑法的可惩罚性。也就是说，教唆犯作为犯意的提起者，正是由于教唆犯提起犯意的行为而引起正犯的犯罪行为，即使正犯没有着手实施犯罪行为，对于教唆犯也可以成立并处以刑罚，因而根本不存在从属于正犯的教唆犯的问题。

共犯独立性说则是一种主观主义的共同犯罪理论。以德国刑法学家宾丁(Binding)、柯拉（Kohler)、布黎、拿格拉（Nagler）和日本刑法学家牧野英一、木村龟二等为代表。这一学说认为，狭义的共犯的成立和刑法的可惩罚性决定于共犯自身所固有的社会危害性的外部表现，共犯的成立和刑法的可惩罚性是共犯本身所固有的，并不需要作为实施行为的正犯的罪型和刑法的可惩罚性来决定。共犯本身所实施的行为能独立构成某一特定的罪型，并可以根据共犯本身固有的社会危害性程度、发生的侵害后果程度和实施的方法来确定共犯的刑法的可惩罚性和刑期上的轻重。[④] 犯罪是人类恶性的表现，共犯的教唆行为及帮助行为，是行为人表现其固有的反社会的危险性，并对社

① 陈兴良：《刑法适用总论（上卷）》，法律出版社 1999 年版，第 460 页。

② 马克昌：《比较刑法原理·外国刑法学总论》，武汉大学出版社 2002 年版，第 658 页。

③ “从属性”涵义的具体内容可以参阅马克昌：《比较刑法原理·外国刑法学总论》，武汉大学出版社 2002 年版，第 659～660 页。

④ 甘雨沛、何鹏：《外国刑法学（上）》，北京大学出版社 1984 年版，第 417 页。

会危害结果具有原因力，也就是独立实现自己的犯罪意图，并不是从属于正犯的犯罪，应当依据行为人本人的行为而受到刑法的处罚。也就是说，行为人的教唆行为、帮助行为只不过是利用他人的行为以实现自己的犯罪意图而已，实际上与实行行为并无区别。因此，在共同犯罪中不应当认为存在有从属于他人犯罪的情形，教唆行为、帮助行为本身应当认为是独立构成犯罪，可以独立地给予行为人处罚。[①] 共犯是各行为人固有的反社会性的表现，不论是教唆犯的教唆行为还是帮助犯的帮助行为，无一不是行为人固有的反社会性的流露，因而教唆犯和帮助犯是独立的，并不从属于正犯而成立。这种学说强调教唆犯应当对自己的教唆行为本身负刑事责任，否定了共犯完全从属于正犯的观点，有一定的合理性。但这一学说却是不科学的，它扩大了共犯的范围，即这种学说认为当正犯没有犯罪，或者正犯拒绝接受教唆、帮助时，共犯也成立，并应当接受刑事处罚，忽视了共犯对正犯还是具有一定的从属性，特别是从犯或者说帮助犯对正犯的从属性。

我国大陆刑法理论界在对共犯进行研究中认为，大陆法系国家和地区的共犯的从属性和共犯的独立性学说各有其可取之处，也各有自身固有的缺陷。由于共犯从属性学说是建立在客观主义基础上的，它不管行为人的主观犯意如何，简单地以行为人行为的分工，将共同犯罪人分为正犯与共犯，这样就在一定程度上放纵了一些共犯特别是被教唆人没有实施教唆人教唆的行为的教唆犯。共犯独立性学说是建立在主观主义基础上的，它将共犯的刑法的可惩罚性建立在行为人本人的行为基础上，对于共犯的主观恶性给予了充分的关注。但是，由于这种学说从根本上否定了共犯的从属性，同样也不能正确地分析正犯与共犯的关系特别是帮助犯。为此，我国的刑法理论界一般认为，共犯有二重性，即组织犯、教唆犯、帮助犯等非实行犯都具有二重性，也就是说共犯同时具有从属性和独立性这二重性。我国大陆刑法理论界最早是由伍柳村提出了教唆犯具有二重性的观点。他认为，教唆犯的犯罪意图必须通过被教唆人的决意并且去实施所教唆的犯罪行为才能发生危害结果或者达到犯罪目的，所以，教唆犯与被教唆人的关系是教唆犯相对而言具有从属性。但是，由于教唆犯的教唆行为已经显示出教唆他人犯罪这一行为本身对社会危害的严重程度，无论被教唆人是否去实施了被教唆的犯罪，对教唆犯而言

---

① 陈兴良：《刑法适用总论（上卷）》，法律出版社 1999 年版，第 461～462 页。

都是犯罪，应当处罚，因此，从这个意义上来说教唆犯又具有独立性。[①] 即教唆犯具有二重性。后来关于二重性的概念又扩大到所有的共犯，包括组织犯、教唆犯、帮助犯。根据共犯的二重性学说，犯罪构成的客观要件，既是刑法分则所规定的实行行为，也并不仅仅限于刑法分则所规定的实行行为，对于共犯，如组织犯、教唆犯、帮助犯可以在刑法总则中另行加以规定，这样一来，共犯在犯罪构成的客观方面就得到了补充和修正，使得共犯的刑法的可惩罚性建立在共犯自身的行为上，同时鉴于共犯行为毕竟不是刑法分则所规定的实行犯，共犯只有与实行犯相结合，共犯的犯罪性质才能得以准确说明，没有抽象的脱离具体犯罪的共犯，从而建立了我国刑法理论中关于共同犯罪从属性与独立性相统一的主观与客观相统一的共同犯罪性质的理论。[②]

三、我国共同犯罪的基本概念

我国刑事立法和刑法理论鉴于大陆法系国家和地区关于正犯与共犯理论的缺陷，摒弃了大陆法系通用的共犯理论，采纳苏联刑法理论界关于共同犯罪的学说，坚持主客观相统一的原则，认为共同犯罪是共同的犯罪故意与共同的犯罪行为的辩证统一，从而建立了我国共同犯罪理论和制度。《中华人民共和国刑法》第 25 条第 1 款规定："共同犯罪是指二人以上共同故意犯罪。"这是我国刑法对共同犯罪最为经典的表述，它科学地反映了共同犯罪的基本特点和范围。第 2 款还规定："二人以上共同过失犯罪，不以共同犯罪论处。"明确地将共同过失犯罪排除在共同犯罪之外。《中华人民共和国刑法》还按照共同犯罪人在共同犯罪中的作用将共同犯罪人划分为主犯、从犯、胁从犯、教唆犯并分别规定了承担刑事责任的基本原则。它表明，我国刑法规定的共同犯罪必须具备三个方面的要件。一是犯罪人的人数必须是二人以上且犯罪人均达到刑事责任年龄具有刑事责任能力的人。如果一个人实施犯罪，则不能称为共同犯罪。一个有刑事责任能力的人与一个无刑事责任能力的人共同

---

① 伍柳村：《试论教唆犯的二重性》，载《法学研究》1982 年第 1 期。

② 关于共犯的二重性的问题，还可以参见马克昌：《论教唆犯》，载《法律学习与研究》1987 年第 5 期；马克昌主编：《犯罪通论》，武汉大学出版社 2001 年版，第 553～556 页；陈兴良：《刑法适用总论（上卷）》，法律出版社 1999 年版，第 463 页。但是，也有学者提出共犯既不具有独立性，也不具有从属性，更不具有二重性。参见张明楷：《刑法的基本立场》，中国法制出版社 2002 年版，第 329～331 页；高铭暄主编：《新中国刑法学研究综述》，河南人民出版社 1986 年版，第 368 页。

实施了犯罪行为，也不构成共同犯罪。如果有刑事责任能力的人利用一个无刑事责任能力的人进行犯罪，被利用者不构成犯罪，利用者则依照被利用者所实行的行为性质处理，这种情况在外国刑法理论中被称为间接正犯，即间接实行犯。二是犯罪人必须要有共同的犯罪故意，过失不构成共同犯罪；一人故意，一人过失，都不构成共同犯罪。三是必须要有共同的犯罪行为，三者缺一不可。这样，只要具备上述三个条件，就可以认定为共同犯罪。[①]

第三节 必要的共同犯罪

纵观大陆法系国家和地区刑法分则以及《中华人民共和国刑法》分则中的大多数条文，所规定的犯罪都是以一个人犯一个既遂罪为标准而加以规定的，这一部分犯罪如果由二人以上共同实施的话，这种共同犯罪在大陆法系国家和地区的刑法理论上就称为任意的共同犯罪。它是指刑法分则规定的一个人单独能够实行的犯罪（又称单独犯），由二人以上共同实行因而构成的共同犯罪，行为是否构成共同犯罪以及对于共同犯罪人的处罚原则都是由刑法总则加以规定，刑法总则关于共同犯罪的规定是对刑法分则中单独犯共同实行犯罪的构成要件的修正形式。[②] 刑法分则规定的大多数是单个人的犯罪形式。任意的共同犯罪是与必要的共同犯罪相对而言的，是指本来单独个人就可以构成犯罪的行为，由于在二人以上取得共同意思联络的情况下共同实施犯罪而构成共同犯罪。所谓“任意”，在这里就是指这一犯罪可以由一个人实施，也可以由二人以上来实施，行为者有任意的选择性。刑事立法上以及司法上通常所说的共同犯罪，就是指这一类共同犯罪而言，也就是在大陆法系国家和地区刑法总则规定的共同正犯、组织犯、教唆犯和从犯（帮助犯）的

① 但是也有学者认为这种共同犯罪的概念是历史的误读与逻辑的误导，提出按共同犯罪人的作用分类与按共同犯罪的分工分类不是对立的，而是可以统一的。在共同犯罪的定罪时，可以按共同犯罪人的分工来分类，对实行犯、组织犯、教唆犯和帮助犯的定罪问题分别加以明确，解决其定罪的根据问题。对共同犯罪的量刑时，则按共同犯罪的作用分类，将其分为主犯、从犯。参见陈兴良：《历史的误读与逻辑的误导》，载陈兴良：《当代中国刑法新视界》，中国政法大学出版社 1999 年版，第 744 页。

② ［日］小野清一郎：《犯罪构成要件理论》，有斐阁 1959 年版，第 99 页。

共犯。一般所称共犯，就是这个广义上的共犯。在刑法总则中就有这一任意性或者选择性的规定。但是，只要我们仔细研究大陆法系国家和地区刑法分则以及《中华人民共和国刑法》分则就会发现，在这些刑法分则中还有一些条文规定了必须由二人以上的共同实施行为才能构成犯罪的情形。这种必须由二人以上共同实施犯罪行为才能构成犯罪的情况，在大陆法系国家和地区的刑法理论上叫作必要的共同犯罪（Notwendige Teilnahme）。必要的共同犯罪是在刑法分则中所规定的特定罪型的构成，必须由二人以上来实施，缺乏二人以上则不能构成该罪，它们是不能有单独犯的，必须由二人或者二人以上取得意思一致并共同实施才能构成犯罪。这种罪型本身意味着共同犯罪的当然性，所以有时也可以称之为当然的共同犯罪。

一、必要的共同犯罪的基本概念及其特征

必要的共同犯罪这一概念最早是由德国刑法学家许策（Schuetze）于1869年提出来的。[①] 这一概念一直是刑法学学理上的概念，并未在刑事立法中加以定义或者解释，但是对必要的共同犯罪的处罚原则，在刑事立法上，特别是在刑法分则中的条文中多有规定，而且必要的共同犯罪这一概念也是刑法学家从刑事立法例中概括出来的。必要的共同犯罪虽然是对共同犯罪种类的一种学理性分类，但是却是理解聚众犯罪的一把钥匙，它对于我们在司法实践中准确把握聚众犯罪的实质、处罚原则有着十分重要的帮助作用。

对于必要的共同犯罪，大陆法系国家刑法理论界有着大致相同的解释。德国社会刑法学派代表人物弗兰茨·冯·李斯特认为，根据构成要件，从概念上看需要多人共同协作的犯罪，为必要之共犯。在此种观点看来，这种情况其实就是技术意义上的共同正犯，因为所有的必要的共犯都必须参加犯罪。[②] 它的意思是指，必要的共犯的行为都是实行行为，实质上行为人在共同意思的范围内，共同实施各自的行为，因而形成所谓“共同正犯”。德国刑法学者汉斯·海因里希·耶赛克（Hans·Heinrich·Jescheck）、托马斯·魏根特（Thomas·Weigend）认为，如果某一个犯罪构成要件要这样来理解，即

---

① 参见［德］弗兰茨·冯·李斯特：《德国刑法教科书》，埃贝哈德·施密特博士修订，徐久生译，何秉松校，法律出版社2000年版，第360页。

② 参见［德］弗兰茨·冯·李斯特：《德国刑法教科书》，埃贝哈德·施密特博士修订，徐久生译，何秉松校订，法律出版社2000年版，第360页。

实现该构成要件在概念上必须要有数人共同参与，就成立必要的共犯。但是，他们同时指出，“必要的共犯”这一表述并不是完全的确切，因为它实际上可能涉及共同正犯问题，对他人的共同作用不需要达到共犯阶段。[①] 而意大利刑法学家杜里奥·帕多瓦尼（Tullio·Padvani）则认为，在刑法分则规定的犯罪中，有一些只可能由多个犯罪主体的行为构成，如果只有一个犯罪主体，犯罪就不能成立。这种情况就是人们所说的“必要共犯”，或者更正确地说就是必须以多个犯罪主体为存在前提的“必要的多主体构成”。[②] 日本刑法学者野村稔认为，刑法分则中根据犯罪构成要件上要求只有复数的行为人才能实行的某种犯罪，它是已经预先设定了，该犯罪构成要件的实现是取决于复数的行为人去实施犯罪行为，这种犯罪就称为必要的共犯。[③] 日本刑法学者板仓宏认为，所谓必要的共犯，是指构成要件上以二人以上的行为为必要的犯罪，也可以称为多主体犯。[④] 苏联和俄罗斯刑法理论界在对共同犯罪的分类上没有必要的共同犯罪学说。最早对共同犯罪的形式进行划分的是苏联刑法学家A·H·特拉伊宁，他将共同犯罪的形式分为简单的共同犯罪、事先通谋的加重责任的共同犯罪、特殊共同犯罪，即犯罪团体的共同犯罪、有组织的集团。Γ·A克里格尔在此基础上将共同犯罪分为未经事先通谋的共同犯罪、有预谋的共同犯罪、有组织集团、特殊的共同犯罪——犯罪组织[⑤]（见图1）。以后的苏联和俄罗斯联邦刑法理论基本上是按这一理论对共同犯罪进行研究的。苏联和俄罗斯联邦刑法理论虽然没有对必要的共同犯罪进行论述，但是只要我们仔细研究一下苏联和俄罗斯联邦刑法典，就可以看出，在涉及的必要的共同犯罪的有关条文的规定时，还是将必要的共同犯罪理论运用到刑法分则条文当中去了。作为英美法系国家的英国的刑法理论则更没有关于必要的共同犯罪的论述，但是在有关法律规定中也还是将这一理论运用到其中，如英国《1986年危害公共秩序法》废止了原来关于暴动（riot）、骚动（rout）、非

① ［德］汉斯·海因里希·耶赛克、托马斯·魏根特：《德国刑法教科书（总论）》，徐久生译，中国法制出版社2001年版，第847页。

② ［意］杜里奥·帕多瓦尼：《意大利刑法学原理》，陈忠林译，法律出版社1998年版，第338页。

③ ［日］野村稔：《刑法总论》，全理其、何力译，邓又天审校，法律出版社2001年版，第379页。

④ ［日］板仓宏：《新订刑法总论》，劲草书房1998年版，第347页。

⑤ 参见［俄］H·Φ·库兹涅佐娃、И·M·佳日科娃主编：《俄罗斯刑法教程（总论）上卷·犯罪论》，黄道秀译，法律出版社2002年版，第408页。

法集会（unlawful assembly）和滋事（affray）犯罪的规定，取而代之的是暴动、暴力骚动（force rout）、滋事犯罪，明确规定，暴动罪要求十二人以上参加才构成犯罪；暴动骚动罪要求三人以上参加才构成犯罪；滋事罪可以只有行为人一个人在场即可构成。[①] 由此可见，英国有关法律规定的暴动、暴力骚动罪其实就是必要的共同犯罪。因为美国是普通法系国家，在美国刑法理论中并没有必要的共犯理论，也无成文法对必要的共犯立法例。但是，《美国模范刑法典》[②] 第205—1条规定的骚扰、不解散罪等其实也就是必要共犯的立法例。

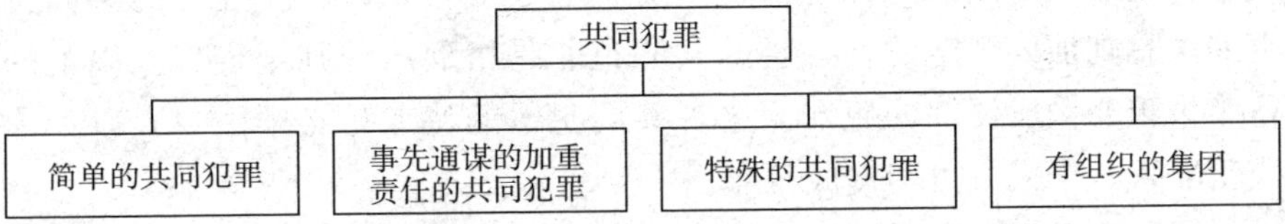

图1　A·H·特拉伊宁关于共同犯罪分类示意图

对于任意的共同犯罪和必要的共同犯罪，我国台湾地区刑法学者郑健才认为，通常所谓共犯，皆为任意共犯；即犯罪行为可以由一人单独实施，亦可以由数人共同实施。若犯罪行为必须由数人共同犯罪者，则为必要共犯。[③] 我国台湾地区刑法学者韩忠谟认为，犯罪有在性质上非具有二人以上之共同关系即无由成立者，学理上称之为必要的共犯。与之相对者则为偶然的共犯，所谓偶然的共犯，乃指在犯罪性质上本得由一人单独实施，而事实上偶然以数人共同行之者而言，通常之共犯多属偶然的共犯。[④] 我国台湾地区刑法学者张灏认为，凡构成犯罪的事实，必须二人共同实施者，谓之必要共犯。凡构成犯罪之事实，可以由二人以上共同实行，亦可以由一人单独实行者，谓之任意共犯。[⑤] 我国台湾地区刑法学者刘清波认为，法律上以数人共同为必要者，称为必要的共犯，非为必要者，称为任意的共犯。[⑥]

对于任意的共同犯罪和必要的共同犯罪，我国大陆学者们也有不同的解

---

① ［英］史密斯、霍根：《英国刑法》，李贵方等译，法律出版社2000年版，第868页。

② 《美国模范刑法典》是美国法律协会和美国法律研究所组织专家于1962年编撰的。它并不是一部具有法律效力的法典，而只是按照法典的形式研制出的刑法典的模型。它反映了一些先进的刑法思想和刑法理论研究成果，对美国及其他国家的刑事立法有较大的影响。

③ 郑健才：《刑法总则》，台湾地区佳音印刷打字有限公司1985年版，第231页。

④ 韩忠谟：《刑法原理》，台湾地区利雨美术印刷有限公司1981年版，第271页。

⑤ 张灏编著：《中国刑法理论及实用》，台湾地区三民书局1980年版，第210～211页。

⑥ 刘清波：《刑法概论》，台湾地区开明书店1970年版，第115页。

释。高铭暄等认为，任意的共同犯罪，即刑法分则中规定的一人能单独实行的犯罪，由数人共同实行。必要的共同犯罪，即刑法上规定必须二人以上才能构成的犯罪，这种犯罪是不可能由一人单独构成，而是以数人共同犯罪为必要条件。[①] 林准等则认为，任意的共同犯罪是指刑法分则中规定的一人能够单独实施的犯罪，而由数人共同实施的。必要的共同犯罪是指刑法分则中规定必须二人以上才能构成的犯罪，这种犯罪是以共同犯罪为构成犯罪的必要条件。[②] 赵廷光等认为，任意的共同犯罪是指刑法分则中规定的一个人能够单独实行的犯罪而由二人以上共同实施的共同犯罪，从刑法分则的规定来看，构成这种犯罪并不以二人以上共同实施为必要条件，因此，任意的共同犯罪是由刑法总则加以规定的。必要的共同犯罪是指刑法分则规定二人以上的共同行为为犯罪构成要件的犯罪。这种共同犯罪的特点是必须由二人以上才能构成犯罪，一个人不可能构成犯罪。[③]

从大陆法系国家和地区以及我国大陆刑法理论界对必要的共犯或必要的共同犯罪概念的描述，我们可以看到，必要的共同犯罪有以下几个特征：一是必要的共同犯罪是由刑法分则规定的，即具有法定性；二是必要的共同犯罪的犯罪构成以二人以上为必要条件，即具有犯罪主体的复数性；三是必要的共同犯罪是共同犯罪的一种特殊形式，即其必须是共同犯罪。三者缺一不可。

二、必要的共同犯罪的分类

对于必要的共同犯罪，大陆法系国家和地区以及我国大陆刑法理论界进行了不同的分类。这种分类对于我们理解聚众犯罪也是有很大的帮助的。第一种分类是二分法。持这种观点的一般是大陆法系国家和地区的刑法理论学者。弗兰茨·冯·李斯特认为，必要的共犯又称共同正犯有两类犯罪：一是必要共犯的行为彼此相互影响的犯罪，如决斗、贿选。德国刑法学家弗洛伊登塔尔（Freudenthal）则称这一类犯罪为相遇的犯罪；二是必要的共犯的行为一致对外，如暴乱、叛乱。弗洛伊登塔尔则称这一类犯罪为趋同的犯罪，

---

① 高铭暄主编：《刑法学（修订本）》，法律出版社 1982 年版，第 191 页。
② 林准主编：《中国刑法教程》，人民法院出版社 1989 年版，第 127 页。
③ 赵廷光主编：《中国刑法原理（总论卷）》，武汉大学出版社 1992 年版，第 433～434 页。

"协作"时而是犯罪构成要件的特征，时而是犯罪加重处罚的事由。[①] 汉斯·海因里希·耶赛克、托马斯·魏特根认为，必要共犯分为集团犯（Konvergenzdelikte）和偶遇犯（Begenungsdelikte）。在集团犯的情况下，同一方面各参加者的行为均指向同一目标，如犯人暴动，因为在此情况下，根据法律规定，所有参加人均作为正犯受处罚。他们认为这样也就不存在必要共犯的问题。在偶遇犯的情况下，参加人的行为虽然也是指向同一目标，但是各参加人来自不同的方面，因此，行为也在一定程度上相互交合在一起，如协助未成年人为性行为即属于这种情况。法律在个别刑法规定中只是对特定的参加人科处刑罚，而其他参加人则不予处罚。如利用职务使刑罚无效罪等。[②] 杜里奥·帕多瓦尼则认为，必要共犯有两种情况，一种情况是按照刑事法律明文或者默示的规定，所有共同犯罪的参加者一律都应当受到刑事处罚（此即所谓的"纯正的必要共犯"），如《意大利刑法典》第 416 条第 1 款规定的组织犯罪集团罪；另一种情况是法律规定只处罚某些或者某个共同犯罪的参加者（即所谓"不纯正的必要共犯"），如《意大利刑法典》第 318 条第 2 款规定的职务上之行贿罪。[③] 野村稔认为，必要的共犯通常可以分为集团犯和对向犯。集团犯就像内乱罪和骚乱罪那样，在犯罪构成要件上已经预先设定了具有同一目标的多人行为。对向犯则是指在犯罪构成上预先设定了复数行为的双向行为的、犯罪。根据刑法规定的处罚方式可以分为：①对于对向犯双方实行同样的处罚，如重婚罪；②对于对向犯双方实行不同的处罚，如贿赂罪；③只处罚对向犯一方，如贩卖淫秽物品罪。[④] 大塚仁也认为，必要共犯可以分为对向犯（又称对立的共犯、会合犯）和集合犯（又称集合的共犯、平行犯、多众犯、集团犯）。对向犯是指二人以上的行为者互相的行为的存在为成立要件的犯罪。也就是说，在这种犯罪中，如果缺少另一方的行为，这种犯罪就不成立。例如行贿与受贿。这种类型的共犯有以下特征：①对立双方的行为人所触犯的罪名可能相同，如重婚罪；也可能不同，如行贿罪与受贿罪；

---

① ［德］弗兰茨·冯·李斯特：《德国刑法教科书》，埃贝哈德·施密特博士修订，徐久生译，何秉松校订，法律出版社 2000 年版，第 360 页。

② ［德］汉斯·海因里希·耶赛克、托马斯·魏根特：《德国刑法教科书（总论）》，徐久生译，中国法制出版社 2001 年版，第 847～848 页。

③ ［意］杜里奥·帕多瓦尼：《意大利刑法学原理》，陈忠林译，法律出版社 1998 年版，第 338 页。

④ ［日］野村稔：《刑法总论》，全理其、何力译，邓又天审校，法律出版社 2001 年版，第 379 页。

②对立双方行为人各自实施自己的犯罪行为，各自的行为特征有所不同，如一个行贿、一个受贿；③双方的对立行为互相依存而构成犯罪，如行贿行为与受贿行为相互依存而使贿赂罪成立；④一方构成犯罪，另一方可以不构成犯罪，如重婚罪的一方在不知对方是已婚者的情形下，就不构成犯罪。而集合犯，就像内乱罪、骚乱罪那样，在犯罪成立上，以向着同一目标的多数共同行为存在为必要的犯罪。集合犯有以下特征：①人数较多，一般为三人以上；②参加者的行为方向相同；③参加的程度和态度可能不同，有的是首要分子、积极参加者、在场助势者等。①

郑健才认为，必要的共犯包括共行犯和对行犯。共行犯就是指数人以相同的目的而实施同一犯罪行为。这种情形一般又分为两种：①数人特定者为固有的必要共犯，如台湾地区“刑法”规定的结伙（三人以上）窃盗罪；②数人不特定者为类似的必要共犯（亦称集合共犯），如台湾地区“刑法”规定的聚众妨害秩序罪。对行犯则亦称对合共犯，是指二个对立的行为相合，才构成犯罪，如重婚与相婚罪。② 韩忠谟认为，必要共犯分为对立犯和凑合犯。③ 张灏认为必要共犯分为相对共犯和集合共犯二种。相对共犯，是指二人以上，各以对方为对象而互为犯罪行为；集合共犯，则是指集合二人以上，而实行同一的犯罪行为。④ 刘清波也认为，必要的共犯分为对立的犯罪和集合的犯罪。⑤

从上面的介绍可以看出，大陆法系国家和地区的刑法理论对必要的共犯的分类无论其称呼如何不同，一般都是按照二分法进行的。概括起来无非就是将必要的共同犯罪分为集合犯和对立犯两种。所谓集合犯，亦称纠合犯或集团犯，属于必要的共同犯罪的范畴，是指在同一目标下，共同实施犯罪行为。由于行为者是多数或者为数众多，声势大，并具有暴力和威胁性质，社会影响大，而社会性的群众心理是该犯罪构成的核心因素，是聚集众多参与者的力量源泉。如大陆法系国家刑法和我国台湾地区“刑法”规定的内乱罪、骚乱罪等以及《中华人民共和国刑法》规定的聚众犯罪、有组织性共同犯罪。所谓对立犯，亦称对合犯、对向犯、对行犯，是指实施行为者双方互为实现

---

① ［日］大塚仁：《注解刑法》，青林书院新社 1977 年版，第 385～386 页。
② 郑健才：《刑法总则》，台湾地区佳音印刷打字有限公司 1985 年版，第 231 页。
③ 韩忠谟：《刑法原理》，台湾地区利雨美术印刷有限公司 1981 年版，第 271 页。
④ 张灏编著：《中国刑法理论及实用》，台湾地区三民书局 1980 年版，第 211 页。
⑤ 刘清波：《刑法概论》，台湾地区开明书店 1970 年版，第 115 页。

特定犯罪构成的必要条件，或者说互为实施犯罪的对象或者对方，缺乏特定的对方，不能构成该罪型，如重婚罪、贿赂罪等。[①]

第二种分类法是三分法。持这一观点的主要是我国大陆地区刑法理论界。对必要的共同犯罪的分类在我国早期刑法理论论著中基本上没有涉及，[②] 比较早地对必要的共同犯罪进行分类的是陈兴良在他的博士论文《共同犯罪论》中提出来的，但是他提出的分类法是以大陆法系国家和地区刑法理论对必要共犯的分类为参考，他提出必要的共同犯罪分为众合犯与对合犯，意思与其他大陆法系国家和地区刑法理论界对必要共犯的分类并无更大的区别。[③] 对必要的共同犯罪进行分类（见图 2），特别是将必要的共同犯罪进行三分法的分类，是近期我国大陆地区在刑法理论研究领域的一个重大进展，同时也是我国刑法理论研究对共同犯罪理论研究的一个重大贡献。这种三分法就是将必要的共同犯罪分为聚合性共同犯罪、对行性共同犯罪、集团性共同犯罪这三大类，[④] 实际上是将聚合性共同犯罪从大陆法系国家和地区对必要的共同犯罪中的集合犯中分离出来。笔者认为这种分离是十分必要的，它对于我们理解不同性质的必要的共同犯罪，特别是聚众犯罪有着十分重要的指导意义。

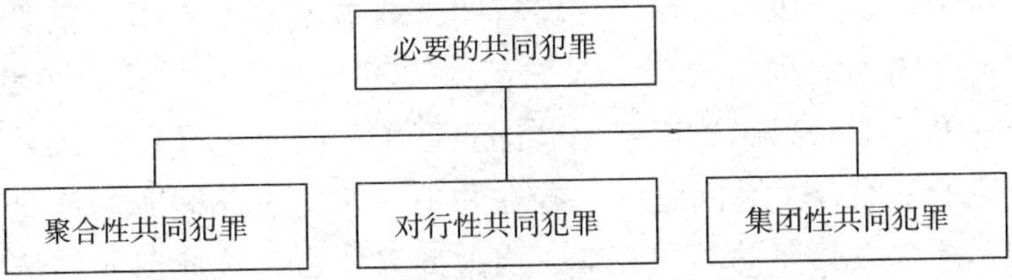

图 2　马克昌关于必要的共同犯罪分类示意图

我国大陆刑法理论界认为，聚合性共同犯罪又称聚合犯，即以不特定多数人的聚合行为作为犯罪的构成要件的犯罪，如《中华人民共和国刑法》规定的武装叛乱、暴乱罪，聚众斗殴罪等。所谓聚合性共同犯罪，也即我国刑事立法和刑法理论所说的聚众犯罪，这种犯罪是由首要分子组织、策划、指挥多人，以“聚众”作为必要的犯罪构成要件的共同犯罪。所谓集团性共同犯罪，是指以“犯罪集团”作为必要的犯罪构成要件的共同犯罪。集团性共同犯罪在刑法中又规定了两种不同的情况：一是只要参加该犯罪集团即构成

---

① 甘雨沛、何鹏：《外国刑法学（上）》，北京大学出版社 1984 年版，第 430 页。

② 如高铭暄主编的《刑法学》、林准主编的《中国刑法教程》。

③ 陈兴良：《共同犯罪论》，中国社会科学出版社 1992 年版，第 146 页。

④ 参见马克昌主编：《犯罪通论》，武汉大学出版社 1999 年版，第 502 页。

犯罪，并予以刑事处罚，如只要参加间谍组织，《中华人民共和国刑法》规定就按间谍罪论处；二是组织、领导或者参加犯罪集团始构成犯罪，并规定相应的法定刑，如《中华人民共和国刑法》规定的组织、领导、参加黑社会性质组织罪，组织、领导、参加恐怖组织罪。所谓对行性共同犯罪，又称对向犯、对合犯、对行犯，即以双方“对向”行为作为必要的犯罪构成要件的犯罪。刑法对这种犯罪又规定了两种不同的情况：一是对双方互相对应的各个行为给予同一评价，即定同一罪名，规定同一的法定刑，如重婚罪，刑法对双方相互对应的行为人，即重婚者和相婚者都认定为重婚罪，双方的法定刑都也相同；二是对双方相互对应的各个行为给予不同的评价，不构成同一个罪名，双方的法定刑不相同，如受贿与行贿，行为人分别构成受贿罪和行贿罪，法定刑也相差极大。对于对行性共同犯罪是共同犯罪也有不同的看法，有人认为在对行性共同犯罪中，有的对合犯的双方，只有一方负刑事责任，有的对合犯双方均负刑事责任。在给予同一评价的对合犯中，如重婚罪，如果一方不明知对方是已婚的人，对于这个不明知的人则不应当以重婚罪追究其刑事责任，而对另一方仍然可以以重婚罪追究其刑事责任；在给予不同评价的对合犯中，如受贿与行贿，往往行贿人或被索贿人不构成犯罪，但是仍然应当追究受贿人的刑事责任。双方都构成犯罪当然可以认定为共同犯罪，但是如果一方不构成犯罪就谈不上共同犯罪了。陈兴良教授也认为，这一问题是属于犯罪的对合关系问题，只有在共犯一罪即彼此同罪的情况下，才构成对合犯，才构成必要的共同犯罪。当彼此异罪、非彼此俱罪的情况下，就不构成对合犯，就不是必要的共同犯罪，而是犯罪的对合关系。① 陈兴良的这一观点与之否认必要的共同犯罪中存在着不处罚参加者而只处罚首要分子（且只有一人）或者只处罚对应的一方而不处罚对应的另一方的情况下也构成共同犯罪有关。如他认为，聚众的犯罪在只有一个首要分子被处罚时，这种聚众犯罪就不是共同犯罪。笔者还是倾向于将对合犯认定为共同犯罪，而且是必要的共同犯罪，因为这种犯罪少了对应的一方就不可能构成犯罪，这种犯罪行为符合共同犯罪的基本特征，对此也可以参照帕多瓦尼提出的“不纯正的必要共犯”概念来理解。耶赛克、魏特根也认为，对对合犯的一方不处罚，并不影响必要共犯的成立。

上述不论是二分法还是三分法的分类方法，都从不同的侧面对必要的共

---

① 参见陈兴良：《论犯罪的对合关系》，载《法制与社会发展》2001 年第 4 期。

同犯罪进行了分类。相对而言，三分法比较符合必要的共同犯罪基本特征。但是，我国大陆刑法理论界提出的三分法将“集团性共同犯罪”作为必要的共同犯罪的一类，似有不妥。从他们对此类共同犯罪的定义来看，这种类型的共同犯罪是属于必要的共同犯罪的范畴，与任意的共同犯罪中的犯罪集团有一定的差别。在任意的共同犯罪中，单独犯既可以是单独犯罪，也可以结成犯罪集团进行犯罪，也就构成共同犯罪。因此，用“集团性共同犯罪”这一概念尚不能准确地体现这种必要的共同犯罪的必须由刑法分则明确规定这一基本特征，很容易混淆与任意的共同犯罪中的集团犯罪的区别。而这种被上述学者称为“集团性共同犯罪”的必要的共同犯罪，就其特征而言，笔者认为其实应该使用“有组织性共同犯罪”这一概念。因为“有组织性共同犯罪”是必要的共同犯罪，不能是单独犯，这是符合必要的共同犯罪基本概念的。即所谓有组织性共同犯罪，是指以“犯罪组织”作为必要的犯罪构成要件的共同犯罪。在我国刑法中能称得上“有组织性共同犯罪”的“犯罪组织”只有“间谍组织”“恐怖组织”“黑社会性质组织”“邪教组织”。“有组织性共同犯罪”这一概念可以比较准确地体现被我国大陆刑法理论界称为“集团性共同犯罪”这一必要的共同犯罪本质，不易与任意的共同犯罪中的集团犯罪的概念相混淆。因此，笔者认为从学理上对共同犯罪进行分类，可以将共同犯罪分为任意的共同犯罪和必要的共同犯罪，而任意的共同犯罪可以分为“一般结伙共同犯罪”“集团性共同犯罪”，必要的共同犯罪可以分为“聚众性共同犯罪”“对行性共同犯罪”“有组织性共同犯罪”。笔者不同意刑法理论界将犯罪组织称为特殊的犯罪集团的观点。关于“有组织性共同犯罪”的特性以及“有组织性共同犯罪”与集团犯罪的关系的问题因不属本书论述的范围，在此不展开讨论。此外，我国大陆刑法学家还将聚众犯罪称为聚合性共同犯罪，笔者认为这种概念与我国刑事立法规定的必要的共同犯罪立法例不相适应，至少在用词上大可不必躲躲闪闪，不如直截了当地使用聚众犯罪这一概念为好。[①] 这样，从共同犯罪成员结合得是否紧密这个角度观察，共同犯罪就可以按“结伙性共同犯罪”“对合性共同犯罪”“聚众犯罪”“集团性共同犯罪”“有组织性共同犯罪”排列。（见图 3）

---

① 当然，共同犯罪还有很多分类法，但是笔者在此只是从共同犯罪是任意的还是必要的这个角度对共同犯罪进行分类，并不否定共同犯罪还有其他的分类，如简单的共同犯罪和复杂的共同犯罪等。

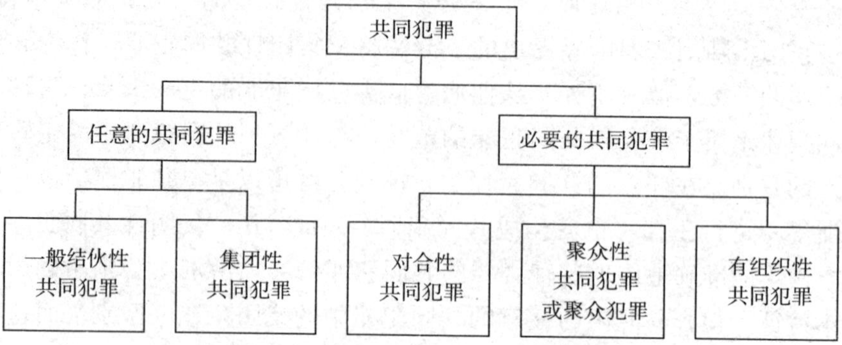

图3　关于共同犯罪的一种分类示意图

三、必要的共同犯罪的处罚原则

对于必要的共同犯罪人或必要的共犯的处罚存在着两个层次的问题：一是对法律没有规定应当处罚的必要的共犯如何处理的问题；二是对法律规定了应当处罚的必要的共犯如何适用法律的问题。第一个问题的提出是因为从法律的规定来看，有一部分必要的共同犯罪对法律没有明文规定要处罚的必要的共同犯罪参加人是不予以处罚的，这种必要的共同犯罪参与人也即是杜里奥·帕多瓦尼提出的“不纯正的必要共犯”。对这一部分人，有人提出是否可以按照刑法总则关于共同犯罪的一般规定加以处罚。关于这个问题，大陆法系国家和地区的刑法理论基本上是持否定的态度，即对于法律没有明文规定要处罚的必要的共同犯罪参加人是不能适用刑法总则关于共同犯罪的有关规定的。汉斯·海因里希·耶赛克、托马斯·魏根特认为：“法律在个别刑法规定中只是对特定的参与人科处刑罚，而对其他参与人则不予处罚，在此等情况下，问题在于是否能从共犯的本质、相关刑法规定的意义和人人平等原则中得出结论，即如果必要共犯超越了作为构成要件的必要先决条件的‘最低参与’，他是否能不因教唆犯或帮助犯而受处罚。判例迄今为止拒绝这样的限制，如果必要共犯**教唆**其他共犯实施犯罪行为，或以‘**超越角色的方式**’对其**予以支持**的，则认为应当对**必要的共犯予以处罚**。”① 也就是说，当法律规定的不受处罚的必要的共犯没有“**超越角色方式**”（这个角色就是法律规定

① ［德］汉斯·海因里希·耶赛克、托马斯·魏根特：《德国刑法教科书（总论）》，徐久生译，中国法制出版社2001年版，第848页。

的必要的共犯）即指以教唆犯、帮助犯的情况出现时，就不能对行为人适用刑法总则关于共同犯罪的原则予以处罚。杜里奥·帕多瓦尼则认为："对非纯正的必要共犯中那些法律没有明文规定要处罚的必要共同参与人，有人提出了是否可以按《意大利刑法典》第 110 条关于共同犯罪的一般规定来加以处罚的问题，因为该条是刑法总则的一般规定，可以适用刑法分则的任何条款。对这一问题，人们理所当然地给予了一个否定的答复，因为这显然违背罪刑法定原则：如果法律规定的构成要件必须包含或必须以另一个主体的行为为前提，但法律并没有规定应对该主体进行处罚，那就意味着法律没有要处罚该主体的意义。"① 对那些不属于刑法分则规定的构成要件，但是对必要的共犯行为的实施起了决定或者帮助作用的行为，应当适用刑法总则关于共同犯罪的一般规定，这一点同样没有任何人提出异议。② 团藤重光、大塚仁认为，在集团犯中，应当考虑到集团犯中特有的群众心理性质，根据各相关者在集团犯内部的作用而进行区别和处罚，所以对于刑法规定中没有列举形态的参与行为不予以处罚，而应当否定共犯规定的适用。③ 对于集团犯，野村稔、宫本英修、西原春夫、平野龙一、大谷实等则认为，考虑到集团犯的性质，即使在集团犯中也应当贯彻自己责任原则，对于刑法规定的集团犯各款的行为为分别的实行行为，由于这些实行行为而发生了聚众暴行以及聚众胁迫那样的结果，共犯是成立的。④ 但是，这种观点不是日本刑法学界的主流观点。对于对向犯，日本刑法学者普遍认为只要法律规定只处罚对向犯的一方，就预示着当然预先设定了把另一方行为放到处罚之外。只有那些积极并且执拗地进行活动使被处罚方产生犯意时，这种原来不被处罚方的行为已经不是刑法预先设定的定型犯罪构成要件所能包含，所以认定为教唆犯是可以的。⑤

从上面介绍的观点来看，刑法理论界大多数学者对于在必要的共同犯罪

---

① ［意］杜里奥·帕多瓦尼：《意大利刑法学原理》，陈忠林译，法律出版社 1998 年版，第 339 页。

② ［意］杜里奥·帕多瓦尼：《意大利刑法学原理》，陈忠林译，法律出版社 1998 年版，第 340 页。

③ ［日］团藤重光：《刑法纲要总论（改订版〈增补〉）》，创文社 1988 版，第 407 页。［日］大塚仁：《刑法概说（总论）》，冯军译，中国人民大学出版社 2003 年版，第 235 页。

④ ［日］野村稔：《刑法总论》，全理其、何力译，邓又天审校，法律出版社 2001 年版，第 381 页。

⑤ ［日］团藤重光：《刑法纲要总论（改订版〈增补〉）》，创文社 1988 版，第 405～406 页。［日］大塚仁：《刑法概说（总论）》，冯军译，中国人民大学出版社 2003 版，第 235 页。［日］野村稔：《刑法总论》，全理其、何力译，邓又天审校，法律出版社 2001 年版，第 381 页。

中的“不纯正的必要共犯”，也就是说行为人虽然是必要的共同犯罪参与人（或者称必要的共犯），只要法律没有规定应当对行为人进行处罚，在司法实践中就不得对他进行刑事处罚。这些观点从另一个方面也否定了聚众犯罪非必然是共同犯罪的观点，也就是说，虽然法律规定对某些聚众犯罪只追究首要分子的刑事责任，但是这种法律规定并没有否定“不纯正的必要共犯”的存在。因此，它表明聚众犯罪是当然的共同犯罪。这些观点在处理聚众犯罪中是有十分重要的意义的，如《中华人民共和国刑法》第268条规定的聚众哄抢罪，法律规定只追究首要分子和其他积极参加者的刑事责任，那么，在司法实践中就绝对不能对其他参加者处以刑罚。又如《中华人民共和国刑法》第289条规定聚众“打砸抢”中毁坏或者抢走公私财物的，对首要分子按抢劫罪定罪处罚，这样就不能对积极参加者或者其他参加者按抢劫罪定罪处罚。

对于第二个问题，即对法律规定了应当处理的必要的共同犯罪如何适用法律的问题，在刑法理论界更是有两种截然不同的观点。一种观点认为，既然必要的共同犯罪是一种共同犯罪，就应当可以适用刑法总则关于共同犯罪的规定。另一种则是主流观点或者称为通说，即认为对必要的共同犯罪无需适用刑法总则关于共同犯罪的原则，只要直接适用刑法分则关于必要的共同犯罪人的刑事责任的规定。

德国刑法理论界以持第一种观点，即对于必要的共犯应当适用刑法总则关于共犯的一般规定为通说。弗兰茨·冯·李斯特认为，必要的共同犯罪实际上是技术意义上的共同正犯。这种观点也就意味着刑法总则关于共犯的规定适用的当然性。① 汉斯·海因里希·耶赛克、托马斯·魏根特也认为，“必要共犯”的表述并非完全确切，因为他可能会涉及共同正犯的问题，因为根据法律的规定，在必要共犯的集团犯的情况下，所有的参与人均作为正犯受处罚，也就不存在必要共犯问题。② 杜里奥·帕多瓦尼则持第二种观点，即对于必要共犯不应当适用刑法总则关于共犯的一般规定。他认为，必要共犯与任意共犯相比，必要共犯具有独立的犯罪结构。只有在不属于刑法分则条文独立调整范围内的情况下，才可以适用有关共同犯罪的一般规定。③ 而这种情

---

① ［德］弗兰茨·冯·李斯特：《德国刑法教科书》，埃贝哈德·施密特博士修订，徐久生译，何秉松校订，法律出版社2000年版，第360页。

② ［德］汉斯·海因里希·耶赛克、托马斯·魏根特：《德国刑法教科书（总论）》，徐久生译，中国法制出版社2001年版，第847页。

③ ［意］杜里奥·帕多瓦尼：《意大利刑法学原理》，陈忠林译，法律出版社1998年版，第340页。

况在涉及必要共犯的刑法条文中是不存在的。日本刑法学界对此则持两种态度：一种是以团藤重光、大塚仁为代表，他们否定对必要共犯适用刑法总则关于共犯的一般规定；另一种是以宫本英修、野村稔、西原春夫、大谷实等为代表，他们认为对必要共犯应当适用刑法总则关于共犯的一般规定。① 但是日本刑法理论界的主流观点是认为，特别是对于集合犯而言，刑法分则通常考虑它为集团犯的群众心理特质，适应参与的形态、程度，分别规定了对参与者的处罚，而无须对必要共犯适用刑法总则关于共犯的一般规定。② 总之，在大陆法系国家刑法理论中一般认为必要的共犯是刑法分则中规定的独立罪型，排除了刑法总则关于共犯的一般规定的适用。③ 此为通说。对于必要的共犯的处罚是否适用刑法总则关于共犯的一般规定的问题，夏目文雄、上野达彦认为："共犯规定本来在这样的场合（引者注：指必要共犯）不适用是通说，然而主观主义的学者认为这种场合（引者注：指必要共犯）也有共犯规定的适用。"④ 因此，认为必要共犯适用刑法总则关于共犯的一般规定是一种主观主义的学说。

郑健才认为，被称为固有的必要共犯，如台湾地区"刑法"第 321 条第 1 项第 4 款规定的结伙三人窃盗罪，则有刑法总则关于共犯的一般规定的适用；类似的必要共犯，又称集合犯则不需要适用刑法总则关于共犯的一般规定。他认为，这种类似的必要共犯其实不是刑法上的共犯。对行犯也如此，他认为对行犯其实也不是刑法上的共犯。⑤ 韩忠谟认为："必要的共犯乃本于犯罪之性质而生，法律对于此等犯罪之加功者应如何处罚，亦即应如何共担刑责，均依其种类性质分别加以明定，其未明定加以处罚者，必要的共犯即不成立，故实际毋庸适用一般共犯之原则，即不认之为共犯亦无不可。"⑥ 总之，不论台湾地区学者提出对必要共犯不适用刑法总则关于共犯的一般规定的理由是什么，结论都是认为对于必要共犯是不适用刑法总则关于共犯的一般规定的。

我国大陆刑法理论界对必要的共同犯罪是否适用刑法总则关于共同犯罪的一般规定的通说是对于必要的共同犯罪不需要适用刑法总则关于共同犯罪的一般规定：只要查阅我国大陆刑法理论界关于刑法总则方面的著作，就可

---

① 参见［日］野村稔：《刑法总论》，全理其、何力译，邓又天审校，法律出版社 2001 年版，第 381 页。

② 参见马克昌：《比较刑法原理·外国刑法学总论》，武汉大学出版社 2002 年版，第 261 页。

③ 甘雨沛、何鹏：《外国刑法学（上册）》，北京大学出版社 1984 年版，第 430 页。

④ ［日］夏目雄文、上野达彦：《犯罪概说》，敬文堂 1992 年版，第 261 页。

⑤ 郑健才：《刑法总则》，台湾地区佳音印刷打字有限公司 1985 年版，第 231 页。

⑥ 韩忠谟：《刑法原理》，台湾地区利雨美术印刷有限公司 1981 年版，第 271 页。

以看到，我国大陆刑法理论界基本上都是持这一观点的。理由有两种：一种理由是，刑法总则关于共同犯罪的一般规定是针对任意的共同犯罪而言，因为刑法分则各罪除了必要的共同犯罪外，都是以个人单独犯罪为标准，因此，刑事立法没有必要在刑法分则每一个条文中对每一个犯罪都在规定个人单独犯罪同时还规定共同犯罪，这样一来，就有必要在刑法总则中规定共同犯罪的构成，为处理共同犯罪案件提供可资援引的法律依据。正如小野清一郎所说的“共犯与未遂犯同样也是构成要件的修正形式”。① 因此，对于必要的共同犯罪的处理当然不能适用对于任意的共同犯罪的处理的原则。另一种理由是，因为必要的共同犯罪是由刑法分则条文规定的，所以对这类共同犯罪，只要根据刑法分则规定该种犯罪的条款定罪量刑就可以了。② 不论其理由是什么，结论就是对必要的共同犯罪人不适用刑法总则关于共同犯罪的一般规定。

总之，在本书及审判实践中，笔者是持对必要的共同犯罪不应当适用刑法总则关于共同犯罪的一般规定这一观点，即**在审判实践中，我们在审理涉及必要的共同犯罪（包括聚众犯罪）案件时，都应当避免使用《中华人民共和国刑法》总则中关于主犯、从犯、胁从犯、教唆犯等概念，这也是本书要阐明并提供给司法实务界的一个重要的理论问题。③ 这一问题恰是在司法实践中经常被混淆的问题。**

① 马克昌主编：《犯罪通论》，武汉大学出版社 2001 年版，第 504 页。

② 陈兴良：《共同犯罪论》，中国社会科学出版社 1992 年版，第 146 页。马克昌主编：《犯罪通论》，武汉大学出版社 2001 年版，第 503 页。苏惠渔主编：《刑法学（修订版）》，中国政法大学出版社 1997 年版，第 227 页。

③ 顺便说一下，有组织性共同犯罪与一般性集团犯罪、聚众犯罪的主体在法律上的表述均有所不同，对黑社会性质组织、恐怖组织的主体不仅不能适用刑法总则关于共同犯罪的一般规定，没有主、从犯之分，而且也没有首要分子一说。因为有组织性共同犯罪也是必要的共同犯罪，对犯罪主体刑法分则有特殊的规定，这也是我不主张将有组织性共同犯罪称为特殊的集团犯罪概念的理论依据之一。《中华人民共和国刑法》第 294 条对“黑社会性质组织犯罪”的行为特征使用了“组织、领导和积极参加的”以及“其他参加的”这些概念。《最高人民法院关于审理黑社会性质组织犯罪适用法律若干问题的解释》第 3 条规定：“对于黑社会性质组织的组织、领导者，应当对其所组织、领导的黑社会性质组织所犯罪的全部罪行处罚；对于黑社会性质组织的参加者，应当按照其所参与的犯罪处罚。”该解释对黑社会性质组织的犯罪主体使用的是“组织者、领导者、积极参加者、其他参加者”这么几个概念。之所以要在此说一下题外话，就是因为我在审判实践当中发现许多审判人员在适用法律时普遍没有注意这些区别，错误地将黑社会性质组织的组织者、领导者表述成是首要分子，将积极参加黑社会性质组织的表述成主犯，将其他参加黑社会性质组织的表述成从犯等。

第二章　聚众犯罪构成、形态、罪数

第一节　聚众犯罪构成

所谓犯罪，是指危害社会，依照刑法应当受到刑罚处罚的行为。犯罪具有社会危害性、刑事违法性、应受惩罚性这三个基本的特征。我国刑法理论认为，社会危害性是犯罪最基本的特征；刑事违法性则是社会危害性在刑法中的表现；应受惩罚性则是社会危害性、刑事违法性派生出来的法律后果。因此，我国刑法关于犯罪的理论可以称为“社会危害性理论”。而犯罪构成则是我国刑法所规定的，决定某一具体行为的社会危害性及其程度而为该行为构成犯罪所必需的一系列主客观要件的总和，它是以犯罪概念为基础，并将犯罪概念具体化，是我们分析犯罪的重要理论工具。犯罪构成包括犯罪主体、犯罪的主观方面、犯罪的客观方面和犯罪客体。我国现行的犯罪构成理论是来自苏联的刑法理论。A·H·特拉伊宁曾指出：“犯罪构成乃是苏维埃法律中认为决定具体的、危害社会主义国家的作为（或不作为）犯罪的一种客观要件和主观要件（要素）的总和。”① 由于各国法律文化的差异，形成了三大具有代表性的犯罪构成体系。一是以德国、日本、意大利为代表的大陆法系的犯罪构成体系，它包括构成要件该当性、违法性、有责性，三者之间存在递进关系，因此，也称为递进式的犯罪构成体系，我国台湾地区刑法理论也持这一观点。二是以英国、美国为代表的英美法系的犯罪构成体系，它包括实体意义上的犯罪要件，包括犯罪行为和犯罪意图（mans rea）包括蓄意

① ［苏］A·H·特拉伊宁：《犯罪构成的一般学说》，王作富等译，中国人民大学出版社 1958 年版，第 48～49 页。

(mantion)、明知（knowingly)、轻率（reckessly)、疏忽（negligence）以及诉讼意义上的犯罪要件，主要指合法抗辩（Legal defense)，因此，也称为双层次犯罪构成体系。三是以苏联、俄罗斯和我国为代表的犯罪构成体系，即由犯罪主体、犯罪的主观方面、犯罪的客观方面、犯罪客体四个要件构成，四个要件之间呈耦合式的逻辑结构，因此，又称为耦合式的犯罪体系。①

与其他类型的犯罪一样，聚众犯罪也有着自己特殊的犯罪构成要件。由于聚众犯罪分列于《中华人民共和国刑法》各章节，聚众犯罪所侵害的客体不尽相同，在此不一一列举，只着重分析一下聚众犯罪的犯罪主体、聚众犯罪的主观方面、聚众犯罪的客观方面。

一、聚众犯罪的犯罪主体

聚众犯罪的犯罪主体，是指实施了聚众犯罪，依照《中华人民共和国刑法》分则规定应当对自己的罪行承担刑事责任的自然人。聚众犯罪的犯罪主体不存在单位犯罪的问题。这个自然人当然是指达到刑事责任年龄，同时具有刑事责任能力的人，具体到聚众犯罪，就是年满 16 周岁且具有刑事责任能力的自然人，一般不分中国人还是外国人或者无国籍人。已满 14 周岁未满 16 周岁的自然人只有在参加聚众犯罪时，同时还实施了故意杀人、故意伤害致人重伤或者死亡、强奸、抢劫、贩卖毒品、放火、爆炸、投放危险物质罪时才追究行为人故意杀人罪、故意伤害罪、强奸罪、抢劫罪、贩卖毒品罪、放火罪、爆炸罪、投放危险物质罪的刑事责任。

任何达到刑事责任年龄，同时具有刑事责任能力的人都可以加入聚众而成为聚众犯罪的构成分子。由此可知，聚众犯罪的构成分子包括各色各类的人，极其复杂。聚众是多数人的临时集合，大陆法系国家和地区刑法一般都是按照聚众参加者的角色及其所实施行为的不同而对行为人作出不同的评价和处罚。从聚众犯罪的犯罪主体上来看，行为人必须是三人以上。这是构成聚众犯罪的前提条件。所谓聚，按照《现代汉语词典》的解释，就是聚集的

---

① 以上参见陈兴良：《犯罪构成的体系性思考》，载《法制与社会发展》2000 年第 3 期。

意思。[①] 所谓众，按照《现代汉语词典》的解释，也就是许多人的意思。[②] 就字形而言，也是指三人，即此众必须是三人或者三人以上。如果不是三人以上，即使是两个人实施了《中华人民共和国刑法》分则规定的聚众犯罪的行为，也不构成聚众犯罪。因此，一个人或者两个人实施犯罪不可能构成聚众犯罪，只有三人以上实施聚众犯罪行为才有可能构成聚众犯罪。

从大陆法系国家和地区的刑法上规定的聚众犯罪的犯罪主体来看，虽然所进行的分类不完全相同，但是最常见的分类是首谋、下手实施者与在场助势者三种。他们认为聚众犯罪主体在彼此之间，有些人甚至不一定相互认识，然而仍然有可能使其中一人脱颖而出，被推为领导人物而成为刑法上所称的首谋。至于实施强暴胁迫的聚众犯罪的犯罪主体，是必须有下手实施者的存在，而对刑法未规定实施强暴胁迫的聚众犯罪的犯罪主体而言则没有下手实施者的存在。至于其他聚众犯罪的犯罪主体，有的虽然为刑法所承认，如在场助势者，同样也有未为刑法所承认或者特别规定其刑罚的，这就是所谓的"不纯正的必要共犯"，然而这种情况的存在，不能亦不可忽视。我国犯罪心理学家罗大华等认为聚众犯罪的人员构成包括首犯和主犯、实施犯、助势者、围观者，第一、二类是少数，第三、四类是多数或者大多数。[③] 我国大陆刑法理论一般认为，作为共同犯罪的聚众犯罪是共同犯罪的一种独立形式，这种聚众的共同犯罪参加人数多、涉及面广，而《中华人民共和国刑法》历来坚持区别对待的原则，把聚众犯罪中的犯罪主体分为首要分子、罪行重大者、积极参加者和其他参加者四种情况，这与大陆法系国家和地区刑法和刑法理论对聚众犯罪的犯罪主体的划分有所不同。在对聚众犯罪的犯罪主体进行划分后，《中华人民共和国刑法》分则还相应地规定了各种不同犯罪主体轻重不同的法定刑。因此，在处理聚众犯罪时一定要掌握好刑事政策界限，重点打击首要分子、罪行重大者。

大陆法系国家和地区刑法理论认为，聚众犯罪的首谋成为首谋的经过当然不完全相同，有的是因为他是聚集的人们中的一分子，偶然被人拥护、推

---

① 中国社会科学院语言研究所词典编辑室编：《现代汉语词典（第五版）》，商务印书馆 2005 年版，第 741 页。分析我国大陆地区某些刑法学家在对必要的共同犯罪进行分类时，将聚众犯罪表述为聚合性共同犯罪，辞源大概于此。

② 中国社会科学院语言研究所词典编辑室编：《现代汉语词典（第五版）》，商务印书馆 2005 年版，第 1769 页。

③ 罗大华、何为民：《犯罪心理学》，浙江教育出版社 2002 年版，第 377～378 页。

举而成为聚众的领导人物；有的因为另有所图，因此先以许诺或者计划，纠合多人，对于已经形成的聚众自动出任指导人物，俨然以首谋自居。对于在群体中的首谋或者首领地位的起源有三种理论进行解释。一是“天赋论”（又称“超凡论”），这种理论认为，首领不是任何人都可以当的，只有那些具备一定的个人品质或者一定的心理特征的人才能当首领。二是“首领地位情境论”，这种理论认为，首领的地位是情境的产物。在聚集的众人中，出现各种具体的情境，有的成员在某一方面、某一品质超过其他成员，而这一品质在此情境中正好是必要的，于是具有这一品质的人就成了首领，如善于演讲的人，在群众集会中发表煽动性演说，在此情境下他就可能成为首领。三是“综合理论”，这一理论认为，首领的地位是聚众中人际关系的组织过程，而首领是管理这一过程的主体。① 无论如何，首谋是居于影响聚众行为的地位，他的一举一动都被聚众参加者所注意。首谋在聚众参加者实施暴行之际，虽然不一定要发号施令，但是在通常情况下，首谋多负起指挥聚众的责任。出面指挥聚众的首谋，在行为上没有不以演说的形式进行煽动、刺激或者麻醉聚众参加者，设法使群众听信其言辞。除演说外，首谋又须与聚众犯罪各重要分子保持密切的联络，又遇需要与外界或者有关当局交涉时，亦多由首谋亲自出面与外界接触。此外，大陆法系国家和地区刑法理论还认为，在聚众尚未形成之前，对不特定的多数人，煽动实施他们特定的犯罪行为，并促成他们结合为聚众，或者在聚众形成之后，对于群众鼓励他们实施特定的犯罪行为，以达到首谋所意图的犯罪的行为人是聚众犯罪的煽动者。聚众的煽动者，在聚众形成之后，自动加入聚众而成为构成分子并成为首谋。煽动者只需对不特定的多数人或者聚众的参加者予以煽动即可，不问煽动者煽动的犯罪是否被聚众参加者付诸实行。也就是说，假设煽动者的行为对于特定犯罪的实施具有影响的关系，即可以予以认定为煽动者。煽动其实就是教唆，但是我国大陆刑法理论一般不将聚众犯罪中的煽动者的这种煽动行为视为非实行行为的教唆行为，而是将这种煽动行为视为实行行为，或者将这种煽动行为纳入聚众犯罪的首要分子的组织、策划、指挥行为中去，如聚众斗殴的首要分子；或者将这种煽动行为单独规定为独立的罪名，如煽动颠覆国家政权罪的煽动者。因此，对于聚众犯罪的煽动者，我国大陆刑法理论一般将煽动

---

① ［苏］安德列耶娃：《社会心理学》，蒋春雨等译，南开大学出版社 1984 年版，第 233～236 页。

者纳入聚众犯罪的首要分子的范畴。

我国大陆刑事立法和刑法理论对犯罪集团和聚众犯罪都没有首谋或者首犯这一概念，因此，在司法实践中不应当出现首谋和首犯的称谓。[①] 根据《中华人民共和国刑法》第 97 条的规定，我国大陆刑事立法和刑法理论以及司法实践均认为聚众犯罪中的首要分子是指在聚众犯罪中起组织、策划、指挥作用的犯罪分子。聚众犯罪虽然不像集团性共同犯罪和有组织性共同犯罪那样有一定的较强的组织性，但是由于它是三人以上共同实施以“聚众”为犯罪构成要件的一种共同犯罪，在行为人当中必然存在着组织者、策划者和指挥者，对聚众犯罪起着协调与制约作用，这些在聚众犯罪中起着协调与制约作用的组织者、策划者、指挥者就是我们所说的聚众犯罪的首要分子。聚众犯罪是《中华人民共和国刑法》分则规定的必要的共同犯罪的一种形式，聚众犯罪的首要分子是聚众犯罪的构成要件或者加重处罚条件。因此，首要分了在聚众犯罪中所实施的组织、策划、指挥行为不属于刑法总论中共同犯罪的组织行为，首要分子不属于刑法总则中所谓组织犯的范围，而是刑法分则上的实行犯的范围。[②] 在聚众犯罪中当然存在着组织行为，但是这些组织行为在《中华人民共和国刑法》分则中都有明文规定。因此，聚众犯罪的首要分子的组织、策划、指挥的行为不是非实行行为的组织行为，而是一种实行行为。因此，聚众犯罪的首要分子与犯罪集团的首要分子不同，对聚众犯罪的首要分子不能按《中华人民共和国刑法》第 26 条中关于共同犯罪中的首要分子、主犯来理解，而犯罪集团的首要分子才是《中华人民共和国刑法》第 26 条所说的首要分子、主犯。

关于聚众犯罪的首要分子是不是主犯的问题，目前我国大陆刑法理论界有不着同的观点，第一种观点为梁世伟先生等所持**“第一种主犯说”**，认为主犯是指首要分子与主要实行犯，即认为聚众犯罪的首要分子是与犯罪集团的首要分子并列的第一种主犯。[③] 笔者认为这种观点缺乏法律依据。我们知道，首要分子可以分为两种，即犯罪集团的首要分子和聚众犯罪的首要分子，但

---

① 然而很遗憾，在一些法律文书中我们仍然不时可以看到对犯罪集团和聚众犯罪的首要分子使用“首犯”称谓的现象。

② 但在司法实践中，由于一些司法人员对此没有认真理解这一点，或者不了解这一点，常常在判决中没有表述首要分子，就直接判决某被告人犯某聚众犯罪，这种表述是错误的，这种错误性在只有首要分子才构成犯罪的聚众犯罪中体现得更加明显，如在聚众扰乱公共场所秩序、交通秩序罪中，如果判决不认定行为人是首要分子，就不能认定行为人构成聚众扰乱公共场所秩序、交通秩序罪。

③ 梁世伟编著：《刑法学教程》，南京大学出版社 1987 年版，第 206 页。

是《中华人民共和国刑法》第26条规定的第一种主犯是组织、领导犯罪集团进行犯罪活动的分子，也即犯罪集团的首要分子，而没有规定在聚众犯罪中起组织、策划、指挥作用的犯罪分子即聚众犯罪的首要分子也是主犯。聚众犯罪与集团性犯罪迥然不同，所以组织、领导犯罪集团进行犯罪活动的分子，只能概括为犯罪集团的首要分子，不能把聚众犯罪的首要分子包括在内。第二种观点为林准、何秉松、齐湘泉、陈兴良等所持**“独立主犯说”**，认为聚众犯罪既然属于共同犯罪的范畴，那么从理论上讲也就应当有主犯、从犯、胁从犯之分，其中首要分子是主犯，其他积极参加者或者其他参加者是从犯或者是胁从犯。只是法律上在有些情况下只处罚首要分子而不处罚其他参加者，这主要是从刑事政策方面考虑，在此，主犯与从犯的界限也就成了罪与非罪的界限。[①] 他们还认为，主犯不都是首要分子，但是首要分子都是主犯，认为刑法总则关于共同犯罪中关于主犯的问题规定得比较明确，主犯除了组织、领导犯罪集团的犯罪分子以外，还包括在共同犯罪中起主要作用的犯罪分子，主犯的范围比首要分子大得多，可以涵盖聚众犯罪的首要分子，聚众犯罪的首要分子实际上就是在聚众共同犯罪中起主要作用的犯罪分子，必然是主犯，这是由《中华人民共和国刑法》对首要分子的规定所决定的。共同犯罪中的主犯可以分为三种：犯罪集团的首要分子、聚众犯罪的首要分子和其他主犯（在犯罪集团中或者一般共同犯罪中起主要作用的犯罪分子），将聚众犯罪的首要分子看作是两种主犯之外的一种独立的主犯。[②] 这种观点之所以这么认定，主要是在于他们对聚众的理解上存在不同的认识。他们对聚众含义的理解有两种：第一种含义是指聚集三人以上进行**共同犯罪**，因为根据《中华人民共和国刑法》的规定，参加者都构成犯罪，因此，首要分子当然是主犯；第二种含义是聚集三人以上进行**犯罪**，参加者并不都构成犯罪，只有首要分子才构成犯罪，此时是否为首要分子是是否构成犯罪的标志。《中华人民共和国刑法》对此两种首要分子规定是不同的，第一种是对于构成犯罪的人进行区分刑罚的重与轻。第二种是在于缩小打击面，以便划分罪与非罪。[③] 这些观

---

① 何秉松主编：《刑法教科书（修订版）》，中国法制出版社1994年版，第302～303页。这一观点在其《刑法教科书（2000年修订）》（中国法制出版社2000年版）中没有再提及。当然，没提及不等于放弃了这一观点。

② 林准主编：《中国刑法教程》，人民法院出版社1989年版，第133页。何秉松主编：《刑法教科书》，中国法制出版社1994年版，第302～304页。齐湘泉：《也谈“首要分子”与“主犯”》，载《电大法学》1984年第5期。陈兴良：《刑法适用总论（上卷）》，法律出版社1999年版，第530页。

③ 陈兴良：《刑法适用总论（上卷）》，法律出版社1999年版，第532～533页。

点同样没有法律依据，《中华人民共和国刑法》第 26 条规定的主犯只有两种，并没有列举在聚众犯罪中起组织、策划、指挥作用的犯罪分子，并且聚众犯罪是必要共同犯罪，《中华人民共和国刑法》第 26 条规定的是任意共同犯罪，把必要的共同犯罪中的首要分子与任意的共同犯罪中的主犯并列，这就将不同性质的共同犯罪种类混为一谈，将聚众犯罪的首要分子作为一种独立的主犯，那就把不是主犯或者说不存在主犯问题的聚众犯罪的首要分子也包括在主犯的范围内，显然是不科学的。同时他们认为，聚众犯罪的首要分子实际上就是在聚众共同犯罪中起主要作用的犯罪分子，也是错误的，聚众犯罪的首要分子在聚众共同犯罪中不是起**主要作用**的犯罪分子，而是起**组织、策划、指挥作用**的犯罪分子，**主要作用**与**组织、策划、指挥作用**无论是概念上、理论上还是逻辑上都是不同的。第三种观点为高格等所持**"第二种主犯说"，**认为凡属首要分子都是主犯，比如，犯罪集团中的组织者、领导者属于第一种形式的主犯；聚众犯罪中起组织、策划、指挥作用的犯罪分子属于第二种形式的主犯，聚众犯罪是共同犯罪的一种表现形式，其中首要分子完全被一般共同犯罪中起主要作用的犯罪分子即主犯所包括。① 此观点似乎可取，因为共同犯罪是个外延较广的概念，它既包括一般共同犯罪，也可以包括犯罪集团；既可以包括必要的共同犯罪，也可以包括任意的共同犯罪。作为必要的共同犯罪形式之一的聚众犯罪的首要分子，好像可以为它所包括。但是只要我们认真分析一下就发现其实不然，这种观点仍然是将必要的共同犯罪与任意的共同犯罪混为一谈。聚众犯罪是必要的共同犯罪，聚众犯罪的首要分子是属于必要的共同犯罪概念范畴内的首要分子，对聚众犯罪的首要分子只要依照《中华人民共和国刑法》分则有关条文的规定处理就可以了，而不必援引《中华人民共和国刑法》第 26 条关于主犯的概念，两者属于不同的范畴，这种观点同样将**主要作用**与**组织、策划、指挥作用**相混淆。第四种观点为薛恩勤、李文芳、张明楷等所持**"非主犯说"，**他们认为，主犯不都是首要分子，首要分子也不一定都是主犯。因为根据《中华人民共和国刑法》总则关于共同犯罪中主犯的规定，主犯并不都是首要分子，除了首要分子外，在共同犯罪中凡是起了主要作用的都是主犯，但是这些起了主要作用的犯罪分子并不一定就是首要分子。首要分子也不一定都是主犯，《中华人民共和国刑法》规定，犯罪集团的首要分子是主犯，这在刑法理论界都没有异议，但是"另一些共

---

① 高格主编：《刑法教程》，吉林大学出版社 1984 年版，第 152～153 页。

同犯罪中的首要分子”就不是主犯了。[①] 这个“另一些共同犯罪中的首要分子”就是指聚众犯罪中的首要分子。通过上述观点聚讼的辨析，笔者认为，聚众犯罪的首要分子不存在是主犯或者不是主犯的问题，作为必要的共同犯罪的形式之一的聚众犯罪，是刑法分则规定的一种“特殊的共同犯罪”，具备完全犯罪构成要件，无需刑法总则关于共同犯罪的一般规定予以修正，不适用刑法总则关于共同犯罪中有关主犯的一般规定，即无需分清或者说明首要分子是不是主犯的问题。这是两个不同领域的概念，两者并无可比性，正如有一匹马一样，马就是马，你不能说它是公牛还是母牛，虽然它们都是四蹄哺乳动物，从逻辑上来讲就是这样。

大陆法系国家和地区刑法理论认为，当聚众犯罪中有强暴胁迫行为时，就存在下手实施者。所谓下手实施者，一般都是直接破坏法律秩序的人，虽然他在聚众犯罪中的地位不比首谋重要，但由于他是实施者，他也就是将首谋的意图或者计划直接付诸实现者，因此，他的角色也非常重要。下手实施者虽然也加入聚众，但是一般而言，当他加入聚众之初未必就想进行强暴胁迫的实施，他最后之所以不免有强暴胁迫的实施，无非是受到聚众心理的影响所致，所以下手实施者所实施的行为，也并不是完全听从首谋命令的结果。也就是说，首谋的命令对于下手实施者的行为固然有相当的影响，但是即使没有这些命令的发出，在聚众参加者情绪高昂的情况下，下手实施者仍然可能情不自禁而进行强暴胁迫行为的实施。同时，下手实施者的行为，不是在同一时间一齐下手，也就是说有的聚众参加者看见他人先下手实施，由于受到这种下手实施的暗示或者模仿然后才下手的。如果属于这种情况，则下手实施者与其说是自动的行为人，不如说是被动的行为人。尤其是在聚众参加者陷入疯狂兴奋状态的聚众参加者，一听到有人在旁边喊打，就不问是出诸何人，毫无顾虑地实施强暴胁迫行为，犹如未经意志作用的反射动作。

我国大陆刑事立法和刑法理论没有下手实施者一说，与之相对应的可以说只有罪行重大者和积极参加者的划分。所谓罪行重大者，一般是指在聚众犯罪中，实施聚众犯罪行为造成重大后果，罪行严重的犯罪分子。这一表述有很大的模糊性，在司法实践中不太好掌握。在《中华人民共和国刑法》规定的聚众犯罪中，只在危害国家安全的聚众犯罪中规定了罪行重大者。一般

---

① 薛恩勤、李文芳：《略谈主犯》，载《电大法学》1984 年第 2 期。张明楷：《刑法学（上）》，法律出版社 1997 年版，第 298～299 页。

来说，在危害国家安全的聚众犯罪中，实施了杀人、重伤、爆炸等行为并造成一定后果的犯罪分子，就可以认定为罪行重大者，对罪行重大者量刑幅度在十年以上直至死刑。所谓积极参加者，一般来说是指在聚众犯罪中，行为人以积极的心态参加到聚众犯罪中来，行为突出但是尚未达到罪行重大者的程度。这种表述相对而言也不大好掌握，所谓积极，表现出的是一种主观心态，是对参加这一行为的修饰，虽然也是行为，然而主观性太大，不如其他大陆法系国家和地区规定的下手实施者来得客观，容易判断，只要行为人实施了强暴胁迫行为就可以认定为下手实施者。

大陆法系国家和地区刑法理论认为，在聚众犯罪中，都存在在场助势者。所谓在场助势者，是指参加聚众而于聚众实施犯罪之际，张大声威的行为人。在场助势者虽然不能与下手实施强暴胁迫的情形相提并论，然而聚众之所以有暴行的实施，同时暴行之所以趋于变本加厉，在场助势者的助势行为也是不可忽视的。关于在场助势的方式，法律并没有特别的规定或者限制，无论是摇旗呐喊，还是打锣示威；无论是散发传单，还是口头声援，都可成为助势行为。然而，在所有聚众行为中，以助势行为最缺乏犯罪性，而对于行为人而言，亦可能并没有明显的犯罪意识。这是因为大多数的在场助势者由于偶然的机会加入聚众的行列，对于聚众的行为可能缺乏正确的认识，再者他以口头助长聚众的声威，未必出于认真，更不知道自己的行为所引起的利害关系。由此可知，在场助势者多是偶然在场，附和他人的吆喝，却并不一定想动手实施强暴胁迫。

我国大陆刑事立法和刑法理论没有在场助势者一说，与之相适应的当属其他参加者这一概念。所谓其他参加者，是指在聚众犯罪中，随大流者，随声附和者，主观心态并不积极，主要起壮声威的作用，实质上是一般的参加者，其他参加者的作用与其他大陆法系国家和地区刑法理论所谓在场助势者相仿。

由此，我国犯罪心理学家罗大华等认为聚众犯罪与其他共同犯罪至少有三点区别：一是聚众犯罪成员人数较多，但是他们之间可能还互不认识，偶然集合在一起，缺少事前的沟通、交往与联系；二是聚众犯罪除少数别有用心的鼓吹者、首犯之间有一定的联系和组织外，从整体上说，绝大多数成员间是组织联系的乌合之众，一旦犯罪事件结束，便作鸟兽散，自动解散；三是多数成员之间无预谋和通谋，由偶然事件诱发，具有情境性与情绪性色彩。①

在司法实践中，我们在分析认定聚众犯罪的犯罪主体时，必须充分认识到，由于犯罪活动是一个动态的发展过程，行为人也会随着自己在聚众犯罪中的作用而发生身份的变化，因此，在上述四类聚众犯罪主体中，可能存在着身份上的互相转化或者包容的问题，如原来是其他参加者，而随着犯罪活动的发展，他也可能成为积极参加者甚至罪行重大者或者首要分子；也可能会出现最先是罪行重大者、首要分子，而后来则变为积极参加者、其他参加者，甚至会退出整个犯罪活动。对此应当如何处理，笔者认为，应当本着实事求是的态度予以认定，对于由轻度行为实施者如积极参加者、其他参加者向重度行为实施者如罪行重大者、首要分子发展的，应当以他们后来的重度行为实施者即罪行重大者、首要分子来认定；而对于由前述重度行为实施者向轻度行为实施者发展的，则仍然应当以其重度行为实施者予以认定，但是对其行为向轻度方向实施者转变这样一个事实，我们在量刑时也应当予以充分考虑。

二、聚众犯罪的主观方面

聚众犯罪是必要的共同犯罪，是共同犯罪的一种，根据我国刑事立法和共同犯罪的基本理论，“共同犯罪是指二人以上共同故意犯罪”，这就从立法上将共同犯罪固定在故意犯罪的范围内，这就要求共同犯罪人必须要有共同的犯罪故意，它排除了过失这一罪过形式进入聚众犯罪的领域的可能。

所谓“共同的犯罪故意”，是指各共同犯罪人通过意思联络认识到他们的共同犯罪行为是危害社会的行为或者会发生危害社会的结果，并决意参加共同犯罪，希望或者放任这种危害社会的行为进行以及希望或者放任这种危害社会的结果发生的心理态度。它是共同犯罪人承担刑事责任的主观心理基础。

聚众犯罪的故意不是单独犯罪的故意的简单组合，而是三人以上犯罪故意的有机统一，而这种有机统一的纽带就是主观意思的联络。大陆法系国家和地区刑法理论在论及共同犯罪主观方面时，都特别强调共同犯罪人之间的这种主观意思的联络。牧野英一指出：“共犯的主观要件是意思联络。由于甲

① 罗大华、何为民：《犯罪心理学》，浙江教育出版社2002年版，第376～377页。

的意思与乙的意思互相联络，其两者的行为才产生法律上统一观察的结果。”[①] A·H·特拉伊宁也认为，如果“不要求各共犯之间有一定的主观联系，就必然把刑事责任建立在几个人的不同的行为客观巧合的基础上，也就是说必然会导致所发生的结果的客观归罪”。[②] A·H·特拉伊宁所说的主观联系也就是牧野英一所说的意思联络，就是共同犯罪人或者以明示或者以暗示的方法表明他们相互之间愿意共同实施某种犯罪。这种主观的意思联络不一定全部都是以明示的方式表达出来，还可以通过默示或者通过合乎逻辑的行为表现出来。[③] 聚众犯罪故意同样也是如此，并且聚众犯罪一般是直接故意，即是希望危害社会的行为进行和希望危害社会的结果发生的心理状态。在一般情况下，共同犯罪（特别是聚众犯罪）故意的意志因素具有双重性：一是行为人对自己的行为是危害社会的行为或者自己的行为可能会造成的危害社会的结果持希望的心理态度；二是对他人（即与自己共同犯罪的人）的行为是危害社会的行为或者他人的行为可能造成的危害社会结果持希望的心理态度。这两种心理态度的有机统一就构成了聚众犯罪人的意思联络。

聚众犯罪故意只有实行故意，一般不存在组织故意和教唆故意，更不存在帮助故意。这是因为，聚众犯罪是必要的共同犯罪，是刑法分则特别规定的犯罪，聚众犯罪行为人都是实行犯，因而行为人的组织故意和教唆故意在聚众犯罪中都不是非实行故意，而是实行故意。也就是说，在聚众犯罪中，组织、策划、指挥、教唆、实施、参加的故意都是一种实行的故意，即行为人明知在聚众犯罪中，自己是在和他人进行聚众犯罪，自己的组织、策划、指挥、教唆、实施、参加行为是危害社会的行为或者自己的组织、策划、指挥、教唆、实施、参加行为可能造成危害社会的结果持希望发生的心理态度。

我们在研究聚众犯罪时要特别注意**同时犯**的问题，特别不要将同时犯认定为聚众犯罪。所谓“同时犯”，是指二人以上的行为人没有共同实行犯罪的意思联络，同时对同一目标实行同一犯罪的情况。正如汉斯·海因里希·耶赛克、托马斯·魏特根所说的那样“可能有数名彼此无关之人均作为正犯参与实施同一犯罪行为的情况发生（同时正犯）……如果数人共同导致了构成

---

① ［日］牧野英一：《刑法研究》，有斐阁1928年版，第34页。

② ［苏］A·H·特拉伊宁：《犯罪构成的一般学说》，王作富等译，中国人民大学出版社1958年版，第233页。

③ ［德］汉斯·海因里希·耶赛克、托马斯·魏根特：《德国刑法教科书（总论）》，徐久生译，中国法制出版社2001年版，第822页。

要件该当的结果，同时又没有共同的犯罪决意，是**同时犯**（Nebentaterschaft）”。[①] 如众多行人对某车上散落下来的财物，在没有人组织、策划、指挥的情况下，一哄而上地哄抢，由于哄抢人之间没有意思的联络，这种哄抢行为一般不认定为聚众哄抢行为，对于哄抢人可以根据他哄抢的情节和数额，考虑分别以抢夺罪论处。

大陆法系国家和地区有一些刑法理论学者认为聚众犯罪一般具有无组织性，聚众犯罪多为遽然而形成，因而参加聚众犯罪的各个人在聚众的情况下，人人得有机会为首谋，他们之间不以“意思之共同及行为之分担”为必要条件。[②] 这种观点值得探讨。如前所述，聚众犯罪是一种必要的共同犯罪，既然是共同犯罪，就必然要求行为人之间有意思的联络，没有意思的联络就不称之为共同犯罪。在聚众犯罪中，都有首要分子或“首谋”，聚众犯罪人在聚众犯罪的首要分子或者“首谋”的组织、策划、指挥下进行聚众犯罪，这里的组织、策划、指挥行为本身就具有组织行为的性质，这些行为本身就带有“意思联络”的含义在内。如果没有彼此之间的意思联络，聚众犯罪无从进行，如果发生犯罪也只是同时犯而不是我们所说的聚众犯罪。这其中的“意思表示”“意思联络”不一定发生在聚众犯罪的开始时，也可以发生在聚众犯罪开始后、进行中。同时，既然认定聚众犯罪有首要分子或“首谋”，那么首要分子或“首谋”的组织、策划、指挥作用就是起“组织”的作用，这个“组织行为”也就是将参加聚众的各个人的意思联络起来，使首要分子的意思成为聚众者的意思，进而使其他聚众者的意思统一起来，否则首要分子的组织、策划、指挥作用无从体现。只是刑法不将此组织、策划、指挥行为视为组织行为，而将这种行为规定为实行行为。

从聚众犯罪的动机来看，社会中孤独的个人为了求生存的必要，自然而然地会形成一种依赖群体的心理，在这种心理的影响下，就会产生一种被称为“群集欲”的愿望。[③] 因此，单个的个人不仅会以一种本能心态加入各种社会团体，而且很容易产生一种参加到聚集的群众中的意愿，与聚集的人群共同行动。于是，如遇到有聚众形成的时候，多数人就容易引起共同参加进去

---

① ［德］汉斯·海因里希·耶赛克、托马斯·魏根特：《德国刑法教科书（总论）》，徐久生译，中国法制出版社 2001 年版，第 776 页、第 823 页。

② 叶志刚：《聚众犯的本质特征与分类》，载蔡墩铭主编：《刑法分则论文选辑（上）》，台湾地区五南图书出版公司 1984 年版，第 149 页。

③ 这也是社会契约论的理论前提，无论是卢梭还是霍布斯都持此观点。

的欲望，特别在这种聚众的目标与其兴趣相符或者相近的时候更是如此。

孤独的个人虽然存有“群集欲”，但也并不是每个个人都盲目地参加任何聚众，也就是说即使有聚众形成，个人对自己是否参加这种聚众，仍然要由个人的意志所决定，而不是根本不经考虑就予以参加。是否参加聚众还是按照个人的决定而有所不同，尤其是内心具有安全感的个人一般不会参加聚众而共同实施行为，只有那些具有严重不安感和挫折感的个人，才有参加聚众而共同实施行为的欲望，目的就在于想在聚集的人群中寻求某种安全感和发泄心中的挫折感。美国学者卡普伦在研究美国黑人经常发生骚乱的问题时，曾提出过一种被称为“机会受阻”的理论，基本点是在黑人聚居区中“新居民”的理想与聚居区的客观生活条件之间缺乏一致性，对自己的生活具有更高的憧憬，但是与此同时，他们又深信现在的社会制度将会阻止他们越来越高的期望得以实现。由于这种挫折感使得黑人民众在受到某种外界刺激时，容易产生一种机会受阻的感觉，因而会产生一种发泄挫折感的欲望，并因此而发生骚乱。① 由于多数个人在聚众之中产生交互作用的关系，聚众后所体验的不安感与挫折感比单独的个人相对所体验的要大得多，在这种情况下，当有人向聚众的人们提出安全的指示时，这种具有严重不安感和挫折感的个人最容易接受这种指示，当大多数人接受这种指示时，则指示的内容自然成为聚众者的目标，个人的意识和意志、态度就会受聚众的目标所影响或者修正。因此，聚集起来的人群非常容易接受各种指示，并将指示的目标作为本身的目标，这就属于转移目标的情形。于是，聚集的人群本来所具有的合法目标，由于受到他人的指示或者煽动，就可能转变为违法的目标，并实施攻击、破坏或者侵害的行为。因此，实施强暴胁迫或者暴力的聚众犯罪行为人实施强暴胁迫或者暴力的动机并不一定从聚众一开始就已经存在，他们在开始时可能并没有实施强暴胁迫或者暴力的明显意图，但是在受他人煽动之后，才开始有这种不法意图的产生。因此，这种聚众犯罪主观方面产生、发展的情形，在对聚众犯罪研究时不能不予以高度重视。

三、聚众犯罪的客观方面

聚众犯罪的客观方面就是聚众犯罪活动的客观外在表现，主要是要有聚

---

① ［美］参见克特·W·巴克主编：《社会心理学》，南开大学社会学系译，南开大学出版社 1984 年版，第 406～407 页。

众犯罪的危害行为，这是一切聚众犯罪都必须具备的客观要件。而聚众犯罪的危害结果，是某些聚众犯罪所必须具备的客观要件。至于聚众犯罪的时间、地点、方法也可能成为某些聚众犯罪的选择要件。由于聚众犯罪多为行为犯或举动犯，因此，在此着重介绍一下聚众犯罪的危害行为。

（一）聚众犯罪的危害行为

所谓聚众犯罪的危害行为，是指犯罪主体在自己意思或意志的支配之下所实施的聚众危害社会并为刑法所禁止的行为，是一切聚众犯罪都必须具备的客观要件，而且在聚众犯罪构成的条件中是居于核心地位的。没有行为就没有犯罪，是一条古老的刑法格言。美国刑法学家道格拉斯·N·胡萨克曾经对正统的刑法理论进行了批判、修正，提出了修正的刑法理论。其中一个最重要的修正就是以“控制原则”取代犯罪的行为要件。他以“事态（state of affairs)”取代行为。他认为，一个人如果不能防止事情的发生，就是对事态不能控制。如果事态是行为，他就应当能不为该行为；如果是后果，他就应当能防止后果发生；如果是意图，他就应当能不具有这个意图。[①] 这种理论对于提高理论解释力有着重要的意义，即凡是一切可以控制而未能控制的事态都可以归之于犯罪，否则就不构成犯罪。这对于“不作为”“持有”等行为的证明有很大的帮助。但是，“控制”本身就是一个十分虚幻的概念，主观性太大，难以掌握，难以对能否“控制”作出实证的与规范的判断。没有行为就没有犯罪至今仍然是刑法的一个基本原则。如果行为人没有聚众实施某种危害行为，就不存在让行为人承担刑事责任的客观依据，因而也就当然不构成所谓聚众犯罪，即使行为人实施了聚众的行为，但是如果没有实施危害行为，同样也不构成聚众犯罪，如合法的集会、游行、示威等。因此，马克思指出：“对于法律来说，除了**我的行为**以外，我是根本不存在的，我根本不是法律的对象。我的行为就是我同法律打交道的唯一领域，因为行为就是我为之要求生存权利、要求**现实权利的**唯一东西，而且因此我才受**现行法**的支配。”[②]

聚众犯罪的行为包括组织、策划、指挥、煽动、实施、参加行为。在任意的共同犯罪中，实施组织、指挥行为的犯罪人构成组织犯，实施策划行为

---

① 参见［美］道格拉斯·N·胡萨克：《刑法哲学》，谢望东等译，中国人民公安大学出版社1994年版，第103页。

② ［德］卡尔·马克思：《评普鲁士最近的书报检查令》，中共中央马克思、恩格斯、列宁、斯大林著作编译局译，载《马克思恩格斯全集》（第1卷），人民出版社1956年版，第16～17页。

的犯罪人构成预备犯，实施煽动行为的犯罪人一般构成教唆犯，实施实行行为的犯罪人构成实行犯，实施一般参加行为的犯罪构成帮助犯或者次要的实行犯。其中，组织、策划、指挥、煽动、参加似乎都不是实行行为。但是，由于聚众犯罪是由刑法分则明文规定的，因此，聚众犯罪的组织、策划、指挥、煽动、实施、参加行为都是实行行为，这种聚众犯罪的组织、策划、指挥、煽动、参加行为不再是非实行行为的组织、策划、指挥、煽动、参加行为。

与其他犯罪一样，聚众犯罪的危害行为也有三个方面的基本法律特征。一是必须具有一定的外在表现。这是最基本的特征，表现在人身体的有形的活动，如行为人聚集在一起、行为人发表煽动性演说、呼喊口号、冲击机关单位等。二是必须是在行为人的意识和意志的支配下所实施的行为。如果不是在行为人的意识和意志支配下的行为，就不属于刑法意义上的行为，因而不能让行为人承担刑事责任。如一群精神病人在精神病发作期间实施了类似“聚众”伤人行为、“打砸抢”行为等，就不能让他们承担刑事责任，或者一群已满 14 周岁未满 16 周岁的未成年人“聚众”实施了某一法律规定的聚众犯罪行为，因其不具备法定刑事责任年龄同样也不能追究他们的刑事责任。三是必须具有社会危害性。如果行为不具有社会危害性，同样不能追究行为人的刑事责任。如合法的群众集会、游行、示威，虽然也是一种类似聚众行为，但是因为这种行为不具有社会危害性，甚至还要受到法律保护，当然不能追究行为人的刑事责任。这种社会危害性是刑法违法性、刑事可惩罚性的基础。

从聚众犯罪的形式来看，聚众犯罪一般是一种作为行为，是指聚众的行为人以他们自己的积极的聚众形式，去实施刑法所禁止实施的危害社会性的聚众行为的一种形式。但在聚众犯罪中也有一些犯罪是不作为形式，如大陆法系国家和地区的聚众不解散罪和《中华人民共和国刑法》规定的非法集会、游行、示威罪。聚众犯罪一般有两种实施形式：一是实施暴力，或者如其他大陆法系国家和地区刑法所称的“强暴胁迫”；二是未实施暴力。无论哪一种实施形式，只要是聚众实施刑法所禁止聚众实施的行为，就可以成为聚众犯罪的危害行为，都是作为行为。聚众犯罪要求众人共同实施犯罪行为。因此，每个聚众犯罪参加人均必须实施了一个客观的共同犯罪行为。只有当每一个聚众犯罪参加人依据共同犯罪的故意，以亲自和负完全责任的方式实现构成要件要素时，这一先决条件才会实现。但是这并不要求每一个聚众犯罪参加人实现所有的构成要件，因为基于共同的犯罪故意和在共同的犯罪故意范围内，他人的共同犯罪行为应当被视为每个参加人自己的行为。如在聚众哄抢犯罪中，进行组织、策划、指挥的首要分子不一定到现场进行哄抢，在这种情况下，就不能认为因为他没有到现场实施哄抢行为而不构成聚众哄抢罪。这是因为，一则首要分子的组织、策划、指挥行为的组织行为本身就是实行行为，是聚众哄抢罪实行行为的重要组成部分；二则其他直接在现场进行哄抢的行为是在首要分子的组织、策划、指挥下进行的，这种哄抢行为也应当被视为首要分子的行为。

法国社会心理学家勒庞（Le Bon）认为，从驱使聚众犯罪的力量来看，现代社会由于人口密集而且交通方便，人们随时都有聚集的可能性，尤其是在社会有突发性社会事件发生时，更容易使人们聚集在一起。因此，人们是否聚集在一起，一般要看社会上所发生的事件是否为人们所知晓而确定。一个人在实施某种行为的时候，最需要信息为他提供判断，这对于聚集的人群来说尤其如此。虽然有聚众，但是人们未必对他们所关心的情况能获得正确的信息。假设没有获得应有的信息，则聚众的人们非常容易陷入幻想猜疑的状态，这是显而易见的。因此，这个时候聚众的参加者传达某种信息或指示，就非常容易使得聚众的参加者依照其所获得的信息或指示而进行行动，信息对于聚众参加者的行动具有强大的影响力。因此，信息不可不被看作是驱使聚众参加者的重要力量。①

台湾地区刑法学家、犯罪心理学家蔡墩铭认为，对于聚众参加者如何获得信息，一般可以分为下列四种情况：一是图片和图像。聚众参加者的想象力、直觉容易被图片和图像内的事实所唤起。因此，对于聚众参加者示以图片和图像时，将使聚众参加者想象图片和图像中的事实就是实际所发生的事实，有时甚至深信不疑，而这足以使聚众参加者不满的情绪更加扩大，特别是当这种图片和图像与聚众参加者的想象相反或者相近时，更是如此。二是标语。使用明显易记的词句，记载某种事实的标语，有时它所发生的作用并不亚于图片和图像的宣传作用，这主要是因为标语多半言之有物，毫不隐讳，因此容易被人接受，它的效果也比较大。三是口号。标语的口语化就是口号。口语化的标语与一般的标语不同的地方就是标语对于人的视觉器官给予影响，

---

① 关于勒庞的大众心理学理论更多的内容，有兴趣者可以参见［法］古斯塔夫·勒庞：《乌合之众——大众心理研究》，冯克利译，中央编译出版社 2000 年版。

而口号却对于人的听觉给予影响，由于对听觉器官的刺激效果往往大于对视觉器官的刺激效果，因此，口号被认为是更能发生影响聚众参加者的力量。例如一人在聚众参加者中高呼口号，就不难使多数人亦予以附和喊叫，且使聚众参加者激起更为强烈的情绪，而有冲动行为的实施。四是演说。对聚众参加者进行演说，特别是对于形成中的聚众进行演说，的确有促成聚众形成的效果。尤其当聚众参加者期待获得信息时，演说者一般都被聚众参加者视为信息的传达者，对于演说的内容产生极大的兴趣，于是有意煽动聚众参加者的人一般都会利用这一机会而进行煽动性演说，致使聚众参加者盲从他的煽动，遂使得聚众参加者有暴力的实施，特别是演说能力强的人进行极富煽动性的演说时，更是如此。[①] 美国著名的社会心理学家弗里德曼也认为，在群体中，一个极有说服力和支配力的人能说服别人去做他不在场时他们不肯去做的事情。[②]

大陆法系国家和地区刑法学家认为，刑法上所要处罚的聚众犯罪人并不限于已经有强暴胁迫的实施，也就是我国大陆学者认为的暴力行为，即使尚未实施强暴胁迫，同样也具有刑事的可惩罚性。然而，无可怀疑的事实是刑法对聚众犯罪规定还是以处罚强暴胁迫的实施为主要，借以防止强暴胁迫发生。因此，有没有强暴胁迫的行为对于聚众犯罪的刑事的可惩罚性，特别是量刑有很大的影响。聚众犯罪行为人中下手实施者，就是指下手实施强暴胁迫的行为人而言。在通常情况下，所谓强暴胁迫，就是指有形不法腕力的行使。这种聚众犯罪行为人所实施的强暴胁迫无异于非聚众犯罪所实施的强暴胁迫。[③] 应当成为刑法打击的重点。

在所有的犯罪中，恐怕很少有犯罪如聚众犯罪这样富于变化。聚众犯罪之所以可怕，也就在于聚众犯罪行为的易变性。我们在考察聚众犯罪发生时，不难发现，许多聚众犯罪可以说是纯粹出于偶然。有时候一点小事，在别有用心人的煽动下也会酿成疾风暴雨式的聚众犯罪，造成不可收拾的局面。有时候又由于种种原因使大规模的聚众犯罪在外界的刺激下又趋于衰退，自行偃旗息鼓。那么，是什么样的外界的刺激会对聚众犯罪的这种变化产生影响呢？一般认为有三个方面的因素。一是外界的阻扰。前面已经说过，内心具

① 蔡墩铭：《犯罪心理学》，台湾地区黎明文化事业股份有限公司 1979 年版，第 686～687 页。

② ［美］J・L・弗里德曼、D・O・西尔斯、J・M・卡尔史密斯：《社会心理学》，高地、高佳等译，周先庚校，黑龙江人民出版社 1984 年版，第 586 页。

③ 蔡墩铭：《犯罪心理学》，台湾地区黎明文化事业股份有限公司 1979 年版，第 690 页。

有不安感和挫折感的人最容易参加聚众，因此，聚众可以说是集合多数具有不安感和挫折感的人而形成的，以至于他们的聚集本身就充满着不安感和挫折感，而聚集的目的就是为了将他们自己心中所积蓄的不安感和挫折感发泄出去。因此，当聚众的行为在遭遇到外界的阻扰时，特别是这种阻扰足以成为他们情绪发泄的对象时，就会引起激烈的行为。例如，我们常常可以看到一些本来聚集的人群并无实施强暴胁迫的意图，只是要求进入有关单位之内和平表达意愿，与有关单位进行所谓的“谈判”，这本属于和平的要求，只是由于有关单位拒绝与聚集者谈判，或者关闭单位大门，不让聚集的人群进入单位内，既不与聚集者谈判，也不允许聚集的人群所推举的代表进来，聚集的人群在他人的煽动下，就很容易诉诸暴力，将大门及其他设施予以捣毁等。同样，本来已经诉诸暴力的人群，在得知关单位答应“谈判”时，又有可能放弃暴力，转入和平请愿，甚至自行散去。二是不正当的干涉。聚众形成之初，政府当局可能没有予以适当的疏导，反而以不当的手段或者方法强加干涉，这种干涉最容易演变成为聚集的人群施以暴行以发泄不满。例如，负责处理聚众事件的官员，不仅不设法或者认真地为聚集的人群解决问题，反而凭借强力诸如枪械、警棍等强迫聚众的人群就范或者解散，这极易引起聚集的人群的愤怒，使得该官员成为聚众的人群所攻击的对象并引发聚众犯罪。三是偶然的冲突。当聚众的人群与当局相持不下时，偶然发生的冲突，每每促使聚集的人群采取过激行为，引发聚众犯罪。例如，处置聚众事件的公务人员在引导聚众人群疏散时，不慎伤害了参加聚众的人员，由于聚众参加者已经产生了心理上的一体感，就不免引起聚众参加者的愤怒，使全体聚众参加者对该公务人员施以攻击，引发聚众犯罪。同样在发生上述情况时，由于聚集的人群可能突然产生害怕感，也可能被迫解散，而使聚众犯罪被扑灭在萌芽状态。

（二）聚众犯罪的危害结果

聚众犯罪的危害结果是某些聚众犯罪所必须具备的客观要件之一，它是指聚众犯罪行为人的危害行为给我国刑法所保护的社会关系也即客体所造成的损害。如同其他犯罪的结果犯一样，如果某些聚众犯罪中的结果犯的聚众者的行为没有造成任何危害结果，就不能依据刑法规定将他们认定为犯罪，因而也就不能处以刑罚。这种危害结果是对社会关系的一种损害，并不能完全等同于对某种具体对象所造成的某种现实的实际存在的损害。如聚众冲击国家机关罪，行为人不一定对国家机关的某些物件给予实际的损害，但是并不说明行为人冲击国家机关的行为没有造成危害结果，这种危害结果就体现在危害了国家机关的正常工作秩序、国家机关的权威上。特别是聚众犯罪中的结果犯，犯罪的危害结果是否出现就是聚众犯罪的既遂与未遂的标准了。如聚众哄抢罪，行为人除了具有采用哄闹、滋扰等方法，公然夺取公私财物行为外，还要求被哄抢的公私财物数额较大或者有其他情节严重，否则就不构成聚众哄抢罪。

在某些聚众犯罪中，**犯罪的地点**也是聚众犯罪选择的客观要件，缺少犯罪地点这一要件，就不能构成聚众犯罪或者就不能构成此种聚众犯罪。如聚众扰乱公共场所秩序、交通秩序罪，就要求聚众犯罪行为人的行为必须发生在车站、码头、民用航空站、商场、公园、影剧院、展览馆、运动场或者其他公共场所或者交通要道等。聚众持械劫狱罪就要求犯罪行为人的行为是针对监狱内在押罪犯、被告人、犯罪嫌疑人。如果行为不是针对监狱，而是押解途中罪犯、被告人、犯罪嫌疑人，则只构成劫夺押解人员罪，而不构成聚众持械劫狱罪。因此，犯罪地点有时在聚众犯罪中是一个非常重要的客观要件。

第二节　聚众犯罪形态

凡具有刑法理论知识的人均知道，刑法分则对具体犯罪的规定都是以犯罪既遂为标准，它是犯罪的完成状态，是指某一犯罪完全具备了刑法分则所规定的构成某一犯罪所必需的全部主客观要件。然而，在现实生活中，并不是所有的故意犯罪行为人都会达到既遂，实现行为人所预期的犯罪目的和结果。这就存在犯罪的未完成状态，也就是犯罪预备、犯罪未遂、犯罪中止，刑法理论上也称之为修正的犯罪构成。

一、聚众犯罪形态概述

聚众犯罪从主观要件来看是一种故意犯罪，根据刑法理论，故意犯罪都存在故意犯罪形态。而故意犯罪形态是指故意犯罪在发生、发展和完成犯罪的过程中，因为各种主客观原因而可能停止的各种状态。由此，按故意犯罪停止时犯罪是否完成为标准，可以将聚众犯罪分为聚众犯罪的完成形态和聚众犯罪的未完成形态。聚众犯罪的完成形态就是聚众犯罪的既遂。所谓聚众犯罪的既遂，是指某一行为已经完成了犯罪，完全符合刑法分则规定的某一聚众犯罪的犯罪构成，达到了聚众犯罪的终点。所谓聚众犯罪的未完成形态，是指某一行为还未完全完成犯罪，在聚众犯罪行为的发展过程中还未达到终点即停顿下来，虽然具有聚众犯罪的基本特征，但是尚不符合刑法分则规定的聚众犯罪的犯罪既遂标准。聚众犯罪的未完成形态同样包括聚众犯罪预备、聚众犯罪未遂和聚众犯罪中止。

刑法理论认为，犯罪形态只存在于故意犯罪且为直接故意犯罪中，而聚众犯罪都是直接故意犯罪。因此，聚众犯罪也就都存在着犯罪形态的问题。但是这并不是说所有的聚众犯罪都存在所有的犯罪形态，聚众犯罪也可能不存在某些犯罪形态。如聚众犯罪中的某些举动犯，就不存在未遂的问题。还有一些突发性的聚众犯罪，则可能不存在犯罪预备和犯罪预备阶段的中止，只可能存在既遂、未遂和实行阶段的中止等。

二、聚众犯罪的既遂

聚众犯罪的既遂是指聚众犯罪行为人所实施的聚众危害行为完全符合并具备某一聚众犯罪的全部构成要件，已经达到了这一聚众犯罪行为的终点，不能再向前发展的一种聚众犯罪形态。一种聚众犯罪是否构成既遂，应当以聚众犯罪行为人的聚众犯罪的危害行为和危害结果是否具备了刑法分则所规定的某种聚众犯罪构成的全部构成要件为标准，当该行为完全符合了聚众犯罪构成要件即构成了这一聚众犯罪的既遂。

从聚众犯罪的既遂来看，可以分为三种类型。一是聚众犯罪中的结果犯。在聚众犯罪中有一部分是结果犯，包括聚众哄抢罪，聚众扰乱社会秩序罪，聚众冲击国家机关罪，聚众扰乱公共场所秩序、交通秩序罪，扰乱法庭秩序罪，聚众冲击军事禁区罪，聚众扰乱军事管理区秩序罪。这一类聚众犯罪要构成既遂，不仅要求行为人实施了刑法分则所规定的构成聚众犯罪的客观要件的行为，而且必须出现刑法分则所规定的聚众犯罪的危害结果，才能构成犯罪。即只有发生了法定的聚众犯罪结果，才能以既遂论处。这种聚众犯罪结果是指聚众犯罪行为给聚众犯罪对象所造成的物质性的可以予以测量而且确定的有形的损害结果和无形的损害结果。二是聚众犯罪中的行为犯。聚众犯罪中有一部分犯罪是行为犯，包括聚众阻碍解救被拐卖妇女、儿童罪，聚众斗殴罪，聚众淫乱罪，引诱未成年人聚众淫乱罪，赌博罪，组织越狱罪，暴动越狱罪，聚众持械劫狱罪。这一类聚众犯罪的行为犯，是以聚众犯罪行为是否完成作为划分既遂和未遂的标准。聚众犯罪行为人只要完成了刑法分则所规定的某种聚众犯罪所必须完成的行为，就构成聚众犯罪的既遂。三是聚众犯罪中的举动犯。包括危害国家安全的聚众犯罪中的分裂国家罪，武装叛乱、暴乱罪，颠覆国家政权罪。这一类聚众犯罪，只要聚众犯罪行为人一着手实施聚众犯罪行为，就构成犯罪的既遂。在这些聚众犯罪中的组织、策划、实施、煽动行为都不是一般共同犯罪的组织行为、教唆行为，也不是一般故意犯罪中的预备行为，而是实行行为，只要行为人实施，就构成犯罪，无所谓犯罪未遂和犯罪预备的问题，但是仍然可能存在犯罪预备阶段（不是犯罪预备）中止的问题。与其他犯罪相比，聚众犯罪不存在危险犯的既遂问题。

三、聚众犯罪预备

聚众犯罪预备，是指聚众犯罪行为人为了聚众犯罪已经开始实施了准备活动，但是由于意志以外的原因未能着手实行聚众犯罪而停止下来时所表现出的一种形态。

由于聚众犯罪在某种程度上也可以说是一种共同实行犯，而一般刑法理论均承认有共同实行犯的预备犯，它指的是为共同实行犯罪而创造条件的行为。[①] 因此，聚众犯罪是存在预备犯的，但并不是所有的聚众犯罪都存在犯罪预备形态，危害国家安全的聚众犯罪是举动犯，当然有一个预备过程和行为，但是这个预备过程和行为已经不是我们在此要说的犯罪预备行为，这种行为的本身就是刑法分则所规定的实行行为。

与其他犯罪一样，聚众犯罪预备也具有自己的基本特征，一是必须具有实施某种聚众犯罪的直接故意。这一点一般不存在问题，因为聚众犯罪的主观故意都是直接故意。二是行为人已经开始实施了某种聚众犯罪预备行为。

---

① 陈兴良：《共同犯罪论》，中国社会科学出版社 1992 年版，第 391 页。

即为了聚众犯罪的顺利实施、完成而积极创造条件的行为。在聚众犯罪中，一般是已经开始聚集了众人，准备实施某一聚众犯罪，如除危害国家安全的聚众犯罪外的所有聚众犯罪；或者是已经开始准备了作案工具，如聚众持械劫狱罪。三是尚未着手实施聚众犯罪实行行为。这是与犯罪未遂、犯罪既遂形态区别的主要标志。表明行为人的聚众犯罪行为在没有实施聚众犯罪实行行为即为刑法分则规定为构成某一具体犯罪构成的客观方面的行为前即停顿下来，不能再向前发展。四是尚未着手实施聚众犯罪实行行为，是由于行为人意志以外的原因所致。如两群欲聚众斗殴团伙，各自准备了作案工具，来到现场，但是由于一方因故未到现场而未实际进行斗殴。如果是犯罪行为人自动自愿停止，就不是聚众犯罪预备，而是聚众犯罪中止。

四、聚众犯罪未遂

聚众犯罪未遂，是指聚众犯罪行为人已经着手实行犯罪，由于犯罪分子意志以外的原因而未得逞，是聚众犯罪未能全部完成犯罪行为的一种可能停止的状态。

同样，并不是所有的聚众犯罪都存在犯罪未遂状态，危害国家安全的聚众犯罪是举动犯，只要一实施就是既遂，不存在犯罪未遂的问题。与其他犯罪一样，聚众犯罪未遂也具有自己的基本特征。一是已经着手实施聚众犯罪，这是区别聚众犯罪预备形态的主要标志。如果尚未着手实施聚众犯罪，仅仅进行预备行为而由于意志以外的原因被迫停止继续犯罪，就是聚众犯罪预备形态。所谓“着手实行聚众犯罪”，就是指聚众犯罪行为人已经开始实施刑法分则规定的某一具体的聚众犯罪构成的客观要件。应当注意的是，聚众犯罪的行为是一个整体，只要有一个人着手实行犯罪，就应当视整个犯罪进入着手状态。在此情况下，如果在场的其他聚众犯罪人尚未来得及亲手直接实行犯罪时，已经着手实行的聚众犯罪人就被意志以外的原因所制止而使整个聚众犯罪未得逞，那么，全部聚众犯罪人都应当承担聚众犯罪未遂的刑事责任而不能对未着手实行的人以聚众犯罪预备论处。① 如聚众斗殴的双方行为人已经到达斗殴现场，由于公安人员及时赶到制止；聚众持械劫狱的行为人已经到达监狱外围，已经开始攻打，但是由于发现监狱戒备森严，自己作案工具

---

① 参见陈兴良：《共同犯罪论》，中国社会科学出版社 1992 年版，第 397～398 页。

不足以攻下监狱而放弃。二是犯罪还未得逞，即还未完成某一聚众犯罪所必须具备的全部构成要件。一般而言，聚众犯罪的结果犯，是以是否发生了某一聚众犯罪的必要构成要件的结果作为既遂和未遂的标志。如聚众扰乱社会秩序罪必须发生了“致使工作、生产、营业、教学、科研和医疗无法进行，造成严重损失”的结果，才是既遂。在聚众犯罪中，一般而言，聚众犯罪行为人中的一人达到了既遂，则全体聚众犯罪行为人也就达到了既遂，特别是在聚众犯罪的结果犯的情况下，只要一人的行为造成了聚众犯罪结果的发生，就应当认定全体聚众犯罪人均构成既遂，这是因为全体聚众犯罪人的行为是一个有机的整体，每个人的行为都处于整体行为的有机统一体中而与犯罪结果具有因果关系。同样，当他们的实行行为都未能得逞时，聚众犯罪人都构成犯罪未遂。但是在犯罪性质上通过他人的行为不能成为实行犯的犯罪也即是“亲手犯”的情况下，一般就不宜适用上述原则。如组织越狱罪中，如果有人越狱成功、有人越狱不成功，则对越狱成功的按组织越狱罪的既遂论，越狱不成功的，则可以考虑按组织越狱罪未遂论处。

五、聚众犯罪中止

聚众犯罪中止，是指聚众犯罪行为人在聚众犯罪过程中，自动放弃聚众犯罪或者自动有效地防止聚众犯罪结果发生，它是指聚众行为人自动放弃聚众犯罪或者自动有效地防止聚众犯罪结果发生的一种可能的犯罪停止状态。

所有的犯罪都存在着犯罪中止的情况。但是，聚众犯罪中的举动犯是不是存在犯罪中止的问题呢？有学者认为，举动犯既然不存在犯罪未遂，当然也不存在犯罪预备和犯罪中止。如果行为人组织、策划危害国家安全的聚众犯罪的活动，在进入实施阶段前自行停止进一步的实施行为，将已经组织的参加者解散，亦未发生严重的社会后果的，只能视为事后态度问题，可以从轻处罚，但是并不成立犯罪中止。同样，实施者一旦参加犯罪行为，即便中途撤出，亦无由构成犯罪中止，只可作为行为人的悔罪情节予以考虑。[①] 这种观点很值得商榷，从刑法的有关规定来看，只要聚众犯罪行为人着手于组织、策划、实施危害国家安全的聚众犯罪的行为，或者以组织、策划、实施危害国家安全为目的，着手与境外的机构、组织、个人相勾结的，即足以成立危

---

① 于志刚主编：《危害国家安全罪》，中国人民公安大学出版社 2003 年版，第 116 页。

害国家安全的聚众犯罪，并且属于犯罪既遂，犯罪既遂以后当然无以存在犯罪未遂和犯罪中止。也就是说，危害国家安全的聚众犯罪不存在实施阶段的犯罪未遂和犯罪中止。但这是否说明，危害国家安全的聚众犯罪也不存在预备阶段的未完成形态呢？当然不是。虽然危害国家安全的聚众犯罪一经着手实施，就没有犯罪未遂和犯罪中止存在的余地，但是并不能因此而否定犯罪预备阶段存在的中止的可能。如出于危害国家安全的目的，与境外的机构、组织、个人相勾结而购买通讯器材，或者为危害国家安全的聚众犯罪准备工具等行为，即是为分裂国家创造条件的预备阶段，虽然在危害国家安全的聚众犯罪中预备行为也是实行行为，但是预备行为不等于预备阶段，在此预备阶段，如果是由于行为人的意志原因，则可以成立预备阶段的中止。所以，危害国家安全的聚众犯罪虽然不存在实行阶段的犯罪未遂和犯罪中止，但是可能存在着预备阶段的犯罪中止。否则也不利于打击危害国家安全的聚众犯罪。台湾地区“刑法”就规定，犯暴动内乱罪的，在暴动实施前自首的，减轻或者免除其刑。这种自首，其实就可以认为是一种自动中止行为。

与其他犯罪一样，聚众犯罪中止也具有自己的基本特征。一是必须发生在聚众犯罪过程中，这是聚众犯罪中止所必须具备的时间条件。所谓“聚众犯罪过程中”，既包括进行聚众犯罪犯罪预备的过程即预备阶段中，又包括具体实施聚众犯罪实行行为过程即实行阶段中。它表明聚众犯罪尚处于运动、发展状态，由于聚众犯罪行为人自动放弃聚众犯罪或者自动有效地防止聚众犯罪结果的发生致使聚众犯罪处于停止状态。它只能发生在一个时间段内，即起点开始于聚众犯罪预备，停止于形成其他聚众犯罪形态即聚众犯罪预备、聚众犯罪未遂或者聚众犯罪既遂之前。二是必须自动放弃了聚众犯罪或者有效地防止了聚众犯罪结果的发生。所谓“自动”，它标志着聚众行为人主观上的积极主动，是出于本人的意志而放弃聚众犯罪或者有效地防止聚众犯罪结果的发生。还标志着聚众犯罪行为人自认为可以继续完成聚众犯罪，而出于自己的意志放弃聚众犯罪或者有效地防止聚众犯罪结果的发生。三是必须彻底地放弃了聚众犯罪或者有效地防止了聚众犯罪结果的发生。所谓“彻底放弃聚众犯罪”，是指在聚众犯罪行为还未完全实行完毕前，基于聚众犯罪行为人自己的意志而彻底停止聚众犯罪，此系针对犯罪行为而言。所谓“有效地防止聚众犯罪结果发生”，是指行为人已经将刑法分则规定的某一具体的聚众犯罪的构成要件所必须具备的行为实施完毕，但是要行为人向聚众犯罪构成所必须具备的要件的聚众犯罪结果转化过程中，采取积极的措施，因而阻止了聚众犯罪结果的发生，此系针对犯罪结果而言。

应当指出的是，在聚众犯罪中是不存在整个聚众犯罪既遂而其中的某些个人犯罪中止情况的。学者们一般认为，在共同实行犯的情况下，各共同犯罪人的行为互相联结，形成一个共同犯罪行为的有机整体，成为共同犯罪结果发生的总原因。因此，各共同犯罪人不仅要对本人的行为负责，而且要对其他共同犯罪人的行为负责。提出共同实行犯中某一共同犯罪人的犯罪中止，应当以阻止其他共同犯罪人继续实行或者有效地防止犯罪结果的发生为必要条件，仅仅停止本人的犯罪行为是不够的。这就是"以制止其他共同实行犯为条件的犯罪中止"。但是由于某些共同实行犯中，每个人的行为又有各自的相对独立性和不可替代性，在这种情况下，只要聚众犯罪某个行为人自动中止了本人的聚众犯罪行为，就可以认定行为人是中止犯。这就是"不以制止其他共同实行犯为条件的犯罪中止"。① 在大陆法系国家的刑事立法中，也有不同的表述。《韩国刑法典》第 26 条规定："已经着手实行犯罪，但行为人自动中止或者防止其结果发生的，减轻或者免除处罚。"这就要求行为人自动中止的行为足以使犯罪结果不能发生，否则一旦发生犯罪结果，个人即使中止犯罪，也不能按犯罪中止论，这是关于犯罪中止的客观说。而《德意志联邦共和国刑法典》第 24 条第 2 款规定："数人共同加功于犯罪，其中因己意而防止犯罪的完成者，不受未遂犯的处罚。犯罪非因中止者之所为而不完成，或犯罪之遂行与中止者以前之参与行为无关时，如果因己意防止犯罪完成之诚挚努力，亦足免罚。"这就是说，犯罪中止之所以被规定减轻或者免除处罚，是因为中止犯的主观危险性已经减少，所以共同犯罪人中某些人放弃自己的犯罪行为，即使未能防止犯罪结果发生，也应当依犯罪中止论处，这是关于犯罪中止的主观说。聚众犯罪中止一般都是"不以制止其他共同实行犯为条件的犯罪中止"。但是，笔者认为，对聚众犯罪而言，这种情况只止于积极参加者和其他参加者，对聚众犯罪的首要分子而言，如果他自动中止而不能有效地防止犯罪结果的发生，对他不能以犯罪中止论。如聚众斗殴罪中，如果首要分子组织、策划、指挥他人到达犯罪现场后，看到形势不对，就自动逃离现场不再参加，或者虽然进行了劝阻，但是劝阻无效，造成聚众斗殴的发生，就不能按犯罪中止论。而积极参加者或者其他参加者准备了工具，但是到达现场后因害怕，在聚众斗殴开始后，就自动中止，在尚未发生严重

① 陈兴良：《共同犯罪论》，中国社会科学出版社 1992 年版，第 397～398 页。

后果的情况下逃离现场，就可以考虑按犯罪中止论处。

六、对于聚众犯罪预备犯、未遂犯、中止犯的处罚原则

根据《中华人民共和国刑法》的有关规定，“对于预备犯，可以比照既遂犯从轻、减轻处罚或者免除处罚”。与既遂犯相比，对预备犯是“可以”从轻、减轻、免除处罚。至于是否从轻、减轻、免除处罚，要根据具体案情来具体处理；是从轻还是减轻或者是免除处罚，也应当根据案件具体情况处理。“对于未遂犯，可以比照既遂犯从轻或者减轻处罚。”与预备犯相比，对未遂犯没有免除处罚的规定。“对于中止犯，没有造成损害的，应当免除处罚；造成损害的，应当减轻处罚。”对中止犯使用的是“应当”，对于免除处罚的情形是在“没有造成损害的”情况下的处罚原则；对于减轻处罚的情形是在“造成损害的”情况下的处罚原则。

第三节　聚众犯罪的一罪与数罪

聚众犯罪的一罪与数罪的区分与认定是一个非常复杂的问题，这当然是由于聚众犯罪的自身的特殊性所决定的。要正确解决聚众犯罪的罪数问题，必须要有一个正确的理论给予指导。在审判实践中，聚众犯罪往往伴有暴力行为出现，如杀人、伤害、爆炸等，造成严重后果，如致人死亡、重伤和重大财产损失等。对这些行为和后果如何认识，对这些行为是否一一定罪还是都不定罪，行为与目的之间的是什么关系等，都值得探讨。由于聚众犯罪的罪数问题的复杂性，在此只能对聚众犯罪的一罪与数罪进行一般性的探讨，对于聚众犯罪中构成实质数罪的，应当按数罪并罚的原则处理。在这里着重要讨论的是聚众犯罪中不适用数罪并罚的情形，具体的罪数问题将在论及各具体的聚众犯罪中讨论。在聚众犯罪中，存在着类似数罪或者虽然为数罪，但是不实行数罪并罚的情况，包括继续犯、想象竞合犯、转化犯、牵连犯、吸收犯。聚众犯罪中一般不存在惯犯、结合犯、连续犯的问题。对转化犯将在后面用专门的章节进行讨论。

一、聚众犯罪与继续犯

继续犯又称持续犯，是指犯罪行为及其所产生的不法状态从开始至终结以前，一直处于不间断的继续状态中的犯罪，属于法定的一罪即刑法规定为一罪的情况。聚众犯罪绝大多数为继续犯。

继续犯的法律特征有四。一是必须是一个犯罪行为，即继续犯的行为从实质上看只符合一个犯罪构成，而不具备数个犯罪行为包括同种犯罪的犯罪构成。从客观上看，此种犯罪不是举手投足即可完成，它的完成必须具有一个持续的实行过程，如聚众扰乱军事管理区罪，实施扰乱行为的过程必然是一个相对较长的时间，不可能扰乱个三五分钟就不扰乱了，如果只扰乱三五分钟就停止了，当然就不构成聚众扰乱军事管理区罪。二是必须是犯罪行为与不法状态的同时继续。犯罪行为只要实施，在犯罪行为所造成的不法状态改变以前，自始至终都处于不间断的继续状态。三是犯罪行为必须继续一段时间，即构成继续犯的行为不能一举手一投足即可以完成，需要一定的、相对较长的时间来完成。如故意杀人，只要一个很短的时间内就可以完成，它就不是继续犯。四是犯罪行为所侵害的对象必须同一，即侵犯同一个对象。对于继续犯，我国刑法理论一般认为不能按数罪并罚的原则处理。当然，聚众犯罪持续的时间长短，在量刑时可以作为一个重要情节加以考虑。

二、聚众犯罪与想象竞合犯

想象竞合犯又称想象并合犯、法条竞合犯，是指基于一个犯罪故意实施一个危害行为，而同时触犯两个以上个罪名的犯罪形态。即一个行为触犯数个罪名。如出于分裂国家的目的进行武装叛乱的，就同时触犯分裂国家罪和武装叛乱罪，它是基于一个故意（分裂国家的故意），实施一个行为（武装叛乱的行为），同时触犯了两个罪名（分裂国家罪和武装叛乱罪），就属于想象竞合犯。聚众犯罪的想象竞合犯的数罪必须都是聚众犯罪。

聚众犯罪的想象竞合犯按一罪处理的情况，必须符合两个条件。一是聚众犯罪行为人实施了一个聚众犯罪行为。所谓一个聚众犯罪行为，是指基于一个聚众犯罪的故意所实施的完成某一聚众犯罪的行为。二是聚众犯罪行为人必须触犯了数个罪名。对于想象竞合犯，刑法理论一般认为不适用数罪并罚的原则，应当按所触犯的数罪中法定刑较重的罪适用刑罚。数罪中的法定刑如果相同，应当按情节或者后果较重的一罪论处，或者按刑法排列先后，选择排列在先的一罪论处，如以分裂国家为目的，实施武装叛乱、暴乱行为的，就可以选择分裂国家罪处罚。

三、聚众犯罪与牵连犯

所谓牵连犯，是指以实施某一犯罪为目的，但是方法或者结果行为又触犯其他罪名的犯罪形态，包括手段牵连与结果牵连。手段牵连又称方法牵连，是指为实施某一犯罪，行为人使用的方法又触犯其他罪名的牵连。如在武装叛乱中，行为人出于武装叛乱的目的，实施爆炸桥梁等暴力行为，手段行为又触犯爆炸罪，就是手段牵连。后果牵连是指为了实施某一犯罪，犯罪的结果行为又触犯其他罪名的牵连。如在聚众冲击国家机关中，行为人出于冲击国家机关的目的，损毁了国家机关的财产，这种结果行为又触犯了故意毁坏财产罪。

聚众犯罪的牵连犯按一罪处理的情况，必须符合四个条件。一是聚众犯罪行为人必须实施了两个以上的独立的犯罪行为。所谓两个以上的独立犯罪行为，是指存在两个以上的危害行为，而且每一个行为都符合某一犯罪的基本构成从而独立构成了犯罪。二是聚众犯罪行为人必须是出于一个犯罪的目的。虽然存在两个以上的犯罪行为，但是行为人的目的只有一个，即在实施某一犯罪的过程中，所采取的方法出现的结果又触犯了其他罪名，构成了其他罪。就是要行为人所采取的方法和出现的结果都从属于行为人所要实施的犯罪。三是聚众犯罪行为人数个行为之间必须存在牵连关系。只有在主观上是为了实施一个犯罪目的而实施的数个行为，在客观上数个行为存在着不可分离的、内在必然的手段与目的、原因与结果的关系时，才可以认定具有牵连关系。四是聚众犯罪行为人必须触犯不同的罪名，即数个行为分别具备不同性质的数个犯罪构成要件，构成数个不同性质的犯罪。对于牵连犯，刑法理论一般认为由于数个犯罪行为存在着牵连关系，在处理时不实行数罪并罚，而是从一重罪处罚。

四、聚众犯罪与吸收犯

所谓吸收犯，是指事实上的数个犯罪行为，因为行为人的一个行为被另一个行为所吸收，因而失去独立意义，仅仅成立吸收行为一个罪名的犯罪形态。吸收犯的法律特征有二。一是必须具有数个犯罪行为，这是成立吸收犯的前提。二是数个行为之间必须存在吸收关系。所谓吸收关系，是指数个行为存在于同一犯罪的实施过程中，彼此之间存在着密切的联系；前行为可能是后行为发展的必需阶段，后行为则可能是前行为发展的自然后果。

在聚众犯罪中同样也存在着吸收犯，这种吸收关系有三种情况。一是重行为吸收轻行为。如分裂国家罪中的组织行为可以吸收煽动分裂国家罪的煽动行为，这里的组织行为是重行为，煽动行为为轻行为。二是实施行为吸收预备行为。如聚众持械劫狱罪，行为人为了劫狱，必然要准备器械，包括枪支、弹药，而持有枪支、弹药本身就构成非法持有枪支、弹药罪，当行为人持枪支、弹药劫狱时，聚众持械劫狱的行为就是实施行为，非法持有枪支、弹药的行为就是预备行为，此时，聚众持械劫狱的行为就吸收了非法持有枪支、弹药的行为。三是主行为吸收从行为。行为人先实施了起次要、辅助作用的从行为，后来又实施了起主要作用的主行为，则从行为被主行为吸收。对吸收犯，刑法理论一般认为不按数罪并罚的原则处理，而是应当按吸收的罪一罪论处。

第三章　聚众犯罪行为特征、心理特征和分类

聚众犯罪与纯粹的个人犯罪活动的情形有很大的不同，与个人结合而成的集团犯罪、有组织犯罪亦有很大的差别。个人加入聚众中之后，常常产生一种特有的心理状态，从而形成与其他犯罪所不同的行为特征、心理特征，反映出聚众犯罪的一些本质特征，这种本质特征对聚众犯罪的定罪并无更大的意义，但是在量刑时还是有一定的参考价值，因为这些行为特征是聚众犯罪客观方面的组成部分，这些心理特征是聚众犯罪故意的组成部分。因此，在对聚众犯罪进行考察的时候，应当就加入聚众犯罪的参加者在心理上的变化以及由此而形成的行为特征、心理特征一并予以讨论，才能准确地把握住聚众犯罪的全貌，在对聚众犯罪人进行量刑时根据实际情况酌情处理。而对聚众犯罪进行分类则有助于我们更准确、方便地研究聚众犯罪。

第一节　聚众犯罪的行为特征

任何一种类型的犯罪均有着自己的、特殊的、不同于其他类型犯罪的行为特征，聚众犯罪也不例外。为了加深对聚众犯罪的了解，就有必要通过对聚众犯罪的行为特征加以研究，以求得对聚众犯罪的本质特征的进一步了解。

什么是本质？本质就是指事物本身所固有的，决定事物的性质、面貌和

发展的根本属性。[①] 什么是特征？特征就是可以作为事物特点的征象、标志。[②] 辩证唯物主义认识论认为，事物的本质特征是隐蔽的，是通过事物的表象来表现的。因此，我们不能用简单的直观去认识一个事物，而必须透过事物的现象去掌握事物的本质特征。对聚众犯罪的本质特征的认识也应当如此。通过对聚众犯罪的本质特征的认识，可以使我们对聚众犯罪的根本属性有一个较为全面的了解。在这方面，我国大陆刑法理论界的研究相对比较缺乏，对聚众犯罪的本质特征的研究则更少。相对而言，我国台湾地区刑法理论界对聚众犯罪本质特征的研究比较丰富。一般说来，聚众犯罪的行为具有五个方面的基本特征。

一、公然性

一般的犯罪就犯罪人的心态而言，自己的犯罪行为都是不想让人知道的，犯罪都是处于秘密进行状态中的，甚至于处心积虑地要掩盖自己的犯罪行径。唯有聚众犯罪则是例外，犯罪人的犯罪行为往往都是在公开的情形下展开的。因此，聚众犯罪行为就具有公然性的本质特征，而这是聚众犯罪行为区别于其他犯罪行为最本质的特征。我们翻开台湾地区“刑法”和其他特别刑事法律，就可以看到，台湾地区“刑法”和其他特别刑事法律在设置聚众犯罪条文时，多将“公然”二字与“聚众”二字相连，规定的罪名也多有“公然聚众”的提法，如台湾地区“刑法”第149条规定的“公然聚众意图为强暴胁迫罪”即是如此。《中华人民共和国刑法》虽然没有在法条上明确使用“公然”二字，但是《中华人民共和国刑法》规定的聚众犯罪的行为特征无不带有明显的公然性。如《中华人民共和国刑法》第291条规定的聚众扰乱公共场所秩序、交通秩序罪，规定构成聚众扰乱公共场所秩序、交通秩序罪的一个必要构成要件就是聚众扰乱的场所必须是车站、码头、民用航空站、商场、公园、影剧院、展览馆、运动场或者其他公共场所以及交通道路等地，而这些场所都是公共场所，聚众犯罪行为人如果犯聚众扰乱公共场所秩序、交通秩序罪，就必然是公开地在上述场所进行，否则就不能称之为聚众扰乱公共

---

① 中国社会科学院语文研究所词典编辑室编：《现代汉语词典（第五版）》，商务印书馆2005年版，第65页。

② 中国社会科学院语文研究所词典编辑室编：《现代汉语词典（第五版）》，商务印书馆2005年版，第1336页。

场所秩序、交通秩序罪了。聚众犯罪人的犯罪行为一般都为公众知晓，这就使得聚众犯罪具有公然性特征。聚众犯罪行为人在公然实施“强暴胁迫”或者说如我们所称的暴力时，已经将法律置之度外，因而行为人的行为相对其他犯罪而言要更加胆大无比，何况行为人多认为有聚众的人们作自己的后盾，使得行为人更加胆大妄为地进行“强暴胁迫”或者实施暴力，于是聚众犯罪所引起的危害有时可以说是一发不可收拾。

什么是公然？公然即是公开地，毫无顾忌地的意思。[①] 而在聚众犯罪中“公然”的意思并不是指任何人均可以随意加入的意思，而是指聚众犯罪被公众知悉的程度。对“公然”一词在聚众犯罪中的应用问题，民国时期的刑法学者郭卫认为是指“不确定的多众可以共见共闻的情形，或者众人得共见共闻之情形”。[②] 同时期的潘恩培也认为是指“不确定之多众可以共见共闻的情形”。[③] 同时期的俞承修则认为是指“不特定之多众所能共见共闻之情形”。[④] 上述论点无不指聚众犯罪的公然性是体现在聚众犯罪行为不是在秘密的情形下进行，而是为公众所知晓。

对上述学者提出的“多众”，也就是我们所说的“公众”的标准，台湾地区刑法理论界和实务界有不同的理解。第一种是**不特定多数人说**。也就是说，当聚众犯罪达到被不特定的多数人可以共见共闻的情况时，就达到了聚众犯罪的公然性标准。如果仅仅为特定的多数人所共见共闻，还不能称之为聚众犯罪的公然性，也即尚未达到聚众犯罪的公然性标准。第二种是**多数人说**。也就是说，当聚众犯罪达到被多数人可以共见共闻的情况时，就达到了聚众犯罪的公然性标准。至于是被特定的多数人还是不特定的多数人共见共闻，则在所不问。第三种是**不特定人或者多数人说**。也就是说，当聚众犯罪达到被不特定人或者多数人可以共见共闻时，就达到了聚众犯罪公然性标准。这其中的“多数人”，包括“不特定的多数人”，同时也不排除“特定的多数人”；而“不特定人”则还包括“不特定少数人”在内。关于“公然”的“多众”标准的学说有上述三种，但是究竟以什么为标准呢？国民党当局在大陆统治时期的刑法理论界和实务界早期多采用不特定多数人说。日本刑法学家

---

① 中国社会科学院语文研究所词典编辑室编：《现代汉语词典（第五版）》，商务印书馆 2005 年版，第 473 页。

② 郭卫：《刑法学各论（下册）》，上海法学编译社 1929 年版，第 189 页。

③ 潘恩培：《刑法实用》，商务印书馆 1941 年版，第 324 页。

④ 俞承修：《刑法分则释义（上册）》，（上海）会文堂新记书局 1943 年版，第 173 页。

团藤重光和日本刑法实务界也是采用这一学说的。[①] 但是不特定多数人说适用的范围比较狭窄，不能完全说明聚众犯罪公然性的本质，不利于打击聚众犯罪，也不足以尽刑法保护社会的功能，这一学说后来渐渐被淘汰。而多数人说则一直鲜有采用的，这是因为如果“多数人”不问是特定的还是不特定的，就不能反映公然的基本特征。如果是特定的多数人就不能准确地反映“公然”这一概念的本质。台湾地区刑法理论界和实务界后来改采不特定人或者多数人说，这是因为这一学说兼有“不特定多数人说”和“多数人说”两说之长，做到既不扩大也不缩小“公众”的范围，可以准确地反映“公然”这一概念的本质，充分发挥刑法保护社会的功能。对此，台湾地区“最高法院”曾经以判例的形式加以确认，对于“公然”二字的意思是指“只以不特定人或多数人得以共见共闻之善为已足”（“民国”29 年院字第 2033 号），此案例具有指导意义。表明台湾地区刑法理论界和实务界对“公然”二字的意思采用的是“不特定人或多数人说”。

对于“公然性”的理解是采用“不特定人或多数人”所能共见共闻的情形，而不是说不论任何人均可以加入才称之为公然，是指在一定范围内只要能达到不特定人或者多数人可共见共闻的程度时，就可以称之为公然，而不能称之为非公然。例如台湾地区“刑法”第 161 条第 3 项规定的公然聚众以强暴胁迫犯脱逃罪，行为人在监狱内对监管人员实施强暴胁迫，使得依法被逮捕、拘禁的人脱逃这一聚众犯罪行为，对于监狱外的一般民众而言，虽然无法参加，也不一定可见可闻，但是如果行为人的行为已经致其他不特定人或多数人（包括监管人员、监狱内的其他非监管人员以及被关押的其他人员）可共见共闻的程度时，仍然可以称之为公然。因为它与一般的脱逃采取秘密手段不为人所知晓的情形大不相同。因此，当行为人在监管场所内对监管人员实施强暴胁迫，从而使得依法被逮捕、拘禁的人脱逃这一聚众犯罪行为时，就可以称为“公然”。

台湾地区“刑法”对聚众犯罪中使用“公然”二字与“聚众”二字连用并不少见。有一观点认为，所谓“公然”，必须是在不仅这些行为被不特定人或者多数人得共见共闻而且不特定人或者多数人得随时加入的状态才能被称为公然。[②] 因此，这种观点提出，与“公然”相适应的场所有以下几种：

---

① 参见团藤重光：《注释刑法（5）》，有斐阁 1965 年版，第 344 页以下。

② 叶志刚：《聚众犯的本质特征与分类》，载蔡墩铭主编：《刑法分则论文选辑》，台湾地区五南图书出版公司 1984 年版，第 148 页。

1. 公开集会的广场

一个可以供不特定的多数人聚集的广场，并不一定必然是公然的场所，必须呈现出由不特定人或者多数人得共见共闻并得随时加入或者退出状态，才可能被称为“公然”。一般而言，大都市都有可供人们进行节日、庆典集会用的广场，一般同时也是交通要道，如果不法分子在此公开集会的广场聚集骚扰，一则不特定人或者多数人可以共闻共见，二则不特定人或者多数人得随时加入或者退出，这足以使得公共安全遭到破坏。如果在这一场所发生聚众犯罪时，就可以称为“公然”。

2. 铁路、公路、街道等公共交通要道

铁路、公路及街道均为公共交通要道，在平时为各色人等自由行走，因此，也可以成为公然聚众的场所。所谓“公共交通要道”，从法理上来理解，不是指某一特定的人对该道路拥有所有权，也不是指公共交通要道在性质上仅为特定的交通工具所能通过的道路，而应当理解为该道路是否得由一般人及一般交通工具都能自由通行，而不是属于某些特定的人所使用的。如果为特定的人或者车辆通行而不为一般人所能通行则不能称为公共交通道路。如果聚众犯罪行为人在公共交通要道上非法聚众，就可以称为“公然”。

3. 在一定的场所

一定的场所，也就是我们所理解的特定的场所。就上述两种场所而言，在这些场所的人对聚众行为均可共见共闻，并可随时加入或者退出，这当然属于公然的范畴。但是在特定的场所，如果在国家机关内非法聚众，冲击或者扰乱国家机关的工作秩序，虽然不为外界所知晓，只要达到不特定人或者多数人可共见共闻的程度，而不是秘密进行，就可以称为“公然”。如果是半夜三更多人冲击无人上班仅有值班人员的国家机关，就不能称之为“公然”，当然就不能称之为聚众犯罪。如某县人民法院依法拘留了一个不依法履行生效判决的当事人并将该当事人拘押在人民法院内，该当事人的同伙闻讯后，率领十余人在晚上10时许围攻、冲击人民法院，要求人民法院放人。这一行为由于当时是夜晚，没有人围观。因此，人民法院后来对此行为以妨害公务罪论处，没有按聚众冲击国家机关罪论处。

二、无组织性

无组织性也是聚众犯罪显著的特征之一。所谓无组织性，台湾地区一些刑法学者认为，是指参加聚众的各分子全体之间欠缺意思的合致或者联络而言，因此，首谋与各人之间或者首谋与下手实施者之间，其中一部分虽然有意思联络的存在，亦不能否认聚众犯罪的无组织性。他们认为，聚众犯罪多为遽然而形成，参加聚众犯罪的各个人，在聚众的情况下，人人得有机会为首领，他们之间不以“意思之共同及行为之分担”为必要条件。[①] 这种观点很值得探讨。如前所述，聚众犯罪是一种必要的共同犯罪，甚至有的学者还将全体聚众犯罪参加人称为共同正犯。既然是共同犯罪，就必然要求行为人之间有意思联络，没有意思联络就不称之为共同犯罪。在聚众犯罪中，都有首要分子或首谋，聚众犯罪人在聚众犯罪的首要分子的组织、策划、指挥下进行聚众犯罪，如果没有彼此之间的意思联络，聚众犯罪无从进行，如果发生犯罪也只是同时犯而不是我们所说的聚众犯罪。这其中的“意思表示”“意思联络”不一定发生在聚众犯罪的开始，也可以发生在聚众犯罪开始后、进行中。而我们所说的聚众犯罪的无组织性，不是组织行为这个意义上所说的组织，而是指组织形态意义上所说的组织，即犯罪团伙、犯罪集团、犯罪组织。在组织形态意义上来说，聚众犯罪是无组织性的，聚众犯罪人员结构是松散的。在组织行为意义上来说，聚众犯罪又是有组织性的。这种组织行为意义上的组织和组织形态意义上的组织的区别在关于聚众犯罪是否有组织性的问题上有十分重要的意义。同时，也有一些台湾地区刑法学者认为，聚众犯罪有时也存在组织形态意义上的有组织性，即一小撮人先行组织起来进行再聚集其他人聚众犯罪，但这是例外。关于这个问题，将在研究关于聚众犯罪的分类问题时加以阐述。

聚众是有别于组织、集团，对于具有一定的目的，持续且有组织的个人集合体，一般称为组织、集团，与聚众这一并无确定的目的，临时且未经过组织的个人集合体是不相同的。

聚众虽然必须与组织、集团予以区别，但是参与聚众的人毕竟比参与组织的人要多，因此，在聚众之中另有组织、集团存在并不是不可能的，尤其是聚众犯罪之所以发生，一般是由于一些不法分子设法激起群众的附和，为了达到这样的目的，图谋不法的人往往先组成组织、集团，并借该组织、集团影响或者指挥聚众之人。由此可知，在聚众犯罪中，可能有某种犯罪组织、

---

① 叶志刚：《聚众犯的本质特征与分类》，载蔡墩铭主编：《刑法分则论文选辑（上）》，台湾地区五南图书出版公司 1984 年版，第 149 页。

犯罪集团的存在。即使如此，这种有犯罪组织、犯罪集团存在的情形仍然不失为聚众犯罪，并不因此而成为有组织性共同犯罪，这其中的组织可以拟人化，组织再去聚集他人进行聚众犯罪。这在内乱罪或危害国家安全罪中体现得尤为明显。

三、激情性

大陆法系国家和地区刑法理论界都认为，聚众犯罪一般都富于激情性。那么，什么是激情？激情就是强烈激动的情感。[①] 如狂喜、愤怒等。这种感情一般都是发自内心的，产生后一般难以控制，极易使人失去理性。法国有句格言，叫作“群众无理性”（La foule raisnne pas），足以说明聚众犯罪的激情性。这是因为聚众犯罪的参加者本来所具有的性格，在受到聚众后的人们情绪的影响，发生了很大的变化。聚众后的人们在实施聚众犯罪时明显没有理性，都具有冲动行为，行为人与其说是依照个人的意志，不如说是依照自己的本能而实行犯罪。在一切情绪中，愤怒的情绪最富于冲动性，而聚众犯在实施行为之前，必然先有愤怒的经验，因而聚众犯罪行为人往往以实施强暴胁迫或暴力来发泄自己内心的愤怒。

四、暴力危险性

由于聚众犯罪富于激情性，使得参与聚众犯罪的行为人极易失去理智，因而也使得聚众犯罪富于暴力危险性。这种被台湾地区刑法学者称为强暴胁迫的暴力性，不仅严重危及公共安全，而且强烈地危害个人的人身安全。从刑事法律规定的角度来观察，凡是聚众犯罪均具有暴力危险性，这是因为群众心理难以控制，常常走向极端，所以聚集的人们往往由和平集会演变成为具有暴力危险性的聚众犯罪。这种暴力危险性的行为并不是说所有的聚众犯罪人均须实施强暴胁迫的行为就具有暴力危险性，而在于这一部分实行行为对于公共安全存在着潜在的暴力危险性，而且聚众的人们非常容易受到心理的一体感、无名感与亲近感的支配，在聚众的开始可能尚没有暴力及破坏性

---

① 中国社会科学院语文研究所词典编辑室编：《现代汉语词典（第五版）》，商务印书馆 2005 年版，第 634 页。

的行为，然而一旦有破坏性群众意识产生，再加上别有用心的人的煽动，就会使得聚众的个人理性逐渐丧失，无责任感增强，在群众意识和感情的驱动下，就可能发生暴力性倾向，实施暴力行为或者如台湾地区刑法学者所言强暴胁迫的行为，演变为企图暴行或者实施暴行的聚众犯罪。因此，在处理民众聚众时，公务人员的做法是否得当，对于某些聚众犯罪的形成具有重大意义，不能不引起在处置聚众事态时的公务人员高度重视。因为聚众的人们不实施强暴胁迫的行动则已，一旦有强暴胁迫的实施，即会呈迅速蔓延的趋势，使得聚众的其他参加者争相效仿，纷纷下手实施。在最初所实施的强暴胁迫可能不很重大，但是由于以后多人参加实施的关系，导致群众意识日益高昂，因而增加了行为的严重性。一些本来可能只是对物所实施的强暴行为，不久就可能转变为对人实施强暴胁迫。聚众犯罪最容易产生集体暴力，这种暴力的产生必须有具体的环境，这就是经过相当的时期人们之间发展起一种共同的观点、价值观念、目标和问题，且这些日益受到人们的重视。当人们聚集时未必就一定会诉诸暴力，但是如果面临某些长期得不到解决的问题，就可能使人们趋于团结，如果具体环境本身使得人们觉得使用暴力是一种合乎情理的反应的话，聚众自然就成为暴力的温床。①

五、瞬间性

台湾地区刑法学者认为，由于聚众犯罪一般多为一时所突发，聚众犯罪相对于有组织性共同犯罪、集团性共同犯罪而言，一般存续时间也很短，因而聚众犯罪具有瞬间性特征。一般而言，聚众犯罪都是短时间的，如当局达到了聚众者的要求、因遭受较强大的外界阻力、因欠缺组织性，聚众的参加者可能认为目的难以达到，社会责任心恢复，法律意识苏醒，于是自行解散，聚众犯罪的瞬间性即体现出来。另一方面，由于聚众犯罪富于激情性，聚众参加者的情感经过一段时间的发泄，他们的激情不免有所减弱，理性难免不重返常态，恢复到未加入聚众之前的状态，于是也自行解散，这也可以证明聚众犯罪瞬间性特征的存在。笔者认为，对此不能一概而论，如其他大陆法系国家和地区刑法规定的内乱罪，《中华人民共和国刑法》规定的危害国家安

---

① ［美］杰克·D·道格拉斯，弗兰西斯·C·瓦克斯勒：《越轨社会学概论》，张宁、朱欣民译，河北人民出版社 1987 年版，第 274～275 页。

全的聚众犯罪等，就可能存续较长时间，即使是一般的聚众犯罪也有可能存续较长时间，如在后文关于聚众扰乱社会秩序罪中介绍的被告人郑某书、金某富、张某英等聚众扰乱社会秩序案，他们的犯罪时间就持续了近五十天。而且聚众犯罪在某种程度上还可以被称为继续犯，必须要有一个相对较长的时间。因此，对瞬间性的理解不能局限在一举手一投足之间，只能相对于有组织性共同犯罪、集团性共同犯罪而言。同时，对“瞬间性”这一概念理解在聚众犯罪发生的时候可能更为确切一些，即指聚众犯罪的突发性。

第二节　聚众犯罪的心理特征

聚众犯罪除了上节所述的行为特征外，还有其特有的心理特征。关于聚众犯罪的心理状态，在群众心理学上曾经有一些学者加以讨论，结论有Flugge所谓“自己有从属于该集团一分子的情感”（《Zur Psychologie der Massen Cin eruse》）；有Colm所说的“我们体验的意识”（《Die Masse》）或者如Stieler所说的“自己从属于全体一分子的感情”（《Untersuchungen zu Kollektivpsychologie》），尤其是Loever所称的“与他人融合或者结合的感情”和Sighele所说的“人类在集合时产生某种意识，在全体组织之下的心理的、神秘的感情”，由此而获得“群众意识超越个人的感情而存在的结果”。①个人在聚众中，完全与自己原来的个性相异，同时，由于个人经常依感情作用而行动，外国有学者甚至认为聚众犯罪既然因为处于不可抗力的群众暗示之下而为一定的犯罪，应当予以减轻责任。

日本群众心理学家寺田精一在他的《犯罪心理学》一书中指出：“进入群众的个人与日常生活中的个人有别，因而产生在人格上有显著的不同点。在最极端的场合中甚至有个人人格的完全丧失，同时进入睡眠状态，无意识或半意识活动而依所参与的集团的行状而行为，从而投入群众之中而淹没了自己的人格。”② 持这一观点的学者将群众集合本身加以拟人化，认为群众集合

---

① 参见叶志刚：《聚众犯的本质特征与分类》，载蔡墩铭主编：《刑法分则论文选辑（上）》，台湾地区五南图书出版公司1984年版，第141～142页。

② ［日］寺田精一编著：《犯罪心理学》，吴景鸿译述，上海法学编译社1932年版，第329页。

自体乃超过个人的存在，对这种超个人人格的群众本身的心理，加以客观的思维，而承认“一定的群众具有自体的精神本身存在”。以这种特殊的心理来考虑超过个人本身的本质，从而产生拟人化的倾向。由于聚众意识是各个个人仅从属于团体的意识，各个个人除了具有这种意识之外，并没有其他的聚众意识的存在。而这一点恰是行为人在对自己的责任进行考察时所持有的观点，认为个人行为的责任均应当由聚众的全体人员来承担，从而产生“个人乃无需负责”的意念。

研究聚众犯罪的心理特征主要是研究聚众犯罪的情绪特征、理智特征和一般心理特征。聚众犯罪的个人因为加入聚众之中，一般在心理上会引起巨大的变化，引起聚众犯罪参加人在情绪上呈现狂乱，在理智上出现欠缺状态。群众心理学家 Nagler 还认为，由于聚众而使得众人在二氧化碳、喧嚣所产生的尘埃、闷热和疲劳等因素的笼罩下，引起聚众者在感觉上产生异常，从而引起平时难以产生的举动和表现，认为种种这些都是心理变化的生理机制。[①]

一、情绪特征

聚众是在某一特定的情形下集合的一群人，构成的人员多数呈直接接触的状态，他们所关心的都集中于一个对象，与纯粹的乌合之众并不是完全相同的。对于某一个对象随着共同关心程度的高低，群众心理的密度因而有浓淡的差别，共同关心的程度越高，则聚众者的注意力就越强，心理亲近感就越大，从而形成心理的一体感。在这种情况下，个人的自我意识消失，自我变成聚众的一部分，孤独的个人的独立性消失，自我成为整个群众的一个单元。在平时，个人相互间均存有社会的距离，对于各个人来说他们的情绪不尽相同。而在聚众者共同关心的程度达到最高时，在聚众者之间就形成了一种强烈的亲近感，对他所关心的事件形成一体感。这时，存有无名感的人士认为既然大家都为群众的一分子则责任自然应当由聚众的整体承担，而不是他个人承担，自己在群体中是无名的，自己就是整体，整体就是自己。这种“责任分担”的意识使得聚众者均认为大家处于平行的地位，基于责任的分散而形成责任的减轻。每个人都认为自己的责任是限定的，对于超过的责任是

① 参见叶志刚：《聚众犯的本质特征与分类》，载蔡墩铭主编：《刑法分则论文选辑（上）》，台湾地区五南图书出版公司 1984 年版，第 151 页。

可以回避的。因此，聚众中的个人虽然仍然有程度上的差别，但是心理的一体感仍然支配着一切，加上心理上的无名感与亲近感共同产生的“责任分散”“责任减轻”“责任回避”的意识，他们在行动上的责任感减少，无名感与无责任感的结合便形成感情与情绪高于理性的思考。在聚众中，个人的独立意识和理智既然已经丧失，要想求得在这种状态下保持平静合理性的状态是不能想象的。此时，在聚众气氛的暗示下，理性的判断逐渐消退、丧失至零，非合理性的行为幅度扩大，由此，他的情绪方面会发生一系列的变化：①聚众犯罪人多受过分兴奋的感受性支配而无暇顾虑四周的情况并采取较为合理的行为。我们如果将聚众犯罪与单个人的犯罪相比较就不难看出，聚众犯罪多数是激情性的犯罪，其中尤其是扰乱社会秩序的聚众犯罪，也就是其他大陆法系国家和地区所说的骚乱罪为多，而且多有暴力行为相随。②聚众犯罪一般具有地方性、瞬间性，缺乏相对的持续性。这是因为聚众者的感情会出现因时间的原因而逐渐减弱的现象。③聚众犯罪参加者与个人犯罪相比较，他在精神方面的牺牲态度较为明显。这是因为聚众犯罪行为人在群众的心理暗示和首要分子的指挥的影响下，都会产生有恃无恐的情绪，力求在众人面前有所表现。同时为了完成全体大我的目标，牺牲自己正符合大我精神的要求，因而行为人持牺牲的态度就是必然的结果了。

二、意识特征

聚众一旦形成之后，无论是属于何种性质的聚众，没有不附带出现聚众所特别具有的意识，这就是聚众意识。聚众虽然是由多数的个人集合而成，但是聚众意识却异于个人意识。当个人单独所处时所不敢做的行为，在加入聚众的行列后即敢与聚众的人一起实施，这就是受这种聚众意识的影响所致。尤其在聚众的人群群情激愤的情形下，更使得个人无法制止他的不合理的破坏行为。

由于聚众的意识容易激动，很难加以控制，这就使得聚集起来的多数人常常陷入极端。因此，聚集在一起的人们容易从和平的集会而转变为意图为暴行的实施，并进而实施暴行。聚众之所以易于诉诸暴力，即具有暴力的危险性，实际上是由于聚众中的个人不约而同地认为他们人多势众，因而有恃无恐，动辄以暴力解决问题。各大陆法系国家和地区以及部分英美法系国家的刑法之所以对于意图不法的聚众在形成之初即予以禁止或者取缔，如有不遵从解散命令的个人即按聚众不解散罪予以处罚，就是认为只有消灭聚众，才可能有效地解除聚众所具有的暴力危险性，借以防止更大规模的因聚众而引起的犯罪发生。

聚众的暴行与聚众意识的消长很有关系。一方面，聚众意识促使聚众暴行的发生。另一方面，聚众暴行实施之后，使得聚众意识更加高涨。个人本来所具有的理性的控制，由于受到聚众意识的影响，一时为之丧失，使得暴行的实施一发不可收拾。聚众犯罪所实施的行为多具有公然性、暴力性，就是因为聚众行为本身具有冲动性，其实是与聚众犯罪不断受到聚众意识的支配，使得行为人无法依照正常的人类理性而行动有关。

群众无理性，这是因为个人本来所具有的理性被聚众意识所遮蔽，已经难以发生作用。所以，聚众的多数人虽然由个人集合而成，然而个人的人格在聚众之中已经大大地起了变化，于是他的所作所为与平常的所作所为迥然不同。即使一个在平时较为稳重的人，一旦参与聚众之后，将使他受到这种聚众意识的影响而与他人共同实施违法行为，因而使得稳重性格一变而成为强暴性格，如果他不从聚众的人群中退出来，就很难恢复他本来所具有的人格。我们只要将参加聚众后的人与组成聚众的个人予以比较，就可以发现其中的差异，而这无不与受到聚众意识的影响有关。聚众意识可以分为意志、思想、感情、被暗示性、无责任感、亲近感。

1. **意志。**人性的善恶本无所谓天生，完全来自社会的生活实践。一个人为善还是为恶，除了客观原因外，还有一些主观原因。同样是财，有的人见财起心，有的人拾金不昧。在此，为恶还是为善，就取决于个人的意志。但是在有的情况下，个人的意志就不起决定作用了。特别是在聚众的情况下，个人的意志不受重视，个人因受到聚众的组织者、指挥者的领导与指挥，聚众的组织者、指挥者的意志就成为个人的意志，且亦成为全体聚众者的意志。个人最初参与聚众时的意志即使高尚，但是假如聚众的组织者、指挥者意志卑劣，则使得该个人无法继续保持原来的高尚的意志，而必须与聚众的组织者、指挥者卑劣的意志同流合污。例如某人参加某一次示威活动，他个人目的可能是出于向当局提出革新的政治意见，但是由于示威的组织者、指挥者别有用心，即欲利用示威以破坏政府、社会的合法秩序，致使他个人高尚的意志受到埋没，加之组织者、指挥者的煽动，可能就使之成为聚众犯罪的“暴徒”。

2. **思想。**聚众后的人们有着不同于单独个人的思想，聚众后的思想与个人所具有的思想不分轩轾。但是，参加聚众的个人在多数情况下是无法保持个人原来所具有的思想，一般都有被聚众的思想所同化的情形发生。例如，在通常情况下本来对民营企业有好感的人，在参加聚众扰乱民营企业秩序时，就可能受到聚众思想的影响而对民营企业产生痛恨，认为民营企业家就是资本家，是剥削者，并积极扰乱民营企业的秩序。

3. **感情。**每一个参与聚众的个人，在聚众后的多数人陷于兴奋状态时，无不与他所参与的聚众陷于同一的兴奋状态之中，所以即使平时极为冷静的人，仍然难以避免不受感染，而与他人发生同一感动。原来有如何的刺激，则产生如何的兴奋，显然存在一定的比例，但是在聚众中的个人却不能依此而认定他兴奋的程度，这是由于多数个人的兴奋有相互影响与感染的关系。所以，兴奋的程度就有递增的现象。因此，在通常情况下，本来只能引起微弱程度的兴奋者，在加入聚众后，就引起中等程度的兴奋；在通常只有中等程度的兴奋者，在加入聚众后，就引起高度的兴奋。

4. **被暗示性。**本来感受性与被暗示性因人而异，但是加入聚众的个人的此项差异也就不显著了。也就是说，个人在平时可能并无强烈的感受性和被暗示性，只是由于加入聚众的关系，遂易受到周围参加聚众的人所暗示，依照他人对刺激反应的情形反应而反应，无法依个人本来的反应习惯而反应。

5. **无责任感。**参加实施暴动性质的聚众活动的个人，他的责任感大大地消失，甚至于发生错觉，以为他所实施的暴行，个人可以不必负责，而应当由他人负责，于是一见有人实施破坏行为，自己也毫无考虑地加入实施，不计后果。为什么平时不敢犯罪的人在加入聚众后胆敢实施犯罪，就是实质上与个人责任感的消失有很大的关系。不仅加入聚众的个人容易丧失自己的责任感，因而实施聚众犯罪，而且每每认为自己的所作所为是为了大家，愿意为这个聚集起来的群体作自我牺牲，毫不畏惧。即使加入聚众行动的个人在加入聚众的当初未必以牺牲的精神而加入，只要一旦加入聚众后，当受到外界的强烈刺激就引发他的牺牲精神，随时准备为聚集起来的多数人而牺牲。即使在平时有利己倾向的人，每每因加入聚众的原因，亦常有这种牺牲的态度出现，于是他人所不敢做的行为，由于受到自我牺牲精神的驱使，他会不顾一切而实施暴力行为。尤其是受到聚众意识的刺激，聚众中的个人竞相力求表现自己，遂不顾一己的利害关系而实施暴力行为。

6. **亲近感。**聚众一般多由相识的人所构成，即使是由不太相识的人聚集，他们虽然在社会上各人的地位有高低的区别，只是由于加入了聚众行列的关系，遂使各人引起共同关心与相同的要求，这有助于缩短个人之间的社会距离，促使聚众中的个人互相产生亲近感。①聚众犯罪由于是多数人聚集在一起，感情相互激荡，个人感受性强化的原因，导致聚众犯罪行为人理性欠缺。因此，各个成员均不能基于理智来判断事务的是非而产生盲从、冲动的趋向。同时，由于缺乏合理的判断力，只有无益的想象力，并陶醉在幻想般的梦境之中，从而使得有暴力行为亦不自觉。因此，聚众犯罪的危险性很大。②聚众犯罪行为人在群众无法合理判断的情况下，一般都有冲动、轻信、易受心理暗示和暴力实行的特性，而且形成了危险的意识而不自觉，使聚众犯罪的行为扩大。聚众犯罪的后果的严重和影响范围的广泛，都是因为理智欠缺的原因所造成的。

三、一般心理特征

1. 聚众是多数人的集合，由不特定多数人组成的群众，在各成员之间伴有特殊的精神现象，与单纯的多数人偶然聚集在一起的乌合之众不尽相同。聚众在心理学上的意义并不是单纯的个人的集合，而是已经体制化的群众。这种集合不问聚众参与人的国籍、职业、性格以及智能如何，或者在什么动机、机缘下而聚集，只要是人类的聚集，就会发生与构成聚众的个人不同的特性。这时，个人的个性已经被抹杀，一己的意思已经不存在并趋向于共同一致的目标。也可以这么说，个人因为他参加聚众这一事实而成为一种集体精神的俘虏。法国心理学家 Le Bon 称此现象为基于“群众之精神单一法则”(Gesetz der Seelischen Einheit der Massen)。而产生上述情况的原因有以下三点：①**从众心理**。构成聚众的个体如果属于单独的存在，则将服从他可以抑制的本能。一旦进入聚众状态，行为人就感觉不到自身的存在，又由于聚集的众人是无名之物，因而容易丧失责任感。从众心理是人类的一个思维定式。思维上的“从众定势”，使得个人有一种归属感和安全感，能够消除人类的孤单和恐惧等心理。所以在明知一件事情是违法或者犯罪的时候，一个人可能不会去做，一群人也可能不会先去做，但是如果一群人中有人已经做了，并且在当时只能看到得益而没有产生相应法律责任的时候，这种“从众定势”就会使人们产生不正常的思维，心里会充斥着“法不责众”这一心理。这在犯罪心理学上叫“越轨的集群行为”。比较典型的如聚众哄抢财物、球迷闹事等。这种集体行为是在相对自发的、无组织的和不稳定的情况下，通过人们之间的互动、模仿、感染而创造出适合于共同行为的气氛和意向合一而产生的。其实，参加这类行为的个体之间，自身的目标和期望都比较模糊，甚至可能对周围的情况根本不了解，常受人蛊惑，或者受利益驱使，表现出激情色彩的情绪波动和“出事大家顶”的责任分担心理。[①] 当一个人加入聚众时，他的心理受到群众的暗示、刺激与掩护，即使是平时奉公守法的人，亦将毫无顾忌，大胆实施犯罪。此时，聚众犯罪人受此心理状态的支配，各参加人之间逐渐形成相互扶助、祸福与共、并行不悖的现象，此时有人振臂一呼，则全体为之盲动，激情四射，失去理智的控制，酿成聚众犯罪。②**被暗示的亢进**。个体在聚众中容易受到一切感情、思想、行动的暗示，个人利益在聚众者利益的前提下而化为乌有。通常在聚众中容易使意识的人格消失而无意识的人格却居于优势，产生将受暗示的思想直接付诸行动的倾向。在聚众中的个人，事实上形成一种集合心理（collective Psychlogy）的俘虏，个人与本我（ego）之间产生独立的感觉，他的思维与行动都有违反个人独处时本意的现象。个人接受聚众的刺激和暗示的程度，各个人不一定完全一致，接受暗示的程度如何，由下列情形决定：一是由个人的本来性质（包括性格、素质、体质、性别等因素）；二是形成聚众犯罪的人群依事件的性质而产生情感。也就是说，个人因先天的、后天的性质在对于外部刺激的感受性加大时，受暗示性的程度即大，而聚众本身所具有的力量和兴奋程度的高涨的时候，则接受暗示的程度即呈强化。相反，如果聚众接受暗示的程度降低时，个人即有立刻脱离聚众的倾向。同时，如果个人的目的与聚众者的目的相一致时，只要一致的程度越大，则接受暗示的程度就越强，相反则越弱。在聚众中的个人，不论任何人均因受到某种外部的刺激而引起某一程度的心理变化，这是不容否认的事实，而且在个人之外，没有超个人人格的存在，为什么聚众的个人在这种情形下而使得个人接受这种变化？依照群众心理学的说法，这就是暗示的作用。这种理解是一般群众心理学者所公认的。但是，也有学者认为这种观点不科学。Kipouridy 认为有一种排挤形成暗示的神秘物的存在，他指出：“如果群众有威力，而群众内个人心理存有造成变化的威力，使个人处于交互暗示之中，在科学上仍是不许可的。”（《Das Verbrechen der Masse》）他认为暗示完全是空虚的，无法予以说明某种内容的标语，实际上是一种不确定的某种东西，这种称为暗示的自然力可能称为模仿力更为适当。他认为

① 郭敬波：《一起哄抢案引发的思考》，载《人民法院报》2003 年 2 月 8 日。

聚众犯罪的行为结果与各个人犯罪行为的结果并没有差异，聚众犯罪不过是各个人的行为结果的一种积累物而已。这种将聚众犯罪行为当成各个人的行为相累积而形成的观点是值得商榷的。聚众的众人以冲动性、轻动性、过敏性、受暗示性、轻信性、单纯性为特征，发展心理学称之为“退行现象”，也就是说人的行为有退化的现象。聚众的众人在智慧方面与个人独处时相比较就显得十分低劣。因此，个人加入聚众中，足以使得文明阶段大为降低。③**最短距离法则**。聚众一般依照所谓“最短距离法则”而行动，即行为人不经过深思熟虑而直接透过最短距离的本能而行动，与称为短路反应现象（一种物理现象，形容反应很快）相同，形成被卷进聚众的漩涡而又没有感觉到的一种状态。

2. 聚众犯罪形成之际，聚众者均有可能出现异常冲动、愤怒、暴乱情绪的现象，之所以会这样，绝大多数都是受到外界刺激的缘故。Le Bon 曾指出：“群众乃完全受外界之刺激力之不同而呈相异之反应，即谓之为外界刺激力之奴隶亦可。”聚众因势成性，激愤成形，它所具有的冲动性与偏执性在此特别显著。尤其容易激愤过度，夸张失实，党同伐异，专横苛暴。因此，Le Bon 将聚众视为无理性的集合体。Tarde 亦曾指出：“群众均有一共通之迹象可寻，例如极端的不能容忍，可笑的自尊，似多病例的轻于恶辱，由全能幻想发生无责任之热忱，或呼万岁、或咒死亡，群众绝不知道中庸，亦无自相节制的能力。”①

聚众者之所以存在激愤过度的心理现象，台湾地区犯罪心理学者张九如认为与下面的心理特征是有很大的关系的：①**恃众无恐的心理**。个人在独处时，即使他的力量再大、能力再强，也是有一定限度的，更因为存在“孤掌难鸣”的孤独心理，在遇事时难免反复思量，权衡利弊。相反，个人加入聚众后，总感觉人多力量大，声势煊赫，再没有其他力量可以与自己抗衡，以为世界上没有不可能的事情，亦没有不可达到的愿望。即使明知自己理屈，要想终止继续进行错误的行为已经不可能，更何况此时所作所为又非一人所为，而有众人可恃，认为自己身在众人之中，有责任大家承担，个人不会吃亏。因此，无视法律、秩序，甚至不知是犯罪，有恃无恐，这都是恃众无恐的心理表现的缘故。只要我们考量聚众犯罪的发生，无不与此有关。②**互相**

---

①　以上参见叶志刚：《聚众犯的本质特征与分类》，载蔡墩铭主编：《刑法分则论文选辑（上）》，台湾地区五南图书出版公司 1984 年版，第 153～155 页。

激荡偏激冲动的心理。聚众者的情感之所以偏激，不但是由于恃众依势的一念，也由于群情相互激荡、相互刺激，从而产生偏激心理，在行为表现上多有冲动。③**不平则鸣的心理**。聚众的形成多与群众不平则鸣的心理有关。一般而言，群众对不平的现象并不一定必然采取激烈的手段并采取行动，等到这种不平的事由于主管机关的处理不当，甚至与大家的愿望相违时，在不平的心理与偏激的愤怒感的影响下，就有一种发泄欲望的冲动，最易产生非常的激动，对于有些与自己无关的事，也会产生“拔刀相助”“铲除不平”等行为。①

我国大陆犯罪心理学家罗大华等也认为一般群体的心理特征主要表现在：一是个性的丧失；二是个人缺乏判断力；三是受暗示性增强；四是无责任性。由此而带来的行为人所特有的行为特征包括：一是相对自发性，似乎不用极力煽动，群体就会采取相应的暴力性行动；二是狂热性，表现出行为的无理智性；三是非常规性，他的行为超出在正常情况下可能采取的行动；四是短暂性，即行为人的冲动性行为持续时间不长，瞬息万变，恢复正常理智很快。从聚众到实施犯罪，在心理和行为上一般有四个阶段：一是高度刺激和暗示阶段；二是情绪感染阶段；三是情绪爆发阶段；四是产生越轨行为阶段。② 表现出显著的特点就是自发性、狂热性、非常规性（去个性化）、短暂性。③

四、集体行动的心理特征的理论

聚众犯罪是多数人所为的集体行动，即一群聚众的人为了应付共同的社会现象，呈现出强烈的情绪并采取某种行动的社会越轨行为。这其中包括三种因素：一是大部分人共同体验到在社会中发生的不良现象；二是一群人的具体反应，也就是说一群人对此共同现象具有冲动的表现；三是强烈的情绪。集体行为不只是个人集合机械的、简单的总和，而是参与其事的群众的表示一致的感情、一致的思想和方向，并且消失了自我意识后所构成的群众动向，集体行为是异常的社会交互作用。因此，社会心理学者认为集体行为的范围包括“暴动、罢工、革命”。这些行为不是个人所能表现的，而是必须众多的个人才能表现出来。当遭受某些困难、挫折，受到相当程度的威胁和危机时，

① 张九如：《群众心理与群众领导》，台湾地区商务印书馆 1970 年版，103～104 页。
② 罗大华主编：《犯罪心理学》，中国政法大学出版社 1999 年修订版，第 263～266 页。
③ 罗大华、何为民：《犯罪心理学》，浙江教育出版社 2002 年版，第 379～380 页。

刺激使这些人群的动机产生共鸣而有所行为表现。因此，感情在集体行为的心理因素上占有很重要的地位。这是因为感情或情绪因素的深厚，是由于聚众者本身欠缺理性的缘故，从而使聚众的集体行为多数表现为不寻常的状态。这种集体行为存在心理激昂的表现和非合理的要求。目前，社会心理学界解释这种心理特征的理论有以下几种：

1. 本能、压抑和欲望的复生论

这种理论是运用弗洛伊德（Freud）关于攻击的本能和转移的理论结合而成。按弗洛伊德的理论，个人行为的支撑物就是无意识和“利比多”（Libido即原始的性冲动），也就是个人的心理体系中隐藏着压抑下来的艰辛的生活经历和“利比多”。原来这些压抑机能源于社会不允许和不赞同，或者个人能力不足以应付情势的需要，在长期周而复始相同的过程中，个人已经意识不到压抑的原因，而且将这些原因转移到焦虑或者不满意的心理现象上，一旦集体行动的领袖提出一个口号，呼吁聚众者时，各个人随即将他们在社会中所遭受的挫折经验转移到某一目标，借此目标发泄他们内心的愤怒。因此，集体行为的形成并不代表聚众者内心的焦点，个人真正的动机和集体行为的核心问题多少代表社会环境的不景气。当他们发泄自己心头的压抑情绪时，这种理论就将这种情形称为“受压抑的本能和欲望的复生”而已。

2. 不安全和焦虑的转移论

集体行为的发生时间，一般是在社会中有危机、不景气、容易经历挫折、群体目标难以达成的时候。富有安全感的个人可能不会参加集体行为，这是因为他们心理结构中没有不安全感和焦虑感，因此，不能产生由提示而引起的情绪的共鸣。在动荡不安的社会中，个人不断寻求安全，企图摒弃不安全和焦虑感。当社会情况趋于复杂和变迁时，不安全和焦虑感就自然增加，特别是都市化、工业化和现代化的各种变迁和进步中，非人格化、异化的因素不断增加。在社会的变迁与非人格化的社会关系体系中就容易产生不安全和孤单的现象。个人和他人之间的距离逐渐疏远，当个人与他人的关系陷入机械化的非人格关系时，就带来了不安全的经验。如果在这样的情况下，有人能表示他可以给大家带来某种安全感，聚众者就会随即产生强烈的依附感，集体行动就容易产生。社会失控的病态，无疑会影响个人的心理安全，个人在此情况下又容易接受他人的呼吁，毫无思考地就加入集体行动。

不安全感和焦虑的心理反应，如果不是逃避，就是攻击。如果形成不安全感和焦虑的目标明显，个人的心中有可能捣毁的目标时，攻击行为就呈表面化。如果威胁安全的目标含糊不清或者强于个人心中无法破坏该目标时，就自然会有逃避的现象。这种原则只适合于个人为单位时，不能适合于集体的行为。考察集体行为必须以社会或外界的环境为主体。①

3. 损失判断标准和参考架构论

个人在社会中的行为，没有不借用社会中即存的或者通用的价值结构以判断社会现象。当社会变迁激烈时，判断标准和参考架构不敷适用的情况，个人最容易接受他人的意见与建议。加上集体行为的领导能把握这种混乱的状况，提出适当的口号，集体行为的蔓延就更加迅速。这种理论认为，集体行为须有一位或数位领袖解释混乱的原因，并在混乱中，指示受困扰的个人的目标，使个人接受后，再提供一套看上去似乎合理的解决方法，使集体行为因此而掀起。②

上面三种理论各有可取之处，也各有不足之处，不可偏废。聚众的心理特征有以下三点值得注意：一是聚众的集体行为有情绪支配的特征，理性的判断受个人或群众心理选择性的偏见所支配，处处可以看见认知上极端的现象，情绪感染的程度非常强烈；二是情感传达的速度异常迅速，它的影响力也相当快，个人对任何提议或者报道均不假思索予以接受而相信它的真实性，并迅速予以行动；三是容易产生越轨的行为和破坏的行为，聚众者在聚众时不一定必然有暴行，但是随着人数的增加，理性的思考相对减少，情绪的冲动也就越激昂。社会权利或者义务分配的不均衡，使聚众者意识到精神负担过激，不安全和焦虑感普及于聚众者时，均能激起集体行为。

五、聚众的原因

关于聚众犯罪发生的原因，虽然复杂，但是主要有两个方面，即直接原因与间接原因。

1. 直接原因

这可以称为聚众犯罪的心理原因，主要有四个方面：①**普遍的不平**。大凡万物不平则鸣，人心也同样如此，有鸣则有和，附和者多，辗转相因，就可能形成聚众。普通人有不甘遭受损失或者不受无理压迫的心理，所受损失

---

① 李长贵编著：《社会心理学》，台湾地区中华书局 1969 年版，第 244 页。

② 李长贵编著：《社会心理学》，台湾地区中华书局 1969 年版，第 245 页。

或者所受压迫大，则越发容易引起不平进而起来反抗。特别是如果受损失或者压迫者不仅是单独的个人，而是多数人时，聚众就很容易形成，以实施集体反抗，于是聚众犯罪就明若观火。②**普遍的失望**。政府对民众有所许诺，但是如果许诺始终没有履行，则民众对政府的措施普遍产生失望，进而出现共同的反应，因为对政府请求履行许诺，民众则不免聚集，一旦民众陷入激昂的状态，就极度容易演化成聚众犯罪。③**普遍的憎恶**。生活的穷困，工作的劳累，被一般普通民众所憎恶。因此，为了求得生活或者工作条件的改善，民众遂有所要求，此种要求如果由多数人同时提出来，则将使民众结合并聚集起来。假设被要求者对此要求一时无法予以妥当合理的处理与解决，一般就会刺激民众，使聚集起来的民众实施聚众犯罪。④**普遍的恐惧**。聚集在一地的多数人因故陷入恐惧状态时，极度容易采取失去理智的行为，假设不能予以适当的引导，必将引起聚集的人们实施集体的越轨行为也即是聚众的犯罪。

2. 间接原因

这可以说是聚众犯罪的客观原因，主要有五个方面：①**集会自由的保障**。一切民主宪政国家无不在宪法和法律上保障人权，而集会、游行、示威的自由因为被视为人民的基本权利之一，因此无不受宪法和法律的保障。人民既然享有集会、游行、示威的自由，则人民可以自由集会、游行、示威而招集民众，不受政府当局的非法干涉。而在这种集会、游行、示威中往往容易引起骚乱，引发聚众犯罪。②**交通工具的发达**。聚众的形成须有多数人的参与，如果没有多数人的参与，聚众自然无由形成，过去由于动力交通不发达，无法促使多数人参加集会，而现在因交通发达，远地的民众亦可以随时随地迅速聚集而形成聚众。③**大众传播工具的普及**。为了使多数人集合，不能不呼吁多数人参与，而为呼吁多数人参与，就必须依赖大众传播工具。由于现代大众传播媒介的发达，促使多数人聚集形成比较以往更为容易。④**都市人口的集中**。聚众必须有多数人的参加，因此，在人口稀少的地区就无法聚集多数人，而在人口集中的都市就很容易在很短的时间内聚集多数人。由于现在都市人口日益形成集中，这无疑有助于聚众的形成。⑤**别有用心者的煽动**。因为突发事件而引起多数人的集合，如果不是经别有用心者的煽动，被聚集起来的人们也不至于提出要求或者请愿而与政府当局发生冲突。别有用心者为达到某种目的，每每利用人们已经聚集的机会，煽动本来并无违法意图的人们，使之陷于愤怒状态，再借聚集的人们的力量以实现煽动者攻击政府当局的目的。这在一般群众集会、游行、示威中转而成为骚乱犯罪中较为明显。①

人们的结合自古以来即对社会生活予以重要的影响，现在这种趋势更加明显。在君主专制政治制度中，人民群众在强大的君主权力的压力下，屈居弱者地位，毫无权利可言，任意遭受欺压。只有在民主政治社会中，人民群众不仅可以派代表向政府当局主张权利，有时更为自己的利益起见，互相团结，直接争取权利，实现自己的某种要求。由于在民主社会里，人民群众不再是弱者，因此，人们也容易被别有用心者所利用或者受别有用心者的操纵，以实施犯罪，使社会秩序遭受严重的破坏。

当今的民主社会，人们的结合显得十分容易，在任何场合，随时随地都可能有人们的聚集。人们合法的聚集本无可厚非，只是由于人们聚集后容易走向极端，无法始终依原有正确的意志行动。因此，人们合法的聚集每每发生变质而成为违法的聚众犯罪，政府当局对于一切人们的聚集必须加以注意，以免发生暴动而措手不及。

第三节　聚众犯罪的分类

聚众犯罪的分类问题是聚众犯罪研究的一个重要方面，清晰、明了、完整的分类对于聚众犯罪研究有着十分重要的意义，而这方面的研究在其他国家的刑法理论界中均没有涉及。为了对聚众犯罪进行更加深入的了解，我国大陆刑法理论界（包括台湾地区）根据不同的划分标准对各自刑法分则中规定的聚众犯罪的范围进行了分类，这种分类都是在各自刑法分则（包括特别刑法）中所规定的聚众犯罪的范围内进行的。

所谓聚众犯罪的范围的实质，就是聚众犯罪的外延。聚众犯罪是指聚集多人一起进行犯罪的一种必要的共同犯罪的形式，是刑法分则特别规定，以聚众作为构成犯罪必要条件的共同犯罪。因此，聚众犯罪必须是以在刑法分则中有明确的规定为准，这种明确性在前面已经说明，必须是以刑法分则的

① 蔡墩铭：《犯罪心理学》，台湾地区黎明文化事业股份有限公司 1979 年版，第 676～677 页。

罪状是否明确规定为准则，是实质性的聚众犯罪，而不是以罪名中是否有“聚众”两字。

叶志刚根据“聚众犯”有无组织性、时间性之久暂及聚众犯是否同类而将聚众犯分为原始的聚众犯与组织的聚众犯、一时的聚众犯与永久的聚众犯、普通的聚众犯与特殊的聚众犯。①**原始的聚众犯与组织的聚众犯**。这是以聚众犯有无组织而进行划分的。最早刑法理论界一般认为，无组织性是聚众犯的显著特征，因此，这一类聚众犯就可以称之为原始的聚众犯。例如，台湾地区“刑法”第149条规定的公然聚众不解散罪、第150条规定的公然聚众实施强暴胁迫罪等就是原始的聚众犯。但是台湾地区“刑法”所规定的聚众犯，尤其是各刑事特别法所规定的某些聚众犯还具有一定的组织性，而且不少见。例如台湾地区“刑法”第1章规定的内乱罪；台湾地区“妨害兵役治罪条例”第18条第1项规定的公然聚众持械反抗兵役推行罪；台湾地区“惩治盗匪条例”第3条第1项第（3）、（4）、（5）款规定的聚众强劫而持枪械或爆烈物罪；聚众劫夺依法逮捕、拘禁之人罪；聚众走私持械拒捕罪；第4条第1项第（2）款规定的聚众持械毁坏棺墓盗取殓物罪等。这种聚众犯就不是一般的乌合之众可以相比，他们的犯罪成员具有相对的固定性，人员一般也不是可以随时增加的，因此，这一类聚众犯就可以称之为有组织的聚众犯。②**一时的聚众犯与永久的聚众犯**。[①] 这是以时间的久暂而划分的。前面所述的原始的聚众犯属于无组织的犯罪，也即是这些人的聚众无法维持长久，因此，应当列入一时的聚众犯的范围。而一些刑事特别法所规定的聚众犯则常存在有组织性，也就是这种聚众犯不是临时的聚集，因此，多数为永久的聚众犯。这一类有组织的聚众犯一般富于习惯性与职业性，与一般突发的聚众犯有很大的区别。一般而言，聚众犯具有突发性，只有在某些特别刑法中，存在有长期性聚众犯的规定，亦即是有组织性的聚众犯，与具有一般性因偶然形成的聚众犯是不同的，这类因为偶然因素形成的聚众犯不以具有组织性为必要。虽然如此，这种有组织的聚众犯仍然属于聚众犯的一种。③**普通的聚众犯与特殊的聚众犯**。这是以聚众犯是否同类而分的。即以聚众犯的身份、地位等是否相同或者类似作为区别的标准。普通的聚众犯亦称不同类的聚众犯，所有参加者不分阶级、风俗、习惯、信仰与种族的差异，就他们所信而任意加

---

① 用“永久”这种词似乎不妥，没有什么犯罪是永久的，用“长时间”或“长期限”的这些词较妥当。

人，因此，最具通常所说的聚众犯的特征。特殊的聚众犯亦称同类的聚众犯，所有参加者属于同某一阶级、部门、行业或者处于同一环境的人，至于其他的人既无从亦不愿加入。属于普通的聚众犯的，如台湾地区“刑法”第149条规定的公然聚众不解散罪中的聚众犯；属于同类的聚众犯的，如台湾地区“刑法”第161条第3项规定的聚众以强暴胁迫脱逃罪中的聚众犯，参加者必须是被关押在狱中的在押人员。[①]

蔡墩铭对“群众犯”依照组成群众的分子是否同类、所聚集的地带、有无组织、有无动静，将群众犯分为同类的群众与异类的群众、同地的群众与异地的群众、乌合之众与有组织的群众、静止的群众与运动的群众以及暴动的群众。①**同类的群众与异类的群众**。这是依照组成群众的分子而进行分类。按照Le Bon（《Psychologie der Massen》1964）的理解，组成群众的分子有属于同类的，有不属于同类的，前者就是同类的群众，后者就是异类的群众。所谓同类的群众，是指组成群众的各分子，在日常生活上具有直接共同的利害关系。例如基于同一党派、教派而形成的群众，即这些人聚集在一起是因为他们在政治上或宗教上有相同的利害关系。还有的如基于同一职业或阶级而形成的群众，即这些人聚集在一起是因为他们在经济上有相同利害关系。所谓异类的群众，是指组成群众的各分子来自社会各阶级、各阶层，这些人聚集在一起只是在偶然的机会感觉到有共同的利害关系，遂在相互之间形成群众，而他们在实质上缺乏密切的关系。例如因拓宽道路而必须拆除房屋，使房屋现有居住的人民群众为自身利益而向有关当局请愿而聚集在一起。②**同地的群众与异地的群众**。这是依照群众犯所聚集的地带而分类。人们聚集的场所有时是至关重要的，如果没有可以供人们聚集的场所，群众也就无法产生。虽然如此，群众并不一定要在同一地点，由此可以将群众分为同地的群众和异地的群众。所谓同地的群众，是指形成群众的分子必须是在同一地点集合，一般的群众都属于此类。所谓异地的群众，是指形成群众的分子不必是在同一地点集合的，特别是形成了大规模的群众运动的时候，这个时候形成群众就不一定是在同一地点聚集。事实上，在同一地点集合有时还是不可能的，如以推翻政府为目的的全国性的群众运动就无法使所有群众在同一地点集合。③**乌合之众和有组织的群众**。这是依照群众有无组织而分类。

---

① 参见叶志刚：《聚众犯的本质特征与分类》，载蔡墩铭主编：《刑法分则论文选辑》，台湾地区五南图书出版公司1984年版，第160～163页。在此，叶志刚对聚众犯罪使用的是“聚众犯”的概念。

按照德国学者 Kern（《Vom Seelenleben des Verbrechers》）的理解，群众行为虽然以无组织者占大多数，但并不是所有的群众行为均无组织，也就是说其中亦有组织者。可以分为乌合之众和有组织的群众。所谓乌合之众，是指群众最初的出现形态以属于完全无组织者为多，由于它属于无组织，因此聚集很快，散去亦很快，这就是人们通常所说的乌合之众。所谓有组织的群众，是指这种群众一开始即有组织，这种情形较为罕见，但并不是没有这样的例子。一般形成有组织的群众多数是从原来已经聚集一地的多数人转变而来，例如工厂的工人或学校的学生为达到某一目的所形成的群众，这种群众往往有人在其中形成小团体、小型组织并指挥其他被聚集的成员。其次，有时乌合之众亦可以演变成为有组织的群众，同样，有组织的群众在他们失去领导人物之后，亦可能演变成为乌合之众。④**静止的群众和移动的群众、暴动的群众**。这是依照群众有无动静而分类。群众的形态各不相同，可以分为静止的群众和移动的群众、暴动的群众。所谓静止的群众，是指群众形成后静止不动，这种状况多数是由于有所坚持或者注意的关系。对于所提的要求的坚持的结果，将被聚集在一起的多数人留滞在一地，而对特定事务注意的结果，亦使得聚集在一起的多数人停滞不前。所谓移动的群众，是指群众形成之后向某一目的地进行。因此，移动的群众多数是由静止的群众演变而来，然而静止的群众移动时，他们的人数通常比静止时多，主要是因为在向目的地移动的途中，可能另有更多数的人参与进来。所谓暴动的群众，是指群众一旦欲诉诸暴力或者真正实施暴力时，就应当将此类群众视为暴动的群众。一般而言，无论是静止的群众还是移动的群众，都是不诉诸暴力的。当群众诉诸暴力时，这种群众就是暴动的群众，也就是刑法上通常所说的强暴胁迫。①

陈兴良将《中华人民共和国刑法》分则中的聚众犯罪按它们是否属于共同犯罪而分为犯罪的聚众与聚众的犯罪。

所谓犯罪的聚众，是指属于共同犯罪的聚众犯罪，在这种情况下，不仅聚集者构成犯罪，而且被聚集者也构成犯罪，它包括：

（1）刑法第 242 条规定的聚众阻碍解救被收买的妇女、儿童罪；

（2）刑法第 268 条规定的聚众哄抢罪；

（3）刑法第 290 条第 1 款规定的聚众扰乱社会秩序罪；

---

① 以上参见蔡墩铭：《犯罪心理学》，台湾地区黎明文化事业有限公司 1979 年版，第 678～680 页。在此，蔡墩铭对聚众犯罪使用的是“群众犯”或“群众犯罪”的概念。

（4）刑法第 290 条第 2 款规定的聚众冲击国家机关罪；

（5）刑法第 292 条规定的聚众斗殴罪；

（6）刑法第 301 条规定的聚众淫乱罪；

（7）刑法第 317 条规定的聚众持械劫狱罪；

（8）刑法第 371 条规定的聚众冲击军事禁区罪和聚众扰乱军事管理区秩序罪。

所谓聚众的犯罪，是指属于单独犯罪的聚众犯罪，在这种情况下只有首要分子构成犯罪，其他参加者不构成犯罪，它包括：

（1）刑法第 291 条规定的聚众扰乱公共场所秩序、交通秩序罪；

（2）刑法第 303 条规定的赌博罪中的聚众赌博的犯罪行为；

（3）刑法第 309 条规定的扰乱法庭秩序罪中的聚众哄闹、冲击法庭的犯罪行为。①

上述台湾地区与大陆刑法学者对聚众犯罪所进行的分类，是学者们为研究聚众犯罪的需要而对聚众犯罪在学理上所进行的分类，均有可取之处，但是也各有不足之处。台湾地区学者对聚众犯罪的分类比较注重聚众犯罪的外在性或形式性，并不能完全反映聚众犯罪的基本性质，唯有他们所提出的“有组织的聚众犯罪”的概念值得我们在研究和处理某些聚众犯罪时引起注意，加以参考。而大陆学者对聚众犯罪所进行的分类也有不足之处：一则与该论者对聚众犯罪是否为共同犯罪的理解有关；二则该论者尚未将《中华人民共和国刑法》分则中所规定的聚众犯罪完全包括进去。

笔者在研究聚众犯罪的分类这一问题时，考虑从聚众犯罪所侵害的客体入手，按聚众犯罪所侵害的客体不同，对《中华人民共和国刑法》分则规定的聚众犯罪进行了分类，包括危害国家安全的聚众犯罪、侵害人身权利的聚众犯罪、侵害财产的聚众犯罪、扰乱公共秩序的聚众犯罪、妨害司法的聚众犯罪、危害国防利益的聚众犯罪这六大类。具体的有以下几个罪名：

1. 危害国家安全的聚众犯罪

（1）刑法第 103 条第 1 款规定的分裂国家罪；

（2）刑法第 104 条规定的武装叛乱、暴乱罪；

（3）刑法第 105 条第 1 款规定的颠覆国家政权罪；

---

① 陈兴良：《刑法适用总论（上卷）》，法律出版社 1999 年版，第 492～493 页。其他大陆刑法学家少有对聚众犯罪分类，即使有也与陈兴良的分类大致相同。

2. 侵害人身权利的聚众犯罪

（4）刑法第 242 条第 2 款规定的聚众阻碍解救被拐卖妇女、儿童罪；

3. 侵害财产的聚众犯罪

（5）刑法第 268 条规定的聚众哄抢罪；

4. 扰乱公共秩序的聚众犯罪

（6）刑法第 290 条第 1 款规定的聚众扰乱社会秩序罪；

（7）刑法第 290 条第 2 款规定的聚众冲击国家机关罪；

（8）刑法第 291 条规定的聚众扰乱公共场所秩序、交通秩序罪；

（9）刑法第 292 条第 1 款规定的聚众斗殴罪；

（10）刑法第 296 条规定的非法集会、游行、示威罪；

（11）刑法第 301 条第 1 款规定的聚众淫乱罪；

（12）刑法第 301 条第 2 款规定的引诱未成年人聚众淫乱罪；

（13）刑法第 303 条规定的赌博罪中的聚众赌博的犯罪行为；

5. 妨害司法的聚众犯罪

（14）刑法第 309 条规定的扰乱法庭秩序罪中的聚众哄闹、冲击法庭，严重扰乱法庭秩序的犯罪行为；

（15）刑法第 315 条规定的破坏监管秩序罪中聚众闹事，扰乱正常监管秩序的犯罪行为；

（16）刑法第 317 条第 1 款规定的组织越狱罪；

（17）刑法第 317 条第 2 款规定的暴动越狱罪；

（18）刑法第 317 条第 2 款规定的聚众持械劫狱罪；

6. 危害国防利益的聚众犯罪

（19）刑法第 371 条第 1 款规定的聚众冲击军事禁区罪；

（20）刑法第 371 条第 2 款规定的聚众扰乱军事管理区秩序罪。

上面所列的聚众犯罪是不能单独犯的，它们是必要的共同犯罪。此外，《中华人民共和国刑法》还规定了将聚众犯罪作为某一犯单独犯的加重或者从重处罚的情节。例如，第 103 条第 2 款前半段规定的犯煽动分裂国家罪的，“判处五年以下有期徒刑、拘役、管制或者剥夺政治权利”；而后半段则规定，“首要分子或者罪行重大的，判处五年以上有期徒刑”。第 105 条第 2 款前半段规定的犯煽动颠覆国家政权罪的，“判处五年以下有期徒刑、拘役、管制或者剥夺政治权利”；而后半段则规定，“首要分子或者罪行重大的，判处五年以上有期徒刑”。这两个罪名后半段规定的就是行为人以聚众犯罪的形式犯煽动分裂国家罪和煽动颠覆国家政权罪的情形。他们是煽动分裂国家罪和煽动颠覆国家政权罪的加重情节。[①] 第 237 条第 1 款规定犯强制猥亵、侮辱妇女罪的，“判处五年有期徒刑或者拘役”；而第 2 款则规定“聚众犯”强制猥亵、侮辱妇女罪的，“判处五处以上有期徒刑”。第 3 款还规定，犯猥亵儿童罪的，“依照前两款的规定从重处罚”。就是行为人以聚众犯罪的形式犯强制猥亵、侮辱妇女罪，猥亵儿童罪，它们是强制猥亵、侮辱妇女罪，猥亵儿童罪的加重或者从重情节。在一般情况下，煽动分裂国家罪，煽动颠覆国家政权罪，强制猥亵、侮辱妇女罪，猥亵儿童罪是单独犯，即单个的个人也可以构成煽动分裂国家罪，煽动颠覆国家政权罪，强制猥亵、侮辱妇女罪，猥亵儿童罪。但是，刑法分则将行为人以聚众犯罪形式犯煽动分裂国家罪，煽动颠覆国家政权罪，强制猥亵、侮辱妇女罪，猥亵儿童罪作为犯煽动分裂国家罪，煽动颠覆国家政权罪，强制猥亵、侮辱妇女罪，猥亵儿童罪的加重或者从重情节来处理。

对于“聚众‘打砸抢’”是否属于聚众犯罪的问题，笔者认为，“聚众‘打砸抢’”虽然不是一种独立的犯罪行为，它必须依行为人实施的具体行为的具体的情形分别确定故意伤害罪、故意杀人罪或抢劫罪，但是从该情形的实质上来看，它与聚众犯罪在许多特征上是一致的。因此，笔者主张将“聚众‘打砸抢’”作为聚众犯罪的一种，并将“聚众‘打砸抢’”列为独立的一个章节予以具体阐释。[②]

上述分类的方法与形式可能有不尽如人意的地方，但是至少给人以比较清晰、明了、完整的感觉，将这种分类作为一种研究的角度还是有很大的方便之处。

---

① 关于这两个罪名中是不是含有“聚众犯某罪”的问题，将在本书的最后一章中加以详细论述。

② 在《中华人民共和国刑法》修订前，有的学者也将“聚众‘打砸抢’”作为一种独立的罪名，见高铭暄主编：《刑法学》，法律出版社 1982 年版，第 475～477 页。

第四章 大陆法系中的聚众犯罪

大陆法系国家和地区刑法理论界在进行刑法理论研究时一般认为的犯罪客体，是指犯罪之被害者的意义而言。依照通说，被害者之意义有二，一是犯罪之被害人，二是被害之法益。被害人即享有被侵害法益的人，可以分为自然人与法人。法益即为法律拟制并加以保护的利益、权益。大陆法系国家和地区刑法理论界一般将法益分为公益与私益，前者又分为国家的利益和社会的利益，后者为个人的利益。或者将法益分为专属的法益与一般的法益，前者如生命权、身体健康权、名誉权、人身自由权，主要是因为这类法益对个体的人而言具有不可分离性；后者如财产权，主要是因为这一类法益是一种可以转移的权益，如从这个人转移到那个人。法益是区别此罪与彼罪的重要依据，法益的个数更是区别一罪与数罪的重要依据。对于刑法所保护的法益，大陆法系国家和地区的刑法学家在进行刑法理论研究、概括时，按它的性质分为国家的法益、社会的法益、个人的法益。国家的法益，就是国家的存在以及职能的安全。社会的法益，就是保护国民各个个人的具体利益所必要的社会利益。[①] 个人的法益则包括生命、身体或者健康的安全、自由、安宁的生活、财产。[②] 因此，大陆法系国家和地区的刑法理论又将犯罪的种类分为对国家法益的犯罪、对社会法益的犯罪以及对个人法益的犯罪。当然也有将法益分为社会的法益（包括国家的法益）、个人的法益两种，并将犯罪种类分为侵害社会法益的公罪和侵害个人法益的私罪。由于犯罪大多影响整个社会的利益，因此无论被害人是谁，有没有告诉，国家均可以代表公益依职权对犯罪进行追诉。也有一类犯罪与个人私益关系很大，却对社会公益并无直接影响，法律规定由被害人的告诉为追诉的条件，为亲告罪（也就是《中华人

---

① ［日］大谷实：《刑法各论》，黎宏译，法律出版社 2003 年版，第 259 页。

② ［日］大谷实：《刑法各论》，黎宏译，法律出版社 2003 年版，第 6 页。

民共和国刑法》规定的“告诉的才处理”，即自诉案件种类之一)。[①] 被《中华人民共和国刑法》称为聚众犯罪的类型，在其他大陆法系国家和地区刑法理论中则称之为聚合性犯罪，[②] 而且一般将这些犯罪规定在对所谓国家法益的犯罪和对社会法益的犯罪这两类犯罪中，他们认为对个人的法益不存在聚众犯罪的问题，即不存在聚众对特定的生命权、身体健康权、人身自由权、名誉权、财产权侵害而构成聚众犯罪的问题。在现实生活中当然有聚众对特定的生命权、身体健康权、人身自由权、名誉权、财产权也即个人法益侵害的行为发生，但是由于对特定的生命权、身体健康权、人身自由权、名誉权、财产权也即个人的法益侵害可以是单独犯而不是必要的共同犯罪，因此这种聚众对特定的生命权、身体健康权、人身自由权、名誉权、财产权侵害的行为当然就不是刑法分则特别规定具有特定含义的聚众犯罪，且罪名也不存在“聚众”二字。在大陆法系国家和地区的刑法理论中一般将聚众侵害国家法益的犯罪称为内乱罪（美国则称为叛国罪），将聚众侵害社会法益的犯罪称为骚乱罪（日本总称为骚扰犯罪）。本章将分别介绍在大陆法系国家和地区刑法理论中内乱罪和骚乱罪的一些基本原理，以供对我国聚众犯罪研究时参考。

聚众犯罪一般并不是仅仅在社会危机与异常状态里才会发生，即使在平时，亦会因偶然的因素产生聚众犯罪的现象，只不过在社会危机与异常的情况下，发生聚众犯罪的机会比较多，尤其在社会控制力下降时以及维持社会公共安全的机关无力顾及的地区，聚众犯罪更加容易发生，特别是在国家处于危机和异常的状态中时。聚众者非理性的破坏行为得以蔓延，加上共同的

---

① 刘清波编著：《刑法概论》，台湾地区开明书店 1970 年版，第 61 页。韩忠谟：《刑法原理》，台湾地区雨利美术印刷有限公司 1981 年版，第 95 页。法益这一概念最早由德国刑法学家毕伦巴姆在其 1843 年发表的《犯罪概念中法益保护的必要性》一文中提出。他认为，法益不是权利而是以国家强制力保护的个人或集体享有的、在自然意义上能够伤害的实体利益。参见李海东：《刑法原理入门（犯罪论基础）》，吉林大学出版社 1987 年版，第 120 页。法益这一概念的提出，取代了贝卡里亚的犯罪的“社会危害性”理论和费尔巴哈的犯罪的“权利侵害”理论。法益的概念强调犯罪的本质在于对法律保护的一定的利益的侵犯。但是，苏联刑法理论对法益概念是持否定的态度，认为将法益解释为犯罪客体是唯心主义的，掩盖了犯罪的阶级性和镇压人民的本质。认为犯罪客体是犯罪行为所侵害的社会关系，从而将其与犯罪对象区分开来。由于犯罪的“社会危害性”具有非实证的特征，是一种政治学、社会学的分析，因此，我国也有一些刑法学家正在探讨使用“法益”的理论取代现在刑法理论界所持的“社会危害性”理论。如何秉松提出的“社会利益说”（参见何秉松主编：《刑法教科书》，中国法制出版社 1997 年版，第 243 页）和陈兴良提出的“法益侵害说”（参见陈兴良：《社会危害性理论：一个反思性检讨》，载《法学研究》2000 年第 1 期）。

② 其他大陆法系国家和地区刑法理论对此问题的称谓并不一致，有称聚合性犯罪的，也有称聚众犯的，但大多数是称聚合性犯罪。

憎恶心理，容易发生对共同的憎恶目标开展破坏性的暴力攻击。聚众犯罪的行为人基于心理的一体感、心理的无名感、心理的亲近感和无责任感，引起自制力的丧失。在群情激愤的情况下，尤其无法制止破坏的、非合理性的行为，又因为聚众者受绝望的危险意识的支配，因而产生推翻政权或者发泄不满的诉求，引发内乱、骚乱。

第一节　内乱罪

一、内乱罪的概念

大陆法系国家和地区刑法理论关于内乱罪的概念一般是指行为人已经着手实施了破坏国体、窃据国土、非法变更宪法、颠覆政府等紊乱国家政治的行为。① 日本刑法学者则称为是破坏国家的统治机构，或者在国家领土之内排除国家主权，自己行使国家权力，或者出于瓦解其他宪法所规定的基本统治秩序的目的而实施暴动的行为。② 内乱罪具有什么样的性质呢？日本刑法学者曾明确地提出“内乱罪乃必要的共犯之一种，以有多数的主体为必要”，认为内乱罪是必要的共同犯罪。③ 从大陆法系国家和地区对内乱罪概念的解释以及对内乱罪罪状的表述来看，足以说明内乱罪单独犯的不能，它必然是必要的共同犯罪，也即或者是有组织性共同犯罪或者是聚众犯罪，但是大多数大陆法系国家和地区的刑法都没有将内乱罪视为有组织性共同犯罪，也没有见到有将内乱罪规定为集团犯罪的。④ 内乱罪是与外患罪相对而言的，外患罪一般是指本国人勾结外国人致害本国的主权或者领土完整而有利于外国的行为，

---

① 刘清波编著：《刑法概论》，台湾地区开明书店 1970 年版，第 288 页。

② ［日］大谷实：《刑法各论》，黎宏译，法律出版社 2003 年版，第 392 页。

③ 参见孙嘉时：《内乱罪之探讨》，载蔡墩铭主编：《刑法分则论文选辑（上）》，台湾地区五南图书公司 1984 年版，第 8 页。［日］大谷实：《刑法各论》，黎宏译，法律出版社 2003 年版，第 392 页。

④ 在孙嘉时的《内乱罪之探讨》一文中，介绍了日本和台湾地区学者对内乱罪的一些观点，没有一个学者认为内乱罪是有组织性共同犯罪或者是集团性共同犯罪。详情请参阅孙嘉时：《内乱罪之探讨》，载蔡墩铭主编：《刑法分则论文选辑（上）》，台湾地区五南图书公司 1984 年版，第 8 页。

这种行为往往有招致本国亡国之祸。而内乱罪的危害仅仅及于一国的内部政治结构，不至于使国家灭亡。因此，大陆法系国家和地区刑法往往对外患罪的法定刑的规定都高于内乱罪。[①] 上述内乱行为在大陆法系国家和地区刑法称谓不一，有称谋反罪、暴动罪的，但大多数是称内乱罪。如《法兰国共和国刑法典》第 4 卷第 1 篇第 2 章规定的其他危害共和国之制度或危害国家领土完整罪；台湾地区"刑法"第 2 篇第 1 章规定的内乱罪；《德意志联邦共和国刑法典》分则篇第 1 章第 2 节规定的内乱罪等。有的是只设单一的内乱罪，将各种内乱的行为归于其中。有的是将内乱罪分为普通内乱罪和暴动内乱罪，前者是指没有使用暴动的方法而以其他非暴力的非法方法实施内乱行为；后者是指使用暴动的方法实施内乱行为，并将预备犯、阴谋犯作为内乱罪的一种，分别构成预备内乱罪、阴谋内乱罪，再与普通内乱罪、暴动内乱罪结合分别构成普通预备内乱罪、暴动预备内乱罪、普通阴谋内乱罪、暴动阴谋内乱罪等。同时，这些规定没有将预备犯、阴谋犯视为内乱罪的共犯，而是将内乱罪的预备行为、造意行为视为实行行为而加以惩治。[②] 这种不将内乱的预备犯、阴谋犯视为内乱罪的共犯，而是将内乱的预备行为、造意行为视为实行行为而加以惩治的立法模式是大陆法系国家和地区刑法的对内乱罪的立法通例，它的目的就在于严防一个国家内乱的发生，以保证国家政治制度的稳定。

二、内乱罪的构成

1. 内乱罪的犯罪主体必须是多数人即所谓众多犯，内乱罪是必要的共同犯罪。这里的所谓"多数"，是指能够达到紊乱国政这一目的的程度而且在此同一目的下采取集体行动。[③] 日本学者认为，成为众人必须有与瓦解基本统治秩序的目的相匹配规模的人数和能够实现该种目的程度的组织形态。[④] 内乱者一般由首谋或首犯、参与谋划者、指挥者、从事其他重要任务者、附和随行者、单纯参与暴动者构成，如《韩国刑法典》第 87 条所规定的；也有将内乱者分为组织者、领导者、参加者的，如《法国刑法典》第 412 条所规定的；

---

① 刘清波编著：《刑法概论》，台湾地区开明书店 1970 年版，第 291 页。

② 刘清波编著：《刑法概论》，台湾地区开明书店 1970 年版，第 288 页。

③ 甘雨沛、何鹏：《外国刑法学（下卷）》，北京大学出版社 1985 年版，第 791 页。

④ ［日］大谷实：《刑法各论》，黎宏译，法律出版社 2003 年版，第 392 页。

还有将内乱者分为首谋者、强暴或者胁迫着手实施者的，如台湾地区“刑法”第100条所规定的。大陆法系国家和地区刑法对内乱罪的罪状关于犯罪主体的表述在文字上虽然有所不同，或者分类较细或者分类较粗，但是就实质而言是基本相同的，无非是首谋者、参加者而已。不分本国人还是外国人，均可以成为内乱罪的犯罪主体。所谓首犯，在内乱罪中是指破坏国体、窃据国土、非法变更宪法、颠覆政府等紊乱国家政治行动的组织者、领导者。所谓策划参与者，在内乱罪中是指以为首者的参谋这样一个角色而参加内乱的策划，以出谋划策为主要作用，策划参与者并不一定直接参加到具体的暴动行为中去。所谓指挥者，在内乱罪中一般是指在现场指挥参加暴动的人。上述首犯、策划参与者、指挥者，相当于我国刑法对聚众危害国家安全的犯罪中规定的首要分子。所谓从事其他重要任务者，在内乱罪中一般是指服从于上述三类人的指挥和安排，负责一个方面的事务，如提供武器、掌管总务、负责暗杀行动等工作，相当于我国刑法对聚众危害国家安全的犯罪中规定的罪行重大者或积极参加者。所谓附和随行者、单纯参与者，在内乱罪中一般是指在他人的组织指挥下，明知是进行内乱的集体行动而仍然参加致使内乱的声势得以扩大，相当于我国刑法对聚众危害国家安全的犯罪中规定的其他参加者。

2. 内乱罪的主观方面必须是出于故意，而且必须是出于破坏国体、窃据国土、非法变更宪法、颠覆政府等紊乱国家政治的共同故意。日本学者草野豹一郎认为必须“以有紊乱朝宪之目的为必要，因此缺乏此目的时，不能构成本罪，乃其通说也”。[①] 这种共同的犯罪故意是众多犯的故意，所有参加者均知道自己是作为聚众犯罪中的一名成员进行内乱活动。如果不是出于上述共同的故意，特别是在首犯、策划参与者、指挥者、从事其他重要任务者之间，就不能以内乱罪论处，构成犯罪的也只能以骚乱罪论处。对于附和随行之帮助者是否需要有紊乱朝宪之目的，日本学者有两派截然不同的观点，持积极说的认为附和随行者也必须要有紊乱朝宪的目的，持消极说者则认为附和随行者不以有紊乱朝宪之目的之必要。[②]

3. 内乱罪的客观方面必须实行破坏国体、窃据国土、非法变更宪法、颠

---

① 参见孙嘉时：《内乱罪之探讨》，载蔡墩铭主编：《刑法分则论文选辑（上）》，台湾地区五南图书公司1984年版，第5页。

② 参见孙嘉时：《内乱罪之探讨》，载蔡墩铭主编：《刑法分则论文选辑（上）》，台湾地区五南图书公司1984年版，第5页。

覆政府等紊乱国家政治的行为。所谓破坏国体，是指改变国家的阶级性质，如从民主共和国改变为君主专制国家，或者相反。资产阶级国家的刑法还明确将人民推翻资产阶级政权的行为规定为内乱罪，如“威权时代”的台湾地区“国家安全法”第2条就明确规定：“人民集会、结社不得主张共产主义。”所谓窃据国土，是指占据本国的领土，分裂国家领土，排斥本国合法政府在被行为人占据的领土上行使主权，或者有效的行政管理。所谓颠覆政府，是指破坏现行合法政府的组织形态，不是指推翻政府中的个别部长、大臣，而是指对于国家主权和政治中枢的政体的改变，如否认议会制度，改变“三权分立”原则，废除国家司法制度等。[①] 包括通过非法的行为推翻合法政府，如泰国的“红衫军”“黄衫军”通过聚众的形式推翻经过合法选举产生的政府的行为。日本学者认为必须是非法破坏行政组织的中枢即内阁制度，而不是推翻各个具体的内阁，特别是通过竞选推翻原内阁而组成新内阁更是如此。[②] 所谓非法变更宪法，是指行为人不经法定程序，非法变更宪法的内容特别是关于国家政权组织方面的规定。所谓政变，其实就是内乱罪的一种表现形式。只要行为人着手实行上述行为，不论其目的是否达到，均构成内乱罪。上述行为必须是以非法的方法特别是以暴动的方法进行，如果是以合法的程序，如召开议会修改宪法，改变政府组织形态，或者按合法的命令而管理国家领土的一部分，就不构成上述行为而成为内乱罪。

资产阶级国家的刑法不仅仅惩治已经着手实行的内乱罪，对于内乱罪的未遂状态、预备状态、阴谋状态甚至于帮助状态均认为构成单独的犯罪，并施予刑罚。对于内乱罪的预备或者阴谋处罚的原因，民国时期的刑法学者有两种不同的解释。一种观点是俞承修的观点，他认为是因为犯罪人的主观恶性较深，因而应当予以处罚。另一种观点是赵琛的观点，他认为是因为这种犯罪的危害性较大。[③] 相对而言，赵琛的观点似乎更为恰当一些。

内乱罪在其他大陆法系国家和地区被称为目的犯、危险犯，也称行为犯。应当看到，上述行为的目的一经达成，旧的政权被推翻，实行上述内乱行为的实施者就转而成为合法者、统治者，政变者成为国家、政府新的领导者，他们行为的所谓“刑事责任”就不再被追究，原来规定的内乱罪的性质也就

---

① 甘雨沛、何鹏：《外国刑法学（下卷）》，北京大学出版社1985年版，第792页。

② ［日］大谷实：《刑法各论》，黎宏译，法律出版社2003年版，第392～393页。

③ 参见孙嘉时：《内乱罪之探讨》，载蔡墩铭主编：《刑法分则论文选辑（上）》，台湾地区五南图书公司1984年版，第11页。

发生了根本性的变化，内乱者被称为革命者、起义者，完全否定原来刑法所确定的行为人的犯罪性质。同样，当行为人取得合法地位、统治地位时又会转而制定同样的法律，规定一切针对新政权的上述行为为内乱罪。法律为统治者服务的本质在此体现得淋漓尽致。日本学者在论述内乱罪是危险犯的原因就在于内乱罪的行为人多数是出于自认为革命的、正义的目的，如果革命成功的话，就不可能用以前的刑法对行为人进行处罚。因此，内乱罪在本质上只能是危险犯。①

4. 内乱罪所侵害的客体或法益是国家利益，是国家政权自身的存在。大陆法系国家和地区刑法理论均认为国家具有公法人资格，它有自身防卫权，对于侵害国家统治秩序与自身存亡的犯罪进行防卫，给予犯内乱罪者严厉的惩治，在立法者看来是理所当然的。

就内乱罪的特征而言，日本学者泷川幸辰认为："在国际间此种犯罪人，是不可以引渡的，所以在本国以外的国家为之者不罚，乃因为国事犯在自然法上不是犯罪的思想，所以，逃亡者的保护权被确认。"这是政治犯不引渡的法理依据。赵琛也认为："内乱罪之动机，大抵出于改革一国之政治，与外患罪之足以亡国者迥异，故内乱罪非亡国罪。"认为内乱罪不是犯罪是自然法的思想，因为行为人的目的大抵出于改革一国之政治，是所谓的"法定犯"，不是"自然犯"。② 但站在国家的立场上，却仍然不能不罚。不过近世各国立法例有规定对政治犯不用死刑，且多施以感化教育，但是对使用暴力犯内乱罪的还是设有死刑的。《中华人民共和国刑法》也遵循此立法例，对颠覆国家政权罪未设立死刑这一法定刑。

对于内乱罪，大陆法系国家和地区刑法均规定了较为严厉的刑罚，对首犯最高法定刑可以直至死刑，而且一般都由高等法院作为第一审。如《韩国刑法典》第 87 条规定的构成内乱罪的："1. 首犯判处死刑、无期劳役或者无期徒刑。2. 参与谋划、指挥或者从事其他重要任务的，处死刑、无期或者五年以上劳役或者徒刑。参与杀伤、破坏或者掠夺行为的也同。3. 附和随行或者单纯参与暴动的处五年以下劳役或者徒刑。"对主刑被判处十年以上有期徒刑、无期徒刑、死刑的一般还需要附加褫夺公权，但是大陆法系国家和地区

---

① ［日］大谷实：《刑法各论》，黎宏译，法律出版社 2003 年版，第 392 页。

② 加罗法洛认为，犯罪可以分为自然犯和法定犯，认为违背人类怜悯和正直等利他情感的犯罪是自然犯，被法律规定为犯罪的是法定犯。参见［意］加罗法洛：《犯罪学》，耿伟、王新译，储槐植校，中国大百科全书出版社 1996 年版，第 1、2 章的内容。

的刑法均无因犯内乱罪而单处褫夺公权或者不论刑期长短都必须褫夺公权规定，也没有并处没收财产的规定。关于没收财产的问题，资产阶级法律学家一般均认为私有财产神圣不可侵犯，国家（地区政府）也不能制定侵犯个人财产的法律，如果要没收，也只是没收与犯罪有关的工具、犯罪所得的财产，而内乱罪一般不涉及因犯罪所得财产。如台湾地区“刑法”第 38 条规定：“左列之物得没收之：1. 违禁品。2. 供犯罪所用或供犯罪预备之物。3. 因犯罪所得之物。”这其中不包括个人财产。如果行为人在内乱罪的阴谋、预备状态中而向当局自首的，一般可以减轻甚至于免除刑罚，如台湾地区“刑法”第 102 条规定：“第一百条第二项（预备内乱罪）或第一百零一条第二项（预备暴动内乱罪、阴谋暴动内乱罪）之罪而自首者，减轻或免除其刑。”前提是预备犯、阴谋犯的行为尚未着手实施之前就自首。这一规定比台湾地区“刑法”第 62 条关于一般自首仅减轻处罚的规定要宽大得多。台湾地区“刑法”第 62 条规定：“对于未发觉之罪自首而受裁判者减轻其刑。但有特别规定者，依其规定。”犯预备内乱罪、阴谋内乱罪而自首者得减轻或者免除刑罚就是对自首的特别规定。这一规定的目的就在于对内乱实施者进行分化瓦解，使内乱被扑灭在萌芽状态，防止内乱于未然。

第二节　骚乱犯罪

一、骚乱犯罪的概念

大陆法系国家和地区的刑法理论和立法体例一般将我国刑法中关于冲击国家机关、扰乱企事业单位、公共场所、公共交通秩序等妨害社会管理的聚众犯罪称为骚乱犯罪，也有称为广义的骚乱罪的（还有译为骚扰罪的），它包括“骚乱罪”（又称狭义的骚乱罪）和“聚众不解散罪”并将它们归于侵犯社会法益的犯罪这一大范围内。所谓侵害社会法益的犯罪，是指将国家法益从公共法益中排除，将犯罪人的犯罪行为直指社会生活本身的一些犯罪。它既区别于侵害个人法益的犯罪又区别于侵害国家法益的犯罪。[①] 侵害的是刑法所保护公共的安宁，本罪的本质就是多数人组成的暴乱集团扰乱公众的安宁的生活状态。一般而言，个人法益仅限于人的生命权、身体健康权、人身自由权、名誉权、财产权五种，侵害个人法益的犯罪是以侵害特定的个人为限。[②] 侵害社会法益的犯罪与侵害个人法益的犯罪相比，它所侵害的多是不特定多数人的利益，它的特征是使不特定人或多数人的生命、身体、财产等遭受侵害或者威胁。侵害社会法益的犯罪，在大陆法系国家和地区的刑法理论中认为多数属于危险犯。

骚乱犯罪一般分为骚乱罪和聚众不解散罪，下面再分为不同的罪名。[③] 从大陆法系国家和地区的刑法典立法体例上来看，多数国家如日本、韩国、德国、俄罗斯是将骚乱罪视为扰乱公共的安宁的犯罪，它不是对国家法益的犯罪，而是属于对社会法益的犯罪。如《日本刑法典》第 8 章第 106 条规定的骚乱罪、第 107 条规定的聚众不解散罪、《德意志联邦共和国刑法典》第 125 条规定的破坏地方安宁罪。少数国家以及我国台湾地区是把骚乱罪当作侵害国家法益的犯罪，如《法国刑法典》第 4 卷第 3 编第 1 章第 2 节规定的违法参加聚众滋事罪、台湾地区“刑法”第 7 章的规定妨害秩序罪。[④] 对于骚乱罪的性质，大陆法系国家和地区的刑法学者一般均认为，骚乱罪从它的构成要件上来看，是必须具备多数人的行为，是一种必要的共同犯罪，也属于众多犯，它的性质就是必要共犯中的聚众犯。[⑤] 与内乱罪有着相同之处，骚乱罪的实质也就是我国刑法理论所称的扰乱社会管理秩序的聚众犯罪。骚乱罪与内乱罪的区别在于两者的主观故意的内容不一样，骚乱罪并不直接侵害国家本身的存在，主要是扰乱社会公共安宁；而内乱罪则是直接指向国家的内部秩序，直至分裂国家、推翻政府，威胁国家或政权本身的存在。

骚乱罪属聚众性共同犯罪的一种，行为人往往是受到凑热闹的心理（这是群众心理的一种形态）的驱使，而这种心理又往往容易被人利用，这是骚乱罪的一个显著特征。这种犯罪大多是以不安定的社会形势为背景的，这个

---

① 甘雨沛、何鹏：《外国刑法学（下卷）》，北京大学出版社 1985 年版，第 839 页。

② 刘清波编著：《刑法概论》，台湾地区开明书店 1970 年版，第 230 页。

③ 凡不作狭义的骚乱罪的限制即取广义的骚乱罪之义。

④ 台湾地区学者就认为，骚乱罪属于侵害国家法益的犯罪。见刘清波编著：《刑法概论》，台湾地区开明书店 1970 年版，第 320 页。

⑤ ［日］大谷实：《刑法各论》，黎宏译，法律出版社 2003 年版，第 362 页。

时候整个社会控制能力下降，群众受无政府主义的影响而产生一种蔑视国家和社会权威的心理。因此，这种骚乱性犯罪往往是一种突发性犯罪，有一定的持续性，同时也常常随着社会秩序的安定而迅速归于消失。

狭义的骚乱罪是指聚合众人实施暴行或者胁迫的犯罪。如《韩国刑法典》第115条规定的聚众实施暴行、胁迫或者破坏行为的构成骚乱罪；台湾地区“刑法”第150条规定公然聚众，施强暴胁迫者，构成聚众强胁罪，又称实施骚乱罪。[①] 聚众不解散罪，则是指为了实施暴行或者胁迫而聚众，受到有关公务人员发出解散命令三次以上，仍然不解散的犯罪。如《韩国刑法典》第116条规定的以实施暴行、胁迫或者破坏行为为目的而聚众，受到有权力的公务员解散命令三次以上而仍然不解散的，构成聚众不解散罪；台湾地区“刑法”第149条规定公然聚众，意图为强暴胁迫，已经受该管公务员解散命令三次以上而不解散者，构成聚众不解散罪；《加拿大刑事法典》第68条规定“任何人，为下列行为，构成可诉罪，处终身监禁：……（b）在第67条述及之声明书宣读30分钟内拒不解散并离开现场”，第67条述及的声明是“女王陛下指示并命令所有正在集会者立即解散，并有秩序地离开现场，返回自己住地或合法工作场所，违者构成犯罪，可被判处终身监禁。上帝保佑女王”。聚众不解散罪实质上是骚乱罪的某个预备阶段，当这种预备行为在刑法分则中明确规定作为实行行为时，按照法律的规定就构成独立的犯罪，不再适用刑法总则关于预备犯的规定。聚众不解散罪与骚乱罪最主要的区别，在于聚集的众人的行为尚未具体实施强暴胁迫。如果行为人已开始实施暴行或者胁迫，就不再是骚乱罪的预备阶段，就不应当再按聚众不解散罪论处，而是骚乱罪的实行阶段，就构成了骚乱罪。

二、骚乱罪的构成

1. 骚乱罪的犯罪主体是指聚合了的众人。所谓众人，在骚乱罪中是指多数人的聚集。那么，达到怎样程度的人数才能构成骚乱罪的众人的要求呢？一般认为骚乱罪中的众人最低限度是这些众人的暴行、威胁足以危害一个地方的公共安宁。[②] 日本大审院1912年10月3日的判例认为，众人是指多数人

① 刘清波编著：《刑法概论》，台湾地区开明书店1970年版，第321页。
② 甘雨沛、何鹏：《外国刑法学（下卷）》，北京大学出版社1985年版，第840页。

的集团，成为法律上的多数人，该集团所必须达到多少人，或者其他判断标准如何，法律上没有明确规定，但是，必须是实施暴行胁迫，破坏一地的公共安宁所必要程度的多数人。而日本学者平野一龙则认为，将足以危害一地安宁作为要件没有意义，不能起到限制作用。他认为，所谓众人就是“该集团的各个个人的意思不能支配的集团”。[①] 这与我国刑法理论明确认为聚众犯罪至少达到三人以上的观点还是有一定的区别的，它是一个不很确定的数，当然从字面上来理解还是必须要三人以上。在这些众人中，构成犯罪的主体是那些具有达到刑事责任年龄且具有刑事责任能力的人。如果说在众人中有一部分人特别是被聚集的人中或者说一般参加者中有一些没有达到刑事责任年龄或者没有刑事责任能力的人，那些具有达到刑事责任年龄且具有刑事责任能力的人仍然可以成为骚乱罪的犯罪主体而构成骚乱罪。有时正常的合法的群众集会、游行、示威也会中途发展成为骚乱，这些聚合的集会、游行、示威的众人也可以被视为骚乱罪的行为主体，关键在于这些众人必须在时间上和场所上都处于一种相同的状态之中，行为是众人的行为而不是一个人的行为。

骚乱罪的犯罪主体在大陆法系国家和地区刑法中一般被划分为“首犯”“指挥他人者”“带头助势者”“附和随行者”四种类型。如《日本刑法典》第105条规定的骚乱罪就是将犯罪主体按上述四种类型划分的。当然也有其他不同的分类法，这些分类与内乱罪的犯罪主体划分一样基本上大同小异。所谓首犯，在骚乱罪中是指骚乱行为的组织者、策划者、倡导者，即组织多数人共同协作实行暴行或者胁迫的人。他不一定在多数人中起统帅作用，他或者在现场指挥、监督暴行或者胁迫的实施，也不要求他本人实行暴行或者胁迫的行为，而且在中途参加的组织者、策划者也可以成为首犯。所谓指挥他人者，是指利用聚众实行暴行或者胁迫的机会，对于众人的一部或全部进行指挥的人。至于是在现场进行指挥还是在事前进行指挥，抑或在别的场所指挥，不是骚乱罪的犯罪构成所必须明示的。上述首犯指挥他人者的作用相当于我国刑法规定的聚众犯罪的首要分子。所谓带头助势者，在骚乱罪中是指加剧骚扰气势的人。至于助势是以什么方式进行在所不问，无论是言语还是行为；也不受是在实施暴行或者胁迫的现场实行的还是在事前实行的限制；也不受助势者本人是否实施暴行或者胁迫行为的限制，同样也不受助威者在助势之

① 参见［日］大谷实：《刑法各论》，黎宏译，法律出版社2003年版，第263页。

后，是否曾与众人共同进行具体的骚乱行动的限制，只要在骚乱犯罪中表现有加剧骚扰气势的言行，就可以认定行为人为带头助势者。带头助势者的作用相当于我国刑法规定的聚众犯罪的积极参加者。所谓附和随行者，在骚乱罪中是指了解聚众实施暴行或者胁迫的事实，但是出于某种凑热闹心理的驱使，附和参加的人，由于他们是出于某种凑热闹心理的驱使、附和参加的，因此，附和随行者在实施了暴行或者胁迫行为的情况下，也要比照其他实施暴行或者胁迫者处以较轻的刑罚，相当于我国刑法规定的聚众犯罪的其他参加者。

2. 骚乱罪在主观上必须是出于故意。骚乱罪作为众多犯，它的主观构成要件是相当复杂的，暴行或者胁迫是基于众人的共同意思，而且这种共同意思并不意味着每个成员对于骚扰群体的各种暴行或者胁迫都有具体的认识。至于对于实行暴行或者胁迫的动机如何，有无特定的共同目的，都可以不问。对于意思的性质，日本学者认为是作为组织共同施加暴行、胁迫的意思，是主观的构成要件要素。它的内容包括：依托众人的力量实施暴行、胁迫的意思；让众人实施暴行、胁迫的意思；参加到众人的力量中的意思。[①] 关于共同意思，日本最高法院 1960 年 12 月 8 日的判例作了如下说明：第一，依托众人的共同力量，亲自实施暴行或者胁迫的意思，或者聚集众人实施的意思；第二，表示同意有关暴行或者胁迫，或者加入该众人之中的意思也是共同意思；第三，聚集的众人是由前者（第一种）意思的人和具有后者（第二种）意思的人组成的时候，就是具有共同意思的众人；第四，共同意思和共谋或者通谋不是同义词。成立骚乱罪所必要的共同意思是，只要预见到众人的共同力量会导致暴行、胁迫事态的发生，但是仍然有意加入该骚乱行为就够了，不要求对特定的、具体的个别的暴行、胁迫具有认识。[②] 如果是单纯地实施暴行或者胁迫，那么在骚乱罪以外，不另成立暴行罪和胁迫罪。如果实施暴行同时触犯了其他罪名则构成想象竞合犯。也不要求聚合一开始就具有实施暴行或者胁迫的共同意思，当然更不要求事前进行谋划。只要众人都知道并都在聚众实施暴行或者者胁迫，或者都知道是为了实施暴行或者胁迫而聚众，并受到有关公务人员发出解散命令三次以上，仍然不解散，就构成了骚乱罪的共同故意。对于聚众不解散罪中实施暴行或者胁迫的目的，并不要求在聚

---

① ［日］大谷实：《刑法各论》，黎宏译，法律出版社 2003 年版，第 264 页。

② 参见［日］大谷实：《刑法各论》，黎宏译，法律出版社 2003 年版，第 265 页。

合开始之时就存在，中途产生的也可以，不过必须在有关公务人员发出解散命令以前就存在。

3. 骚乱罪的客观方面，表现为聚合的众人进行暴行或者胁迫，为暴行或者胁迫而聚合并经有权的公务员三次宣布解散的命令仍然不解散的行为。骚乱罪作为众多犯，一般认为是不适用刑法总则中关于共犯的规定。有的认为它不同于共同犯罪。所谓聚合，在骚乱罪中是指多数人在时间上和场所上都处于同一状态，有时单纯的"乌合之众"也能构成骚乱罪。这种行为是指暴行或者胁迫行为，需要达到足以危害一个地方的公共安宁的程度，但是这并不要求已经实际发生了侵害公共安宁的结果。这就是说，这种行为是否现实地造成了社会治安上的混乱并不是构成骚乱罪的必要条件。然而，至少要有危害一个地方公共安宁的危险。至于危险性的程度，要根据事态的具体情况来理解，所以说骚乱罪是危险犯。对于骚乱罪的暴行或者胁迫行为本身，要作广义的理解。这种暴行或者胁迫无论是对不特定人和多数人施加的，还是对特定的人施加的，在此都不影响骚乱罪的成立。此外，在暴行方面，既包括对人施加的，也包括对物施加的有形力量，比如不法地占据或者不法地侵入一定的建筑物，也可以构成骚乱罪的暴行。而聚众不解散罪的行为实际上是骚乱罪的预备行为，如果聚合起来的多众开始实施了暴行或者胁迫，就成立骚乱罪。聚众不解散罪是真正的不作为犯。[①] 所谓有权的公务员，是指受政府当局委派的前往聚合的现场宣布政府当局要求解散聚合的命令的公务员，通常是警察。如果公务员三次宣布解散命令仍然不解散就构成聚众不解散罪。表达命令的方式没有限制。这个命令可以是书面的，可以是口头的，但是必须是合法的而且是对聚众的人发出的。但是每次命令之间，必须考虑到有使聚集的众人解散所必要的充裕的时间，因此，即使是连呼三声"解散"，也不过是一次命令而已。大陆法系国家和地区刑法理论一般认为骚乱罪是危险犯。

4. 骚乱罪所侵害客体，一般是指社会法益，除了包括公共危险中对于不特定多数人生命、身体以及重要财产，即所谓抽象化的、观念化的、具有复合性质的个人利益外，还包括关系到社会的治安以及作为社会存在的基本条件方面的利益，特别是社会治安方面的安宁。也有的学者主张骚乱罪所侵害的法益应当是国家的法益，这主要是我国台湾地区学者的观点。

对骚乱罪和聚众不解散罪的处罚各国都比较重，特别是对首谋者的处罚。

---

① 张明楷：《外国刑法纲要》，清华大学出版社 1999 年版，第 684 页。

如《韩国刑法典》第115条规定犯骚乱罪，“处一年以上十年以下劳役、徒刑或者二百万元以下罚金”。台湾地区“刑法”第149条规定犯聚众不解散罪，“首谋者，处三年以下有期徒刑”。同样大陆法系国家和地区的刑法也没有单处褫夺公权或者并处没收财产的规定。

第二篇　聚众犯罪各论

在本篇中将分别介绍《中华人民共和国刑法》规定的各种具体的聚众犯罪的概念、构成和在认定聚众犯罪时应当注意的若干问题以及处罚。在介绍的过程中将以前面介绍的关于聚众犯罪的基本理论和认定原则为指导，对具体的聚众犯罪加以研究。

第五章 危害国家安全的聚众犯罪

修订后的《中华人民共和国刑法》根据国内外政治斗争环境的变化，依据《中华人民共和国宪法》《中华人民共和国国家安全法》《中华人民共和国国家安全法实施细则》的有关规定，总结以往刑事立法和司法的经验教训，借鉴大陆法系国家刑事立法对侵害国家法益的犯罪惩治的立法经验，规定了危害国家安全的犯罪。在《中华人民共和国刑法》中，关于危害国家安全的犯罪有三种犯罪可以视为危害国家安全的聚众犯罪，即分裂国家罪，武装叛乱、暴乱罪，颠覆国家政权罪。从大陆法系国家和地区刑法理论和制度来看，他们一般将此类危害国家安全的行为归于“内乱罪”一类。分裂国家罪，武装叛乱、暴乱罪，颠覆国家政权罪的性质是什么，在我国刑法理论上鲜有论及，只有少数学者认为这三个罪是采用必要的共同犯罪的立法方式，而且因为这些犯罪具有共犯性和组织性，在修订《中华人民共和国刑法》时将罪状作了具体而明确的修订。[①] 但是我们也应当看到，无论是立法实践还是刑法理论都没有明确它的性质。也有学者认为分裂国家、颠覆国家政权的行为包括了组织、领导和积极参加分裂国家和颠覆国家政权犯罪集团的行为，认为1979年《中华人民共和国刑法》中的组织、领导、参加反革命犯罪集团罪已经分别由分裂国家罪和颠覆国家政权罪所吸收。[②] 近来也有少数学者认为此类犯罪是聚众犯，但是并未阐明理由。[③] 而在论述分裂国家罪时，该学者又认为首要分子是指在分裂国家犯罪集团或者聚众犯罪中起组织、策划、指挥作用的犯罪分子。[④] 仍然未弄清楚任意的共同犯罪和必要的共同犯罪的区别。笔者

① 赵秉志主编：《新刑法典的创制》，法律出版社1997年版，第150～152页。

② 高西江主编：《中华人民共和国刑法的修订与适用》，中国方正出版社1997年版，第316～317页。

③ 于志刚主编：《危害国家安全罪》，中国人民公安大学出版社2003年版，第47页。

④ 于志刚主编：《危害国家安全罪》，中国人民公安大学出版社2003年版，第104页。

在此将此类犯罪作为聚众犯罪来理解。从《中华人民共和国刑法》对分裂国家罪，武装叛乱、暴乱罪，颠覆国家政权罪的罪状的规定来看，均是将组织、策划、实施三个行为并列，并均使用了首要分子的概念，由于组织、策划、实施三个行为都是《中华人民共和国刑法》分则规定的行为，因此，这三种行为都是实行行为，只是各自实行的程度不同而已。组织、策划、实施三种行为是存在着一种递进发展的关系，组织、策划似乎还在阴谋阶段，实施则是开始实行了。[①] 而组织、策划、实施行为的本身就意味着单独犯的不能，也就是说组织、策划、实施分裂国家，武装叛乱、暴乱，颠覆国家政权的行为不可能是单独犯，只可能是必要的共同犯罪。从我们前面对必要的共同犯罪的种类的分析来看，分裂国家罪，武装叛乱、暴乱罪，颠覆国家政权罪只能是在聚众性共同犯罪或者是在有组织性犯罪中选择。同时，在这三个罪的罪状中均使用了"首要分子"这一概念。《中华人民共和国刑法》第 97 条规定："本法所称首要分子，是指在犯罪集团或者聚众犯罪中起组织、策划、指挥作用的犯罪分子。"这就将分裂国家罪，武装叛乱、暴乱罪，颠覆国家政权罪从有组织性共同犯罪之中排除出去了。又由于"首要分子"只能在犯罪集团或者聚众犯罪中进行选择，而又因为犯罪集团这一概念是任意的共同犯罪的概念，而分裂国家罪，武装叛乱、暴乱罪，颠覆国家政权罪是必要的共同犯罪，这就将分裂国家罪，武装叛乱、暴乱罪，颠覆国家政权罪排除在犯罪集团之外。分裂国家罪，武装叛乱、暴乱罪，颠覆国家政权罪同时具备首要分子和必要的共同犯罪这两个要素，而同时具备这两个要素的共同犯罪形式只能是聚众性共同犯罪。因此，分裂国家罪，武装叛乱、暴乱罪，颠覆国家政权罪只能是聚众犯罪。如果认为分裂国家，武装叛乱、暴乱，颠覆国家政权的行为是以危害国家安全为目的的集团性共同犯罪或者有组织性共同犯罪，从刑法理论中关于共同犯罪的法理上是讲不通的。而且纵观大陆法系国家和地区的刑法典，这些刑法典均未将此类犯罪作为集团性共同犯罪或者是有组织性共同犯罪来规定。[②] 1979 年《中华人民共和国刑法》的确曾经有过组织、领导、参加反革命集团罪的规定，但是在修订《中华人民共和国刑法》时立法

① 陈兴良：《刑法疏议》，中国人民公安大学出版社 1997 年版，第 212～213 页。

② 我们只要对各国刑法典关于内乱罪的规定仔细研究就不难看出，他们对内乱罪的主体规定都使用首谋者、领导者、参加者等字眼，均避免使用犯罪集团、犯罪组织这些字眼。但是在刑法理论上还是少数学者认为内乱罪有犯罪集团或犯罪组织，笔者也不排除此类犯罪中存在一定范围的犯罪集团或犯罪组织。

者采用了国际通用的立法技术，没有将这种分裂国家，武装叛乱、暴乱，颠覆国家政权的行为规定为集团性共同犯罪或者是有组织性共同犯罪。

与大陆法系国家和地区刑法关于内乱罪的规定相比较，《中华人民共和国刑法》对危害国家安全的聚众犯罪取消了阴谋犯和预备犯的规定，直接将组织行为、预备行为规定为实行行为，也就是说阴谋犯、预备犯即是实行犯。这三种犯罪构成和处罚具有一些明显的特点：一是构成要件行为的提前性，即将一般意义上的组织行为、预备行为提升为构成要件行为即实行行为，体现了对国家安全的特殊保护；二是犯罪行为阶段的混合性，即组织行为、预备行为、实行行为均混为一体，它们的实行行为，既包括预备性质的组织、策划、策动、胁迫、勾引、收买行为，又包括实行性质的具体实施行为；三是构成要件行为的错综性，三种犯罪的实行行为有可能出现错综的情形，如行为人以武装叛乱的形式分裂国家；四是对具有勾结外国、境外背景的行为从严惩治；五是对这三种犯罪的刑罚比其他犯罪的刑罚更重。[①]

鉴于危害国家安全犯罪的严重性，《中华人民共和国刑事诉讼法》第 21 条规定危害国家安全的案件的第一审由中级人民法院管辖。

同样鉴于危害国家安全犯罪的严重性，《中华人民共和国刑法》第 66 条规定："危害国家安全的犯罪分子在刑罚执行完毕或者赦免以后，在任何时候再犯危害国家安全罪的，都以累犯论处。"这就是危害国家安全累犯，它必须符合三个条件：一是前罪与后罪都必须是属于危害国家安全犯罪；二是前罪与后罪判处何种刑罚不受任何限制，不一定要判处有期徒刑，只要构成犯罪即可；三是后罪只要发生在前罪执行完毕或者赦免以后，不论何时，都可以构成危害国家安全累犯，不受前后两罪相距时间长短的限制。根据《中华人民共和国刑法》第 65 条、第 74 条、第 81 条第 2 款的规定，对累犯应当从重处罚，不适用缓刑和假释。

① 于志刚主编：《危害国家安全罪》，中国人民公安大学出版社 2003 年版，第 28～29 页。

第一节 分裂国家罪

第一百零三条第一款 组织、策划、实施分裂国家、破坏国家统一的，对首要分子或者罪行重大的，处无期徒刑或者十年以上有期徒刑；对积极参加的，处三年以上十年以下有期徒刑；对其他参加的，处三年以下有期徒刑、拘役、管制或者剥夺政治权利。

第一百零六条 与境外机构、组织、个人相勾结，实施本章第一百零三条、第一百零四条、第一百零五条规定之罪的，依照各该条的规定从重处罚。

第一百一十三条 本章上述危害国家安全罪行中，除第一百零三条第二款、第一百零五条、第一百零七条、第一百零九条外，对国家和人民危害特别严重、情节特别恶劣的，可以判处死刑。

犯本章之罪的，可以并处没收财产。

——《中华人民共和国刑法》

一、分裂国家罪的基本概念

分裂国家罪，是指组织、策划、实施分裂国家、破坏国家统一的行为。所谓分裂国家、破坏国家统一，就是指把统一的中华民族、中华人民共和国分裂成几个部分，或者使不可分割的其中的一部分人为地分离出去，或者分裂我国统一的多民族国家，破坏民族团结、制造民族分裂。如将我国领土的一部分分离出去，脱离中央人民政府的领导，另行组成政权机构；宣布某一地方的行政区域从中华人民共和国的行政管辖或者行政区域中分离出去，与中央人民政府形成对立、对抗局面；制造地方“独立”的割据状态；设置障碍、阻止延迟中央人民政府对其行政区域行使主权和回归；指挥、组织、实施所谓的“民族大迁徙”，企图投奔境外或者国外；利用民族问题制造民族矛盾、试图建立民族独立王国等。

分裂国家是一种严重的危害国家安全的行为，行为人的目的是为了将国土分裂、独立出去，破坏国家的统一。其他大陆法系国家和地区的刑法典一般将此类行为称为“窃据国土”，属于普通内乱罪，均将此类行为规定为犯罪，并予以严厉惩治。

《中华人民共和国宪法》规定，我国是统一的多民族的单一制社会主义国家，在民族聚居地区实行民族区域自治，对香港、澳门、台湾地区实行“一国两制”。民族区域自治制度是解决我国民族问题的根本制度，并以《中华人民共和国民族区域自治法》的形式将这一制度固定下来。中华人民共和国成立以来的实践证明，这一制度是完全符合我国国情的。对于历史遗留的香港问题、澳门问题、台湾问题，我国政府按照邓小平“一国两制”的原则构想，已经顺利地解决了香港问题、澳门问题，并以《中华人民共和国香港特别行政区基本法》《中华人民共和国澳门特别行政区基本法》的形式将这一制度固定下来了。实践证明，按“一国两制”的方针解决历史遗留问题是最佳方案。我国政府亦将按“一国两制”的原则和平解决台湾问题（当然也决不承诺放弃使用武力，这不是针对广大台湾同胞的，而是针对“台独”势力和外国破坏我国统一的势力的）。我国是一个统一的多民族的社会主义国家，在民族平等的基础上加强民族团结和祖国统一，是各民族人民根本利益之所在。如果国家不统一，民族不团结，就没有社会的稳定，就无法集中力量进行经济建设，各民族也就不可能实现共同发展。分裂国家的行为不单单是影响到国家的统一，更为严重的是背叛了全体中华民族的整体利益，给整个国家造成危害。某一时期，一些窃据权力的野心家和反动的民族主义分裂分子频频利用自己有利于搞分裂的条件，有计划、有组织地进行分裂国家的活动，煽动民族敌对和独立情绪，国际敌对势力也明目张胆地支持我国内部的极少数分裂主义分子，加紧对我国进行渗透、破坏、颠覆活动，严重干扰了我国的社会主义现代化建设，给国家安全造成了严重危害。在中国近代史上，民族分裂活动从来都是外国侵略势力策动的，民族分裂主义分子从来都是外国侵略势力割取我国边疆领土的内应力量，这是名族分裂主义的根源。民族分裂主义分子既背叛了祖国，也出卖了自己的民族，是国家和民族的罪人。从目前的情况来看，较为严重的分裂国家的势力主要有“台独”势力、“藏独”势力和以“东突”为代表的“疆独”势力，他们不仅在组织、策划，有的还已经实施这种分裂行为。他们图谋将我国神圣领土台湾地区、西藏自治区、新疆维吾尔自治区分裂出去，以达到分裂祖国，破坏国家的统一的罪恶目的。为了保障国家的统一，维护国家安全，必须严厉惩治这些分裂国家的犯罪行为。

我国刑事立法历来都重视对分裂国家行为的惩治，在建国初期的《中华人民共和国刑法大纲草案》中对分裂国家罪的刑事立法已有雏形，该草案第47条以破坏统一战线罪的罪名规定："以反革命为目的，用挑拨、离间、煽动或者其他方法，破坏各民主党派、各民主阶级间、各民族间之团结者，处死刑、终身监禁，或者三年以上十五年以下监禁，并可没收其财产之全部或者一部。"《中华人民共和国刑法指导原则草案》第33条也有类似的规定。1957年6月28日的《中华人民共和国刑法草案（初稿）》第99条明确规定："阴谋颠覆政府、分裂国家的，处死刑或者无期徒刑。"1979年7月1日第五届全国人民代表大会第二次会议通过的《中华人民共和国刑法》第92条规定："阴谋颠覆政府、分裂国家的，处无期徒刑或者十年以上有期徒刑。""对国家和人民危害特别严重，情节特别恶劣的，可以判处死刑。"上述规定均将阴谋颠覆政府和分裂国家相提并论，实质上两者在犯罪构成上还是有很大的区别的。因此，修订后的《中华人民共和国刑法》在1979年《中华人民共和国刑法》的基础上，综合考虑了现阶段我国面临的国内外形势，针对国内一些地方势力组织、策划、实施分裂国家、破坏国家的统一的新情况，对1979年《中华人民共和国刑法》第92条的"阴谋分裂国家罪"作了重新规定，其中最大的变化是删除了原来规定中的"以反革命为目的"和"阴谋犯"的规定。当时，刑法学术界、刑法立法界普遍认为取消反革命罪而设立危害国家安全罪使得法律概念更为明确，有利于我国刑事法律制度的进一步完善。过去把"以反革命为目的"作为构成反革命罪的必要构成要件，在司法实践中有时很难认定，而以犯罪行为来衡量，则更能准确地反映出危害国家安全罪的本质特征。同时，反革命罪在国际上一般被视为政治犯罪，按照政治犯不引渡的国际惯例，这类罪犯一旦外逃，就使得我国的刑事管辖权得不到实现。从国际上来看，对此类犯罪也是按危害国家安全犯罪来处理。[①] 如我国在处理劫机案件时，由于1979年《中华人民共和国刑法》将劫机犯罪规定在反革命罪一章中，一些国家和地区据此认为我国的劫机犯是政治犯而不予引渡或者遣返，即使双方都是《关于在航空器内犯罪和其他某些行为的公约》（东京公约）、《制止非法劫持航空器公约》（海牙公约）、《制止危害民用航空安全的非法行

---

① 周道鸾、单长宗、张泗汉主编：《刑法的修改与适用》，人民法院出版社1997年版，第264～265页。

为公约》（蒙特利尔公约）的签字国也是如此，使得我国对此类犯罪的刑事管辖权难以实现。而《中华人民共和国刑法》修订后发生的劫机犯罪的犯罪人很快就可能被引渡或者遣返，此即为一例。至于取消"阴谋犯"的规定，笔者认为不会影响对此类犯罪的打击，实际上，"策划"本身就包含有阴谋的含义在内，已经将阴谋犯规定为实行犯了。还有学者认为，在修订《中华人民共和国刑法》时，立法者还将1979年《中华人民共和国刑法》第98条组织、领导、参加反革命集团罪吸收进来，列举规定了分裂国家、破坏祖国统一的行为。[①] 这一观点恐难成立。

对《中华人民共和国刑法》103条第1款所规定的犯罪的罪名在理论界主要有两种认识，一种观点认为应当定为"分裂国家罪"；另一种观点则认为应当定为"分裂国家、破坏国家统一罪"。[②]《最高人民法院关于执行〈中华人民共和国刑法〉确定罪名的规定》和《最高人民检察院关于适用刑法分则规定的犯罪罪名的意见》均采纳了第一种观点，即将《中华人民共和国刑法》第103条的罪名规定为分裂国家罪，理由是"分裂国家"一般是指破坏国家的统一、抗拒中央领导和管辖，自立政权，实施地方割据或者制造民族分裂的行为，也就是说"分裂国家"这一概念已经涵盖了"破坏国家统一"的含义。所以，从罪名的简洁性要求出发，该罪名用分裂国家罪即可。在我国，分裂国家罪是聚众犯罪的一种。

二、分裂国家罪的构成

1. 分裂国家罪的犯罪主体为一般主体，即年满16周岁达到刑事责任年龄且具有刑事责任能力的自然人均可以成为分裂国家罪的犯罪主体。实际能够成为分裂国家罪犯罪主体的则只有那些组织、策划、实施分裂国家、破坏国家的统一的聚众犯罪的首要分子、罪行重大者、积极参加者和其他参加者。既可以是中国人也可以是外国人和无国籍人。其中，组织者、策划者、指挥者通常是一些窃取并占有一定的社会、政治地位，拥有重要权力，具有一定社会、政治影响的人和少数极端民族分裂主义分子。普通公民一般是作为参加者而成为分裂国家罪的犯罪主体。所谓首要分子，是指在分裂国家罪中起

---

① 刘生荣主编：《施刑范典》，中国方正出版社1999年版，第8页。

② 陈兴良：《刑法疏议》，中国人民公安大学出版社1997年版，第212页。

组织、策划、指挥作用的犯罪分子。所谓组织，在分裂国家罪中是指行为人将意图分裂国家的人纠合在一起。在这里，对“组织”应当作广义的理解，它是指为分裂国家而召集人员、筹集物资等进行的一种非法活动，这种活动不仅限于以和平的方式进行，手段也具有多样性，包括招募、雇佣、纠集、强迫、勾引、收买等，这是对人的组织。此外，还有对物资的组织，即行为人为实施分裂国家的行为，筹集资金、物资、武器、交通、通讯设施等。总之，这个组织是一种组织行为，而不是指组织形态。所谓策划，在分裂国家罪中是指行为人聚集在一起进行密谋，制订分裂国家的行动纲领和实施计划。所谓指挥，在分裂国家罪中是指行为人对其他参加分裂国家犯罪的犯罪分子进行协调、调度。在一般情况下，首要分子通常都是那些钻进我们党政军内部、窃取重要权力、居于重要地位、身居要职的野心家、阴谋家，或者在一定地区或某个民族中，具有一定的社会影响力的地方分离分子或民族分裂分子。尽管有些首要分子有时并不直接参与实施具体的分裂国家、破坏国家的统一的犯罪活动，但是他们或者是犯意的制造者，或者是犯罪集团、犯罪组织的组建者，他们在分裂国家罪的实施过程中社会危害性和人身危险性最为重大。所谓罪行重大者，在分裂国家罪中是指除首要分子以外的其他罪行比较严重的犯罪分子。这类犯罪分子虽然并不直接组织、策划分裂国家的犯罪活动，但是由于他们是分裂国家罪的主要实行者和主要责任者，因此，他们在分裂国家的犯罪活动中也属于那种社会危害性和人身危险性最为重大的一种。所谓积极参加者，在分裂国家罪中是指在犯罪活动中表现积极、行为突出、具有积极心态，对参加分裂国家犯罪活动有着强烈的要求并且十分卖力的犯罪分子。一般包括态度积极、行为主动、意志坚定或者在犯罪活动中起积极作用但是还不属于首要分子和罪行重大者那部分人。在司法实践中，认定聚众犯罪行为人是否属于积极参加，是对参加聚众性共同犯罪活动的人参加犯罪程度的评价。在作出这种评价时，既要考虑行为人实施危害社会的犯罪行为在共同犯罪中的作用大小，也要考虑行为人在聚众性共同犯罪中的分工及其对人身危害的轻重，还要考虑行为人的主观恶性的大小。“积极参加”一般在实施阶段才能体现出来，在预备阶段的组织、策划中一般没有积极参加者。例如，率领他人积极实施危害行为，冲锋在前，或者参加分裂国家的犯罪活动，直接造成严重的危害结果等。有学者认为，所谓积极参加者，从共同犯罪中的地位角度考虑，大致相当于从犯。[①] 笔者认为，这种观点近似武断，也与该论者认为分裂国家罪是必要的共同犯罪的观点相违。这是因为，从犯是指在共同犯罪中起次要或者辅助作用的犯罪分子，所指的共同犯罪是任意的共同犯罪。如前所述，分裂国家罪是必要的共同犯罪，是聚众犯罪的一种。因此，对分裂国家罪不宜再分主、从犯，而应当直接以刑法分则规定行为人的性质或者地位按刑法分则规定的相应的刑期进行处罚即可。如果硬性比较的话，也是相当于在共同犯罪中起主要作用的主犯地位。所谓其他参加者，在分裂国家罪中一般是指在参加分裂国家犯罪活动中随同附和的，作用一般的犯罪分子，包括受蒙骗、被胁迫、被利用或者随从的其他犯罪分子。这些人虽然参加了分裂国家的犯罪活动，但是他们对于分裂国家的犯罪行为往往具有附和与随众的心理，他们在整个犯罪活动中仅仅起到一种所谓的规模扩大效应而不具有决定性的作用。但是，他们必须对于自己的行为性质是分裂国家、破坏国家的统一则是明知的，如果不具有这种明知，即不知道自己的行为是在分裂国家、破坏国家的统一，则不属于参加分裂国家的行为，当然也就不构成分裂国家罪。有学者认为他们的作用相当于共同犯罪中的胁从犯。[②] 这种观点同样是不能成立的。

2. 分裂国家罪在主观方面必须是出于故意，一般还具有分裂国家、破坏国家的统一的目的，但是这种目的不是分裂国家罪的特殊主观构成要件，即分裂国家罪不是目的犯。由于分裂国家罪是必要的共同犯罪，要求行为人之间必须有共同的故意，只要行为人之间存在共同的、以分裂国家、破坏国家的统一为目的的目的，就构成分裂国家罪的共同故意。行为人只要在分裂国家、破坏国家的统一的共同目的支配下实施了组织、策划、实施了分裂国家、破坏国家的统一的行为，不论他们的目的是否得逞，是否造成了分裂国家、破坏国家的统一的实际后果，均不影响分裂国家罪既遂的成立。至于行为人在主观方面只能是出于直接故意，还是包括间接故意，刑法理论界存在着两种观点。一种观点认为，分裂国家罪只能由直接故意构成，即行为人明知自己的行为会造成分裂国家、破坏国家的统一的结果，并积极追求这种结果发生。[③] 另一种观点则认为，分裂国家罪在主观方面既可以由直接故意构成，也可以由间接故意构成，即行为人明知自己的行为会发生分裂国家、破坏国家

---

① 于志刚主编：《危害国家安全罪》，中国人民公安大学出版社 2003 年版，第 105 页。

② 于志刚主编：《危害国家安全罪》，中国人民公安大学出版社 2003 年版，第 106 页。

③ 高铭暄、马克昌主编：《刑法学（下编）》，中国法制出版社 1999 年版，第 593 页。

的统一的危害结果，并且希望或者放任这种结果发生。[①] 对此，笔者认为，主张分裂国家罪可以由间接故意构成的观点难以成立，而主张分裂国家罪只能由直接故意构成的观点尽管结论正确，但是理由并不足以令人信服。这是因为，这种表述是直接将刑法总则关于犯罪故意的概念作为认定分裂国家罪属于直接故意犯罪的根据，而刑法总则中关于犯罪故意的概念本身存在着不甚协调的地方，并且不能涵盖所有的故意犯罪，它仅仅适用于那些以法定的危害结果作为犯罪成立要件的直接故意犯罪之中，如果某种犯罪根本不会发生法定的危害结果，或者法律没有将一定的危害结果作为犯罪成立的构成要件，那么，这种希望或者放任就不能说是对危害结果的希望或者放任，而仅仅是对行为的希望或者放任。在《中华人民共和国刑法》中大量地存在着非结果犯，如举动犯、行为犯，而这些形态的犯罪并不要求行为人在主观上对物质性危害结果的希望或者放任。对结果犯而言，我们可以从行为人对危害结果的态度上判断是直接故意还是间接故意，但是对于那些非结果犯如行为犯、举动犯而言，则不能也无法从行为人对危害结果的态度上判断出是直接故意还是间接故意，只要求行为人认识到自己在实施一个作为法律规定的构成要件的事实行为，并且积极实施即可，并不要求也不可能要求行为人对危害结果的态度。也就是说，在行为犯、举动犯中，行为人对他的行为可能发生的危害结果的实际态度不属于犯罪构成的主观要件，不是犯罪故意的内容。就分裂国家罪而言，由于法律没有将危害国家安全的结果作为犯罪构成的要件，而是只要行为人实施分裂国家的行为，即足以危害国家的主权、领土完整和安全，从而构成分裂国家罪，就是既遂。如果把危害国家的主权、领土完整和安全作为危害结果，进而把行为人对这一结果的态度也作为分裂国家罪的构成要件，恐怕就会得出行为人对于危害结果的发生可能持放任态度、分裂国家罪可以由间接故意构成的结论。分裂国家罪是以组织、策划、实施分裂国家、破坏国家的统一的举动犯，不以发生分裂国家、破坏国家的统一的危害结果为犯罪成立的构成要件。因此，只要行为人在主观上认识到自己的行为是分裂国家、破坏国家的统一，并且积极组织、策划、实施的，或者明知是境外的机构、组织、个人而与之勾结，组织、策划、实施分裂国家、破坏国家的统一的，即构成分裂国家罪的故意内容。至于行为人对分裂国家、破坏国家的统一的危害国家安全的结果是持希望还是持放任的态度，并不影响

① 张明楷：《刑法学》，法律出版社 2011 年版，第 594 页。

分裂国家罪直接故意的成立。易言之，分裂国家罪的故意内容只能是对组织、策划、实施分裂国家、破坏国家的统一危害行为的故意，而不是对分裂国家、破坏国家的统一危害结果的故意。如果把行为人对分裂国家、破坏国家的统一的危害结果的态度也作为行为人主观故意的内容，那么，势必将分裂国家罪当成结果犯，这不但与分裂国家罪的刑法规定相矛盾，而且在司法实践中还会造成对分裂国家罪犯罪形态的不当认定，即认为只有危害结果出现了才成立既遂，否则只能成立未遂。分裂国家罪是举动犯。

3. 分裂国家罪在客观方面表现为组织、策划、实施分裂国家、破坏国家的统一的行为。所谓分裂国家，是指推翻某一地方政府，窃取某一地方权力，公然脱离中央政府，抗拒中央政府的领导，进行地方割据，如在某一区域成立非法政府，脱离国家统治或者宣布独立，另立国家等。所谓破坏国家统一，是指采取利用、制造民族矛盾的方法，进行民族分裂，搞所谓“民族独立”，以破坏国家的统一。行为人分裂国家，进行地方割据，必然会破坏国家的统一；反之，行为人制造民族分裂，破坏国家的统一，最终亦会导致国家分裂。因此，两者在行为表现上虽然有所不同，但实质却是一样的。所谓组织，在分裂国家罪中是指首要分子为分裂国家、破坏国家的统一而将若干分散的众人召集、纠合在一起所进行的有关诸如发展成员、调动成员，拟定分裂国家、破坏国家的统一的纲领和筹集分裂国家所需的物资等。有学者认为这里的“组织”包括两类行为：一类行为是指以非组织的形式勾结、纠合多人，或者以组织形式非法建立旨在分裂国家、破坏统一思想的政党、社团等犯罪集团（实际是犯罪组织）；另一类是对旨在分裂国家、破坏国家的统一的非法活动（如非法游行、示威、集会、请愿、“民族迁徙”等）进行组织。[①] 这里的“组织”就有两层意思，一层意思是指组织行为，另一层意思是指组织形态。而分裂国家罪中的“组织”一般是指组织行为。至于其中存在组织形态的问题可以理解为有组织的聚众犯罪。在一般性共同犯罪中，组织是指犯罪的预备行为或组织行为，构成犯罪也只是以犯罪的预备形态或组织犯论处。但在分裂国家罪中，组织行为本身就是实行行为，一旦进行，即构成分裂国家罪的既遂，而不能以分裂国家罪的预备状态或者分裂国家的组织犯来处罚。司法实践中这种分裂国家的组织行为应当作广义的理解，既包括为了分裂国家而召集人员，也包括筹集物资；既包括以和平手段招兵买马，也包括以强迫等

---

① 高西江主编：《中华人民共和国刑法的修订与适用》，中国方正出版社 1997 年版，第 330 页。

非和平手段聚集人员；既包括为了分裂国家而临时组织人员，也包括成立较为固定的犯罪组织，等等。所谓策划，在分裂国家罪中是指首要分子和骨干成员为分裂国家而进行的密谋、筹划等活动如制订行动计划、方案和具体实施步骤等。如为分裂国家、破坏国家的统一出主意、想办法，制定活动纲领、行动计划，研究制定各种对策、提出各种目标和任务，确定参加犯罪活动的人员和具体实施方案、实施步骤，秘密拟定非法政府人选，设定所谓“民族迁徙”“民族回归”的非法越境路线等阴谋活动，等等。虽然它还没有体现为实际实施的行为，但是这种策划行为本身仍然属于预谋犯罪的一个重要组成部分。在一般性犯罪中，策划是犯罪的预备行为或组织行为，构成犯罪也只是以犯罪的预备形态或组织犯论处。但在分裂国家罪中，策划行为本身就是实行行为，一旦进行，即构成分裂国家罪的既遂，而不能以分裂国家罪的预备状态或分裂国家罪的组织犯来处罚，这与其他大陆法系国家和地区刑法中规定的所谓预备内乱罪没有本质的区别。所谓实施，在分裂国家罪中是指首要分子、积极参加者、其他参加者将为分裂国家、破坏国家的统一的行为而策划的内容正式付诸行动，即已经着手进行行为人策划的各种分裂国家、破坏国家的统一的具体活动。既包括将组织、策划的具体的行为内容付诸实施，也包括组织、策划者以外的其他人在组织者、策划者的组织、领导、指挥下参加具体的分裂国家、破坏国家的统一的活动，如宣布某一地方“独立”，脱离中央领导，进行分裂国家、破坏国家的统一的游行、集会、示威、请愿等，进行所谓“民族迁徙”“民族回归”的非法越境活动等。在司法实践中，只要行为人实施了组织分裂国家、破坏国家的统一，策划分裂国家、破坏国家的统一，实施分裂国家、破坏国家的统一的行为之一的，即可构成分裂国家罪，不要求同时具备上述几种行为，它不是选择性罪名。

4. 分裂国家罪所侵害的客体是国家的安全，刑法学界对此并无异议，但是对分裂国家罪所侵害的直接客体的内容如何理解，我国学界则有不同的表述。如有学者认为，该罪所侵害的直接客体是国家的统一。① 也有学者认为，该罪所侵害的直接客体是国家的统一和民族团结。② 还有学者认为，该罪所侵害的直接客体是国家的安全与统一。③ 这几种观点的共同之处在于都认为分裂国家罪所侵害的直接客体是国家统一，而不同之处在于是否包括民族团结及

① 赵秉志：《新刑法教程》，中国人民大学出版社1999年版，第421页。

② 高铭暄、马克昌主编：《刑法学（下编）》，中国法制出版社1999年版，第592页。

③ 肖扬主编：《中国新刑法学》，中国人民公安大学出版社1997年版，第305页。

国家安全。按照我们的理解，国家安全是危害国家安全这一类犯罪的同类客体，不宜作为分裂国家罪所侵犯的直接客体的具体内容，此其一；其二，《中华人民共和国刑法》第 103 条并未明确规定民族分裂的行为方式，同时从广义上来说，民族团结也是国家的统一内容的一部分，造成民族之间的不团结也从一个方面破坏着国家的统一。因此，分裂国家罪所侵害的直接客体应当表述为国家统一。国家的统一是任何国家政权得以稳固的重要保证，同样也是我国各族人民的共同希望，是祖国繁荣富强的根本保证；国家的统一是国家安全和一国政府进行管辖的重要标志，任何一个政府只有在保障国家的统一的前提下，才能实现合法有效的管理与控制，才能使自己的意志、政策和法律得到充分体现和实施。同时，中华人民共和国是一个由全国各民族人民共同缔造的统一的多民族的社会主义国家，各民族之间平等、团结、互助的社会关系已经通过宪法和法律得到确认，民族的团结是我们进行社会主义现代化建设事业的基本保障，也是全国各民族人民的根本利益之所在。国家保障各民族的合法权利和利益，禁止破坏民族团结和制造民族分裂的行为，制造民族分裂必然导致国家的分裂。民族团结是国家的统一的基本内容，破坏民族团结也就是破坏国家的统一，就是危害中华人民共和国的国家安全。而我们也不能不看到，仍然有一小撮敌对势力置国家和人民的利益于不顾，大肆进行分裂国家的犯罪活动，一些民族分裂分子和地方分裂分子为了狭隘的民族和地方利益，置中华民族的整体利益于不顾，挟洋人以自重，甚至与境外的敌对势力相勾结，搞所谓的“地方自治”“民族自决”和所谓的“独立”，企图破坏民族团结和国家的统一。破坏民族团结和国家的统一正是分裂国家罪社会危害性的主要表现。如“台独”“藏独”“疆独”等势力总是想把台湾、西藏、新疆从我国分裂出去，对于这种严重危害我国国家统一的行为必须严厉打击，以维护国家的统一，保障我国社会主义民族大家庭的团结、繁荣、富强。

三、认定分裂国家罪应当注意的问题

1. 分裂国家罪与背叛国家罪的区别。分裂国家罪的实质在于使国家的部分领土、某个民族脱离国家，进行分裂活动，即将国家的领土、某个民族同中华人民共和国相分离，而由自己进行割据或者统治，成立非法政权、成立“新国家”，如“东突”势力等。而背叛国家罪，则是将国家的主权、领土出卖给别国、由别国占领、控制我国领土，实施殖民地或半殖民地统治，也即抗战胜利后国民政府以及各抗日根据地政府规定的汉奸罪，如汪精卫、周佛海、陈公博之流。由此，两者的主观意图及其客观表现是不相同的。分裂国家罪的行为方式不需要以勾结外国为构成要件，背叛国家罪则必须以勾结外国为前提。在实践中，一些分裂国家的犯罪分子如果企图倚靠外国势力，又不惜背叛国家的，则应当以两罪并罚，不能按牵连犯或想象竞合犯处理。同时，背叛国家罪的犯罪主体只能是具有中国国籍的中国公民，外国人和无国籍人不能成为背叛国家罪的犯罪主体；而分裂国家罪的犯罪主体则既可以是中国人，也可以是中国公民，还可以是外国人和无国籍人。

2. 分裂国家罪与煽动分裂国家罪的界限。分裂国家罪与煽动分裂国家罪在犯罪主体、犯罪的主观方面、犯罪的客体等方面都是相同的。但是，它们最主要的区别则在于两罪的行为方式的不同。分裂国家罪所实施的是组织、策划、实施分裂国家、破坏国家的统一的行为，不能是单独犯，只能是必要的共同犯罪即聚众犯罪。而煽动分裂国家罪实施的则是煽动分裂国家、破坏国家的统一的行为，行为人本身并不直接实施分裂国家、破坏国家的统一的行为，可以是单独犯，也可以是以聚众犯罪的形式进行。煽动分裂国家罪中煽动的目的在于引起他人产生分裂国家的意图，属于造意范畴。在实施分裂国家罪时尤其是组织分裂国家的行为，不可避免地会有煽动他人进行分裂国家的行为，但是这时的煽动意在将他人组织在一起，煽动行为应当认定为吸收犯，行为人的煽动行为已经被组织行为所吸收，不再是独立的犯罪，以重罪吸收轻罪，择一重罪处罚，即以分裂国家罪论处。[①] 因此，构成独立的煽动分裂国家罪，应当是无组织行为的单纯的煽动行为，它的实质是教唆行为，煽动者本人并不组织、策划、实施分裂国家的行为。这种教唆犯也是实行犯，已经单独构成一个独立的罪名。

3. 根据 1999 年 10 月 20 日公布，同月 30 日起实施的《最高人民法院、最高人民检察院关于办理组织和利用邪教组织犯罪案件具体应用法律若干问题的解释》第 7 条的规定，组织和利用邪教组织，组织、策划、实施分裂国家、破坏国家的统一的以分裂国家罪定罪处罚。同样，如果行为人组织、利用会道门或者利用迷信组织、策划、实施分裂国家、破坏国家的统一的，也应当以分裂国家罪定罪处罚，这是对牵连犯理论的具体运用。对此问题，笔

---

① 曾芳文、段启俊主编：《个罪法定情节研究与适用》，人民法院出版社 2002 年版，第 21 页。

者认为从刑法理论上来说，这种行为是典型的牵连犯，是无疑义的，但在实践中还是不作牵连犯处理为妥，行为人即使有组织、利用会道门、邪教组织、利用封建迷信组织、策划、实施分裂国家、破坏国家的统一的行为，在实践中也不宜单独以分裂国家罪论处，而应当以分裂国家罪和组织、利用会道门、邪教组织、利用迷信破坏法律实施罪并罚，否则容易使得打击邪教、会道门、迷信犯罪活动政治化，反而不利于对邪教、会道门、迷信犯罪活动的打击。当然，最高司法机关已经作出了司法解释，在司法实践中如果遇见此类问题还是要按照司法解释去执行的。

四、分裂国家罪处罚

对于分裂国家的行为，各国刑法典基本上都是按首谋也就是我国刑法所说的首要分子，不同的参加者分别量刑的，他们在对这些犯罪主体的称呼上有所不同，在刑罚上从无期徒刑到有期徒刑不等。如《韩国刑法典》称首犯、参与谋划、指挥者或从事其他重要任务者、附和随行者，但是，在实质上与我国刑法的规定并没有什么原则上的不同。对于普通内乱罪一般大陆法系国家和地区是没有死刑的，一般也没有单独判处褫夺公权或者并处没收财产的处罚，如台湾地区“刑法”。只是对暴动内乱罪或者以暴动形式内乱的才有死刑，如《日本刑法典》《韩国刑法典》。

根据《中华人民共和国刑法》第 103 条第 1 款的规定，犯分裂国家罪的，对首要分子或者罪行重大者，处无期徒刑或者十年以上有期徒刑。由此可见，对分裂国家罪的首要分子或者罪行重大者起点刑为十年以上有期徒刑。对积极参加者，处三年以上十年以下有期徒刑。对其他参加者，则处三年以下有期徒刑、拘役、管制或者剥夺政治权利。对于其他参加者，有的学者认为是指在分裂国家犯罪活动中，相当于共同犯罪中的胁从犯。这些犯罪成员往往是被胁迫、利诱而参加分裂国家犯罪活动的，一般具有从众心理和附和行为。[①] 笔者认为，其他参加者固然可以认为一般具有从众、附和心理，但是只要他们明知自己参加的聚众行为是为了分裂国家而实施的行为就不论他们是什么动机参加犯罪活动，就可以认定他们构成分裂国家罪，一般不要引用胁从犯的规定作出不作犯罪论处的处理，而且胁从犯是任意的共同犯罪的概念，

---

① 曾芳文、段启俊主编：《个罪法定情节研究与适用》，人民法院出版社 2002 年版，第 22 页。

不宜适用于聚众犯罪中来，对其他参加者，如果他们的罪行相对较轻或者犯罪情节轻微的，在量刑上可以考虑判处管制或者单处剥夺政治权利，甚至免予刑事处分都是可以的。

根据《中华人民共和国刑法》第113条第1款的规定，犯分裂国家罪的，对于首要分子和罪行重大者，其中“对国家和人民危害特别严重、情节特别恶劣的”，可以判处死刑。什么是分裂国家罪中“对国家和人民危害特别严重、情节特别恶劣的”，由于没有司法解释，有学者认为可以是指具有以下情形之一的：①已经实施了武装割据，建立了非法政权的；②在实施分裂国家犯罪活动中采取暗杀、爆炸等恐怖手段，造成人身伤亡或者巨大财产损失的；③聚众犯罪成员特别众多的；④具有其他情形的。[①] 同时应当注意，判处死刑的只能是首要分子和罪行重大的犯罪分子，对积极参加者的法定量刑幅度最高不能超过十年有期徒刑。

根据《中华人民共和国刑法》第106条的规定，与境外机构、组织、个人相勾结而犯分裂国家罪的，应当依照刑法第103条的规定从重处罚。有的学者认为境外机构、组织、个人特指港、澳、台地区的机构、组织、个人以及在中国大陆设立的分支机构、分支组织和暂住的个人。[②] 笔者认为这一理解是错误的，主要是缩小了境外这一概念的范围，这一观点的依据是认为在背叛国家罪的罪状中使用了外国两字，就把外国排除在境外的范围之内，境外就是特指了。笔者认为，所谓境外，一般应当认为是指中华人民共和国领域外即外国，包括独立的主权国家，还包括尚未独立的殖民地、托管地等以及虽然在中华人民共和国领域范围内但是属于特别行政区如香港、澳门以及尚未有效行使行政管辖权的台湾地区。所谓境外个人，是指外国公民包括无国籍人、外籍华人以及港、澳、台人和华侨。居住在中华人民共和国境内但是不具有中华人民共和国国籍的人，根据国务院1994年6月4日颁布的《中华人民共和国国家安全实施细则》第3条的规定，也属于境外个人。所谓勾结，是指境内犯罪分子与境外的机构、组织或者个人通过秘密接触、电信、邮件往来等方式进行通谋、策划、研究等活动，以进行分裂国家犯罪的行为。根据《中华人民共和国国家安全法实施细则》第7条的规定，勾结行为包括以下具体行为：①与境外机构、组织、个人共同策划或者进行危害国家安全活

---

① 曾芳文、段启俊主编：《个罪法定情节研究与适用》，人民法院出版社2002年版，第22～23页。

② 于志刚主编：《危害国家安全罪》，中国人民公安大学出版社2003年版，第69页。

动的；②接受境外机构、组织、个人的资助或者指使，进行危害国家安全活动的；③与境外机构、组织、个人建立联系，取得支持帮助，进行危害国家安全活动的。

根据《中华人民共和国刑法》第113条第2款的规定，犯分裂国家罪的，都可以并处没收财产。在其他大陆法系国家和地区的刑法典中一般没有没收个人财产的刑罚，只有没收与犯罪有关物品的规定。

根据《中华人民共和国刑法》第56条第1款的规定，犯分裂国家罪的，除对其他参加者单独判处剥夺政治权利的以外，处其他刑罚的，都应当附加剥夺政治权利。因为行为人的犯罪行为针对的是国家的安全，自然不应当再行使作为国家公民所应当享有的政治权利。在其他大陆法系国家和地区的刑法典中没有单处褫夺公权的刑罚。

对于从事分裂主义活动的势力，我国政府一贯主张，只要他们放弃分裂主张，停止分裂国家的活动，不闹独立、半独立，就可以与他们谈判，就可以不追究他们的刑事责任，体现了我国惩治与宽大相结合的刑事政策。这一点与大陆法系国家和地区的刑事政策也是一致的，大陆法系国家和地区的刑事政策均有对进行内乱犯罪活动未起事即自首的可以免除刑罚的规定。

第二节　武装叛乱、暴乱罪

第一百零四条　组织、策划、实施武装叛乱或者武装暴乱的，对首要分子或者罪行重大的，处无期徒刑或者十年以上有期徒刑；对积极参加的，处三年以上十年以下有期徒刑；对其他参加的，处三年以下有期徒刑、拘役、管制或者剥夺政治权利。

策动、胁迫、勾引、收买国家机关工作人员、武装部队人员、人民警察、民兵进行武装叛乱或者武装暴乱的，依照前款的规定从重处罚。

第一百零六条　与境外机构、组织、个人相勾结，实施本章第一百零三条、第一百零四条、第一百零五条规定之罪的，依照各该条的规定从重处罚。

第一百一十三条　本章上述危害国家安全罪行中，除第一百零三条第二款、第一百零五条、第一百零七条、第一百零九条外，对国家和人民危害特别严重、情节特别恶劣的，可以判处死刑。

犯本章之罪的，可以并处没收财产。

——《中华人民共和国刑法》

一、武装叛乱、暴乱罪的概念

武装叛乱、暴乱罪，是指组织、策划、实施武装叛乱或者武装暴乱的行为。

武装叛乱、暴乱罪为选择性罪名，具体可以分解为武装叛乱罪、武装暴乱罪。只要行为人实施了武装叛乱、武装暴乱行为之一的，就可以构成武装叛乱、暴乱罪，但是应当以它的性质分别定为武装叛乱罪或武装暴乱罪。如果同时具有武装叛乱或与武装暴乱两种行为的，也只构成一罪，不应当以数罪并罚，罪名为武装叛乱、暴乱罪。

其他大陆法系国家和地区的刑事立法对于叛乱、暴乱的犯罪规定历来都很重视，一般将此行为规定为暴动内乱罪，如台湾地区“刑法”。但是，《日本刑法典》《韩国刑法典》没有单独规定暴动内乱罪，而是将暴动行为作为内乱罪的一种行为。《中华人民共和国刑法》单独设置了武装叛乱、暴乱罪，对此毫不例外地加以严厉惩治。1951 年中央人民政府颁布的《中华人民共和国惩治反革命条例》就曾规定了叛乱、暴乱等犯罪，其中将“武装叛乱”规定为“以夺取政权，占据土地，恢复反动制度为目的，而阴谋或者实行武装叛乱”的行为；将“武装暴乱”规定为“以反革命为目的，组织或参加武装匪帮而烧杀抢掠等行为”。1979 年《中华人民共和国刑法》第 93 条、第 95 条对策动叛变、叛乱罪和持械聚众叛乱罪的规定，基本适应了我国当时社会情况，对保障我国人民民主专政的社会主义制度起了相当重要的作用。修订后的《中华人民共和国刑法》第 104 条第 1 款规定了武装叛乱、暴乱罪，并在第 2 款规定对策动、胁迫、勾引、收买国家机关工作人员、武装部队人员、人民警察、民兵进行武装叛乱的，从重处罚。对武装叛乱、暴乱罪的法源目前有两种理解：一是认为源于对 1979 年《中华人民共和国刑法》第 93 条、第 95 条、第 98 条的修改；二是认为源于对 1979 年《中华人民共和国刑法》第 93 条策反罪、第 95 条持械聚众叛乱罪的合并性修订。事实上，修订后的《中华人民共和国刑法》第 104 条是综合吸收 1979 年《中华人民共和国刑法》第 93

条、第95条相关内容后所规定的新罪名。一是将原条文中“持械聚众叛乱”的行为方式吸收修改为“组织、策划、实施武装叛乱”，并增加了“武装暴乱”；二是增加了“其他参加者”的犯罪主体；三是将1979年《中华人民共和国刑法》第93条中“策动、勾引、收买国家工作人员、武装部队、人民警察、民兵叛乱的”吸收修订为“策动、胁迫、勾引、收买国家工作人员、武装部队人员、人民警察、民兵进行武装叛乱的”，并作为修订后的《中华人民共和国刑法》第104条第2款从重处罚的规定。《中华人民共和国刑法》第104条同删除的1979年《中华人民共和国刑法》第98条规定“组织、领导反革命集团罪”在内容上不存在吸收关系。[①] 陈兴良认为修订后的《中华人民共和国刑法》第104条是将1979年《中华人民共和国刑法》第93条策动叛乱罪合并到武装叛乱、暴乱罪中来，作为从重情节处理，通过立法技术性处理，减少了一个死刑。同时，由于修订后的《中华人民共和国刑法》未再对策动叛变罪作特别规定，因而从理论上理解应当将策动叛变行为视为《中华人民共和国刑法》第108条的投敌叛变罪的教唆犯，应当以投敌叛变罪的共同犯罪论。[②]

由于“武装叛乱”与“武装暴乱”在“乱”的方式上有“叛”与“暴”之别，因此有学者认为武装叛乱与武装暴乱可分别构成两个独立的犯罪。[③] 但是，由于该罪的主要特征“武装”与“叛乱、暴乱”有相关性，而且该罪的行为或结果往往又相互牵连，就都有聚众持械的行为，以及以武装手段危害国家安全的后果，所以《最高人民法院关于执行〈中华人民共和国刑法〉确定罪名的规定》和《最高人民检察院关于适用刑法分则规定的犯罪罪名的意见》均将它们组合为一个选择性罪名。在我国，武装叛乱、暴乱罪是聚众犯罪的一种，对此可以参照笔者对此罪在前面的有关分析。

二、武装叛乱、暴乱罪的构成

1. 武装叛乱、暴乱罪的犯罪主体为一般主体，即年满16周岁达到刑事责任年龄且具有刑事责任能力的自然人都可以成为武装叛乱、暴乱罪的犯罪主体，既可以是中国人包括港澳台地区的人，也可以是外国人包括无国籍人。

---

① 刘生荣主编：《施刑范典》，中国方正出版社1999年版，第12页。

② 陈兴良：《刑法疏议》，中国人民公安大学出版社1997年版，第214～215页。

③ 陈兴良：《刑法疏议》，中国人民公安大学出版社1997年版，第213页。

由于武装叛乱、暴乱罪单个人无法实施，所以实际成为武装叛乱、暴乱罪犯罪主体的只能是武装叛乱、武装暴乱的首要分子、罪行重大者、积极参加者和其他参加者。所谓首要分子，是指在武装叛乱、暴乱罪中起组织、策划、指挥作用的犯罪分子。所谓组织，在武装叛乱、暴乱罪中是指行为人将意图武装叛乱、暴乱的人纠合在一起，将武装叛乱、暴乱所需要的物资筹集在一起，是指组织行为。所谓策划，在武装叛乱、暴乱罪中是指行为人聚在一起进行密谋，制订武装叛乱、暴乱的行动纲领和实施计划。所谓指挥，在武装叛乱、暴乱罪中是指行为人对其他参加武装叛乱、暴乱犯罪的犯罪分子进行协调、调度。所谓罪行重大者，在武装叛乱、暴乱罪中是指除首要分子以外的其他罪行比较严重的犯罪分子，如直接实施杀人、爆炸、使用武器袭击党、政、军机关的犯罪分子。所谓积极参加者，在武装叛乱、暴乱罪中是指在犯罪活动中表现积极、行为突出、具有积极心态，对参加武装叛乱、暴乱犯罪活动有着强烈要求、十分卖力的犯罪分子。所谓其他参加者，在武装叛乱、暴乱罪中是指在实施武装叛乱、暴乱犯罪活动中附和参加，情节一般的犯罪分子，他们的行为有一定的危害性。对武装叛乱、暴乱罪的犯罪主体的有关问题的讨论还可以参考上节有关论述。

2. 武装叛乱、暴乱罪在主观方面必须是故意，一般还具有推翻人民民主专政的政权和社会主义制度的目的，但这种目的不是武装叛乱、暴乱罪的特殊主观构成要件，即武装叛乱、暴乱罪不是目的犯。由于武装叛乱、暴乱罪是必要的共同犯罪，这就要求行为人之间必须有共同的故意，只要行为人之间明知自己的行为是以推翻人民民主专政的政权和社会主义制度为目的的武装叛乱、暴乱，就构成武装叛乱、暴乱罪的共同故意。至于武装叛乱、暴乱目的是否达到，不影响武装叛乱、暴乱罪的成立。武装叛乱、暴乱是举动犯。如果行为人没有推翻人民民主专政的政权和社会主义制度的目的，就不能按武装叛乱、暴乱罪论处，而应当按其他聚众犯罪论处。对此问题，日本大理院（最高法院）有一判例认为："纵有集团的暴动行为，因为没有直接惹起紊乱朝宪的目的，虽因此可能发生新的其他的暴动，而达到紊乱朝宪的事态出现，不得称此为紊乱朝宪的目的的集团的暴动。"① 也就是说，即使有暴动行为，但是如果没有"紊乱朝宪的目的"不能认为这种暴动是内乱罪的暴动。

---

① 参见孙嘉时：《内乱罪之探讨》，载蔡墩铭主编：《刑法分则论文选辑（上）》，台湾地区五南图书公司1984年版，第16页。

也就是我国刑法理论所说的如果行为人没有推翻人民民主专政的政权和社会主义制度的目的，也不能认定为《中华人民共和国刑法》所规定的武装叛乱、暴乱罪。对武装叛乱、暴乱罪故意的有关问题的讨论还可以参考上节有关论述。

3. 武装叛乱、暴乱罪在客观方面表现为组织、策划、实施武装叛乱、武装暴乱的行为。它包括以下两个相互联系的方面：

首先，必须要具有组织、策划、实施三者之一的行为。所谓组织，在武装叛乱、暴乱罪中是指为达到进行武装叛乱、暴乱的目标，将分散的若干个人或者众人纠合、召集在一起，使之形成一个叛乱、暴乱的整体所进行的有关活动以及筹集叛乱、暴乱用的物资等行为。在一般性共同犯罪中，组织是犯罪的预备行为或者组织行为，构成犯罪也只是以犯罪的预备形态或组织犯论处。但在武装叛乱、暴乱罪中，组织行为本身就是实行行为，一旦进行，即构成武装叛乱、暴乱罪的既遂，而不能以武装叛乱、暴乱罪的预备状态或组织犯来处罚。所谓策划，在武装叛乱、暴乱罪中是指为实现武装叛乱、暴乱的目的或者实施武装叛乱、暴乱的行动而进行的密谋、策划。在一般共同犯罪中，策划是犯罪的预备行为或组织行为，构成犯罪也只是以犯罪的预备形态或组织犯论处。但在武装叛乱、暴乱罪中，策划行为本身就是实行行为，一旦进行，即构成武装叛乱、暴乱罪的既遂，而不能以武装叛乱、暴乱罪的预备状态或组织犯来处罚。所谓实施，在武装叛乱、暴乱罪中是指把策划武装叛乱、暴乱的内容，见之于行动，在这里是指正式地、具体地进行武装叛乱或武装暴乱的行为。

其次，组织、策划、实施的行为是武装叛乱或武装暴乱。如果虽然有组织、策划、实施的行为但不是为了武装叛乱或武装暴乱，而是为了分裂国家，颠覆国家政权、推翻社会主义制度，则不构成武装叛乱、暴乱罪，如果构成犯罪，也只构成其他罪，如分裂国家罪、颠覆国家政权罪。所谓叛乱，按《现代汉语词典》的解释就是指武装叛变。① 在武装叛乱罪中是指为投靠境外组织或敌对势力而公开聚众持械进行杀人、放火，毁坏道路、桥梁设施，抢劫、抢夺军火、档案或其他物质等暴力活动，公然对抗国家或者人民政府的行为。所谓暴乱，按《现代汉语词典》的解释，就是指破坏社会秩序的武装

---

① 中国社会科学院语言研究所词典编辑室编：《现代汉语词典（第五版）》，商务印书馆 2005 年版，第 1022 页。

骚动。[①] 在武装暴乱罪中是指聚众持械冲击国家党政机关，袭击电台、机场、码头、铁路、桥梁等要害设施，绑架国家工作人员及群众，进行杀人、放火、抢劫、抢夺军火、档案或其他物质等暴力活动，与国家或政府进行对抗的行为。无论是叛乱还是暴乱，都要表现为严重的暴力形式，两者的本质区别就是看是否有投靠境外组织或敌对势力的意图，如欲投靠境外包括港、澳、台等地区的组织或敌对势力而进行的与国家政府对抗的暴力活动，就属于叛乱，所以，叛乱具有投乱叛变的性质。如果没有投靠境外组织或敌对势力的意图，即使与境外的敌对势力相勾结，进行了一些联系，亦属于暴乱，所以，暴乱具有暴动骚乱的性质。[②] 所谓武装，在武装叛乱、暴乱罪中是指叛乱、暴乱者携带或者使用了具有杀伤力、破坏力的武装器械，一般是指火药武器或炸药类爆炸物。如果没有携带或者使用武器，或者只使用一般性物品，如棍棒、石块等，则谈不上武装。当然，武装器械的范围亦不能仅仅限于配备武器军火，认定武装既不能太宽，也不宜太窄。携带或者使用武装的范围，亦不要求每个犯罪分子都配备了器械，只要有相当数量的人被武装起来并足以进行武装叛乱或武装暴乱即可。至于武装者是否实际使用了武装，以及是否使用武器进行了与政府对抗的暴力活动，都不影响武装叛乱、暴乱罪的成立。

4. 武装叛乱、暴乱罪所侵害的客体是我国人民民主专政的政权和社会主义制度。中华人民共和国宪法和法律禁止任何组织和个人组织、策划、实施武装叛乱、暴乱，反对一切形式的恐怖主义、分裂主义和极端主义。[③] 武装叛乱、暴乱的实质就是聚众持械进行的叛乱或暴乱，因而它具有以武装的手段危害国家安全的性质，它的危害性更大，造成的后果及其影响更为严重，历来为我国政府所严惩的。这种武装叛乱、暴乱行为不仅为我国政府所禁止，同样也为各国合法政府所不容。

三、认定武装叛乱、暴乱罪应当注意的问题

1. 认定武装叛乱、暴乱罪要注意此罪与彼罪的界限。有时候一些群众由于对党和政府的有关政策不理解或者某些正当的要求没有得到满足或者因对

---

① 中国社会科学院语言研究所词典编辑室编：《现代汉语词典（第五版）》，商务印书馆 2005 年版，第 53 页。

② 陈兴良：《刑法疏议》，中国人民公安大学出版社 1997 年版，第 214 页。

③ 国务院新闻办公室：《2002 年中国的国防》，载《人民日报》2002 年 12 月 10 日。

党政干部处理某些问题不当等而进行了一些聚众性的闹事活动，也可能出现一些冲击国家机关，殴打国家工作人员或者毁坏公私财物的过激行为，甚至还会被一些用心不良的犯罪分子利用操纵，但是这种闹事行为与武装叛乱、武装暴乱的行为，无论在行为的目的还是行为程度乃至发展的基本方向都有本质的区别，特别是他们没有推翻人民民主专政、危害国家安全的目的，只要认真查清事件的前因后果及其发展过程，是完全可以把两者区别开来的。即使是在武装叛乱、暴乱中，亦有可能有一些被欺骗、被裹胁而不明真相的人，由于他们不能认识自己行为的性质，并不具有危害国家安全的目的，因此亦不宜以武装叛乱、暴乱罪论处，而是对他们进行教育，揭露反动组织阴谋与真相。当然，构成犯罪的还是要依法定罪量刑，但是不以武装叛乱、暴乱罪处罚，可以考虑以其他扰乱社会秩序的聚众犯罪论处。

2. 要注意武装叛乱、暴乱罪的一罪与数罪的界限。武装叛乱、暴乱罪由于在客观方面主要表现为对国家政府进行的杀人、放火、抢劫等暴力对抗行为，并且会造成一些人身伤亡、财产损失等后果，因此，在具体方式上往往会触犯其他罪名，此种情况属于手段牵连，应当按牵连犯处理。只要是出于同一危害国家安全犯罪目的触犯了其他罪名，就不应当数罪并罚。但是，武装叛乱、暴乱分子在叛乱、暴乱活动之外还进行了其他危害国家安全行为的，如同时从事间谍活动等，则应当实行数罪并罚。出于独立于国家安全的目的之外而实施的其他犯罪行为，则也应当认定为其他罪予以并罚。

3. 行为人出于分裂国家的目的而发动的武装叛乱、暴乱的，出于颠覆国家政权的目的而发动武装叛乱、暴乱的，由于他们实施的只有一个行为，同时触犯了武装叛乱、暴乱罪和分裂国家罪，是属于想象竞合犯，应当“择一重罪处罚”。但是，由于分裂国家罪和武装叛乱、暴乱罪的法定刑是相同的，因此，在处理时可以根据国内外形势的需要按其中任何一个罪名处理。当然，相比而言，分裂国家罪是重罪，因为分裂国家罪在罪名排列的顺序在武装叛乱、暴乱罪的前面。而武装叛乱、暴乱罪与颠覆国家政权罪相比，武装叛乱、暴乱罪的法定刑要重，因此，可以选择武装叛乱、暴乱罪论处。其他大陆法系国家和地区的刑法一般就不存在此类问题，一般将此类行为归于内乱罪，而将叛乱、暴乱行为作为内乱罪的从重或者加重处罚的情节，或者叛乱、暴乱行为与分裂国家的行为结合为暴动内乱罪。

四、武装叛乱、暴乱罪的处罚

对于武装叛乱、暴乱的行为，其他大陆法系国家和地区的刑法典一般是将它作为内乱罪的一个行为方式予以处罚的，只有我国台湾地区是单独设立暴动内乱罪。在对犯罪主体处罚上一般是分首谋、积极参加者、随从附和者等层次进行处罚，在暴动内乱罪或者以暴动形式进行内乱的，均设有死刑，刑罚从死刑、无期徒刑到有期徒刑不等，均没有单独褫夺公权或者并处没收财产的处罚。

根据《中华人民共和国刑法》第 104 条第 1 款的规定，犯武装叛乱、暴乱罪的，对首要分子或者罪行重大者，处无期徒刑、十年以上有期徒刑。武装叛乱、暴乱罪的首要分子或者罪行重大的犯罪分子起点刑为十年以上有期徒刑。对积极参加者，处三年以上十年以下有期徒刑。对其他参加者，则处三年以下有期徒刑、拘役、管制或者剥夺政治权利。

根据《中华人民共和国刑法》第 113 条第 1 款的规定，犯罪武装叛乱、暴乱罪的，对于首要分子和罪行重大者，其中“对国家和人民危害特别严重、情节特别恶劣的”，可以判处死刑。什么是武装叛乱、暴乱罪中“对国家和人民危害特别严重、情节特别恶劣的”，由于没有司法解释，有学者认为可以是指具有以下情形之一的：①组织、策划武装叛乱、暴乱犯罪活动并付诸实施，造成了人身伤亡或者巨大财产损失的；②实施武装叛乱、暴乱已攻占县级以上党、政、军机关的；③聚众武装叛乱、暴乱犯罪成员特别众多的；④具有其他情形的。[①] 同时应当注意，判处死刑的只能是首要分子和罪行重大的犯罪分子，对积极参加者的法定量刑幅度最高不能超过十年有期徒刑。

根据《中华人民共和国刑法》第 104 条第 2 款的规定，策动、胁迫、勾引、收买国家机关工作人员、武装部队人员、人民警察、民兵进行武装叛乱或者武装暴乱的，依照前款的规定从重处罚。这是因为国家机关工作人员、武装部队人员、人民警察、民兵在维护国家安全上有着特殊的身份和职责，如果他们被策动、胁迫、勾引、收买参与武装叛乱、暴乱，社会危害性更大。因此，对此类行为就应当从重处罚。一般而言，有策动、胁迫、勾引、收买行为，就可以认定实施策动、胁迫、勾引、收买行为的行为人是首要分子。

---

① 曾芳文、段启俊主编：《个罪法定情节研究与适用》，人民法院出版社 2002 年版，第 28 页。

因为策动、胁迫、勾引、收买行为实质上是组织、策划、指挥行为的一部分，是从组织、策划、指挥行为中分解出来的行为。被策动、胁迫、勾引、收买者如果对国家和人民危害特别严重、情节特别恶劣的，根据《中华人民共和国刑法》第113条规定，当然也是可以判处死刑的。本款属于武装叛乱、暴乱罪的从重情节。适用该款时，应当注意满足以下三个条件。一是必须有策动、胁迫、勾引、收买之一的行为。所谓策动，在武装叛乱、暴乱罪中是指鼓励、煽动、劝说、发动、策划国家机关工作人员、武装部队人员、人民警察、民兵实施某项武装叛乱、暴乱的行为。即通过进行反动宣传、鼓动而使之产生背叛的念头，参加到武装叛乱、暴乱中来。这是相对于行为人而言，不论被策动人是否实际参加武装叛乱、暴乱都不影响策动行为的成立。所谓胁迫，在武装叛乱、暴乱罪中是指以暴力伤害，揭露隐私等威胁手段强迫国家机关工作人员、武装部队人员、人民警察、民兵去实施某种武装叛乱、暴乱的行为。这是相对于行为人而言，不论被胁迫人是否实际参加了武装叛乱、暴乱，都不影响行为人胁迫行为的成立。所谓勾引，在武装叛乱、暴乱罪中是指以官衔、地位、名利、女色等利益诱惑国家机关工作人员、武装部队人员、人民警察、民兵去实施某种武装叛乱、暴乱的行为。这也是相对于行为人的主观意图并实施行为而言，只要行为人有勾引上述特定人员的主观故意和行为，不论被勾引人是否实际参加武装叛乱、暴乱都不影响勾引行为的成立。所谓收买，在武装叛乱、暴乱罪中是指以金钱、财物或者其他物质性利益作为交换而笼络国家机关工作人员、武装部队人员、人民警察、民兵去进行某种武装叛乱、暴乱的行为。同样，这也是相对于行为人而言，只要行为人有收买的行为，不论被收买人是否实际参加武装叛乱、暴乱都不影响收买行为的成立。二是进行策划、胁迫、勾引、收买等行为的对象必须是国家机关工作人员、武装部队人员、人民警察、民兵四种人员。否则虽然有策动、胁迫、勾引、收买等行为，如果不是针对上述四种对象实施，亦不能适用这一从重处罚的情节。三是策动、胁迫、勾引、收买国家机关工作人员、武装部队人员、人民警察、民兵的内容或目的是为了使他们去进行武装叛乱或者武装暴乱，否则，即使针对几种对象进行了策动、胁迫、勾引、收买等行为，由于内容或目的与武装叛乱或者武装暴乱无任何联系，当然就不构成武装叛乱、暴乱罪，此时自然不能以武装叛乱、暴乱罪从重处罚。策动、胁迫、勾引、收买只是武装叛乱、暴乱罪的一个特殊的形式，是武装叛乱、暴乱罪的行为之一，不再是一个独立的罪名，而过去此类行为则构成策动叛乱、暴乱罪。

根据《中华人民共和国刑法》第106条规定，与境外机构、组织、个人相勾结实施武装叛乱、暴乱罪的，应当从重处罚。至于境外机构、组织、个人的内容在上节中已经予以论述，在此不再赘述。

根据《中华人民共和国刑法》第113条第2款规定，犯武装叛乱、暴乱罪的，均可以并处没收财产。

根据《中华人民共和国刑法》第56条第1款规定，犯武装叛乱、暴乱罪，除单独判处剥夺政治权利的以外，都应当附加剥夺政治权利。

第三节　颠覆国家政权罪

第一百零五条第一款　组织、策划、实施颠覆国家政权、推翻社会主义制度的，对首要分子或者罪行重大的，处无期徒刑或者十年以上有期徒刑；对积极参加的，处三年以上十年以下有期徒刑；对其他参加的，处三年以下有期徒刑、拘役、管制或者剥夺政治权利。

第一百零六条　与境外机构、组织、个人相勾结，实施本章第一百零三条、第一百零四条、第一百零五条规定之罪的，依照各该条的规定从重处罚。

第一百一十三条　本章上述危害国家安全罪行中，除第一百零三条第二款、第一百零五条、第一百零七条、第一百零九条外，对国家和人民危害特别严重、情节特别恶劣的，可以判处死刑。

犯本章之罪的，可以并处没收财产。

——《中华人民共和国刑法》

一、颠覆国家政权罪的概念

颠覆国家政权罪，是指组织、策划、实施颠覆国家政权、推翻社会主义制度的行为。相当于大陆法系国家和地区刑法的内乱罪中的“颠覆政府”“非法变更宪法”“破坏国体”的行为。

颠覆国家政权罪是由1979年《中华人民共和国刑法》第92条阴谋颠覆政府罪，第98条组织、领导反革命集团犯罪等有关规定修订而来。中华人民共和国最高人民法院特别法庭就曾认定林彪、“四人帮”反革命集团的成员构成“阴谋颠覆政府罪”“组织、领导反革命集团罪”。也有的学者认为它的法源仅是1979年《中华人民共和国刑法》第92条。[①] 修订后的《中华人民共和国刑法》对阴谋颠覆政府罪作出了很大的修改：一是将颠覆政府罪的阴谋犯修改为举动犯，即只要有组织、策划、实施的行为，就构成颠覆国家政权罪；二是将颠覆国家政权罪和分裂国家罪分条规定，以突出两种是不同内容的犯罪；三是增加了推翻社会主义制度的规定，这是以往刑法草案中所没有的；四是扩大了颠覆国家政权罪侵害的对象，1979年《中华人民共和国刑法》规定是“阴谋颠覆政府”，而“政府”从严格的法律意义上来说，仅仅指行政机关，而无法将整个政权机构包括权力机关、司法机关、军事机关涵盖，同时，我国人民民主专政的政权也与我国的社会主义制度是密不可分的，行为人在颠覆政权的同时也往往将犯罪的矛头直指社会主义制度，因此，颠覆社会主义制度也就成为颠覆国家政权罪的侵害的对象。这是援引1993年2月22日第七届全国人民代表大会常务委员会第三十次会议通过的《中华人民共和国国家安全法》第4条有关“推翻社会主义制度”的行为是为危害国家安全的行为的规定而作的修订。[②] 修订后的《中华人民共和国刑法》吸收了《中华人民共和国国家安全法》的这一规定，不仅有利于《中华人民共和国刑法》与《中华人民共和国国家安全法》的协调，而且也为司法实践对现实中出现的这方面的案件的审理提供了法律武器。这种“推翻社会主义制度”的行为，从实际意义上来说，与外国刑法典中规定破坏国体、非法变更宪法的行为一样，是内乱罪的一种行为方式，其实质就是改变我国国家政权的阶级性质。

刑法理论界和司法界对“组织、策划、实施颠覆国家政权、推翻社会主义制度的”犯罪行为的罪名确定为颠覆国家政权罪基本上没有提出疑义。颠覆国家政权罪不是选择性罪名。在我国，颠覆国家政权罪是聚众犯罪的一种，理由参见前面对分裂国家罪，武装叛乱、暴乱罪的分析。

---

① 陈兴良：《刑法疏议》，中国人民公安大学出版社1997年版，第216页。

② 刘生荣主编：《施刑范典》，中国方正出版社2000年版，第15页。

二、颠覆国家政权罪的构成

1. 颠覆国家政权罪的犯罪主体为一般主体，即年满 16 周岁达到刑事责任年龄且具有刑事责任能力的自然人均可以成为颠覆国家政权罪的犯罪主体。但是，实际构成颠覆国家政权罪犯罪主体的通常是那些混进党政军内部窃取党和国家重要权力和具有一定社会地位及政治影响的野心家、阴谋家和民族分裂分子。由于颠覆国家政权是必要的共同犯罪，因此不可能是单独犯，一般是众多的人共同组织、策划、实施。而以前规定的“阴谋颠覆政府罪”则是单独犯。颠覆国家政权罪的犯罪主体实际上包括首要分子、罪行重大者、积极参加者、其他参加者。所谓首要分子，是指在颠覆国家政权罪中起组织、策划、指挥作用的犯罪分子，是不是首要分子，关键是看行为人是否起了组织、策划、指挥作用。所谓组织，在颠覆国家政权罪中是指行为人将意图颠覆国家政权的人纠合在一起和进行物资准备。所谓策划，在颠覆国家政权罪中是指行为人聚在一起进行密谋，制订颠覆国家政权的行动纲领和实施计划。所谓指挥，在颠覆国家政权罪中是指行为人对其他参加颠覆国家政权犯罪的犯罪分子进行协调、调度。所谓罪行重大者，在颠覆国家政权罪中是指除首要分子以外的行为人其他罪行比较严重的犯罪分子。所谓积极参加者，在颠覆国家政权罪是指参加犯罪活动比较多和心态较为积极、主动的犯罪分子。所谓其他参加者，在颠覆国家政权罪中是指一般附和，作用一般的犯罪分子。对颠覆国家政权罪的犯罪主体的有关问题的讨论还可以参考前面章节有关论述。

2. 颠覆国家政权罪在主观方面必须出于故意，并且具有颠覆国家政权，推翻社会主义制度的目的，但是这种目的不是颠覆国家政权罪的特殊主观构成要件，即颠覆国家政权罪不是目的犯。由于颠覆国家政权罪是必要的共同犯罪，要求行为人之间必须有共同的故意，只要行为人之间存在共同的以颠覆国家政权、推翻社会主义制度为目的的故意，就构成颠覆国家政权罪的共同故意。但是，不论这个目的能否得逞，是否已经实际造成了颠覆国家政权、推翻社会主义制度的结果，均不影响颠覆国家政权罪成立。颠覆国家政权罪是举动犯。对颠覆国家政权罪故意的有关问题的讨论还可以参考前面章节有关论述。

3. 颠覆国家政权罪在客观方面表现为组织、策划、实施颠覆国家政权、推翻社会主义制度的行为。其包括相互联系的两个方面，首先，要有组织、策划、实施之一的行为，这是构成颠覆国家政权罪的基本前提，所谓组织，在颠覆国家政权罪中是指纠合多人非法建立意图颠覆国家政权、推翻社会主义制度的政党、团体、武装力量和筹集用于颠覆国家政权所需的物资等。同样有学者认为，组织在这里有两类活动：一类是以非组织形式纠合、勾结多人，或者以组织形式非法建立旨在颠覆国家政权、推翻社会主义制度的政党、社团等犯罪集团（实际为犯罪组织），或者非法建立以政变为目的的武装力量，实际上就是组织非法组织；另一类是对颠覆国家政权、推翻社会主义制度的各种具体的犯罪活动进行组织，实际上就是组织行为。在一般性共同犯罪中，组织是犯罪的预备行为或组织行为，构成犯罪也只是以犯罪的预备形态或组织犯论处。但在颠覆国家政权罪中，组织行为本身就是实行行为，一旦进行，即构成颠覆国家政权罪的既遂，而不能以颠覆国家政权罪的预备状态或组织犯来处罚。所谓策划，在颠覆国家政权罪中是指秘密商量颠覆国家政权、推翻社会主义制度的行动纲领、具体的实施计划。在一般共同犯罪中，策划是犯罪的预备行为或组织行为，构成犯罪也只是以犯罪的预备形态或组织犯论处。但在颠覆国家政权罪中，策划行为本身就是实行行为，一旦进行，即构成颠覆国家政权罪的既遂，而不能以颠覆国家政权罪的预备状态或组织犯来处罚。所谓实施，在颠覆国家政权罪中是指已经实际着手进行颠覆国家政权、推翻社会主义制度的行为。其次，组织、策划、实施行为的内容是颠覆国家的政权，推翻社会主义制度。所谓颠覆国家政权，在颠覆国家政权罪中是指行为人从内部推翻国家的合法政府，篡夺国家政权，包括改变人民代表大会制度。形式是多种多样的，既可以是采取暴力手段如发动宫廷政变式，实行武装暴动以夺取政权，亦可以是采取非暴力手段如实行和平演变，施以阴谋诡计以窃取国家政权；既可以是公开夺取，亦可以是秘密窃取；既可以是自上而下，也可以是从下而上，或者两者结合等。但是不论形式如何，只要是出于颠覆国家政权的目的而实施了组织、策划、实施之一的行为，即可以构成颠覆国家政权罪。这里的国家政权，一是指国家政治权力的有机组合，二是指行使国家职能的各种国家机关的总称。主要是指人民政府，因为人民政府是国家政权的直接掌握者。而人民政府则不仅指中央人民政府，还包括地方各级人民政府，后者亦是国家政权的有机组成部分，颠覆地方政府，篡夺领导权，亦会给国家安全造成危害。当然，颠覆地方政府的最终目的亦还是为了颠覆中央政府，夺取全国政权。至于全国的权力机关、司法机关、军事机关等亦是国家政权的重要组成部分，颠覆这些机关的，同样可以认为行为人构成颠覆国家政权罪。所谓推翻社会主义制度，在颠覆国家政权罪中是指以各种手段改变人民民主专政和以公有制为主体的社会主义市场经济的经济基础的行为。两种行为的实质就是与外国刑法典所说的改变国体、非法变更宪法的行为是一样的。颠覆国家政权就是改变人民民主专政的国体，推翻社会主义制度就是非法变更宪法。而具体组织、策划、实施上述行为绝不是一个人所能做到的，因此，颠覆国家政权罪必然是必要的共同犯罪，是聚众犯罪。如果某一个行为人以颠覆国家政权为目的，对国家元首、政府首脑、议会议长等国家机关的首长行刺、暗杀是否构成颠覆国家政权罪的问题，由于暗杀行为可以由一人所为，可以是单独犯，因此，日本大理院（最高法院）曾有一个判例认为："由于击毙首相因而牵涉到内阁的瓦解，并非无虞，然而仅带来内阁阁员的更迭，而对内阁制度没有破坏，不得称此为刑法第七十七条，所谓颠覆政府的行为。"① 这表明个人对个人的暗杀行为并不构成颠覆国家政权罪，而应当以故意杀人罪论处。但是，如果行为人的暗杀行为是颠覆国家政权行为组织、策划、实施的内容，是颠覆国家政权罪的组成部分，是由首要分子安排或首要分子亲自实施的，就可以认定行为人构成颠覆国家政权罪，与故意杀人罪并罚。有的国家的刑法还专门规定有暗杀、刺杀国家领导人的罪名。如《俄罗斯联邦刑法典》第 277 条就规定了侵害国务活动家和社会活动家的生命罪；《意大利刑法》第 276 条规定了侵害国家元首罪等。从这些规定来看，再次表明颠覆国家政权罪单独犯的不能。

4. 颠覆国家政权罪所侵害的客体是人民民主专政的政权和社会主义制度。我国是工人阶级领导的，以工农联盟为基础的人民民主专政的社会主义国家，以公有制为主体的市场经济社会主义制度是我国的经济基础，是《中华人民共和国宪法》予以确立的，是国家独立、民主、富强、繁荣的基本保障，是立国之本，容不得半点侵犯，中华人民共和国的宪法和法律禁止任何组织和个人组织、策划、实施颠覆国家政权，推翻社会主义制度，坚决打击一切敌对势力的渗透和破坏活动。② 凡是把矛头指向人民民主专政和社会主义制度以及中国共产党领导的行为，都是为宪法和法律所不容的，应当予以严惩。某中级人民法院曾审理了一起颠覆国家政权案。被告人周某作系某县农民，因

---

① 参见孙嘉时：《内乱罪之探讨》，载蔡墩铭主编：《刑法分则论文选辑（上）》，台湾地区五南图书公司 1984 年版，第 7 页。此案应当为朝鲜爱国志士安重根击毙伊藤博文案。

② 国务院新闻办公室：《2002 年中国的国防》，载《人民日报》2002 年 12 月 10 日。

承包本村果园到有关部门申请资金未果，便对人民政府产生不满，决意要推翻人民政府。1994 年 5 月，周某作以自己承包的果园为实体，成立了“综合志立劳动单位”，先后发展了被告人周某山、汪某康、张某斌并指使他们积极吸收人员加入。在周某作的鼓动下，汪某康发展了被告人罗某明、左某钦等 13 人；被告人周某山发展了被告人陈某根等 4 人；被告人张某斌发展了 6 人。1998 年 8 月，周某作、周某山商定在“综合志立劳动单位”取得政权后对人民政府的部门及工作人员如何处置的意向，并就商定的内容，由周某山执笔起草了一份名为“综合志立劳动单位总指挥部内部法制执行制度”的政字第九号文件，表明他们的目的就是要推翻中国共产党的领导和人民民主专政，推翻社会主义制度。同年 9 月，周某作召集周某山、汪某康、罗某明、左某钦、张某斌等 20 余人在罗某明家集会，煽动到会成员要团结一致，反对当今的社会和政府，并宣读了他们所谓的“九号文件”，蛊惑与会人员近期不要外出，一旦有指示搞暴动就断电、断交通跟“部队”走。与会人员表示听从指挥，完成任务。会后，周某作、罗某明、汪某康商定要做一件规模大一点的事件来制造影响。周某作提出炸一座桥。周某作、汪某康还实地对拟炸大桥进行了踩点，选定了安放炸药的位置。随后，周某作自购了 2 号岩石炸药 4 箱、导火索 30 米、火雷管 30 只、电雷管 10 只存放在家中。1998 年 12 月，周某作又先后两次召集成员在自己的茶园中集会，再次“学习”“九号文件”。1999 年 5 月下旬，周某作、罗某明、汪某康、张某斌、左某钦、陈某根在罗某明家中秘密成立“中国志立工农红军突击队 118030 部队”。周某山任总指挥兼政委，汪某康任副总指挥。罗某明负责制作了突击队的军旗、袖章。5 月 30 日晚，周某山召集上述人员再次集会，决定由周某山带领罗某明、张某斌为一组爆炸乡政府；由汪某康带领左某钦、陈某根爆炸大桥。两组人员汇合后，再爆炸另两座大桥和另一乡政府。因一时无法筹集到买炸药的资金，而决定待筹集到资金后再于农历七月十五、十六行动。次日，周某山、汪某康、张某斌、罗某明又在周某山家集会，由周某山、张某斌书写了 12 张宣传推翻政府的标语，准备张贴。周某作担心过早暴露而不同意张贴。不久，该案被我公安机关破获。公安机关搜缴了“九号文件”“中国志立工农红军突击队 118030 部队”的军旗和袖章、炸药、花名册等罪证。某中级人民法院经审理认为，被告人周某作、周某山、汪某康、罗某明、左某钦、张某斌、陈某根非法组织反动组织，妄图颠覆国家政权，推翻社会主义制度，他们的行为均已经构成颠覆国家政权罪。在共同犯罪中，周某作、周某山系非法组织的始创和策划者，是首犯；被告人汪某康、罗某明积极参与非法组织活动并发展多名成员，起了主要作用，系主犯；被告人左某钦、张某斌、陈某根起了次要作用，是从犯。分别判处有期徒刑十年、四年、一年不等，并附加剥夺政治权利。被告人周某作等以颠覆国家政权为目的，组织、策划、实施了一系列颠覆国家政权的犯罪行为，周某作、周某山聚集20余人，组织了集会、突击队，拟定了政治纲领，策划了行动方案，选择了爆炸对象和地点，准备了一系列用于颠覆国家政权犯罪工具，只是由于被我专政机关及时破获才致他们颠覆国家政权的目的未能达成，但是他们的行为均已经构成了颠覆国家政权罪。本案中级人民法院的判决基本上是正确的，但是该判决也还是存在一些问题：一是在罪名上似乎以定武装暴乱罪较为妥当，因为他们以颠覆国家政权为目的，以武装暴乱为手段一般应当按牵连犯的原则择一重罪处理，即以武装暴乱罪定罪；二是使用了首犯这一概念，《中华人民共和国刑法》没有首犯这一概念，颠覆国家政权罪也好，武装叛乱、暴乱罪也好，均只有首要分子这一概念，在本案中周某作、周某山是首要分子；三是对首要分子之外的其他被告人在认定他们在共同犯罪中的作用时使用了主、从犯的概念，根据我们在前面所进行的分析，其他被告人应当分为罪行重大者、积极参加者、其他参加者三个层次，而不应当使用主、从犯的概念；三是使用了非法组织的概念，根据我们在前面的分析，此类犯罪不宜作为有组织性共同犯罪处理，其实这些人不过是些乌合之众。

在其他大陆法系国家和地区的刑法理论一般认为内乱罪包括破坏国体、非法变更宪法、颠覆政府的行为，所侵害的是国家内部存立条件。但是日本学者久礼田式提出的所侵害的是国家的自存权最为言简意赅。他认为，国家具有自身存在的权利，并对侵害此权利的行为具有自卫权。① 他认为国家具有公法人格，因而具有自卫权。

三、认定颠覆国家政权罪应当注意的问题

1. 认定颠覆国家政权罪要注意与分裂国家罪，武装叛乱、暴乱罪的区别。三者在客观方面均要以具有组织、策动、实施之一的行为作为构成犯罪的必

---

① 参见孙嘉时：《内乱罪之探讨》，载蔡墩铭主编：《刑法分则论文选辑（上）》，台湾地区五南图书出版公司1984年版，第4页。

要条件，但是它们三者行为的内容却有根本的不同，如属组织、策动、实施颠覆国家政权、推翻社会主义制度的，是危害了国家政权和根本的政治制度，他们的行为就构成颠覆国家政权罪，否则应当以他罪论处。如果是采取武装叛乱或者武装暴乱的形式颠覆国家政权的，又牵连触犯武装叛乱、暴乱罪，根据牵连犯的处罚原则应当择一重罪在这里即为武装叛乱罪、暴乱罪定罪处罚。颠覆国家政权罪是以排除暴力为后盾的，一般是以非暴力手段进行的，这也是《中华人民共和国刑法》对颠覆国家政权罪不设置死刑这一法定刑的重要原因。前述案例如果爆炸成功了，倘若按颠覆国家政权罪定罪，则不能适用死刑，而按武装暴乱罪定罪，则可以适用死刑。

2. 行为人在组织他人进行颠覆国家政权犯罪的过程中，不可避免地会有一些策划、指挥他人或自己直接进行书写、张贴标语，散发传单，发表演说和采取其他语言、文字的形式进行颠覆国家政权的煽动行为而为颠覆国家政权制造舆论，这种行为同时触犯了煽动颠覆国家政权罪，但实质是吸收关系，应当按吸收犯的处理原则，择一重罪即颠覆国家政权罪进行处罚，而不应当数罪并罚。

3. 在这里要特别指出的是，中国共产党是中国社会主义事业的领导力量，是中华人民共和国的执政党，对国家政权的领导地位为《中华人民共和国宪法》所规定，如果行为人组织、策划、实施取消、推翻中国共产党在国家政权中的领导地位的行为，实质上就是颠覆国家政权，推翻社会主义制度，同样构成颠覆国家政权罪。

4. 根据1999年10月20日公布，10月30日起实施的《最高人民法院、最高人民检察院关于办理组织和利用邪教组织犯罪案件具体应用法律若干问题的解释》第7条的规定，组织和利用邪教组织，组织、策划、实施颠覆国家政权、推翻社会主义制度的以颠覆国家政权罪定罪处罚。同样，如果行为人利用会道门或者迷信组织、策划、实施颠覆国家政权、推翻社会主义制度的，也应当以颠覆国家政权罪定罪处罚。对此问题，笔者同样认为还是不作牵连犯处理为妥。行为人即使有上述颠覆国家政权、推翻社会主义制度的行为，也不单独以颠覆国家政权罪论处为好，要处理他们颠覆国家政权、推翻社会主义制度的行为，也应当与组织、利用会道门、邪教组织、利用迷信破坏法律实施罪并罚，否则容易使得打击邪教、会道门、封建迷信犯罪活动政治化，反而不利于对邪教、会道门、封建迷信犯罪活动的打击，因为法律对邪教、会道门、封建迷信犯罪已经有明确规定。湖南省高级人民法院1999年

9月审结的刘某国“主神教”一案就没有如此认定，仅仅追究了刘某国组织、利用邪教组织破坏法律实施罪、强奸罪（利用“主神”的身份奸淫妇女）、诈骗罪（利用邪教诈骗钱财）的刑事责任。被告人刘某国，男，安徽省人，1979年随他母亲信奉基督教，后加入邪教组织“呼喊派”。1989年又加入吴扬明的邪教组织“被立王”。“被立王”被人民政府取缔后，刘某国又窜至湖南省，于1993年与同案人朱某清、胡某英商量创立“主神教”，刘某国自封为“主神”，朱某清被封为“盼望主”。刘、朱二人广收信徒，并对信徒曲解《圣经》，要他们相信“主神”，“主神”就是刘某国。到案发止，他们共发展信徒8000余人，遍及全国14个省、市、自治区，建立了一整套严密的组织体系。刘某国在组织、利用“主神教”破坏法律实施时，于1997年5月在湖南省衡山县召开了“主神教”第1次全国代表大会，提出：“第1次全国代表大会的召开，将在历史上写下光辉的一页，这次大会组织的出现，实际上也是一个政权的出现。”还提出要建立“一个公义和平的国度”“反对当今人的国，建立神的国”，公然提出政权问题即要颠覆国家政权，并且分封了地方各级“权柄”，即各省、市、县级负责人。他们的邪教组织活动十分猖獗，直至1998年6月该邪教组织被人民政府取缔。[①] 司法机关并没有追究刘某国颠覆国家政权罪的刑事责任。如果按最高司法机关的上述司法解释，完全可以追究刘某国等人颠覆国家政权罪的刑事责任（当然，该案在审理时最高司法机关的此司法解释尚未出台）。而如现在这样处理并未违反法律的规定，同样也取得了良好的政治效果、社会效果和法律效果。当然，在最高司法机关已经作出司法解释的情况下，今后在司法实践中遇到此类案件还是应当按照最高司法机关的司法解释去执行。

四、颠覆国家政权罪的处罚

在大陆法系国家和地区刑法中，一般对于非暴力颠覆政府、非法变更宪法、破坏国体的行为是没有死刑的。《中华人民共和国刑法》在立法时也考虑到了这一国际立法惯例，没有对颠覆国家政权罪设置死刑这一法定刑。

根据《中华人民共和国刑法》第105条第1款规定，犯颠覆国家政权罪

---

① 此案判决书见周道鸾编著：《最新刑事裁判文书样式和实例评析》，人民法院出版社2000年版，第725～738页。对本案的判解可参见刘家琛主编：《新刑事司法解释判解与适用》，新华出版社2001年版，第552～560页。

的，对首要分子或者罪行重大者，处无期徒刑或者十年以上有期徒刑。对积极参加者，处三年以上十年以下有期徒刑。对其他参加者，处三年以下有期徒刑、拘役、管制或者剥夺政治权利。

根据《中华人民共和国刑法》第 113 条的规定，对颠覆国家政权罪没有死刑这一法定刑。

根据《中华人民共和国刑法》第 106 条规定，与境外机构、组织、个人相勾结实施颠覆国家政权罪的，应当从重处罚。关于“与境外机构、组织、个人相勾结”的问题在第一节中已经予以论述，可以在同样的情况下作为参考。

根据《中华人民共和国刑法》第 113 条第 2 款规定，犯颠覆国家政权罪的，可以并处没收财产。

根据《中华人民共和国刑法》第 56 条第 1 款规定，犯颠覆国家政权罪，除依法单独判处剥夺政治权利的以外，都应附加剥夺政治权利。

第六章 侵犯人身权利、财产的聚众犯罪

修订后的《中华人民共和国刑法》吸收了《全国人民代表大会常务委员会关于严惩拐卖、绑架妇女、儿童的犯罪分子的决定》和《中华人民共和国铁路法》的有关规定，将聚众阻碍解救被收买的妇女、儿童的行为和聚众哄抢物资的行为构成犯罪的，单独规定为犯罪，增加了新的罪名，并将这两个罪名分别列入侵犯公民人身权利、民主权利罪和侵犯财产罪两章中。由于这两章关于聚众犯罪的规定只有这两个罪名，为了研究体例上的方便，笔者将这两个罪放在一起作为一章的内容进行研究。在其他大陆法系国家和地区的刑法典中均没有将此种类型的犯罪作聚众犯罪的规定，这是我国的首创。但是，这种立法体例是不太符合国际刑事立法的体例，因为上述两罪针对的是特定的个人利益，不是国家利益和社会公共利益，不是不特定多数人的利益，这种犯罪是可以由个人单独犯，在立法上完全可以不按聚众犯罪处理，可以不作为必要的共同犯罪论处。对于聚众侵害人身权利和财产的行为，完全可以将聚众行为作为从重或者加重的情节，而不必由刑法分则单独规定为聚众犯罪。当然，既然《中华人民共和国刑法》已经将这两种行为作为聚众犯罪论，这就是特别规定了。在司法实践中，我们还是要将这两种行为作为聚众犯罪来处理。

第一节　聚众阻碍解救被收买的妇女、儿童罪

第二百四十二条　以暴力、威胁方法阻碍国家机关工作人员解救被收买的妇女、儿童的，依照本法第二百七十七条的规定定罪处罚。

聚众阻碍国家机关工作人员解救被收买的妇女、儿童的首要分子，处五年以下有期徒刑或者拘役；其他参与者使用暴力、威胁方法的，依照前款的规定处罚。

——《中华人民共和国刑法》

一、聚众阻碍解救被收买的妇女、儿童罪的概念

聚众阻碍解救被收买的妇女、儿童罪，是指组织、策划、指挥多人，阻碍国家机关工作人员解救被收买的妇女、儿童的行为。

聚众阻碍解救被收买的妇女、儿童罪是选择性罪名。行为人只要实施聚众阻碍被收买的妇女或者聚众阻碍被收买的儿童两种行为之一的，就构成聚众阻碍解救被收买的妇女、儿童罪，但是具体罪名则应当定聚众阻碍解救被收买的妇女罪或者聚众阻碍解救被收买的儿童罪。如果两种行为都实施了，则以聚众阻碍解救被收买的妇女、儿童罪定罪，无需实行数罪并罚。

近年来，我国司法机关在坚决打击拐卖、绑架妇女、儿童犯罪活动的同时，还积极开展解救被拐卖、绑架的妇女、儿童的活动，使许多妇女、儿童跳出了火坑，回到亲人的身边。但是，从近几年的司法实践来看，解救被收买的妇女、儿童的工作难度很大，特别是阻碍解救被收买的妇女、儿童的恶性事件不断发生。有些收买人组织几十人甚至上百人对前去解救的国家机关工作人员进行殴打、围攻，破坏用于解救工作的交通工具；有的威胁被收买的妇女、儿童，不让他们说出被拐卖、绑架的真相；有的还向被收买的妇女、儿童及其家属或者解救人索要购买费、生活费，使得解救工作很难顺利进行。1979 年《中华人民共和国刑法》没有规定这种行为构成犯罪。虽然有关于妨

害公务罪的规定，但是在适用这一规定处理上述犯罪行为，不免存在许多问题。因为认定行为人构成妨害公务罪的前提是行为人必须要有以暴力、威胁方法阻碍国家机关工作人员解救被收买的妇女、儿童，如果没有使用暴力或威胁方法，就不能对行为人定罪量刑，而现实中有许多未使用暴力或威胁方法，但是却纠集多人阻碍国家机关工作人员解救妇女、儿童，使得解救工作同样难以进行，同样侵害了被拐卖、绑架的妇女、儿童的人身权利，妨害了司法机关执行公务的活动。为了严厉打击此类犯罪行为，1991 年 9 月 4 日第七届全国人民代表大会常务委员会第二十一次会议通过并颁布了《全国人民代表大会常务委员会关于严惩拐卖、绑架妇女、儿童的犯罪分子的决定》。《全国人民代表大会常务委员会关于严惩拐卖、绑架妇女、儿童的犯罪分子的决定》第 4 条规定："任何个人或者组织不得阻碍对被拐卖、绑架的妇女、儿童的解救，并不得向被拐卖、绑架的妇女、儿童及其家属或者解救人索要收买妇女、儿童的费用和生活费用，对已经索取的收买妇女、儿童的费用和生活费用，予以追回（第 1 款）。""以暴力、威胁方法阻碍国家工作人员解救被收买的妇女、儿童的，依照刑法第一百五十七条的规定处罚；协助转移、隐藏或者以其他方法阻碍国家工作人员解救被收买的妇女、儿童，未使用暴力、威胁方法的，依照治安管理处罚条例的规定处罚（第 2 款）。""聚众阻碍国家工作人员解救被收买的妇女、儿童的首要分子，处五年以下有期徒刑或者拘役；其他参与者，依照本条第 2 款的规定处罚（第 3 款）。"这些规定对于惩治阻碍解救被收买的妇女、儿童的行为提供了有力的法律武器。但是，也有学者认为不宜将不得阻碍和不得索要费用，已经索要的予以追回及未使用暴力、威胁方法的依照治安管理处罚条例的规定处罚等规定在刑事法律规范中加以规定。① 笔者认为，《全国人民代表大会常务委员会关于严惩拐卖、绑架妇女、儿童的犯罪分子的决定》并不完全是刑事法律规范，其中也有行政法律规范，这在《中华人民共和国刑法》第 452 条第 2 款已经明确规定，即："列于本法附件二的全国人民代表大会常务委员会制定的补充规定和决定予以保留。其中，有关行政处罚和行政措施的规定继续有效；有关刑事责任的规定已纳入本法，自本法施行之日起，适用本法规定。"而其中《全国人民代表大会常务委员会关于严惩拐卖、绑架妇女、儿童的犯罪分子的决定》就是列

① 周道鸾、单长宗、张泗汉主编：《刑法的修改与适用》，人民法院出版社 1997 年版，第 528 页。

入附件二的全国人民代表大会常务委员会制定的补充规定和决定，上述内容就是行政法律规范。因此，上述观点是值得商榷的。修订后的《中华人民共和国刑法》正式将聚众阻碍解救被收买的妇女、儿童罪确定下来，并在第2款增加了“使用暴力、威胁方法”这个限定语，从而使对“其他参与者”的处罚规定更为明确。① 聚众阻碍解救被收买的妇女、儿童罪是与收买妇女儿童罪相配套的罪。聚众阻碍解救被收买的妇女、儿童罪的罪名是根据犯罪行为——“聚众”加上犯罪目的——“阻碍解救被收买的妇女、儿童”来确立的。聚众阻碍解救被收买的妇女、儿童罪的行为特征是行为人聚众阻碍国家机关工作人员解救被收买的妇女、儿童。聚众阻碍解救被收买的妇女、儿童罪侵犯的对象是正在执行解救被收买的妇女、儿童公务的国家机关工作人员，但是行为人的目的是要阻碍国家机关工作人员解救被收买的妇女、儿童。因此，《最高人民法院关于执行〈中华人民共和国刑法〉确定罪名的规定》和《最高人民检察院关于适用刑法分则规定的犯罪罪名的意见》在确立罪名时把犯罪行为和犯罪目的都吸收进罪名中，以区别于妨害公务罪。《最高人民法院关于执行〈中华人民共和国刑法〉确定罪名的规定》和《最高人民检察院关于适用刑法分则规定的犯罪罪名的意见》均将本罪罪名确定为聚众阻碍解救被收买的妇女、儿童罪。

二、聚众阻碍解救被收买的妇女、儿童罪的构成

1. 聚众阻碍解救被收买的妇女、儿童罪的犯罪主体为一般主体，即年满16周岁达到刑事责任年龄且具有刑事责任能力的自然人均可以成为聚众阻碍解救被收买的妇女、儿童罪的犯罪主体。但是，只有聚众阻碍国家机关工作人员执行解救公务的首要分子才能构成聚众阻碍解救被收买的妇女、儿童罪的犯罪主体。所谓“首要分子”，在聚众阻碍解救被收买的妇女、儿童罪中是指在聚众阻碍解救被收买的妇女、儿童犯罪活动的过程中，起组织、策划、指挥作用的犯罪分子，一般是被收买的妇女、儿童的买主或者是买主的亲友。所谓组织，在聚众阻碍解救被收买的妇女、儿童罪中是指行为人将其他参加者纠集到一起来阻碍国家工作人员解救被收买的妇女、儿童。所谓策划，在聚众阻碍解救被收买的妇女、儿童罪中是指行为人为达到阻碍解救被收买的

① 刘生荣主编：《施刑范典》，中国方正出版社1999年版，第604～605页。

妇女、儿童的目的而密谋、商量如何实施阻碍解救行动。所谓指挥，在聚众阻碍解救被收买的妇女、儿童罪中是指行为人在现场或者在幕后协调、调度他人如何阻碍解救工作。既可以是一人，也可以是二人，还可以是多人；既可以亲临现场，上阵组织、指挥、纠集阻碍解救的活动，亦可以躲在幕后，暗中对聚众阻碍解救的活动加以组织、策划、指挥。聚众阻碍解救被收买的妇女、儿童罪是带有群众性的犯罪，首要分子煽动一些不明真相的群众对前来解救的国家机关工作人员进行围攻，有的还对解救人员实行人身强制。其他参与者如果没有采取暴力、威胁方法而参加了聚众阻碍解救被收买的妇女、儿童的活动，这些其他参与者也不能成为聚众阻碍解救被收买的妇女、儿童罪的犯罪主体。他们如果采用了暴力、威胁的方法参加阻碍解救的，则依照妨害公务罪处罚。如果行为人没有使用暴力或威胁的方法，虽然参与了聚众阻碍也不构成聚众阻碍解救被收买的妇女、儿童罪，可以依照《全国人民代表大会常务委员会关于严惩拐卖、绑架妇女、儿童的犯罪分子的决定》给予治安管理处罚。有的学者认为，这种将同一性质的行为人为地分别以两种犯罪处理的立法体例是不合适的，违背了根据犯罪行为性质定罪的基本原理，容易产生定罪上的混乱，也使犯罪分子迷惑不解，为什么实施同样的犯罪行为，只是由于情节上的差别，首要分子就构成聚众阻碍解救被收买的妇女、儿童罪，而其他参加者因为使用了暴力、威胁方法就要定妨害公务罪。同时认为，该条文的条款在排列顺序上也存在问题，该条文是以聚众阻碍解救被收买的妇女、儿童的行为为主，应当将聚众阻碍解救被收买的妇女、儿童罪列为第1款，而将妨害公务罪作为第1款的补充列为第2款。[①] 对于这个问题，只能理解为立法者对此的特殊规定。所谓其他参与者，是指在首要分子的组织、策划、指挥下而参与了聚众阻碍国家机关工作人员解救被收买的妇女、儿童的违法犯罪活动的人。在这里法条没有使用聚众犯罪立法体例上常使用的其他参加的而是使用的其他参与者，就是为了对其他参与者与聚众犯罪中的其他参加的有所区别，笔者认为这不是笔误而是立法者有意为之的。再次说明，聚众犯罪的犯罪主体与其他犯罪在表述上是不同的。

2. 聚众阻碍解救被收买的妇女、儿童罪在主观方面表现为故意，即聚众的首要分子明知自己的行为是聚众阻碍国家机关工作人员依法执行解救被收买的妇女、儿童的公务活动的行为而仍然聚众加以阻碍。如果行为人不知道

---

① 陈兴良：《刑法疏议》，中国人民公安大学出版社1997年版，第412页。

阻碍的对象为国家机关工作人员或者不知道他们是在依法执行解救职务，以为是在执行其他公务的，即使实施了聚众阻碍的行为，亦不构成聚众阻碍解救被收买的妇女、儿童罪。至于他们的目的则是为了避免收买人的经济损失并且企图维持收买人与被收买人之间所形成的某种非法的社会关系。刑法对本罪的主观要件有严格的限制条件，不能任意扩大适用范围，一般应当注意把握以下三点，这三个方面反映了行为人的主观故意：一是行为人阻碍的对象必须是正在解救被收买的妇女、儿童公务的国家机关工作人员；二是行为人阻碍的国家机关工作人员必须是正在依法执行解救被收买的妇女、儿童的公务；三是行为人是在聚众阻碍国家机关工作人员进行解救被收买的妇女、儿童。如果行为人主观上没有聚众的故意，只是自己在阻碍国家机关工作人员依法解救被收买的妇女、儿童，客观上引起了众多的人一起进行阻碍解救工作，也不能认定为聚众阻碍解救被收买的妇女、儿童罪。至于行为人的目的是否达到不影响聚众阻碍解救被收买的妇女、儿童罪的定罪。聚众阻碍解救被收买的妇女、儿童罪是行为犯。

3. 聚众阻碍解救被收买的妇女、儿童罪在客观方面表现为聚众阻碍国家机关工作人员解救被收买的妇女、儿童的行为。所谓聚众，在聚众阻碍解救被收买的妇女、儿童罪中是指组织、指挥、纠集三人以上共同参加阻碍国家机关工作人员解救被收买的妇女、儿童工作。所谓阻碍，在聚众阻碍解救被收买的妇女、儿童罪中是指阻止、妨碍，以暴力、威胁或其他方法阻挠国家机关工作人员对被收买的妇女、儿童进行解救。它的表现形式多种多样，有的采用殴打、推拽、拘禁、捆绑国家机关工作人员及打砸、毁损、扣押进行解救工作的车辆等暴力形式；有的以杀害、伤害、毁坏财物等进行威胁的方式；有的采用围困、纠缠、谩骂、侮辱、阻碍车辆通行等阻碍解救的行为，行为人只要具有上述行为之一的就构成了聚众阻碍解救被收买的妇女、儿童罪的阻碍。对于阻碍，法律上没有要求行为人是否使用了暴力的限制，可以使用暴力或者说以暴力相威胁，也可以没有使用暴力。

4. 聚众阻碍解救被收买的妇女、儿童罪所侵犯的客体为复杂客体，既包括国家机关工作人员依法解救被收买的妇女、儿童的公务活动，又包括被收买妇女、儿童的人身权利。其他大陆法系国家和地区的刑法理论和制度均无聚众阻碍解救被收买的妇女、儿童罪的规定，只有如《法国刑法典》第 433 条规定的聚众暴力抗拒执法罪；台湾地区“刑法”第 136 条规定的公然聚众妨害公务罪，这些理论和制度均认为这一类犯罪均不是侵害个人法益的犯罪，而是侵害社会法益或者是侵害国家法益的犯罪。同样，从《中华人民共和国刑法》对聚众阻碍解救被收买的妇女、儿童罪的行为特征来看，该罪所侵害的客体更像国家机关正常的公务活动，从该条的条文的上下文来看，也是如此，立法者将聚众阻碍解救被收买的妇女、儿童罪放在侵害公民人身权利一章中就表明该罪所侵害的客体是被收买的妇女、儿童的人身权利，认为是通过对国家机关工作人员依法执行解救被收买妇女、儿童的职务活动的侵害，来实现行为人对被收买的妇女、儿童的人身权利的侵害的。该罪所侵犯的对象是依法在解救被收买的妇女、儿童的国家机关工作人员和被收买的妇女及儿童。笔者比较赞同将此行为作为妨害公务罪的一种特殊行为方式来处理的观点，即将此聚众阻碍解救被收买的妇女、儿童的行为不单独定罪而作为妨害公务罪的一个加重情节，或者不妨就在妨害公务罪后再规定一个“聚众妨害公务罪”加重法定刑即可。聚众阻碍解救被收买的妇女、儿童罪，从本质上讲是一种典型的妨害公务的行为，这样的认识既与国际刑事立法技术是一致的，也比较符合这类罪的特征，否则也就没有必要对采取暴力或威胁手段阻碍解救被拐卖的妇女儿童的行为认定为妨害公务罪。对于聚众阻碍解救被收买的妇女、儿童罪中的“国家机关工作人员”的认定，应当注意把握四个方面。第一，必须是负有解救职责的国家机关工作人员。一般是指公安、民政等国家机关的工作人员，同时亦包括受聘前往解救的司机、带路群众等。第二，必须是正在执行解救活动的国家机关工作人员，即在解救工作中已经开始尚未结束而被聚众阻碍。如果是在解救尚未开始或者在解救活动已经完毕而遭到聚众阻碍的，行为人的行为亦不构成聚众阻碍解救被收买的妇女、儿童罪。第三，必须是解救被收买的妇女、儿童的国家机关工作人员。如果解救的是被虐待的妇女和儿童，而非被收买的妇女或儿童，即使为国家机关工作人员，亦不能成为聚众阻碍解救被收买的妇女、儿童罪对象。第四，必须是依法进行解救活动的国家机关工作人员，如果是由于自己的解救行为违法如胡乱抓人或者打人等所引起的聚众阻碍，则不构成聚众阻碍解救被收买的妇女、儿童罪。对于不具有解救职责的国家机关工作人员及非国家机关工作人员如被收买人的亲友的解救进行聚众阻碍的，也不能构成聚众阻碍解救被收买的妇女、儿童罪。

三、认定聚众阻碍解救被收买的妇女、儿童罪应当注意的问题

1. 聚众阻碍解救被收买的妇女、儿童罪与非罪的界限。行为人如果既没有以暴力、威胁的方法阻碍解救，又没有聚众阻碍解救，而是采取转移、隐匿被收买人等方式阻碍解救的，对之则不应当以聚众阻碍解救被收买的妇女、儿童罪论处，构成其他罪的则应当以其他罪治罪科刑。

2. 聚众阻碍解救被收买的妇女、儿童罪与妨害公务罪的区别。聚众阻碍解救被收买的妇女、儿童罪实际上是妨害公务罪的一种特殊形态。由于立法机关将这一罪名从一般的妨害公务罪中分解出来而归于侵害公民人身权利的一种犯罪，因此，两者的主要区别首先是体现在客观方面的不同。聚众阻碍解救被收买的妇女、儿童罪主要表现为聚众阻碍，是必要的共同犯罪，至于它的行为方式是暴力、威胁还是其他方法则在所不论；而妨害公务罪则不一定表现为聚众，除非特定情况即故意阻碍国家安全机关、公安机关依法执行国家安全任务，必须是采取了暴力、威胁的方法进行阻碍，妨害公务罪是单独犯，当以多人的形式犯罪时，也仅是任意的共同犯罪。如果行为人不是聚众而是一人或二人以暴力或威胁的方法阻碍解救，则不是构成聚众阻碍解救被收买的妇女、儿童罪，对之应当以后者即妨害公务罪论处。其次是两罪的犯罪主体不同。聚众阻碍解救被收买的妇女、儿童罪只有首要分子才能构成，行为人参与实施了聚众阻碍解救被收买的妇女、儿童的行为，如果不是首要分子，但是却进行了暴力、威胁阻碍解救，亦应当构成妨害公务罪，而不是聚众阻碍解救被收买的妇女、儿童罪；而妨害公务罪则对犯罪主体没有任何特殊限制。最后是主观故意的内容有所不同。聚众阻碍解救被收买的妇女、儿童罪要求行为人明知自己的行为是聚众阻碍国家机关工作人员正在执行解救被收买妇女、儿童公务的行为而仍然聚众阻碍。而妨害公务罪则只要求行为人明知自己的行为是妨害国家机关工作人员正在执行公务的行为而仍然妨害即可。如果首要分子在聚众阻碍的过程中又采取暴力、威胁手段的，虽然同时触犯妨害公务罪，但是属想象竞犯，聚众阻碍解救被收买的妇女、儿童罪为特别规定，同时也为重罪，因此，此时应当择一重罪即以聚众阻碍解救被收买的妇女、儿童罪处罚，而不应当以妨害公务罪治罪。如刘某聚众阻碍解救被拐卖妇女案。1998 年 1 月，某县刘庄村村民刘乙（另案处理）从人贩子手中以 3000 元的价格，买来妇女张某准备作为自己的妻子。张某设法向父

母发出了求救信。张某的父母向公安机关报案。公安机关鉴于当地宗族势力较大，解救工作比较困难，决定晚上行动。同年 3 月 14 日晚，公安人员来到刘庄村，首先控制了刘乙，然后由其他公安人员将张某解救离村。此时正从村外回家的村民刘某强发现，便向村长被告人刘某报告。刘某即对刘某强、刘某亮说要他们先去抢人。刘某则用喇叭向全村喊话说有坏人绑架刘乙的媳妇。刘某率领刘某强、刘某亮和闻讯而来的、不明真相的群众一起将警车围住。刘某强、刘某亮趁机将保护张某的两名警察打倒在地，三被告人将张某抢回。本案中，刘某被人民法院以聚众阻碍解救被收买的妇女罪判处有期徒刑三年；刘某强、刘某亮被人民法院以妨害公务罪，分别均判处有期徒刑一年，缓刑二年。[①] 本案中，刘某在听了刘某强的报告后，看见了警车，是公安人员在解救被拐卖人妇女张某，还带领不明真相的多名群众阻碍公安人员进行解救，在此过程中起了组织、策划、指挥作用，是首要分子，对刘某以聚众阻碍解救被收买的妇女罪定罪是准确的。刘某强、刘某亮在此过程中对进行解救的公安人员使用暴力，妨害正在解救被拐卖的妇女的公务，按《中华人民共和国刑法》第 242 条第 1 款的规定定妨害公务罪也是准确的。

3. 注意聚众阻碍解救被收买的妇女、儿童罪与其他罪的罪数问题。聚众阻碍解救被收买的妇女、儿童罪的行为以造成轻伤害为限。如果行为人在聚众阻碍过程中采用暴力致国家机关工作人员重伤、死亡的，有的学者认为要以其他罪与聚众阻碍解救被收买的妇女、儿童罪并罚。[②] 笔者认为，对此可以按牵连犯的原则处理。对于在实施聚众阻碍解救被收买的妇女、儿童的行为时又抢夺国家机关工作人员的枪支、弹药等，又同时会触犯他罪，同样可以按牵连犯的原则处理。行为人如果是拐卖妇女、儿童或者收买妇女、儿童的犯罪分子，又聚众阻碍解救的，对之则应当实行数罪并罚。

四、聚众阻碍解救被收买的妇女、儿童罪的处罚

根据《中华人民共和国刑法》第 242 条第 2 款规定，聚众阻碍解救被收买的妇女、儿童的首要分子，构成聚众阻碍解救被收买的妇女、儿童罪，处五年以下有期徒刑或者拘役；对于其他参与者，则应当根据不同情况，分别

---

① 刘家琛主编：《新刑事司法解释判解与适用》，新华出版社 2001 年版，第 430～432 页。

② 刘生荣主编：《施刑范典》，中国方正出版社 1999 年版，第 606 页。

作出相应的处罚。对使用暴力、威胁方法的，依照《中华人民共和国刑法》第 242 条第 1 款的规定应当以妨害公务罪处罚，即处三年以下有期徒刑、拘役、管制或者罚金；未使用暴力、威胁方法的，则应当根据 1991 年 9 月 4 日全国人民代表大会常务委员会通过的《全国人民代表大会常务委员会关于严惩拐卖、绑架妇女、儿童的犯罪分子的决定》第 4 条第 3 款的规定，应当依照《中华人民共和国治安管理处罚法》的有关规定处罚。对于协助转移、隐藏或者以其他方法阻碍国家机关工作人员解救被收买的妇女、儿童，而又未使用暴力、威胁方法的，则应当根据 1991 年 9 月 4 日全国人民代表大会常务委员会通过的《全国人民代表大会常务委员会关于严惩拐卖、绑架妇女、儿童的犯罪分子的决定》第 4 条第 2 款的规定，依照《中华人民共和国治安管理处罚法》的有关规定处罚。

第二节　聚众哄抢罪

第二百六十八条　聚众哄抢公私财物，数额较大或者有其他严重情节的，对首要分子和积极参加的，处三年以下有期徒刑、拘役或者管制，并处罚金；数额巨大或者有其他特别严重情节的，处三年以上十年以下有期徒刑，并处罚金。

——《中华人民共和国刑法》

一、聚众哄抢罪的概念

所谓聚众哄抢罪，是指聚集多人，采取哄闹、滋扰等方法，公然夺取公私财物，数额较大或者有其他严重情节的行为。

1979 年《中华人民共和国刑法》没有将聚众哄抢公私财物的行为规定为犯罪。但是，现实生活中时常发生聚众哄抢行为，严重侵犯了公私财产权利，具有很大的社会危害性。由于 1979 年《中华人民共和国刑法》没有将聚众哄抢公私财物的行为进行专门的、明确的规定，使得司法机关在处理此类案件时无法可依，人民法院对聚众哄抢的行为或者以抢劫罪论处，或者以抢夺罪论处，或者不追究刑事责任，致使社会现实中许多聚众哄抢的案件得不到正确的处理。1984 年 11 月 2 日《最高人民法院、最高人民检察院关于当前办理流氓案件中具体应用法律的若干问题的解答》中将结伙哄抢、哄拿的行为规定为寻衅滋事的一种行为，并且以流氓罪来追究行为人的刑事责任。很显然，这种规定与哄抢行为侵害的是当事人的财产性权利不符。为了惩治这种聚众哄抢的犯罪行为，1990 年 9 月 7 日第七届全国人民代表大会常务委员会第十五次会议通过的《中华人民共和国铁路法》第 64 条第 1 款规定，对聚众哄抢铁路运输物资的，对首要分子和骨干分子依照 1979 年《中华人民共和国刑法》第 151 条、第 152 条的规定追究刑事责任，一般认为对此类情形是以抢夺罪论处，最高刑期可达无期徒刑。但是，也有少数学者认为这种聚众哄抢铁路物资的行为已经构成单独的聚众哄抢铁路运输物资罪。① 这一观点不能成立，因为《最高人民法院关于执行〈中华人民共和国铁路法〉中刑事罚则若干问题的解释》第 4 条规定，聚众哄抢铁路运输的对首要分子和骨干分子应当以抢夺罪追究其刑事责任。② 这是符合当时情况的，聚众哄抢铁路运输物资的行为特征也的确有点类似抢夺罪的行为特征，只是以聚众的形式进行而已，这是司法解释在不违背法律的情况下对抢夺罪的扩大解释。在修订《中华人民共和国刑法》时，多数学者认为聚众哄抢财物的行为与抢劫罪、抢夺罪具有显著不同的特征，如果以抢劫罪、抢夺罪追究犯罪分子的刑事责任的话，一是有些牵强附会，二是在量刑上容易产生畸轻畸重的情形，建议增加聚众哄抢罪。③ 立法机关在修订《中华人民共和国刑法》时修订了《中华人民共和国铁路法》的有关规定，并将哄抢的对象扩大到所有的公私财物，将“骨干分子”修订为“积极参加的”，增加了一个新的罪名，聚众哄抢罪是新增加的罪名。

二、聚众哄抢罪的构成

1. 聚众哄抢罪的犯罪主体是一般主体，即年满 16 周岁达到刑事责任年龄

① 刘生荣主编：《施刑范典》，中国方正出版社 1999 年版，第 706 页。周道鸾、单长宗、张泗汉主编：《刑法的修改与适用》，人民法院出版社 1997 年版，第 565 页。

② 最高人民法院研究室编：《司法文件选（1994 年合订本）》，人民法院出版社 1995 年版，第 37 页。

③ 赵秉志主编：《新刑法典的创制》，法律出版社 1997 年版，第 345 页。

且具有刑事责任能力的自然人均可以成为聚众哄抢罪的犯罪主体。实际能构成聚众哄抢罪犯罪主体的则只有首要分子和积极参加者。所谓首要分子，在聚众哄抢罪中是指在聚众哄抢中起组织、策划、指挥作用的犯罪分子，他既可以带头参加哄抢，也可以仅仅在背后组织、策划、遥控指挥，只要根据他的行为可以认定为首要分子即可以构成聚众哄抢罪的犯罪主体，并不要求他实际参加了哄抢。所谓积极参加者，在聚众哄抢罪中是指在聚众哄抢中带头哄抢、行为积极，哄抢数额较大，多次参加哄抢的犯罪分子。由于聚众哄抢罪是聚众犯罪，哄抢财物的情况异常复杂，其中还有一些不明真相的群众，因此，《中华人民共和国刑法》的规定只对首要分子和积极参加者进行刑事处罚，对一般参加哄抢者不认定为聚众哄抢罪的犯罪主体，构成犯罪的可以按其他罪论处，也可以作其他处罚，如行政拘留等。

2. 聚众哄抢罪在主观方面必须是出于故意，由于聚众哄抢罪是必要的共同犯罪，因此，该罪的故意必须是共同的故意，必须有直接的意思联系。如果在没有共同的故意的情况下，当见到某过往车辆掉下大量物资，过往行人在没有人组织、策划、指挥的情况下自发地一哄而上地哄抢，这是同时犯，这种行为就不构成聚众哄抢罪，构成犯罪的也是以其他罪名论处。2002 年 1 月 11 日中 12 时许，元某锋、李某星等 4 人采取破胎拎包的方法，在浙江省台州市椒江区解放南路窃得台州宏宇建筑工程有限公司项目经理陈某德与出纳员从银行提取的 100 万元现金，但是他们 4 人在驾车逃窜至该市金三角白云加油站前时，与一辆行驶中的工具车发生碰撞，致使百万元现钞散落一地。此时，不少路人见状上前哄抢散落的赃款。被告人刘某凤、麻某锋也刚好路过此地，见许多人在“捡”钱，遂不顾在现场保护巨钞的白云加油站职工的劝阻，加入哄抢赃款的队伍，刘某凤、麻某锋各自抢得 1800 元和 2900 元赃款后逃离现场，后被抓获。浙江省台州市椒江区人民法院以抢夺罪分别判处刘某凤、麻某锋有期徒刑八个月和一年。人民法院的判决认为他们没有聚众的行为，因此，他们的行为不构成聚众哄抢罪。但是，他们在加油站的职工在维护现场秩序时，当着加油站职工的面抢夺走现金，他们的行为构成了抢夺罪。这种判决是正确的。在此次哄抢过程中，由于参加哄抢的人均是过路的行人，没有人对他们进行组织、指挥，是自发地一哄而上，没有首要分子，他们之间也没有共同的必然的意思联系，不是聚众犯罪，因此不能以聚众哄抢罪追究行为人的刑事责任。[①]

3. 聚众哄抢罪在客观方面表现为聚集多人，采用哄闹、滋扰等方法，公然夺取公私财物，数额较大或者有其他情节严重的行为。所谓聚众，在聚众哄抢罪中是指纠集、组织多人，少则三人以上，多则数十人甚至上百人进行哄抢。所谓哄抢，是指众人一哄而上，当着公私财物的所有人、保管人的面，采取哄闹、滋扰的方法公开夺取公私财物的行为。所谓聚众哄抢，是指众多的人在首要分子的组织、策划、指挥下，依仗人多势众，公然夺取他人财物的共同行为。此时由于人数众多，财物所有人、保管人则由于能力有限而无法制止。聚众且哄抢是聚众哄抢罪与抢劫罪、抢夺罪区别的最重要的特征。聚众哄抢不仅要有聚众哄抢的行为，而且聚众哄抢的数额必须较大或者聚众哄抢有其他严重情节才构成犯罪。聚众哄抢罪是数额犯、情节犯。

应当指出的是，聚众哄抢，是指聚众而当着财物所有人、保管人的面公然夺取，这就排除了行为人针对财物所有人、保管人采取暴力、胁迫或其他能侵犯人身权利的方法。如果在聚众哄抢过程中，对于财物所有人、保管人或者其他制止者使用了暴力或者以暴力相威胁等手段，这种使用了暴力的行为就不再是聚众哄抢罪而是构成抢劫罪了。其他大陆法系国家和地区的刑法典均无聚众哄抢罪或者类似罪名的规定，只有台湾地区“刑法”第326条第1项规定了“结伙三人以上抢夺罪”的类似规定。笔者认为，从刑事立法技术的角度来看，将哄抢的行为认定为抢夺行为的一种，然后将“聚众”作为抢夺罪的加重情节而不是构成某个新罪的必要条件更符合刑法立法的特点。

4. 聚众哄抢罪所侵害的客体是公私财物的所有权，对象则是公私财物。在实践中，则主要是国家所有或者集体所有的林木、煤炭、水产品、仓库物资、运输物资、铁路器材以及个体户、专业户的产品、财物，以及农村承包户承包的山林果木等，这些财物一般来说是可移动的物资。

三、认定聚众哄抢罪应当注意的问题

1. 注意聚众哄抢罪与非罪的界限。认定聚众哄抢罪除行为特征外还要注意两点：一是只有首要分子和积极参加者才能构成犯罪，其他一般的参加者

---

① 案情资料来源：《人民法院报》2002年9月17日。定罪的内容和理由是笔者与该法院刑事审判庭负责人电话联系咨询得知的。

不能以聚众哄抢罪论处，可以给予治安管理处罚。二是聚众哄抢的行为必须达到“数额较大或者有其他严重情节的”程度，未达到“数额较大或者有其他严重情节的”程度，即使有聚众哄抢行为也不能认定为犯罪。

2. 注意聚众哄抢罪与抢夺罪的界限。两者均为一般犯罪主体，主观上都出于故意，客观上也都有公然夺取公私财物的相同之处，尽管如此，它们之间还是有着本质上的区别。一是聚众哄抢罪是必要的共同犯罪中的聚众性共同犯罪，参加者必须达到三人以上直至十余人、数十人、数百人，这是构成聚众哄抢罪的前提条件，但是法律规定只追究聚众哄抢的首要分子和其他积极参加者的刑事责任，一般参与人员不能构成犯罪。一人或者二人进行哄抢也不能构成聚众哄抢罪；而抢夺罪一般仅有一人、最多数人，必须聚众多人不是构成抢夺罪的必要条件，也没有首要分子和积极参加才能构成抢夺罪的限制。二是聚众哄抢罪在客观方面表现为聚众哄抢，行为人一般是凭借其人多势众的优势，一哄而上在财物所有人、保管人无力制止的情况下公然夺取财物；而抢夺罪，是在不携带凶器的情况下且不使用暴力、胁迫等侵犯人身权利的方法，当着财物所有人、保管人的面，或者乘财物所有人、保管人不备，或者在财物所有人、保管人注目下，公然夺取财物。三是聚众哄抢罪的行为特征是纠集多人并凭借人多势众使财物所有人、保管人无力制止而哄抢；而抢夺罪的行为特征是乘人不备或者当着财物所有人、保管人面但是难以阻止而公然夺取。四是聚众哄抢罪所侵犯的对象一般是成批大量的可以移动的物资；而后者则主要集中于易于携带的提包、货币、贵重物品等。

3. 聚众哄抢罪与聚众“打砸抢”相比，聚众哄抢罪一般只是聚集多人哄抢公私财物，一般不使用暴力手段，即使使用暴力也是轻微的暴力，并且是不针对人身的。而聚众“打砸抢”则是破坏性更为强烈、暴力色彩更明显的犯罪。与寻衅滋事罪中的“强拿硬要或者任意毁坏、占用公私财物，情节严重的”和“在公共场所起哄闹事，造成公共场所秩序严重混乱的”行为相比，聚众哄抢罪只能以聚众的形式出现，聚众既是聚众哄抢罪的行为方式，也是哄抢的前提，其目的是将公私财物抢走。而寻衅滋事罪则表现为起哄闹事，强拿硬要只是为了寻求刺激。①

4. 2000 年 11 月 17 日通过、12 月 11 日起施行的《最高人民法院关于审理破坏森林资源刑事案件具体应用法律若干问题的解释》第 14 条规定：“聚

① 陆敏主编：《刑法原理与案例解析》，人民法院出版社 2001 年版，第 606～607 页。

众哄抢林木五立方米以上，属于聚众哄抢‘数额较大’；聚众哄抢林木二十立方米以上的，属于聚众哄抢‘数额巨大’，对首要分子和积极参加的，依照刑法第268条的规定，以聚众哄抢罪定罪处罚。”

四、聚众哄抢罪的处罚

根据《中华人民共和国刑法》第268条的规定，聚众哄抢公私财物，数额较大或者有其他严重情节的，构成聚众哄抢罪，对首要分子和积极参加的，处三年以下有期徒刑、拘役或者管制，并处罚金。所谓数额较大的标准，目前尚无明确司法解释，笔者认为各省、自治区、直辖市高级人民法院可以参考《最高人民法院关于审理破坏森林资源刑事案件具体应用法律若干问题的解释》第14条规定的5立方米林木在当地的价值来折算后确定一个基本标准；所谓有其他严重情节，在聚众哄抢罪中，在尚无司法解释之前，有学者提出有下列情形之一的，可以视为有其他严重情节：①参加聚众哄抢的人数众多的；②聚众哄抢救灾、抢险、防汛、优抚、扶贫、移民、救济、医疗款物的；③聚众哄抢生产资料，严重影响生产的；④聚众哄抢文物的；⑤聚众哄抢铁路运输物资的；⑥具有其他恶劣情节的。[①] 数额巨大或者有其他特别严重情节的，处三年以上十年以下有期徒刑，并处罚金。所谓数额巨大，在司法解释出台前，同样可以参考《最高人民法院关于审理破坏森林资源刑事案件具体应用法律若干问题的解释》第14条规定的20立方米林木在当地的价值来折算，作为数额巨大的参考数额；所谓其他特别严重情节，在聚众哄抢罪中，在尚无司法解释之前，有学者提出有下列情形之一的，可以视为有其他特别严重情节：①聚众哄抢军用物资的；②聚众哄抢抢险、救灾、救济、优抚等特定物资，给抢险、救灾、救济、优抚工作造成严重后果的；③聚众哄抢珍贵文物的；④聚众哄抢生产资料造成国有大中型企业停产停业的；⑤聚众哄抢导致被哄抢人精神失常、自杀的；⑥造成其他重大损失的。[②]

笔者认为，聚众哄抢的行为的性质明显比抢夺行为性质要严重，即相比较而言，聚众哄抢罪比抢夺罪要重，但是立法者对聚众哄抢罪规定的法定刑却比对抢夺罪规定的法定刑低，这不太符合罪刑相适应原则。

---

① 曾芳文、段启俊主编：《个罪法定情节研究与适用》，人民法院出版社2002年版，第591页。
② 曾芳文、段启俊主编：《个罪法定情节研究与适用》，人民法院出版社2002年版，第592页。

第七章　扰乱公共秩序的聚众犯罪（一）

《中华人民共和国刑法》中扰乱公共秩序的聚众犯罪有两类：一类是冲击国家机关、扰乱企事业单位、公共场所、公共交通秩序的聚众犯罪；一类是蔑视社会公德和社会秩序的聚众犯罪。本章重点研究的是第一类即冲击国家机关、扰乱企事业单位、公共场所、公共交通秩序的聚众犯罪。这一类犯罪在大陆法系其他国家和地区刑法中一般被称为骚乱罪。本章所要研究的是聚众扰乱社会秩序罪，聚众冲击国家机关罪，聚众扰乱公共场所秩序、交通秩序罪，非法集会、游行、示威罪。

第一节　聚众扰乱社会秩序罪

第二百九十条第一款　聚众扰乱社会秩序，情节严重，致使工作、生产、营业和教学、科研、医疗无法进行，造成严重损失的，对首要分子，处三年以上七年以下有期徒刑；对其他积极参加的，处三年以下有期徒刑、拘役、管制或者剥夺政治权利。

——《中华人民共和国刑法》

一、聚众扰乱社会秩序罪的概念

聚众扰乱社会秩序罪，是指聚众扰乱社会秩序，情节严重，致使工作、生产、营业和教学、科研、医疗无法进行，造成严重损失的行为。

在1979年《中华人民共和国刑法》第158条中对扰乱社会秩序罪已经有了规定，1997年《中华人民共和国刑法》修订时，对该罪作了适当修订后纳入《中华人民共和国刑法》之中。1979年《中华人民共和国刑法》第158条的规定是："禁止任何人使用任何手段扰乱社会秩序。扰乱社会秩序情节严重，致使生产、生活、营业和教学、科研无法进行，国家和社会遭受严重损失的，对首要分子处五年以下有期徒刑、拘役、管制或者剥夺政治权利。"1979年《中华人民共和国刑法》实施以来，一些非刑事法律和司法解释中相继规定了一些依照、比照《中华人民共和国刑法》第158条追究刑事责任的条款。如1986年3月19日第六届全国人民代表大会常务委员会第十五次会议通过的《中华人民共和国矿产资源法》第41条规定："……扰乱矿区和勘察作业区的生产秩序、工作秩序的，分别依照刑法有关规定追究刑事责任。"1988年4月13日第七届全国人民代表大会常务委员会第一次会议通过的《中华人民共和国全民所有制工业企业法》第64条第2款规定："扰乱企业的秩序，致使生产、营业、工作不能正常进行，尚未造成严重损失的，由企业所在地公安机关依照《中华人民共和国治安管理处罚条例》第十九条的规定处罚；情节严重，致使生产、营业、工作无法进行，造成严重损失的，依照《中华人民共和国刑法》第一百五十八条的规定追究刑事责任。"1989年10月31日第七届全国人民代表大会常务委员会第十次会议通过的《中华人民共和国集会游行示威法》第29条规定："……未依照本法规定申请或者申请未获许可，或者未按照主管机关许可的起止时间、地点、路线进行，又拒不服从解散命令，严重破坏社会秩序的，对集会、游行、示威的负责人和直接责任人员依照刑法第一百五十八条的规定追究刑事责任。"第30条规定："扰乱、冲击或者以其他方法破坏依法举行的集会、游行、示威的公安机关可以处以警告或者十五日以下拘留；情节严重，构成犯罪的，依照刑法有关规定追究刑事责任。"1990年2月23日第七届全国人民代表大会常务委员会第十二次会议通过的《中华人民共和国军事设施保护法》第33条规定："扰乱军事禁区、军事管理区的管理秩序，情节严重的，对首要分子和直接责任人员比照刑法第一百五十八条的规定追究刑事责任；情节轻微，尚不够刑事处罚的，比照《中华人民共和国治安管理处罚条例》第十九条的规定处罚。"第34条规定："在军事禁区非法进行摄影、摄像、录音、勘察、测量、描绘和记述，不听制止的，比照《中华人民共和国治安管理处罚条例》第十九条的规定处罚或者没收所使用的器材、工具；情节严重的，比照刑法第一百五十八条的规定追究刑事责任。”1990年9月7日第七届全国人民代表大会常务委员会第十五次会议通过的《中华人民共和国铁路法》第63条规定：“聚众冲击铁路行车调度机构不听制止的，对首要分子和骨干分子依照刑法第一百五十八条的规定追究刑事责任。”1993年11月12日公布的《最高人民法院、最高人民检察院关于依法严惩破坏计划生育犯罪活动的通知》第4条规定：“无业人员、个体行医人员等结伙为多名育龄妇女摘除节育器，为多人作假节育、绝育手术，或者为多人进行输卵（精）管腹通手术，造成计划外怀孕、生育，或者擅自为他人进行非医学需要的胎儿性别鉴定，导致多个胎儿引产，破坏计划生育工作，扰乱社会秩序情节严重的，对首要分子依照刑法第一百五十八条扰乱社会秩序罪的规定追究刑事责任。”为了维护正常的社会秩序，在修订《中华人民共和国刑法》时将上述规定分别予以吸收、修订。这次修订与1979年《中华人民共和国刑法》第158条相比，一是删去了条文中“禁止任何人用任何手段扰乱社会秩序”这一禁止性规定，使得条文更加符合刑事法律规范的立法形式。二是扩大了聚众扰乱社会秩序罪的犯罪主体，将其他积极参加者都作为聚众扰乱社会秩序罪的犯罪主体，而1979年《中华人民共和国刑法》第158条的犯罪主体仅限定在首要分子。三是客观方面增加了聚众的限制，而1979年《中华人民共和国刑法》第158条虽然是按聚众犯罪处理，但在条文内没有聚众的限制。四是提高了法定刑。修订后的《中华人民共和国刑法》第290条第1款规定了聚众扰乱社会秩序罪。鉴于医闹现象层出不穷，《中华人民共和国刑法修正案（九）》第31条对聚众扰乱社会秩序罪的犯罪构成进行了修改，将扰乱社会秩序，致使医疗无法进行，造成严重损失的情形规定构成聚众扰乱社会秩序罪。

二、聚众扰乱社会秩序罪的构成

1. 聚众扰乱社会秩序罪的犯罪主体为一般主体，即年满16周岁达到刑事责任年龄且具有刑事责任能力的自然人均可以成为聚众扰乱社会秩序罪的犯罪主体。但是，实际能成为聚众扰乱社会秩序罪犯罪主体的则是那些聚众扰乱社会的首要分子和其他积极参加者。一般参加者不能构成聚众扰乱社会秩序罪而成为聚众扰乱社会秩序罪的犯罪主体。所谓首要分子，在聚众扰乱社会秩序罪中是指在聚众扰乱社会秩序的犯罪活动中起组织、策划、指挥作用的犯罪分子。首要分子既可以亲临现场组织、策划、指挥，也可以是幕后遥控组织、策划、指挥。所谓其他积极参加者，在聚众扰乱社会秩序罪中则是指在聚众实施扰乱社会的活动中行为表现主动、积极，作用十分明显的犯罪分子，如带头冲击，直接实施严重扰乱行为，直接造成严重损失等，积极参加者的范围可以从行为人在聚众扰乱社会秩序活动中的表现、地位、作用等方面掌握。有学者认为有以下情形之一的，就可以视为其他积极参加者：①积极主动地参加了聚众扰乱社会秩序犯罪的大多数活动的人员；②在实施聚众扰乱社会秩序犯罪活动中，特别卖力、直接造成严重损失的人员；③在实施聚众扰乱社会秩序犯罪活动中，经教育制止仍然负隅顽抗的人员；④在实施聚众扰乱社会秩序犯罪活动中，具有其他严重情节的人员。[①]

2. 聚众扰乱社会秩序罪在主观方面必须出于故意，一般应当具有借聚众扰乱以向机关、企业、事业单位、团体施加压力，企图满足或者实现行为人的某些合理要求甚至是无理要求的目的，也有可能是出于诸如发泄不满等动机。但是无论动机如何，均不影响聚众扰乱社会秩序罪的成立。由于聚众扰乱社会秩序罪是必要的共同犯罪，行为人之间还必须基于共同的故意，但是这不要求犯罪者的动机与目的完全一样，也不要求行为人之间的故意具有因果联系，只要行为人之间有共同的故意，只要他们都明知自己与他人是在实施扰乱机关、企业、事业单位、人民团体的活动，就不影响聚众扰乱社会秩序罪的成立。

3. 聚众扰乱社会秩序罪在客观方面表现为聚众扰乱社会秩序，情节严重，致使工作造成严重后果的行为。这些要素包括以下相互联系的两个方面，缺一即不能构成聚众扰乱社会秩序罪，一是必须实施了聚众扰乱社会秩序的行为。所谓聚众，在聚众扰乱社会秩序罪中是指首要分子组织、纠集三人以上进行扰乱活动，一人或者二人的扰乱活动不能构成聚众扰乱社会秩序罪，构成犯罪的也是以其他相应的罪名处罚。所谓扰乱，在聚众扰乱社会秩序罪中则是指实施各种各样的阻碍国家机关、企业、事业单位、人民团体的工作正常进行，使之遭受破坏与搅乱的行为，即干扰、骚乱。既可以表现为暴力方式，如侵入机关、企业、事业单位、人民团体的工作场所，殴打、强行留置国家机关工作人员、职工、教师、科研人员，肆意砸毁上述单位的门窗、办公用品、物品，毁弃文件资料等，又可以表现为非暴力方式，如擅自封堵机关、企业、事业单位、人民团体的工作场所的出入通道；占据车间、商店、

① 曾芳文、段启俊主编：《个罪法定情节研究与适用》，人民法院出版社 2002 年版，第 671 页。

教室、办公室、实验室等办公场所无理哄闹、纠缠、辱骂工作人员、单位职工、教学科研人员等。二是聚众扰乱社会秩序的行为必须达到情节严重，致使工作、生产、营业和教学、科研无法进行，造成严重损失的程度，才能构成聚众扰乱社会秩序罪。虽然有聚众扰乱行为，但是如果没有致使工作生产营业和教学科研秩序无法进行，或者虽然已经致工作、生产、营业和教学、科研无法进行，但是没有造成严重损失，则也不能以聚众扰乱社会秩序罪论处。所谓造成严重损失，在聚众扰乱社会秩序罪中主要是指造成工农业生产、教学、科研等长期停顿；给工作人员、单位职工造成财产损失较大；妨碍重大工农业生产、教学、科研活动，造成严重的政治影响等。聚众扰乱社会秩序罪是结果犯。如湖南省某县七里湖农场部分职工自1995年以来对该县原人民委员会早在数十年前就决定将3万余亩芦苇柴山划归该县湖洲管理所经营使用的现状提出异议。被告人郑某书、金某富、张某英、王某海向七里湖农场职工宣传煽动称柴山使用权应当归七里湖农场所有，并向职工集资数十万元，曾多次向县、市、省及中央进行上访、诉讼，但是均没有得到有利于七里湖农场的答复和判决。各被告人遂策划组织群众强行占领柴山。2001年9月26日，在各被告人的组织、策划、指挥下，七里湖农场职工聚集100余人手持镰刀、铁锹等工具，不顾政府干部的劝阻，强行冲入柴山，组织群众砍芦苇，驱赶干部，阻挠七里湖农场职工以外的人员进入。同年10月8日至10日，被告人张某英、王某海、朱某贵、郑某书带领不明真相的400余名群众持械涌入七里湖农场对县委工作组、农场干部进行围攻，谩骂、殴打党政干部和值勤警察，砸毁摄像机、车辆，并拘禁4名人质，致使农场场部无法开展正常的工作，直至同年11月15日才得以平息。共计强占柴山50天，砍割芦苇306.2亩，4次冲击七里湖农场，殴打国家工作人员，阻挠民工进山砍割芦苇10次，造成直接经济损失156000余元，拘禁国家机关工作人员作为人质。该县人民检察院指控郑某书、金某富、张某英、王某海、朱某贵构成聚众扰乱社会秩序罪，王某海、朱某贵还构成非法拘禁罪、妨害公务罪。该县人民法院认定郑某书、金某富、张某英、王某海、朱某贵均为首要分子，均构成聚众扰乱社会秩序罪，同时认为王某海、朱某贵的妨害公务、非法拘禁的行为是基于一个犯罪目的，而犯罪手段同时牵连地触犯其他罪名，属牵连犯罪，应当择一重罪处理，不构成非法拘禁罪、妨害公务罪，只以聚众扰乱社会秩序罪判处。又如河北省雄县人民政府于2003年4月24日根据全县非典疫情状况，依法决定临时征用位于雄县古庄头村村北的雄丰宾馆，作为非典疫情医学观察隔离站，并于当日将部分医务工作者和被隔离观察人员安置在这家观察站内。4 月 25 日 1 时许，被告人赵某华敲锣打鼓并呼喊煽动性口号，聚集数百名村民进入宾馆继续击鼓喧闹。被告人赵某良与值勤民警发生争执，并与被告人赵某队从宾馆外抱来玉米秸秆点燃，欲进行纵火，被民警及时扑灭。被告人赵某花、曹某、崔某学对现场工作人员实施辱骂、殴打，并将一辆警车砸坏。河北省雄县人民法院审理认为，被告人赵某华、赵某队、赵某良、曹某、赵某花、崔某学聚众阻止雄县人民政府防治非典工作部署，实施阻止、围攻、打、砸、烧等行为，严重干扰了正常的社会秩序，干扰了防治非典工作的正常进行，造成了恶劣的社会影响，情节严重，认定被告人赵某良、赵某队犯罪聚众扰乱社会秩序罪、放火罪，数罪并罚，判处有期徒刑三年；被告人赵某花、曹某犯罪聚众扰乱社会秩序罪、毁坏公私财产罪，数罪并罚，判处赵某花有期徒刑五年、曹某有期徒刑一年零六个月；被告人赵某华、崔某学犯罪聚众扰乱社会秩序罪，判处赵某华有期徒刑一年，崔某学有期徒刑一年零六个月。① 本案的判决按数罪并罚的原则处理是正确的。因为没有看到判决书，还不清楚法院对各被告人聚众扰乱社会秩序罪的作用是如何认定的。不清楚谁是首要分子、谁是积极参加者，如果判决书未认定谁是首要分子、谁是积极参加者，就属适用法律不当，从资料上来看，笔者认为，赵某华应当为首要分子，对他的量刑属偏低，对赵某华的量刑不应当比崔某学低。

4. 聚众扰乱社会秩序罪所侵害的客体是社会管理秩序，具体则是机关、企业、事业单位、医疗机构、人民团体等单位的工作生产、工农业及教学科研医疗秩序。对象则为一般非国家机关的其他机关、企业、事业单位、医疗机构、人民团体。如果聚众扰乱的不是上述单位的秩序而是聚众扰乱车站、码头、商场等公共场所的秩序，则不是构成聚众扰乱社会秩序罪，构成犯罪的应当以他罪如聚众扰乱公共场所秩序罪等治罪。

三、认定聚众扰乱社会秩序罪应当注意的问题

1、聚众扰乱社会秩序罪行为的主要特征是聚众扰乱，并不一定要求以暴力方法进行。如果在聚众扰乱社会秩序犯罪过程中行为人犯罪方法、手段或

① 宗边：《暴力妨害防治非典——雄县 6 村民被判刑》，载《人民法院报》2003 年 4 月 18 日。

结果还触犯了其他罪名的（如毁坏公私财物）应当按照牵连犯的原则处理，择一重罪处罚。如在上述案例中，王某海、朱某贵组织群众妨害公安人员执行公务的行为就与聚众扰乱社会秩序的行为存在手段上的牵连，应当按牵连犯处理。但在聚众扰乱的过程中实施了暴力方法而暴力方法假如能够独立构成其他严重的犯罪如故意杀人罪、故意伤害罪、非法拘禁的，故意杀人、故意伤害、非法拘禁等手段与聚众扰乱社会秩序罪没有必然的因果关系，此时对具体实施暴力者应当与聚众扰乱社会秩序罪与所实施的暴力所构成的罪进行并罚。如上述案例中，王某海、朱某贵还非法拘禁人质，而非法拘禁人质并不是聚众扰乱社会秩序行为所必然需要使用的手段，非法拘禁人质所侵害的是人身权利，与聚众扰乱社会秩序的行为不存在手段牵连的问题，此时就应当考虑将非法拘禁罪与聚众扰乱社会秩序罪数罪并罚。

2. 根据1999年10月20日公布、10月30日起实施的《最高人民法院、最高人民检察院关于办理组织和利用邪教组织犯罪案件具体应用法律若干问题的解释》第2条第（1）项的规定，组织、利用邪教组织聚众围攻、冲击企事业单位，扰乱企事业单位的工作、生产、经营、教学和科研秩序的，依照《中华人民共和国刑法》第300条第1款的规定定罪处罚，即以组织、利用邪教组织破坏法律实施罪论处，不按聚众扰乱社会秩序罪论处。根据最高人民法院2001年5月10日通过、最高人民检察院2001年4月29日通过，2001年5月11日起施行的《最高人民法院、最高人民检察院关于办理组织和利用邪教组织犯罪案件具体应用法律若干问题的解释（二）》第5条的规定，邪教组织被取缔后，聚众冲击新闻机构等单位，人数达到二十人以上，或者虽然未达到二十人，但是具有其他严重情节的，对于组织者、策划者、指挥者和屡教不改的积极参加者，同样应当依照《中华人民共和国刑法》第300条第1款的规定以组织、利用邪教组织破坏法律实施罪定罪处罚。这里的人数达到20人以上，是认定聚众冲击新闻机构等单位的行为构成犯罪的标准。所谓屡教不改，是指曾因组织和利用邪教组织从事某种违法犯罪行为受到过行政处罚或刑事处罚，又以相同或不同方式进行邪教犯罪活动的情形。

3. 鉴于《中华人民共和国集会游行示威法》第29条规定的“……未依照本法规定申请或者申请未获许可，或者未按照主管机关许可的起止时间、地点、路线进行，又拒不服从解散命令，严重破坏社会秩序的，对集会、游行、示威的负责人和直接责任人员依照刑法第一百五十八条的规定追究刑事责任”及第30条规定的“扰乱、冲击或者以其他方法破坏依法举行的集会、游行、示威的公安机关可以处以警告或者十五日以下拘留；情节严重，构成犯罪的，依照刑法有关规定追究刑事责任”和《中华人民共和国军事设施保护法》第33条规定的“扰乱军事禁区、军事管理区的管理秩序，情节严重的，对首要分子和直接责任人员比照刑法第一百五十八条的规定追究刑事责任；情节轻微，尚不够刑事处罚的，比照《中华人民共和国治安管理处罚条例》第十九条的规定处罚”及第34条规定的“在军事禁区非法进行摄影、摄像、录音、勘察、测量、描绘和记述，不听制止的，比照《中华人民共和国治安管理处罚条例》第十九条的规定处罚或者没收所使用的器材、工具；情节严重的，比照刑法第一百五十八条的规定追究刑事责任”的情形，在修订《中华人民共和国刑法》时将上述几种行为构成犯罪的已经单独规定了罪名，即非法集会、游行、示威罪，破坏集会、游行、示威罪，聚众冲击军事禁区罪，聚众扰乱军事管理区罪，在遇有上述情况时不再按聚众扰乱社会秩序罪论处。而对于《中华人民共和国矿产资源法》第41条规定的“……扰乱矿区和勘察作业区的生产秩序、工作秩序的，分别依照刑法有关规定追究刑事责任”、《中华人民共和国全民所有制工业企业法》第64条第2款规定的“扰乱企业的秩序，致使生产、营业、工作不能正常进行，尚未造成严重损失的，由企业所在地公安机关依照《中华人民共和国治安管理处罚条例》第十九条的规定处罚；情节严重，致使生产、营业、工作无法进行，造成严重损失的，依照《中华人民共和国刑法》第一百五十八条的规定追究刑事责任”、《中华人民共和国铁路法》第63条规定的“聚众冲击铁路行车调度机构不听制止的，对首要分子和骨干分子依照刑法第一百五十八条的规定追究刑事责任”、《最高人民法院、最高人民检察院关于依法严惩破坏计划生育犯罪活动的通知》第4条规定的“无业人员、个体行医人员等结伙为多名育龄妇女摘除节育器，为多人作假节育、绝育手术，或者为多人进行输卵（精）管复通手术，造成计划外怀孕、生育，或者擅自为他人进行非医学需要的胎儿性别鉴定，导致多个胎儿引产，破坏计划生育工作，扰乱社会秩序情节严重的，对首要分子依照刑法第一百五十八条扰乱社会秩序罪的规定追究刑事责任”的情形，仍然应当按聚众扰乱社会秩序罪论处。

四、聚众扰乱社会秩序罪的处罚

根据《中华人民共和国刑法》第290条第1款的规定，聚众扰乱社会秩序，情节严重，致使工作、生产、营业和教学、科研、医疗无法进行，造成严重损失的，构成聚众扰乱社会秩序罪，对首要分子，处三年以上七年以下有期徒刑；对其他积极参加的，处三年以下有期徒刑、拘役、管制或者剥夺政治权利。情节严重是聚众扰乱社会秩序罪的必要条件，其具体表现在既要致使工作、生产、营业和教学、科研、医疗无法进行，又要造成严重损失，两者缺一不可，所谓造成严重损失，既包括直接经济损失，也包括间接经济损失，还包括社会利益和政治利益的损失。所谓直接经济损失，在聚众扰乱社会秩序罪中一般是指与行为人的扰乱行为有直接的因果关系而造成的财产损毁、减少的实际损失，如上述郑某书等聚众扰乱社会秩序案中的直接经济损失就高达 15 万元之多。所谓间接经济损失，在聚众扰乱社会秩序罪中一般是指由于行为人的扰乱行为引起和牵连的其他经济损失，包括失去的在正常情况下可以获得的物质利益和为恢复正常的管理秩序或者挽回所造成的损失所支付的各种费用等。所谓社会利益、政治利益的损失，在聚众扰乱社会秩序罪中一般是指扰乱行为致使以社会利益、政治利益为宗旨的社会组织无法工作而造成的不能精确计算的损失，要严格说来就是严重的社会影响和政治影响。①

第二节　聚众冲击国家机关罪

第二百九十条第二款　聚众冲击国家机关，致使国家机关工作无法进行，造成严重损失的，对首要分子，处五年以上十年以下有期徒刑；对其他积极参加的，处五年以下有期徒刑、拘役、管制或者剥夺政治权利。

——《中华人民共和国刑法》

① 曾芳文、段启俊主编：《个罪法定情节研究与适用》，人民法院出版社 2002 年版，第 670 页。

一、聚众冲击国家机关罪的概念

聚众冲击国家机关罪，是指聚众冲击国家机关，致使国家机关工作无法进行，造成严重损失的行为。

聚众冲击国家机关罪是将1979年《中华人民共和国刑法》第158条扰乱社会秩序罪中的有关扰乱国家机关秩序的内容中分列出来单独加以修订形成的。1989年10月31日第七届全国人民代表大会常务委员会第十次会议通过的《中华人民共和国集会游行示威法》第29条第4款规定："包围、冲击国家机关，致使国家机关的公务活动不能正常进行的，对集会、游行、示威的负责人和直接责任人员依照刑法第一百五十八条的规定追究刑事责任。"即以扰乱社会秩序罪追究其刑事责任。1997年修订《中华人民共和国刑法》时，对1979年《中华人民共和国刑法》第158条的修订，一是将聚众冲击国家机关罪从扰乱社会秩序罪中单列出来，成为独立的犯罪；二是将犯罪主体由原来的首要分子修订扩大为首要分子和其他积极参加的；三是对犯罪客观方面的修订，将客观方面限制为聚众冲击，将犯罪对象限制在国家机关，将国家机关的正常工作秩序作为特殊的保护客体；四是提高了法定刑的幅度，而且比聚众扰乱社会秩序罪的法定刑要高。

二、聚众冲击国家机关罪的构成

1. 聚众冲击国家机关罪的犯罪主体为一般主体，即年满16周岁达到刑事责任年龄且具有刑事责任能力的自然人均可以成为聚众冲击国家机关罪的犯罪主体。但是，实际能成为聚众冲击国家机关罪犯罪主体的则只有那些聚众冲击国家机关的首要分子和其他积极参加者，一般参加者不能构成聚众冲击国家机关罪而成为聚众冲击国家机关罪的犯罪主体。所谓首要分子，是指在聚众冲击国家机关的犯罪中起组织、策划、指挥作用的犯罪分子。首要分子既可以亲临现场组织、策划、指挥实施冲击活动也可以是在背后遥控组织、策划、指挥。所谓其他积极参加者，是指在实施聚众冲击国家机关犯罪中，在现场表现积极主动、作用明显的犯罪分子。如带头冲击，实施严重冲击国家机关行为，直接造成严重后果等。

2. 聚众冲击国家机关罪在主观方面必须出于故意，行为人一般是想借聚众冲击而向国家机关施加压力，以实现他们的合理或无理的要求。有的也可能是出于其他诸如发泄不满等动机，但是无论动机如何，均不影响聚众冲击国家机关罪的成立。由于聚众冲击国家机关罪是必要的共同犯罪，行为人之间必须基于共同的故意，但是这种共同的故意并不要求犯罪者的动机、目的是一样的，只要他们都明知自己的行为与他人是在实施聚众冲击国家机关的行为即可。

3. 聚众冲击国家机关罪在客观方面表现为聚众冲击国家机关，致使国家机关工作无法进行，造成严重损失的行为。对于聚众冲击，有不同的解释。有的认为，所谓冲击仅指暴力扰乱，它表明了行为人的主观态度，含有较强的暴力色彩。① 还有的认为，所谓冲击，仅指不让进入而强行进入，主张除聚众冲击即强行闯入外的其他扰乱国家机关活动的行为均应当以聚众扰乱社会秩序罪来定罪量刑。此两种理解对冲击的解释过于狭窄。还有的认为，所谓冲击，是指影响扰乱，与聚众扰乱社会秩序罪中的扰乱具有相同的含义，包括强行闯入，包围国家机关，封锁出入道路，切断通讯联系，静坐示威，哄闹，暴力殴打国家机关工作人员，毁弃办公用品、文件资料，强占办公场所，威胁、谩骂国家机关工作人员等，行为的实质就是扰乱国家机关的活动。② 笔者认为，立法者将聚众冲击国家机关的行为从聚众扰乱社会秩序罪中分离出来作为特别规定而成为一个新罪，用意就在于着重保护国家机关的工作秩序。国家机关作为从事管理、指挥、组织国家公务活动的机关，国家机关的工作直接关系到社会的稳定与繁荣，对国家机关的冲击、扰乱的危害性更大。因此，无论是何种扰乱行为，它们的方式虽然表现不同，但它们的实质是一样的，都是致使国家机关工作无法正常进行，对冲击应当从广义的含义去理解，在这里其与扰乱就是一个概念。所谓聚众，在聚众冲击国家机关罪中则是指首要分子聚众、纠合三人以上的犯罪分子，进行冲击国家机关的活动。一人或二人对国家机关的冲击均不是聚众冲击，不能构成聚众冲击国家机关罪，如果构成其他罪的则按其他罪处罚。由于聚众冲击国家机关罪为结果犯，它不仅要求具有冲击国家机关的行为，而且还要求聚众冲击的行为达到致使国家机关工作无法正常进行，并且造成严重损失。如果没有致使国家机关工作无法进行或者虽然使国家机关工作无法进行，但是仅仅是短暂的，尚未造成

---

① 陆敏主编：《刑法原理与案例解析》，人民法院出版社 2001 年版，第 674 页。

② 周道鸾、单长宗、张泗汉主编：《刑法的修改与适用》，人民法院出版社 1997 年版，第 619 页。

严重损失，也不能构成聚众冲击国家机关罪。所谓造成严重后果，一般应当理解为具有下列情形之一的：在冲击国家机关时致伤国家机关工作人员；致使国家机关工作长期停顿；妨碍重大公务活动；造成国家利益、财产较大损失；造成严重政治影响等。

4. 聚众冲击国家机关罪所侵害的客体是国家机关的正常秩序，侵害的直接对象是国家机关。国家机关包括各级立法机关、行政机关、审判机关、检察机关。多数学者认为，还应当包括军事机关。笔者认为，军事机关当然是国家机关的组成部分，但是在此处的国家机关则不应当包括军事机关，因为军事机关一般或者为军事禁区或者为军事管理区，如果有冲击军事机关的行为属想象竞合犯，一般应当适用特别法条，即按聚众冲击军事禁区罪、聚众扰乱军事管理区秩序罪处罚，军事机关的秩序是另一个需要特别保护的客体，是应当由特别规定来保护的。这里涉及一个冲击中国共产党各级机关及政协机关是否构成聚众冲击国家机关的问题，有学者认为聚众冲击国家机关罪的犯罪对象应当包括中国共产党各级机关和政协机关。[①] 对此笔者认为还是值得商榷的，不能一概而论。根据各国宪法原则，各种政党的机关都不是国家机关，即使是执政党也如此。同时，《中华人民共和国宪法》规定，中国人民政治协商会议是统一战线组织，也不是国家机关。从严格的罪刑法定原则出发，行为人聚众冲击单独办公的中国共产党各级机关和政协各级机关不能构成聚众冲击国家机关罪，构成犯罪的也只能按聚众扰乱社会秩序罪论。当中国共产党机关某一机关和政协某一机关与其他国家机关在一处办公时，行为人聚众冲击中国共产党和政协某一机关的同时，也就冲击了其他国家机关，此时就可以按聚众冲击国家机关罪论。

三、认定聚众冲击国家机关罪应当注意的问题

1. 聚众冲击国家机关罪的行为特征是聚众冲击，并不一定要求有暴力方法进行。如果行为人在聚众冲击国家机关的过程中实施了暴力方法，该暴力行为能够单独构成其他严重犯罪如故意杀人罪、故意伤害罪、故意毁坏财物罪、非法拘禁罪等，对具体实施暴力行为者应当以聚众冲击国家机关罪与使用该暴力所构成的罪进行并罚。如果同时致使在同一处所办公的其他非国家

---

① 吴明夏、江绍恒、王亲生主编：《新刑法通释》，人民出版社 1998 年版，第 1017 页。

机关单位无法正常工作，造成损失的，属于同一行为触犯聚众扰乱社会秩序罪，是想象竞合犯，应当择一重罪即聚众冲击国家机关秩序罪定罪处罚。

2. 根据1999年10月20日公告，10月30日起实施的《最高人民法院、最高人民检察院关于办理组织利用邪教组织犯罪案件具体应用法律若干问题的解释》第2条第（1）项的规定组织、利用邪教组织聚众围攻、冲击国家机关，扰乱国家机关工作秩序的，依照《中华人民共和国刑法》第300条第1款的规定定罪处罚，即以组织、利用邪教组织破坏法律实施罪论处。根据最高人民法院2001年5月10日通过、最高人民检察院2001年4月29日通过，2001年6月11日起施行的《最高人民法院、最高人民检察院关于办理组织利用邪教组织犯罪案件具体应用法律若干问题的解释（二）》第5条的规定，邪教组织被取缔后，聚众冲击国家机关，人数达到二十人以上，或者虽然未达到二十人，但是具有其他严重情节的，对于组织者、策划者、指挥者和屡教不改的积极参加者，同样应当依照《中华人民共和国刑法》第300条第1款的规定以组织、利用邪教组织破坏法律实施罪定罪处罚。在这里，“二十人以上，或者虽未达到二十人，但具有其他严重情节的”是构成组织、利用邪教组织破坏法律实施罪的定罪标准。

四、聚众冲击国家机关罪的处罚

根据《中华人民共和国刑法》第290条第2款的规定，犯聚众冲击国家机关罪的，对首要分子处五年以上十年以下有期徒刑；对其他积极参加的，处五年以下有期徒刑、拘役、管制或者剥夺政治权利。在认定其他积极参加者时，一般可以理解为下列人员：①带头冲击国家机关的人员；②在冲击国家机关的过程中直接造成严重损失的人员；③经教育制止，仍然负隅顽抗的人员；④在聚众冲击国家机关犯罪中，具有其他严重情节的人员。[①]

① 曾芳文、段启俊主编：《个罪法定情节研究与适用》，人民法院出版社2002年版，第673页。

第三节　聚众扰乱公共场所秩序、交通秩序罪

第二百九十一条　聚众扰乱车站、码头、民用航空站、商场、公园、影剧院、展览会、运动场或者其他公共场所秩序，聚众堵塞交通或者破坏交通秩序，抗拒、阻碍国家治安管理工作人员依法执行职务，情节严重的，对首要分子，处五年以下有期徒刑、拘役或者管制。

——《中华人民共和国刑法》

一、聚众扰乱公共场所秩序、交通秩序罪的概念

聚众扰乱公共场所秩序、交通秩序罪，是指聚众扰乱车站、码头、民用航空场站、商场、公园、影剧院、展览会、运动场或者其他公共场所秩序，聚众堵塞交通或者破坏交通秩序，抗拒、阻碍国家治安管理工作人员依法执行职务，情节严重的行为。聚众扰乱公共场所秩序、交通秩序罪为选择性罪名，包括聚众扰乱公共场所秩序罪和聚众扰乱交通秩序罪。

聚众扰乱公共场所秩序、交通秩序罪是对 1979 年《中华人民共和国刑法》第 159 条加以修订而成。该条规定："聚众扰乱车站、码头、民用航空站、商场、公园、影剧院、展览会、运动场或者其他公共场所秩序，聚众堵塞交通或者破坏交通秩序，抗拒、阻碍国家治安管理工作人员依法执行职务，情节严重的，对首要分子，处五年以下有期徒刑、拘役、管制或者剥夺政治权利。"修订后，在条文中取消了"或者剥夺政治权利"的规定。1979 年《中华人民共和国刑法》实施以来，非刑事法律中，涉及聚众扰乱公共场所秩序、交通秩序罪的规定主要有《中华人民共和国集会游行示威法》第 29 条规定的"占领公共场所，拦截车辆行人或者聚众堵塞交通，严重破坏公共场所秩序、交通秩序的，对集会、游行、示威的负责人和直接责任人员依照刑法第一百五十九条的规定追究刑事责任"、《中华人民共和国铁路法》第 63 条第 1 款规

定的“聚众拦截列车不听制止的，对首要分子和骨干分子依照刑法第一百五十九条的规定追究刑事责任”、1995年8月29日第八届全国人民代表大会常务委员会第十五次会议通过的《中华人民共和国体育法》第53条规定的“在体育活动中，寻衅滋事，扰乱公共秩序的，给予批评、教育并予以制止；违反治安管理的，由公安机关依照治安管理处罚条例的规定予以处罚；构成犯罪的，依法追究刑事责任”、1995年10月30日第八届全国人民代表大会常务委员会第十六次会议通过的《中华人民共和国民用航空法》第198条规定的“聚众扰乱民用机场秩序的，依照刑法第一百五十九条的规定追究刑事责任”。修订《中华人民共和国刑法》时，将这些法律涉及刑事法律规范的规定加以吸收修订，规定了聚众扰乱公共场所秩序、交通秩序罪。

二、聚众扰乱公共场所秩序、交通秩序罪的构成

1. 聚众扰乱公共场所秩序、交通秩序罪的犯罪主体为一般主体，即年满16周岁达到刑事责任年龄且具有刑事责任能力的自然人均可以成为聚众扰乱公共场所秩序、交通秩序罪的犯罪主体。但是，实际能成为聚众扰乱公共场所秩序、交通秩序罪犯罪主体的只有那些聚众扰乱公共秩序、交通秩序的首要分子。所谓首要分子，是指在聚众扰乱公共场所秩序、交通秩序罪中起组织、策划、指挥作用的犯罪分子。其他参加者无论是不是积极参加者都不能成为聚众扰乱公共场所秩序、交通秩序罪犯罪主体，但是其他参加者在聚众扰乱公共场所秩序和交通秩序时还实施了故意杀人、故意伤害等行为，构成其他犯罪的，以行为人所实施的具体犯罪行为定罪量刑。

2. 聚众扰乱公共场所秩序、交通秩序罪在主观方面必须出于故意，并且具有发泄不满，向政府或者有关单位施加压力以满足行为人合理或者无理要求等动机。但是无论动机如何，均不影响聚众扰乱公共场所秩序、交通秩序罪的成立。

3. 聚众扰乱公共场所秩序、交通秩序罪在客观方面表现为聚众扰乱车站、码头、民用航空港站、商场、公园、影剧院、展览会、运动场或者其他公共场所秩序或者聚众堵塞交通或者破坏交通秩序，抗拒、阻碍国家治安管理人员依法执行职务，情节严重的行为。即不但要有扰乱行为，而且还要达到情节严重的情形才能构成聚众扰乱公共场所秩序、交通秩序罪。聚众扰乱公共场所秩序、交通秩序罪是结果犯。2002年5月6日，辽宁省辽中县一服装展

销团在内蒙古自治区巴林左旗经当地工商、税务等相关部门办理了税费及相关审批事项后，在该旗林东镇一商场举办服装展销会。当地工商户张某华、单某荣等人，以外地展销团来本地搞服装展销会冲击本地服装市场为由，组织、纠集当地各大商场的部分个体工商户近百人于5月6日至7日，冲进展销商场，采取多人静坐围堵店门口、阻止顾客进入，推翻摊位、踢坏店门、喷投污物等手段，致使展销会被迫中断2天，后经公安机关数小时的制止，闹事及围观群众才离去，在当地造成了恶劣的影响。内蒙古自治区巴林左旗人民法院依法认定被告人张某华、单某荣为聚众扰乱公共场所秩序的首要分子，构成聚众扰乱公共场所秩序罪，分别判处张某华、单某荣拘役一个半月。① 这是聚众扰乱公共场所秩序罪的典型案例。2003年2月14日18时许，辽宁省沈阳市铁西区光明苑小区因供电调度发生故障而导致小区部分居民楼停电。当时，小区居民赵某伟与部分居民找到辽宁恒基房地产开发公司物业管理部门，询问停电原因。经值班人员解释后，赵某伟等人离去。19时30分许，赵某伟又纠集一些居民再次来到物业管理部门，要求立即供电，并扬言“不供电，我们就去堵铁路”。然后，赵某伟煽动并带领30余名居民来到距小区不远的沈山铁路线上，站在铁轨上拦截火车。造成北京至满洲里1301次列车被迫停车13分钟、哈尔滨至上海K58次列车被迫停车19分钟、长春至石家庄2048次列车被迫停车21分钟的严重后果，并造成了恶劣的政治影响和经济损失。辽宁省沈阳市铁西区人民法院于同年3月11日开庭审理此案，认定被告人赵某伟是此次聚众扰乱交通秩序犯罪的首要分子，且系累犯，赵某伟犯聚众扰乱交通秩序罪，判处有期徒刑四年。② 这是聚众扰乱交通秩序罪的典型案例。所谓聚众，在聚众扰乱公共场所秩序、交通秩序罪中是指首要分子聚集、纠合三人以上进行扰乱活动。一人或者二人的扰乱活动不构成聚众扰乱公共场所秩序、交通秩序罪，扰乱活动构成犯罪的可以按其他罪追究。扰乱的方式在聚众扰乱公共场所秩序、交通秩序罪中可以多种多样，如在公共场所、交通要道上聚众哄闹、静坐、故意拥挤；殴打、威胁、抗拒国家治安管理人员依法履行职务；冲击会场、影剧院、展览会、运动场等公共场所，致使在公共场所进行的比赛、演出、放映、展览、营业等无法进行；聚众拦截汽车、火车等交通工具；设置路障，阻碍交通等。既可以采取暴力方法，

① 资料来源：《人民法院报》2002年8月15日。

② 消息来源：李欣悦、贵廷、宝权：《沈阳重判刑导致铁路大动脉瘫痪的2·14事件煽动者》，载《时代商报》2003年3月12日。

又可以采用非暴力方法。使用暴力方法如果又构成他罪的，符合两个罪的构成，则应以聚众扰乱公共场所秩序、交通秩序罪与他罪实行并罚。如果仅是一个行为在触犯聚众扰乱公共场所秩序、交通秩序罪的同时又触犯他罪的，则应当以想象竞合犯或牵连犯而择一重罪定罪处罚。

4. 聚众扰乱公共场所秩序、交通秩序罪所侵害的客体是公共场所秩序、交通管理秩序。所谓公共场所，一般是指车站、码头、民用航空场站、商场、公园、影剧院、展览会、运动场等公共聚集、出入的场所。

三、认定聚众扰乱公共场所秩序、交通秩序罪应当注意的问题

1. 聚众扰乱公共场所秩序、交通秩序罪为情节犯或结果犯，不仅要求具有聚众扰乱公共场所秩序、交通秩序的行为，而且还必须达到情节严重的程度，才能构成聚众扰乱公共场所秩序、交通秩序罪，如聚众扰乱的人数不多、时间短，且没有造成严重后果的，就不能以聚众扰乱公共场所秩序、交通秩序罪论处。所谓情节严重，则主要是指聚众人数或扰乱时间长，严重影响公共场所秩序、交通秩序的；殴打国家治安管理人员致伤的；造成公私财产较大损失的；造成交通重大堵塞的；因行为人的扰乱行为造成恶劣的政治影响的等。

2. 根据《中华人民共和国铁路法》第63条的规定“聚众拦截列车不听制止的，对首要分子和骨干分子依照刑法第一百五十九条的规定追究刑事责任”，即应当以聚众扰乱交通秩序罪追究刑事责任。但是，由于修订前和修订后的刑法都只规定追究首要分子的刑事责任，这就使得《中华人民共和国铁路法》与《中华人民共和国刑法》发生了冲突，按照我国法律渊源的有关理论，刑法属于基本法律，它是由全国人民代表大会制定的，铁路法属于法律，是由全国人民代表大会常务委员会制定的，两者的效力是不同的，其中基本法律的效力高于法律的效力。[①] 因此，对于聚众拦截列车不听制止的“骨干分子”不应当追究他们的刑事责任，至少不能以聚众扰乱交通秩序罪来追究刑事责任。

3. 在集会、游行、示威的过程中，行为人占领公共场所，拦截车辆行人或者聚众堵塞交通，严重破坏公共场所秩序、交通秩序的，在过去是按《中

---

① 吴祖谋主编：《法学概论（修订本）》，法律出版社1984年版，第49～50页。

华人民共和国集会游行示威法》第 29 条“占领公共场所拦截车辆行人或者聚众堵塞交通，严重破坏公共场所秩序、交通秩序的，对集会、游行、示威的负责人和直接责任人员依照刑法第一百五十九条的规定追究刑事责任”的规定，以聚众扰乱公共场所秩序、交通秩序罪论处。《中华人民共和国刑法》修订后，就同时触犯了聚众扰乱公共场所秩序、交通秩序罪和非法集会、游行、示威罪，是想象竞合犯，由于非法集会、游行、示威罪的法定刑比聚众扰乱公共场所秩序、交通秩序罪的法定刑还多一个“或者剥夺政治权利”即单处剥夺政治权利。因此，非法集会、游行、示威罪是重罪，同时上述行为是发生在集会、游行、示威这一特定的事件中，是特别法条，应当按一重罪处罚。对上述行为应当按非法集会、游行、示威罪论处，而不再按聚众扰乱公共场所秩序、交通秩序罪处理。

四、聚众扰乱公共场所秩序、交通秩序罪的处罚

根据《中华人民共和国刑法》第 291 条的规定，犯聚众扰乱公共场所秩序、交通秩序罪的，对首要分子，处五年以下有期徒刑、拘役或者管制。在处罚上与 1979 年《中华人民共和国刑法》第 159 条相比，取消了单处剥夺政治权利的规定。

第四节　非法集会、游行、示威罪

第二百九十六条　举行集会、游行、示威，未依照法律规定申请或者申请未获许可，或者未按照主管机关许可的起止时间、地点、路线进行，又拒不服从解散命令，严重破坏社会秩序的，对集会、游行、示威的负责人和直接责任人员，处五年以下有期徒刑、拘役、管制或者剥夺政治权利。

——《中华人民共和国刑法》

一、非法集会、游行、示威罪的概念

所谓非法集会、游行、示威罪，是指举行集会、游行、示威，未依照法律规定申请或者申请未获许可，或者未按照主管机关许可的起止时间、地点、路线进行，又拒不服从解散命令，严重破坏社会秩序的行为。

非法集会、游行、示威罪是修订后的《中华人民共和国刑法》新增加的罪名。非法的集会、游行、示威对我国社会、政治生活有着严重的危害。为此，为了保障公民依法行使集会、游行、示威的权利，维护社会安定和公共秩序，根据《中华人民共和国宪法》，1989 年 10 月 31 日第七届全国人民代表大会常务委员会第十次会议通过了《中华人民共和国集会游行示威法》，对集会、游行、示威的行为进行规范。该法第 29 条第 3 款规定："……未依照本法规定申请或者申请未获许可，或者未按照主管机关许可的起止时间、地点、路线进行，又拒不服从解散命令，严重破坏社会秩序的，对集会、游行、示威的负责人和直接责任人员依照刑法第一百五十八条的规定追究刑事责任。"非法的集会、游行、示威虽然也是扰乱了社会秩序，但这种行为与一般的聚众扰乱社会秩序行为还是有一定的差别。立法者鉴于非法集会、游行、示威的社会危害性和特殊性，认为有必要将非法的集会、游行、示威而严重破坏社会秩序的行为规定为单独的犯罪而将《中华人民共和国集会游行示威法》有关规定吸收进《中华人民共和国刑法》设立了非法集会、游行、示威罪，今后遇有《中华人民共和国集会游行示威法》第 29 条第 3 款规定的情形的，按非法集会、游行、示威罪论处，就不再以扰乱社会秩序罪论处了。非法集会、游行、示威罪是选择性罪名，具体可以分为非法集会罪、非法游行罪、非法示威罪等。

关于非法集会、游行、示威罪是不是聚众犯罪的问题，刑法理论界鲜有论及。只有少数学者提出非法集会、游行、示威罪与其他聚众犯罪一样，都具有聚众性，认为非法集会、游行、示威罪也是聚众犯罪的一种。[①] 笔者认为，这种观点是完全正确的。从非法集会、游行、示威罪的罪状来看，构成非法集会、游行、示威罪的一个前提就是要有集会、游行、示威的行为，这是一种聚众的行为，而这些行为本身就意味着单独犯的不能，非法集会、游

---

① 周道鸾、张军主编：《刑法罪名精释》，人民法院出版社 1998 年版，第 638 页。

行、示威罪是必要的共同犯罪。同样，这种必要的共同犯罪不存在一个专门进行非法集会、游行、示威的组织，它不是有组织性共同犯罪，更不是什么对行性共同犯罪。因此，非法集会、游行、示威罪只能是聚众犯罪的一种。非法集会、游行、示威罪的性质其实就是其他大陆法系国家和地区刑法所谓的聚众不解散罪。

二、非法集会、游行、示威罪的构成

1. 非法集会、游行、示威罪的犯罪主体是一般主体，即年满16周岁达到刑事责任年龄且具有刑事责任能力的人均能成为非法集会、游行、示威罪的犯罪主体。但是，实际能成为非法集会、游行、示威罪犯罪主体的只能是非法集会、游行、示威的负责人或直接责任人员，其他参加非法集会、游行、示威的人不能成为非法集会、游行、示威罪的犯罪主体，构成犯罪的也是构成他罪，如非法携带武器、管制刀具、爆炸物参加集会、游行、示威罪。非法集会、游行、示威罪的犯罪主体既包括中国人，也包括外国人和无国籍人。《中华人民共和国集会游行示威法》第34条规定："外国人在中国境内举行集会、游行、示威，适用本法。"非法集会、游行、示威罪的犯罪主体包括外国人、无国籍人也就是应有之义了。由于非法集会、游行、示威罪的特殊性，非法集会、游行、示威罪与其他聚众犯罪不同，不存在首要分子的问题，而是根据非法集会、游行、示威罪行为方式的不同，将非法集会、游行、示威罪的犯罪主体分为负责人和直接责任人员。《中华人民共和国集会游行示威法》第8条规定，为了保证正常的、合法的集会、游行、示威有组织、有计划地进行，在申请时，必须要有集会、游行、示威的负责人，以代表全体参加利益的人，这个负责人就是集会、游行、示威的负责人。当申请获得批准，但是集会、游行、示威的参加人未按照许可的起止时间、地点、路线进行，又拒不服从解散命令，严重破坏社会秩序时，该负责人就是非法集会、游行、示威罪犯罪主体中的负责人。这种负责人其实就是从合法的集会、游行、示威转向非法的集会、游行、示威，进而构成非法集会、游行、示威罪的犯罪主体。只能是"未按照主管机关许可的起止时间、地点、路线进行"，又拒不服从解散命令的行为，负责人才构成非法集会、游行、示威罪的犯罪主体，负责人不是没有依照法律规定申请或者申请未获许可这种行为方式的非法集会、游行、示威罪的犯罪主体。根据中华人民共和国公安部1992年6月16

日发布的《中华人民共和国集会游行示威法实施条例》第 8 条规定，下列人员不得担任集会、游行、示威的负责人：①无行为能力人或者限制行为能力人；②被判处刑罚尚未执行完毕的；③正在被劳动教养的；④正在被依法采取刑事强制措施或者法律规定的其他限制人身自由措施的。此外，根据《中华人民共和国刑法》第 54 条第（2）项的规定，被剥夺政治权利的人，已经被剥夺了集会、游行、示威的权利，更没有担任集会、游行、示威负责人的资格。因此，上述人员不能以负责人的身份组织进行集会、游行、示威，因此也不能以负责人的身份成为非法集会、游行、示威罪的犯罪主体。但是，上述人员可以"直接责任人员"的身份成为本罪的犯罪主体。所谓直接责任人员，是指从一开始就是违法的集会、游行、示威组织者，这种集会、游行、示威是未依照法律规定申请或者是申请未获许可的集会、游行、示威，是这种形态下的非法集会、游行、示威罪的犯罪主体。即直接责任人是"未依照法律规定申请或者申请未获许可"这种形态构成非法集会、游行、示威罪的犯罪主体；负责人是"未按照主管机关许可的起止时间、地点、路线进行，又拒不服从解散命令"这种形态构成非法集会、游行、示威罪的犯罪主体。在这里，负责人和直接责任人员其实就是其他聚众犯罪的首要分子，只是因为集会、游行、示威这一行为方式的特殊性并且要呼应《中华人民共和国集会游行示威法》的有关规定，《中华人民共和国刑法》才将其规定为负责人和直接责任人员。

2. 非法集会、游行、示威罪在主观方面必须是出于故意，即明知自己的行为是违反《中华人民共和国集会游行示威法》和《中华人民共和国刑法》有关集会、游行、示威的规定，仍然决意为之，过失不构成非法集会、游行、示威罪，至于动机在所不问。非法集会、游行、示威罪是典型的不作为犯。所谓不作为，相对于作为而言，是指行为人消极地去实施自己应当实施并且有能力实施的行为。不作为犯罪的最本质的特征在于行为人必须具有某种特定的义务，这种作为义务是构成不作为犯罪的基本前提与基础。非法集会、游行、示威罪的行为人的义务是因法律行为所产生的应当作为的义务。所谓法律行为，是指能使自己与他人之间产生某种权利义务的行为。因为自己的某种法律行为，与他人产生某种义务关系，对于自己应当予以履行的义务有能力履行而拒不履行，就可能构成不作为方式的犯罪。非法集会、游行、示威罪的行为就是基于法律行为所产生的权利义务，当法律规定违法集会、游行、示威在公务人员发出解散命令而且行为人有能力解散时，拒不服从解散命令，就构成不作为犯罪。

3. 非法集会、游行、示威罪在客观方面表现为违法举行集会、游行、示威，拒不服从解散命令，严重破坏社会秩序的行为。

首先，要有违法举行集会、游行、示威的行为。所谓违法，是指行为人违反《中华人民共和国集会游行示威法》《中华人民共和国集会游行示威法实施条例》等有关法律、法规。就非法集会、游行、示威罪而言，根据《中华人民共和国刑法》《中华人民共和国集会游行示威法》《中华人民共和国集会游行示威法实施条例》的规定，非法集会、游行、示威具体表现为三种行为：①未依照法律规定申请。《中华人民共和国集会游行示威法》第 3 条规定："公民行使集会、游行、示威的权利，各级人民政府应当遵守本法规定，予以保障。"同时，《中华人民共和国集会游行示威法》《中华人民共和国集会游行示威法实施条例》均规定了集会、游行、示威必须办理申请手续并得到主管机关的许可。申请许可，一方面，公安机关可以根据集会、游行、示威申请人申请集会、游行、示威目的、时间、地点、路线安排相关的时间、地点、路线的交通管制和疏导；另一方面，公安机关也可以安排相关警力保障集会、游行、示威参加者的安全和集会、游行、示威的顺利进行，防止别有用心的人破坏集会、游行、示威。《中华人民共和国法集会游行示威法》第 19 条规定："依法举行的集会游行示威，任何人不得以暴力、胁迫或者其他非法手段进行扰乱、冲击和破坏。"这是对合法的集会、游行、示威的保护。因此，凡举行集会、游行、示威，均要向公安机关申请许可。一切法治国家均是这么做的，这些规定的理论根据就是行使自由权利的时候，不得妨害他人自由的权利。法律、法规规定，集会、游行、示威必须由集会、游行、示威的负责人向主管机关提出书面申请。集会、游行、示威的主管机关是由集会、游行、示威举行地的市、县公安局、城市公安分局；游行、示威路线经过两个以上县的，主管机关为经过区、县的公安机关的共同上一级公安机关。游行、示威路线在同一直辖市、省辖市、自治区辖市或者省、自治区人民政府派出机关所在地区经过两个以上区县的，由该市公安局或者省、自治区人民政府派出机关的公安处主管；在同一省、自治区行政区域内经过两以上省辖市、自治区辖市或者省、自治区人民政府派出机关所在地区的，由所在省、自治区公安厅主管；经过两个以上省、自治区、直辖市的，由公安部主管，或者由公安授权的省、自治区、直辖市公安厅（局）主管。如果负责人没有递交申请，或者没有书面申请，或者不是向主管机关申请，或者虽然申请但是尚未答复就举行集会、游行、示威的，就属于违法举行。②申请未获得许可。即虽然依法律规定递交了书面申请，但是由于集会、游行、示威不符合法律规定的集会、游行、示威的条件，主管机关没有批准允许举行集会、游行、示威而擅自举行集会、游行、示威。如《中华人民共和国集会游行示威法》第12条规定："申请举行的集会、游行、示威，有下列情形之一的，不予许可：（一）反对宪法所确定的基本原则的；（二）危害国家的统一、主权和领土完整的；（三）煽动民族分裂的；（四）有充分根据认定申请的集会、游行、示威将直接危害公共安全或者严重破坏社会秩序的。"第15条规定："公民不得在其居住地以外的城市发动、组织、参加当地公民的集会、游行、示威。"没有负责人的集会、游行、示威等。上述情况主管机关均不得许可集会、游行、示威。不许可即是申请未获得许可。如果申请未获得许可，仍然进行集会、游行、示威，就是违法集会、游行、示威。③未按照主管机关许可的起止时间、地点、路线进行。主管机关许可的起止时间、地点、路线既包括主管机关批准集会、游行、示威时所允许的举行时间、地点与路线，也包括主管机关在决定许可证时，根据情况变更的时间、地点和路线。《中华人民共和国集会游行示威法实施条例》第13条第1款规定："主管公安机关接到举行集会、游行、示威申请书后，在决定许可时，有下列情形之一的，可以变更举行集会、游行、示威的时间、地点、路线，并及时通知其负责人：（一）举行时间在交通高峰期，可能造成交通较长时间严重堵塞的；（二）举行地或者行径路线正在施工，不能通行的；（三）举行地为渡口、铁道口或者毗邻国（边）境的；（四）所使用的机动车辆不符合道路养护规定的；（五）在申请举行集会、游行、示威的同一时间、地点有重大国事活动的；（六）在申请举行集会、游行、示威的同一时间、地点、路线已经许可他人举行集会、游行、示威的。"第3款规定："在决定许可后，申请举行集会、游行、示威的地点、经过路段发生自然灾害事故、治安灾害事故，尚在进行抢险救灾，举行日前不能恢复正常秩序的，主管公安机关可以变更举行集会、游行、示威的时间、地点、路线，但是应当将《集会游行示威事项变更决定书》于申请举行之日前送达集会、游行、示威负责人。"第19条还规定："游行队伍在行进中遇有前方路段临时发生自然灾害事故、交通事故及其他治安灾害事故，或者游行队伍之间、游行队伍与围观群众之间发生严重冲突和混乱，以及突然发生其他不可预料的情况，致使游行队伍不能按照许可的路线行进时，人民警察现场负责人有权临时决定改变游行队伍的行进路线。"在许可或者改变时间、地点、路线后，如果不按许可、变更的要求举行集会、游行、示威的，即属于未按照主管机关许可的起止时间、地点、路线进行。此外，《中华人民共和国集会游行示威法》第 22 条规定：“集会、游行、示威在国家机关、军事机关、广播电台、电视台、外国驻华使馆领馆等单位所在地举行或者经过的，主管机关为了维持秩序，可以在附近设置临时警戒线，未经人民警察许可，不得逾越。”第 23 条规定：“在下列场所周边距离 10 米至 300 米内，不得举行集会、游行、示威，经过国务院或者省、自治区、直辖市人民政府批准的除外：(一) 全国人民代表大会常务委员会、国务院、中央军事委员会、最高人民法院、最高人民检察院的所在地；(二) 国宾下榻处；(三) 重要军事设施；(四) 航空港、火车站和港口。”具体的周边距离由省、自治区、直辖市人民政府决定。第 24 条规定：“举行集会、游行、示威的时间限于早 6 时至晚 10 时，经当地人民政府决定或者批准的除外。”所谓周边距离，根据《中华人民共和国集会游行示威法实施条例》的规定，是指上述场所的建筑物周边向外扩展的距离；有围墙或者栅栏的，从围墙或者栅栏的周边开始计算。违反上述规定的起止时间、地点、路线，就是未按照主管机关许可的起止时间、地点、路线进行，就是非法集会、游行、示威。

所谓集会、游行、示威，根据《中华人民共和国集会游行示威法》第 2 条的规定，“集会，是指聚集于露天公共场所发表意见、表达意愿的活动”，“游行，是指在公共道路、露天公共场所列队行进、表达共同意愿的活动”，“示威，是指在露天公共场所或者公共道路上以集会、游行、静坐等方式，表达要求、抗议或者支持、声援等共同意愿的活动”。《中华人民共和国集会游行示威法实施条例》第 3 条规定：“露天公共场所是指公众可以自由出入的或者可以凭票进入的室外公共场所，不包括机关、团体、企事业组织管理的内部露天公共场所；公共道路是指除机关、团体企事业组织内部的专用道路以外道路和水路。”也就是说，行为人除了有上述所说的集会、游行、示威行为外，这种行为还必须是违法的，否则不构成非法集会、游行、示威罪。

其次，要有拒不服从解散命令。虽然有违法集会、游行、示威的行为，但是能够听从解散命令，服从管理，就不能构成非法集会、游行、示威罪。根据《中华人民共和国集会游行示威法》《中华人民共和国集会游行示威法》的规定，有权命令解散的主体为人民警察现场负责人。解散命令发布的方式，我国法律规定，应当通过广播、喊话等明确方式告知在场人员在限定的时间内按照指定的通道离开现场。对解散命令发布的次数和时间在法律上没有明确予以规定。这种解散命令发布的主体和发布的次数大陆法系国家和地区的刑法典各有不同，《法国刑法典》规定，解散命令必须发布二次以上，发布解散命令的主体为省长、专员、市长或上述官员的助理、负责公共安全的警务官员或其他任何警务官员、佩带职务、徽标的人员。《韩国刑法典》则规定，解散命令必须发布三次以上，发布解散命令的主体为有权力的公务员。而《加拿大刑事法典》第 68 条规定："任何人，为下列行为，构成可诉罪，处终身监禁：（b）在第 67 条述及之声明书宣读 30 分钟内拒不解散并离开现场。"第 67 条述及的声明是："女王陛下指示并命令所有正在集会者立即解散，并有秩序地离开现场，返回自己住地或合法工作场所，违者构成犯罪，可被判处终身监禁。上帝保佑女王。"有时间限定，即行为人在宣读声明书 30 分钟内必须离开集会的现场。

最后，必须因行为人拒不解散的违法集会、游行、示威的行为，严重破坏了社会秩序，才能构成非法集会、游行、示威罪。否则，虽然有违法且拒不解散的违法集会、游行、示威行为，但是如果没有严重破坏社会秩序，亦不能构成非法集会、游行、示威罪。所谓严重破坏社会秩序，主要是指严重影响、堵塞交通甚至造成瘫痪；造成公共场所秩序严重混乱；严重影响机关、单位、团体正常秩序，致使工作、生产、营业、教学、科研等无法进行；造成恶劣的影响等情况。非法集会、游行、示威罪是结果犯。

4. 非法集会、游行、示威罪所侵害的客体是国家有关集会、游行、示威的管理秩序。《中华人民共和国宪法》第 35 条规定："中华人民共和国公民有言论、出版、集会、结社、游行、示威的自由。"这些自由是人民直接参与国家和社会活动的一项经常性的政治权利，也是人民发表意见，显示力量，参加国家管理的必要条件。政治自由是民主政治的基础，公民只有享有言论、出版、集会、结社、游行、示威的自由，才能谈得上行使他们的政治权利，表达自己的愿望。但是，各国也无不规定公民在行使其自由和政治权利的同时，必须尊重并不得妨害他人的自由，不得损害国家、社会和他人的利益，同时国家也有义务保护举行、参加合法的集会、游行、示威活动。为此，公民在行使宪法赋予的政治权利时，一定要依照宪法和法律的有关规定合法行使自己的权利，履行相应的义务。为了更好地保障人民群众享有政治方面的权利，维护社会安定团结，保证社会主义现代化建设的顺利进行，中华人民共和国全国人民代表大会常务委员会制定了《中华人民共和国集会游行示威法》，以规范集会、游行、示威的行为。

三、认定非法集会、游行、示威罪应当注意的问题

1. 根据《最高人民法院、最高人民检察院关于办理组织和利用邪教组织犯罪案件具体应用法律若干问题的解释》第 2 条第（2）项的规定，组织、利用邪教组织非法集会、游行、示威，煽动、欺骗、组织其成员或者其他人聚众围攻、冲击、强占、哄闹公共场所及宗教活动场所，扰乱社会秩序的，按《中华人民共和国刑法》第 301 条第 1 款规定的组织、利用邪教组织破坏法律实施罪论处，不按非法集会、游行、示威罪论处。

2. 应当注意非法集会、游行、示威罪与其他聚众扰乱社会秩序的犯罪之间的区别。非法集会、游行、示威罪和其他聚众扰乱社会秩序的犯罪都具有聚众性，都可能发生在公共场所造成严重破坏社会秩序的后果。两者之间的主要区别在于，非法集会、游行、示威罪是以集会、游行、示威为前提的，在集会、游行、示威的过程中发生非法的、严重扰乱社会秩序的行为，应当认定为非法集会、游行、示威严重扰乱社会秩序的行为；聚众进行不具有非法集会、游行、示威性质的活动造成严重扰乱社会秩序的行为，则应当认定为其他聚众扰乱社会秩序的行为。①

3. 对于行为人在实施非法集会、游行、示威的过程中，又组织、策划、指挥参加集会、游行、示威的群众聚众围攻、冲击国家机关，致使国家机关的公务活动或国事活动无法进行，造成严重后果的，有学者认为应当按非法集会、游行、示威罪和聚众冲击国家机关罪，实行数罪并罚。同样的，对于行为人在实施非法集会、游行、示威的过程中，组织、策划、指挥参加集会、游行、示威的群众扰乱企事业单位、社会团体的正常活动，致使企事业单位、社会团体工作、生产、营业和教学、科研无法进行，造成严重损失的；或者扰乱公共场所秩序，堵塞交通或者破坏交通秩序，抗拒、阻碍国家治安管理工作人员依法执行职务，情节严重的，也应当以非法集会、游行、示威罪和聚众扰乱社会秩序罪或者聚众扰乱公共场所秩序、交通秩序罪，实行数罪并罚。② 但是笔者认为，此种情况应当为想象竞合犯，应当择一重罪处罚。前一个情况应当按聚众冲击国家机关罪处罚，后一种情况应当按非法集会、游行、

---

① 周道鸾、张军主编：《刑法罪名精释》，人民法院出版社 1998 年版，第 638 页。

② 曾芳文、段启俊主编：《个罪法定情节研究与适用》，人民法院出版社 2002 年版，第 690～691 页。

示威罪处罚。如游某林、张某立、刘某怀案。被告人游某林、刘某怀自2002年4月以来，以要解决湖南省株洲市园艺场职工身份问题为由，在株洲市天园区召集有关人员筹集了9000余元现金，先后到北京和湖南省政府进行上访。2002年8月底的一天，游某林、刘某怀以政府迟迟未给予答复为由召集群众进行商议。游某林提出发动群众到政府去，给政府施加压力，促使问题早点解决，刘某怀等人都表示同意。游某林于同年9月6日晚，在天元区大坪管理处仇某林家召集天元区各管理处代表40余人开会，会上刘某怀介绍了上访情况。游某林动员群众9月10日都到政府去听答复，并要求大家带好水、食物和坐垫，如政府不给答复就不走，给政府施加压力，并要求与会人员相互转告，多动员些人去。9月7日晚，由刘某辉（另案处理）召集了600余名群众在天元区大坪管理处老屋坡开会。会议由被告人张某立主持，游某林进行煽动，要求园艺场16岁以上的人9月10日都到政府去听答复，带好水、食物、坐垫。会上刘某辉也作了煽动性发言，扬言政府不给答复或答复不满意，就不走，与政府“搞到底”。会后，游某林又同刘某怀、叶某兵等人商量写横幅内容为“坚决要求按照省农垦局复函精神办理”“坚决要求落实株洲市政府（81）152号文件精神”“为了生存全场职工团结起来”等，并安排叶某兵、罗某怀具体操办。9月10日上午7时许，游某林、刘某怀等人组织、策划、指挥数千名群众聚集到株洲市政府门前，打着横幅示威，堵塞市政府大门，造成市政府工作无法正常进行，并严重堵塞了市政府前的天台路交通。公安干警和市区两级政府干部及时到群众中做疏导、劝阻工作，要求人群解散，但是却无济于事。上午9时许，张某立在人群中喊：“上桥去!”由于张某立的煽动，郭某静、楚某莲等人积极响应，打着横幅引导群众往株洲一大桥走，在收费站处将大桥隔离护栏挡在大桥中间，将大桥完全堵死，致使株洲市河西与河东的交通完全中断。下午1时许，在公安人员和政府干部反复疏导、劝阻下，群众渐渐散去。大桥逐步恢复通车。此时，张某立边收横幅边说：“下午政府开会研究会给答复，如果没有答复明天你们再来。”鼓动群众继续堵桥。9月11日、12日，大批群众再次聚集到市政府门前、株洲一大桥、二大桥和天元区长江广场堵塞交通，致使天元区交通处于瘫痪状态，河西与河东的交通完全中断。期间，张某立还于11日上午从株洲一大桥坐摩托车到株洲二大桥观看。返回的路上，张某立说：“二大桥人太少，堵不住，还要多去点人。”3天内，公安机关共出动警力3200人次，区、市两级政府派出干部200余人对群众进行疏导、劝阻工作。由于游某林、刘某怀、张某立等人的行为，致使株洲市人民政府、株洲市公交部门、大桥管理处等单位工作无法正常进行，给广大人民群众的工作、学习带来了极大的不便，造成了公交巴士股份公司经济损失 74761 元、公交发展公司经济损失 56697 元、大桥管理处经济损失 41924 元，严重破坏了社会秩序。人民法院经审理认为，被告人游某林、刘某怀为了解决株洲市园艺场职工身份问题，不是采取合法手段，在没有依照国家有关法律规定进行申请的情况下，多次组织、策划、指挥数千群众在株洲市人民政府前非法示威，给政府施加压力，并拒不服从国家公务人员要求解散的命令，进而发展到为堵路、堵塞桥，严重地破坏了社会秩序，他们的行为均已构成非法示威罪；被告人张某立积极参加非法示威活动，并在非法示威活动中煽动群众上桥堵塞交通，情节严重，他的行为已经构成聚众扰乱交通秩序罪。本案认定被告人游某林、刘某怀构成非法示威罪是准确的，但是，认定被告人张某立构成聚众扰乱交通秩序罪则属定罪不当，因为在本案中，扰乱交通秩序的行为是非法示威罪行为的延伸，对张某立也应当按非法示威罪论处。在本案中，示威的群众没有冲击国家机关，只是在国家机关门口示威，因此，不能按聚众冲击国家机关罪论处。此外，法院在判决中没有认定游某林、刘某怀是非法示威罪的直接责任人员不当，因为只有非法示威罪的直接责任人员才能构成非法示威罪的犯罪主体。同样，法院在认定张某立构成聚众扰乱交通秩序罪时，也没有认定张某立为首要分子不当，因为只有聚众扰乱交通秩序的首要分子才构成聚众扰乱交通秩序的犯罪主体。

4. 在非法集会、游行、示威过程中，拒不服从解散命令，对人民警察现场负责人或者执行警戒的人民警察使用暴力、威胁方法的，属于目的行为与方法行为的牵连犯形态，应当择一重罪处罚，即以非法集会、游行、示威罪论处，而不能以妨害公务罪论处。① 但是，如果致人重伤或者死亡的，对实施伤害行为、杀人行为的直接责任人，就应当按故意伤害罪或者故意杀人罪论处。

四、非法集会、游行、示威罪的处罚

根据《中华人民共和国刑法》第 296 条的规定，非法集会、游行、示威

---

① 曾芳文、段启俊主编：《个罪法定情节研究与适用》，人民法院出版社 2002 年版，第 691 页。

的负责人或者直接责任人犯非法集会、游行、示威罪的，处五年以下有期徒刑、拘役、管制或者剥夺政治权利。2008 年月 25 日颁布的《最高人民检察院、公安部关于公安机关管辖的刑事案件立案追诉标准的规定（一)》第 38 条规定："举行集会、游行、示威，未依照法律规定申请或者申请未获许可，或者未按照主管机关许可的起止时间、地点、路线进行，又拒不服从解散命令，严重破坏社会秩序的，应予立案追诉。"

第八章　扰乱公共秩序的聚众犯罪（二）

本章所要研究的是扰乱公共秩序罪中蔑视社会公德和社会秩序的聚众犯罪，包括聚众斗殴罪、聚众淫乱罪、引诱未成年人聚众淫乱罪、赌博罪。

第一节　聚众斗殴罪

第二百九十二条第一款　聚众斗殴的，对首要分子和其他积极参加的，处三年以下有期徒刑、拘役或者管制；有下列情形之一的，对首要分子和其他积极参加的，处三年以上十年以下有期徒刑：

（一）多次聚众斗殴的；

（二）聚众斗殴人数多，规模大，社会影响恶劣的；

（三）在公共场所或者交通要道聚众斗殴，造成社会秩序严重混乱的；

（四）持械聚众斗殴的。

——《中华人民共和国刑法》

一、聚众斗殴罪的概念

聚众斗殴罪，是指出于私仇宿怨、争霸一方、寻求刺激等，纠集多人，成群结伙相互进行殴斗的行为。

聚众斗殴罪是从 1979 年《中华人民共和国刑法》第 160 条规定的流氓罪分解出来的一种犯罪。该条规定：“聚众斗殴、寻衅滋事、侮辱妇女或者进行其他流氓活动破坏公共秩序，情节恶劣的，处七年以下有期徒刑、拘役或者管制。流氓集团的首要分子处七年以上有期徒刑。”之后，全国人民代表大会常务委员会于 1983 年 9 月 2 日又通过了《全国人民代表大会常务委员会关于严惩严重危害社会治安的犯罪分子的决定》，将流氓罪的法定刑提高，可以直至死刑。由于流氓罪列举的“聚众斗殴”“寻衅滋事”“侮辱妇女”三种形式，并规定了“或者进行其他流氓活动”，在立法上过于笼统，在司法实践中认定流氓罪的随意性很大，被司法界称为“口袋罪”。为此，新修订的《中华人民共和国刑法》将流氓罪进行了分解，其中有一个罪名就是聚众斗殴罪。

二、聚众斗殴罪的构成

1. 聚众斗殴罪的犯罪主体为一般主体，即年满 16 周岁达到刑事责任年龄且具有刑事责任能力的自然人均可以成为聚众斗殴罪的犯罪主体。实际能成为聚众斗殴罪的犯罪主体的，只能是聚众斗殴的首要分子和积极参加者。所谓首要分子，在聚众斗殴罪中是指在聚众斗殴犯罪中起组织、策划、指挥作用的犯罪分子。首要分子可以是一人，也可以是二人、多人，既可以亲临斗殴现场进行组织、策划、指挥，也可以未亲临现场进行背后遥控、组织、指挥。所谓积极参加者，在聚众斗殴罪是指除首要分子以外的其他积极实施犯罪，如带头斗殴，直接致伤他人，作用明显、相对突出的犯罪分子。

2. 聚众斗殴罪在主观方面必须出于故意，行为人的动机一般是为了争霸一方、抢占地盘或者出于私仇宿怨、报复他人，或者为了寻求刺激、填补精神空虚而公然蔑视国家法纪和社会公德，或者出于哥们义气、江湖义气等动机。如果事出有因，如因相邻的民事纠纷引起的斗殴即使以聚众的形式出现，也不能构成聚众斗殴罪。同时，聚众斗殴罪虽然是必要的共同犯罪，但并不要求参加人的目的与动机完全一致，只要行为人意识到他人与自己一同在聚众斗殴即可。聚众斗殴是行为犯。

3. 聚众斗殴罪在客观方面表现为聚众斗殴的行为。所谓聚众斗殴，在聚众斗殴罪中是指聚集、纠合多人，拉帮结伙而相互进行厮打、殴斗。多人，是指三人以上的多人。一人或二人之间的斗殴不能视为聚众斗殴。在司法实践中一般是不法集团或者团伙之间出于争霸、报仇而进行群架、群斗、群殴。

4. 聚众斗殴罪所侵害的客体为公共秩序以及他人的生命、健康安全。

三、认定聚众斗殴罪应当注意的问题

1. 聚众斗殴罪为行为犯，一般情况下，只要实施了聚众斗殴的行为，即可以构成聚众斗殴罪。但是情节显著轻微，危害不大的，可以根据《中华人民共和国刑法》第13条“但书”的规定，不按聚众斗殴罪论处。

2. 要注意将聚众斗殴罪与因山林水利、相邻关系等民事纠纷引起的群众性械斗区分开来。在现实生活中，经常发生因民事纠纷引起的群众性械斗，并发生致人伤亡的严重后果，构成犯罪的情况。这种群众性的械斗构成犯罪的情形，它的犯罪构成与聚众斗殴罪的犯罪构成有很大的相同之处，也很容易混淆。但是，由于他们的动机与聚众斗殴的动机不同，不能将这种行为认定为聚众斗殴。聚众斗殴一般是为了争霸一方、抢占地盘或者出于私仇宿怨、报复他人，或者为了寻求刺激、填补精神空虚而公然蔑视国家法纪和社会公德。对一般事出有因引起的群众性械斗，特别是因民事纠纷引发的群体性械斗，不能按聚众斗殴处理。最高人民法院《全国法院维护农村稳定刑事审判工作座谈会纪要》指出，对于村民群体械斗案件处理的重点应当是械斗的组织者、策划者和实施犯罪的骨干分子。一般说来，械斗的组织者和策划者，应当对他组织、策划的犯罪承担全部责任；直接实施械斗的，应当对他实施的犯罪行为负责。没有提出对此类案件应当按照聚众斗殴罪处理的意见。曾经有这么一个案例，1999年以来，某乡秀甲行政村所辖蒋家自然村和刘家自然村为一块名为“火烧皮”的坟地权属发生争议。乡政府向村支书刘某某和村委会主任、被告人蒋运某强调，在尚未处理好这块地的权属问题之前，刘、蒋两均不得再葬祖下坟。2001年1月7日，蒋家一孤寡老人去世，蒋运某遂邀集被告人蒋牛某和其他蒋姓村民提出将死者葬至“火烧皮”。当有村民提出该地蒋、刘两村有争议时，蒋运某提出那块地本来就是蒋家的，不要怕，先挖洞再说。为此，蒋、刘两村村民持械在“火烧皮”对峙。蒋运某不顾乡干部的制止，指使蒋姓村民强行下葬，致使双方发生械斗。身为村委会主任、纠集者的蒋运某在此情况下不仅不制止还大喊打，致使刘、蒋两村村民打斗在一起。蒋牛某持锄头打中一刘姓村民头部，致刘姓村民在送医院抢救途中死亡。本案一审认定蒋牛某、蒋运某均犯故意杀人罪，分别判处了刑罚，本来这种判决是正确的。但是本案上诉后，某高级人民法院却认定蒋运某犯聚众斗殴罪。在本案中，某高级人民法院对蒋运某的定性显然是不对的。从案件本身的事实来看，蒋运某明知“火烧皮”有争议，强行下葬会引起械斗，仍然组织、策划、指挥蒋姓村民强行下葬，在发生械斗后不但不加以制止，还煽动群众械斗，致一人死亡，他的行为是教唆性质的行为，是教唆犯，应当按照被教唆人的行为去定性，在本案中就应当按蒋牛某行为的性质去定性，即认定为故意杀人罪。从转化犯的角度来看，假设本案的性质可以认定为聚众斗殴，蒋运某在此也是聚众斗殴的首要分子，他组织的故意十分明显，也应当按转化犯的原则处理，即按聚众斗殴中致人死亡，按故意杀人罪论处。因此，该案不论从什么角度来考虑，依法、依法理都应当按故意杀人罪来判处。

3. 要注意与寻衅滋事罪的区别。在审判实践中，寻衅滋事与聚众斗殴经常被搞混淆。特别是在一方多人殴打另一方的一人的情况下更是如此。所谓寻衅滋事，是指无事生非、肆意挑衅、起哄闹事、进行骚扰，破坏社会秩序的行为。其中有一种行为是随意殴打他人，情节恶劣的，包括随意殴打他人致重伤、死亡的。在寻衅滋事过程中致人重伤或者死亡的情况下，就应当按吸收犯的原则处理，以故意伤害罪、故意杀人罪论处。对多人随意殴打他人的行为是不能认定为聚众斗殴的，而应当认定为寻衅滋事。聚众斗殴一般是指斗殴的双方都必须达到多人，即使一方开始不愿意斗殴，后来应战，都必须要双方都达到多人才能构成聚众斗殴。某中级人民法院就曾发生过一件将寻衅滋事罪错误认定为聚众斗殴罪的案例。被告人叶某军、吴某与同案人谢某某、赵某某、“菲菲”、王某等人于2001年3月4日晚在某市一“迪厅”“蹦迪”。由于人多拥挤，叶某军与同在跳舞的唐某阳因碰撞发生纠纷。叶某军首先对唐某阳进行殴打。同案人一拥而上对唐某阳进行殴打，吴某也上前对唐某阳进行殴打并踢了唐某阳两脚。叶某军、谢某某抽出随身携带的水果刀将唐某阳刺死。一审按吸收犯的原则处理，认定叶某军犯故意杀人罪，定罪准确，却认定吴某的行为构成聚众斗殴罪，可惜某高级人民法院也维持了此案的定罪。显然，在此对吴某的定性是错误的，对吴某应当认定为寻衅滋事罪，而不是聚众斗殴罪。

4. 在聚众斗殴中致人重伤、死亡的，根据《中华人民共和国刑法》第292条第2款的规定，应当按《中华人民共和国刑法》第234条、第232条规定的故意伤害罪、故意杀人罪处罚，不按数罪并罚处理。这是聚众犯罪转化犯的问题。关于这个问题，在后面的关于聚众犯罪的转化犯问题的研究时还将详述。

四、聚众斗殴罪的处罚

根据《中华人民共和国刑法》第 292 条第 1 款的规定，犯聚众斗殴罪的，对首要分子和其他积极参加的，处三年以下有期徒刑、拘役或者管制。犯聚众斗殴罪的，具有下列情形之一的，对首要分子和其他积极参加的，处三年以上十年以下有期徒刑：①多次聚众斗殴的。所谓多次，一般是指 3 次以上。②聚众斗殴人数多，规模大，社会影响恶劣的。人数多，规模大，一般是指聚众斗殴有的是十几人，数十人甚至或者上百人，对此应当依法加重处罚。③在公共场所或者交通要道聚众斗殴，造成社会秩序严重混乱的。所谓公共场所，在这里一般是指车站、码头、民用航空港站、商场、饭店、舞厅、公园、影剧院、展览会、运动会、公共交通要道等场所。④持械聚众斗殴的。所谓持械，在聚众斗殴罪中一般是指携带、持有并使用匕首、刮刀等治安管制刀具和枪支、铁棍、木棒等足以致人伤亡的器械。根据《最高人民检察院、公安部关于公安机关管辖的刑事案件立案追诉标准的规定（一）》第 36 条的规定，“组织、策划、指挥或者积极参加聚众斗殴的，应予立案追诉”。

第二节　聚众淫乱罪

第三百零一条第一款　聚众进行淫乱活动的，对首要分子或者多次参加的，处五年以下有期徒刑、拘役或者管制。

——《中华人民共和国刑法》

一、聚众淫乱罪的概念

聚众淫乱罪，是指聚众进行淫乱活动，破坏社会秩序的行为。

聚众淫乱罪是从 1979 年《中华人民共和国刑法》第 160 条规定的流氓罪中分解出来的一种犯罪，原来是流氓罪的一种表现形式。该条规定，“聚众斗殴、寻衅滋事、侮辱妇女或者进行其他流氓活动，破坏公共秩序，情节恶劣的”行为构成流氓罪。流氓罪是1979年《中华人民共和国刑法》中的一大“口袋罪”，原罪状中所列举的“或者进行其他流氓活动”的内容不明确，使得司法界在司法实践中很难掌握。因此，最高人民法院、最高人民检察院于1984年11月2日制定了《最高人民法院、最高人民检察院关于当前审理流氓案件中具体应用法律的若干问题的解释》。在该解释的第2条中，将“聚众进行淫乱活动（包括聚众奸宿）危害严重的主犯、教唆犯和其他流氓成性、屡教不改者”认定为“进行其他流氓活动，破坏公共秩序，情节恶劣的”构成流氓罪。由于聚众淫乱这一犯罪形式并不是刑事法律规定而是由司法解释规定的，严格地说是违背罪刑法定原则的。同时，由于全国人民代表大会常务委员会制定的《全国人民代表大会常务委员会关于严惩严重危害社会治安的犯罪分子的决定》将流氓罪的法定最高刑规定为死刑，这样，聚众淫乱构成流氓罪的也就有可能被判处死刑。这显然与现代刑法理论和制度的罪刑相适应原则相悖。《中华人民共和国刑法》修订后，将流氓罪进行了分解，聚众淫乱罪即是从流氓罪中分解出来的罪名之一，这样分解就做到了罪刑法定、罪刑相适应。聚众淫乱罪在其他大陆法系国家和地区刑法中均无体现，这大概与他们的世界观、人生观、价值观、道德观有着很大的关系。

二、聚众淫乱罪的构成

1. 聚众淫乱罪的犯罪主体为一般主体，即只要年满16周岁达到刑事责任年龄且具有刑事责任能力的自然人均可以成为聚众淫乱罪的犯罪主体。实际能成为聚众淫乱罪犯罪主体的则只有聚众淫乱的首要分子或者多次参加聚众淫乱的人。所谓首要分子，是指在聚众淫乱活动中起组织、策划、指挥作用的犯罪分子。所谓多次参加者，则是指参加聚众淫乱活动三次以上的犯罪分子。在聚众淫乱罪的罪状中没有使用积极参加的这一概念，而是使用多次参加者这一概念，这是因为此类聚众犯罪无法甄别什么是积极参加者，只能按是否多次参加进行判断，同时多次参加也表明了参加者的一种积极的心态，实际上也就是相当于其他聚众犯罪中的积极参加者。

2. 聚众淫乱罪在主观方面必须出于故意，且为直接故意，并且具有淫乱活动的故意，行为人的动机则是寻求无耻下流的感官、精神刺激，以填补其精神空虚，发泄行为人无聊的、空虚的情绪。聚众淫乱罪是行为犯。

3. 聚众淫乱罪在客观方面表现为聚众淫乱或者多次参加淫乱活动的行为。所谓聚众，在聚众淫乱罪中是指首要分子聚集、纠合三人以上的多人在一起进行淫乱。多人，既可以是男性多人，也可以是女性多人，或者男女共同多人。就聚众的方式而言，一般是进行引诱，即利用金钱、物质、色情等手段诱惑他人参加淫乱活动如宣讲、炫耀性体验、性快乐，传播、观看淫秽物品，甚至通过性表演等促使诱惑他人参与淫乱活动。所谓淫乱，一般是指男女之间或者男性之间、女性之间的一切有关性的活动和行为，包括群奸群宿和其他性刺激、满足性欲的行为。如性交、异性裸体共浴以及裸体或者非裸体的抠摸下身、玩弄生殖器、吸吮、亲吻、搂抱、抚摸、鸡奸、兽奸、跳贴面舞等。就目前社会上的整体道德水准而言，也有学者认为构成聚众淫乱罪必须以性交为必要，如果聚集多人在一起而无共同发生性交行为，应当是违反道德伦理的行为，处以治安处罚即可，否则此类犯罪可能会有很多。[①] 所谓聚众进行淫乱，在聚众淫乱罪中就是指通过各种方法促使众人在一起进行淫乱。聚集者或者称首要分子既可以自己参与一起实施淫乱行为，也可以只聚集他人进行淫乱，自己则不参与实施具体的淫乱行为。

4. 聚众淫乱罪所侵害的客体是社会公共秩序和良好的社会公共道德风尚，是对社会公德的蔑视。

三、认定聚众淫乱罪应当注意的问题

1. 对于聚众进行淫乱，各参加者之间必须是基于自愿。如果在聚众淫乱中还有使用暴力、威胁或其他手段强制他人进行淫乱活动的，则应当根据其淫乱行为的性质决定定罪。如果发生了性交行为，则应当以强奸罪论处；如果没有发生性交行为，仅是进行猥亵行为，则应当以强制猥亵妇女罪、猥亵儿童罪等罪处罚，而不应当认定为聚众淫乱罪或者以强奸罪，强制猥亵妇女、猥亵儿童罪与聚众淫乱罪数罪并罚。

2. 对聚集多名卖淫妇女同时向多名嫖客卖淫的，能否以聚众淫乱罪论处的问题，存在两种不同的观点。一种观点认为，聚众淫乱罪在主观上是以寻求下流无耻的精神刺激为动机，而聚集多名卖淫女同时向多名嫖客卖淫，行为人的目的是为了营利。因此，对聚集多名卖淫妇女同时向多名嫖客卖淫的

---

① 陆敏主编：《刑法原理与案例解析》，人民法院出版社 2001 年版，第 715 页。

行为不能按聚众淫乱罪来处理。第二种观点则认为，聚集多名卖淫妇女同时向多名嫖客卖淫，不但从形式上难以与聚众淫乱行为相区分，而且从主观动机上要完全否认行为人不具有寻求下流无耻的精神刺激的动机也很难找出令人信服的证据。因此，对于聚集多名卖淫妇女同时向多名嫖客卖淫和多次参加聚众卖淫行为的妇女和嫖客，以聚众淫乱罪论处是必要的。只有在这种行为还可能构成组织卖淫罪的情况下，才可以考虑以按牵连犯的原则处理，择一重罪即组织卖淫罪处罚。[①] 相比之下，第二种观点更准确地反映了聚众淫乱罪的特征。

四、聚众淫乱罪的处罚

根据《中华人民共和国刑法》第301条第1款的规定，犯聚众淫乱罪的，对首要分子和多次参加者，处五年以下有期徒刑、拘役或者管制。一般来说，对首要分子的量刑要高于多次参加者的量刑，这是因为首要分子对聚众淫乱活动起着决定性的作用。根据《最高人民检察院、公安部关于公安机关管辖的刑事案件立案追诉标准的规定（一）》第41条的规定，“组织、策划、指挥三人以上进行淫乱活动或者参加聚众淫乱活动三次以上的，应予立案追诉”。

第三节 引诱未成年人聚众淫乱罪

第三百零一条 聚众进行淫乱活动的，对首要分子或者多次参加的，处五年以下有期徒刑、拘役或者管制。

引诱未成年人参加聚众淫乱活动的，依照前款的规定从重处罚。

——《中华人民共和国刑法》

① 曾芳文、段启俊主编：《个罪法定情节研究与适用》，人民法院出版社2002年版，第706页。

一、引诱未成年人聚众淫乱罪的概念

引诱未成年人聚众淫乱罪，是指引诱未成年人参加聚众淫乱活动的行为。

引诱未成年人聚众淫乱罪是新增加的罪名。1979 年《中华人民共和国刑法》没有关于此罪的单独规定。当时，对引诱未成年人聚众淫乱的行为是按照流氓罪从重处罚的。未成年人身心发育不完全，辨别是非的能力差，正确的性道德观、人生观尚未定型，行为人引诱未成年人参加聚众淫乱活动，会严重影响未成年人的身心的健康成长。因此，有必要给予特殊保护，单独设立一个新的罪名，即引诱未成年人聚众淫乱活动罪。《中华人民共和国刑法》修订后，在第 301 条第 2 款中规定依照前款规定从重处罚，它是指引诱未成年人聚众淫乱罪而言，并非指引诱未成年人聚众淫乱是聚众淫乱罪的从重处罚的一个情节。引诱未成年人聚众淫乱罪的性质是不是聚众犯罪，我国刑法学家也是鲜有论及。笔者认为引诱未成年人聚众淫乱罪中的引诱行为就是教唆行为，但是这种教唆行为是实行行为。然而，这种实行行为成立的前提是前罪必须构成聚众淫乱罪，否则行为人就不可能构成引诱未成年人聚众淫乱罪，因为行为人如果引诱了未成年人但是没有参加聚众淫乱，就不可能构成引诱未成年人聚众淫乱罪，而只要聚众淫乱就构成聚众淫乱罪。因此，引诱未成年人聚众淫乱罪就必然是聚众犯罪的一种，尽管引诱未成年人聚众淫乱罪可以是单独犯，但是引诱人由于往往就是聚众淫乱的首要分子，这样就不能改变引诱未成年人聚众淫乱罪是聚众犯罪的性质，这可以说是聚众犯罪中最为特殊的一种形式。在此也是作为一个特例放在聚众犯罪中来进行研究。

二、引诱未成年人聚众淫乱罪的构成

1. 引诱未成年人聚众淫乱罪的犯罪主体为一般主体，即只要年满 16 周岁达到刑事责任年龄且具有刑事责任能力的自然人均可以成为引诱未成年人聚众淫乱罪的犯罪主体。由于构成引诱未成年人聚众淫乱罪的一个前提就是行为人本身就构成聚众淫乱罪，行为人因为他的引诱行为往往就构成聚众淫乱的首要分子。

2. 引诱未成年人聚众淫乱罪在主观方面必须是出于故意，即明知自己的行为是引诱未成年人聚众淫乱的行为而仍然决意引诱未成年人参加聚众淫乱活动并且具有希望通过自己的引诱行为致使未成年人参加聚众淫乱活动的故意。过失不构成引诱未成年人聚众淫乱罪。因此，只要行为人有引诱他人参加聚众淫乱的故意，而被引诱的对象实际上是未成年人，就构成引诱未成年人聚众淫乱罪，而不要求引诱人明知被引诱的对象是未成年人。引诱未成年人聚众淫乱罪是结果犯，必须使被引诱的未成年人实际参加了聚众淫乱活动。

3. 引诱未成年人聚众淫乱罪在客观方面表现为引诱未成年人参加聚众淫乱活动的行为。包括四个方面：

首先必须存在着淫乱活动。所谓淫乱，是指男女之间或者男性之间、女性之间的一切有关有伤风化、卑鄙下流的性活动和性行为，如性交、异性裸体共浴以及裸体或者非裸体的抠摸下身、玩弄生殖器、吸吮、亲吻、搂抱、抚摸、鸡奸、兽奸、跳贴面舞等。

其次，上述淫乱活动必须是具有聚众性质。如果虽然有淫乱活动但是不带有聚众性质，也不构成引诱未成年人聚众淫乱罪。所谓聚众性质的淫乱，是指三人以上的淫乱活动，也即前提是构成聚众淫乱罪。二人之间的猥亵、淫乱行为不属于引诱未成年人聚众淫乱罪的聚众淫乱活动，也就是说要构成引诱未成年人聚众淫乱罪，首先要有一个聚众淫乱罪的存在。

再次，聚众淫乱活动必须引诱了未成年人参加。如果虽然有聚众淫乱活动，但是没有引诱未成年人参加，而是引诱了成年人参加，也不构成引诱未成年人聚众淫乱罪。其实，这里的引诱行为也就是聚众淫乱罪的首要分子的教唆、组织行为之一。

最后，未成年人参加淫乱，是由于行为人的引诱所导致。行为人的引诱行为与未成年人参加淫乱活动之间存在必然的因果关系。没有这种必然的因果关系，即使有未成年人参加了聚众淫乱活动，也不构成引诱未成年人聚众淫乱罪。所谓引诱，是指通过物质、精神等方式以使对方产生虚幻感觉，从而随同一起行动，一般是指利用金钱物质、色情等手段诱惑他人参加淫乱活动如宣讲、炫耀性体验、性快乐，传播、观看淫秽物品，甚至通过性表演等促使未成年人参与淫乱活动。引诱未成年人参加聚众淫乱活动，既包括引诱未成年人聚集众人进行淫乱，也包括引诱未成年人多次参加聚众淫乱活动。至于引诱者自己是否实际一起实施参与了淫乱活动，并不影响引诱未成年人聚众淫乱罪的成立。只要引诱未成年人实际进行了淫乱活动的行为，无论是与未成年人一起实际进行了淫乱活动还是未与未成年人一起实施淫乱活动，都可以构成引诱未成年人聚众淫乱罪。

4. 引诱未成年人聚众淫乱罪所侵害的客体是社会的公共秩序及良好的社会道德风尚，这种犯罪行为是对社会公德的蔑视。犯罪对象为未成年人。这里的未成年人是指未满十八岁的自然人，包括男性，也包括女性。未成年人历来受到法律的特殊保护，其他大陆法系国家和地区的刑法无不如此。《法国刑法典》第227—22条第1款规定：“促成或图谋促成未成年人堕落的，处5年监禁并科50万法郎。所涉及之未成年人年龄在15岁以下，所受刑罚加至7年监禁并科70万法郎。”第2款规定：“由成年人组织聚集多人淫乱，有未成年人在场或参加淫乱之行为，尤其适用前款相同之刑罚。”法国对引诱未成年人加参淫乱活动打击的力度远超过我国刑法中对此类犯罪打击的力度，而且不要求行为人有引诱未成年人参加聚众淫乱的行为，而是强调只要在聚众淫乱时有未成年人在场或者参加聚众淫乱即可。台湾地区“刑法”第233条规定的“引诱幼年男女与他人为猥亵或奸淫罪”规定：“意图使未满十六岁之男女与他人为性交或猥亵之行为，而引诱、容留或媒介之者，处五年以下有期徒刑、拘役或五千元以下罚罚金。”处罚更为严厉，只要有引诱人引诱了未成年人与他有猥亵或者性交行为，就构成犯罪，而不要求未成年人一定被引诱参加了聚众淫乱才构成犯罪。

三、认定引诱未成年人聚众淫乱罪应当注意的问题

1. 引诱未成年人参加聚众淫乱活动的，引诱者构成引诱未成年人聚众淫乱罪，被引诱的未成年人如果是已经满十六周岁，他（她）可能多次参加聚众淫乱，甚至自己还成了聚众淫乱的首要分子，如果构成犯罪的，则应当以聚众淫乱罪追究其刑事责任。

2. 引诱人既有引诱未成年人聚众淫乱的行为，又有自己同时参加聚众淫乱的行为，那么，行为人由于他的行为同时既触犯引诱未成年人聚众淫乱罪和聚众淫乱罪，属于法条竞合，应当择一重罪即引诱未成年人聚众淫乱罪处罚。

3. 引诱未成年人聚众淫乱罪的行为是一种引诱行为，如果不是引诱未成年人“自愿”参加聚众淫乱活动，而是以暴力、威胁及其他手段强迫未成年人进行淫乱活动，则应当根据行为人行为的性质考虑以强奸罪，强制猥亵妇

女罪、猥亵儿童罪论处。

4. 引诱未成年人聚众淫乱罪的对象为未成年人。但是，如果是引诱儿童参加淫乱活动或者是引诱幼女进行淫乱活动的，还有可能触犯他罪如猥亵儿童罪、强奸罪，属于想象竞合犯，对之，应当择一重罪处罚。

四、引诱未成年人聚众淫乱罪的处罚

根据《中华人民共和国刑法》第 301 条第 2 款的规定，犯引诱未成年人聚众淫乱罪的，依照《中华人民共和国刑法》第 301 条第 1 款的规定从重处罚，即在五年以下有期徒刑、拘役或者管制的量刑幅度内从重处罚。从法律对引诱未成年人聚众淫乱罪的法定刑的规定来看，也未超过聚众淫乱罪首要分子的法定刑，由此也可以看出，引诱人其实也就是聚众淫乱罪的首要分子。根据《最高人民检察院、公安部关于公安机关管辖的刑事案件立案追诉标准的规定（一）》第 42 条的规定，"引诱未成年人参加聚众淫乱活动的，应予立案追诉"。

第四节　赌博罪

第三百零三条第一款　以营利为目的，聚众赌博或者以赌博为业的，处三年以下有期徒刑、拘役或者管制，并处罚金。

——《中华人民共和国刑法》

一、赌博罪的概念

赌博罪，是指以营利为目的，聚众赌博、开设赌场或者以赌博为业的行为。

1979 年《中华人民共和国刑法》就规定有赌博罪。该法第 168 条规定："以营利为目的，聚众赌博或者以赌博为业的，处三年以下有期徒刑、拘役或

者管制，可以并处罚金。”赌博是旧社会遗留下来的恶习，尤其是一些恶习较深的赌头、赌棍以公开和隐蔽的方式开设赌场，聚众赌博。近年来，全国各地赌博活动又有发展蔓延之势，赌博形式千奇百怪，一些赌博团伙动辄一次就输赢几十万元；有的还开设赌场，在赌场设卡，雇请保镖；有的开设私彩聚众赌博。因赌博诱发的犯罪激增，不仅严重腐蚀人们的思想、破坏社会风尚，影响安定团结，而且还诱发抢劫、盗窃、贪污、诈骗以及其他严重犯罪案件的发生，给社会治安带来了极大的危害。赌博败坏社会风气，直接破坏社会主义精神文明建设，影响生产、工作和生活。为了惩治赌头、赌棍、嗜赌分子，维护正常的社会秩序，很有必要依法打击赌博犯罪活动。修订后的《中华人民共和国刑法》根据发展变化了的形势需要，对1979年《中华人民共和国刑法》第168条规定的赌博罪进行了修订，在修订后的《中华人民共和国刑法》第303条对赌博罪重新作了规定。修订后的《中华人民共和国刑法》对赌博罪的规定相对于1979年《中华人民共和国刑法》对赌博罪规定的修订有两处。一是增设了开设赌场的行为。开设赌场在旧中国司空见惯，新中国成立后，党和政府严厉打击各种赌博活动，取缔了赌场，开设赌场的行为基本绝迹。因此，1979年《中华人民共和国刑法》没有再规定开设赌场的行为。但是近几年来，以营利为目的开设赌场的活动较为突出，一些经济比较发达的地区更是如此。开设赌场是不同于聚众赌博和以赌博为业的行为，开设赌场的人自己并不一定参加赌博，只是为赌博的人提供赌博场所，这种行为助长了赌博之风。修订后的《中华人民共和国刑法》为了惩治这种行为，增加了惩治开设赌场行为的规定。二是罚金刑由可以并处罚金改为并处罚金。这是因为，赌博犯罪的行为人在主观上都具有营利目的，客观上也要以金钱作为经济后盾，对这种犯罪，在判处主刑的同时，附加适用罚金刑，一方面使行为人的营利目的落空，经济上受到损失；另一方面也可以剥夺行为人的再犯罪能力。因此，修订后的《中华人民共和国刑法》把可以并处罚金修订为并处罚金，不仅加大了对赌博罪的惩治力度，也有利于充分发挥刑法财产刑的刑罚功能。由于赌博罪可以分别由三种行为构成，即：一是聚众赌博；二是开设赌场；三是以赌博为业。这三种行为也是其他大陆法系国家和地区刑法典规定的赌博罪的三种典型的行为。赌博罪存在聚众犯罪的形式，在赌博罪中行为人有一种行为方式是我们所说的聚众犯罪。而且这种聚众犯罪不是赌博罪的加重、从重情节，而是某一行为构成赌博罪的必要构成要件。在此，笔者重点介绍与聚众犯罪有关的聚众赌博的行为。而开设赌场、以赌博为业均可以单独犯，不是聚众犯罪。这里的聚众不是赌博罪的加重情节，而是赌博罪一种行为的必要构成要件。因此，聚众赌博构成赌博罪的是聚众犯罪的一种。

二、赌博罪的构成

1. 赌博罪的犯罪主体为一般主体，即凡年满16周岁达到刑事责任年龄且具有刑事责任能力的自然人均可以成为赌博罪的犯罪主体。

2. 赌博罪在主观方面必须出于故意，并且具有营利的目的。如果不是出于营利的目的而是为了玩耍、消遣、娱乐等目的而进行小数额的赌博，则属于赌博行为，但是不构成赌博罪。所谓以营利为目的，是指行为人企图通过自己的某种行为达到获取他人不义之财的目的。在赌博罪中一般是指聚集者通过聚集他人赌博而使得自己营利。至于行为人的意图是否实现，即在赌博中是赢还是输则不影响赌博罪的成立。赌博罪是行为犯。

3. 赌博罪在客观方面表现为聚众赌博、开设赌场或者以赌博为业的行为。在此只论述聚众赌博的情形。所谓聚众赌博，是指“赌头”“庄家”为赌博提供赌场、赌具，组织、招引他人参加赌博，本人从中抽头渔利的行为。[①] 所谓聚众，在赌博罪中是指行为人以招集、劝说、组织、威胁、欺骗等手段使得三人以上的人参加赌博，常常表现为聚集多人并提供赌场、赌具而招引他人赌博，自己则从中抽头渔利。既可以亲自参加，也可以不参加赌博。在现实中聚众赌博者一般是不参加具体赌博的，俗称“赌头”“庄家”。所谓赌博，是指以财物作为赌注赌输赌赢，赌输者拿出事先约定的钱财交给赌赢者，赌赢者则从赌输者手中取得事先约定的钱财。赌博的形式多种多样，五花八门。除最常见的打麻将、玩扑克、掷骰子、推牌九外，还有抽彩、开设跑马机、苹果机等。在我国台湾地区和日本的刑法中就明确规定了聚众赌博的构成聚众赌博罪，就是指召集多人赌博而言。

4. 赌博罪所侵害的客体是社会管理秩序及其良好的社会道德风尚。

---

① 胡康生、李福成主编：《中华人民共和国刑法释义》，法律出版社1997年版，第431页。

三、认定赌博罪应当注意的问题

1. 在赌博犯罪中，常常会因贪图赌注发生其他诸如抢劫、盗窃、聚众斗殴、故意伤害、故意杀人等犯罪行为，此时如果既能构成赌博罪又能构成他罪的，则应当以赌博罪与他罪实施并罚，对于赌徒使用暴力、胁迫手段抢掠他人赌资，或者经预谋而抢劫赌场的，按抢劫罪论处。但是在赌博中行为人使用一般暴力未致人伤害而抢回自己所输掉的钱财，属情节显著轻微的行为，一般不宜以抢劫罪论处。

2. 行为人设置圈套诱骗他人参赌获取钱财的，应当参照 1995 年 11 月 6 日颁布的《最高人民法院关于对设置圈套诱骗他人参赌又向索还钱财的受骗者施以暴力或以暴力相威胁的行为应如何定罪的问题的批复》的规定，属于赌博行为，构成犯罪的，应当以赌博罪处罚。参赌者识破骗局要求退还所输钱财，设置赌局者又使用暴力或者以暴力相威胁，拒绝退还的，应当以赌博罪从重处罚；致参赌者伤害或者死亡的，应当以赌博罪和故意伤害、故意杀人罪数罪并罚。

3. 对于近年来在广东、湖南等地以营利为目的，设置骗局，非法发行带博弈性质的彩票，即俗称“私彩”“地下六合彩”，从中渔利，数额较大的，应当认定为聚众赌博，构成赌博罪。

四、赌博罪的处罚

根据《中华人民共和国刑法》第 303 条的规定，对聚众赌博构成赌博罪的如何处罚法律没有明确规定，一般而言对所有参赌者均予以处罚也并无不可，但是作为聚众犯罪而言，打击的重点是聚众犯罪的首要分子，即所谓“赌头”“庄家”等。因此，可以只对聚众赌博的首要分子进行处罚，这样有利于分化瓦解犯罪分子。对被聚众的赌徒，只要不是以赌博为业，即可以不处以刑罚，对他们可以按《中华人民共和国治安管理处罚法》的规定处罚。构成赌博罪的处三年以下有期徒刑、拘役或者管制，并处罚金。根据《最高人民检察院、公安部关于公安机关管辖的刑事案件立案追诉标准的规定(一)》第 43 条的规定：“以营利为目的，聚众赌博，涉嫌下列情形之一的，应予立案追诉：(一) 组织三人以上赌博，抽头渔利数额累计五千元以上的；

（二）组织三人以上赌博，赌资数额累计五万元以上；（三）组织三人以上赌博，参赌人数累计二十人以上的；（四）组织中华人民共和国公民十人以上赴境外赌博，从中收取回扣、介绍费的；（五）其他聚众赌博应予追究刑事责任的情形。”“以营利为目的，以赌博为业的，应予立案追诉。”“赌博犯罪中用作赌注的款物、换取筹码的款物和通过赌博赢取的款物属于赌资。通过计算机网络实施赌博犯罪的，赌资数额可以按照在计算机网络上投注或者赢取的点数乘以每一点实际代表的金额认定。”

第九章　危害司法的聚众犯罪

国家为了管理好社会秩序而设立了国家机关，各国虽然在称呼上各有不同，但是基本上是根据国家机关的基本管理的权限和性质而将国家机关分为立法机关、行政机关、司法机关、军事机关等，而其中司法机关是代表国家行使司法权的国家机关。国家司法机关又包括国家审判机关、国家检察机关、国家司法行政机关中的监狱管理机关。这些国家机关是国家机器的重要组成部分，依法进行国家司法正常的活动，维护着社会的安全和稳定，是社会防卫的重要工具，也是保证实现社会公平与正义的最后屏障，其正常活动和管理秩序不容妨害。1979年《中华人民共和国刑法》对涉及妨害司法的犯罪的有关规定是分散地规定在分则的各章中，如将聚众劫狱罪、组织越狱罪规定在反革命罪中，将伪证罪规定在侵犯公民人身权利、民主权利罪中，将脱逃罪规定在妨害社会管理秩序罪中，这种排列明显的不利于打击此类犯罪，如聚众劫狱罪还要求行为人必须具有“以反革命为目的”的主观方面的要件。为此，修订后的《中华人民共和国刑法》将妨害司法的犯罪在“妨害社会管理秩序罪”这一章中设立了专节，并规定了聚众妨害司法管理秩序的五个罪名，即扰乱法庭秩序罪、破坏监管秩序罪、组织越狱罪、暴动越狱罪、聚众持械劫狱罪。

第一节 扰乱法庭秩序罪

第三百零九条 有下列扰乱法庭秩序情形之一的，处三年以下有期徒刑、拘役、管制或者罚金：

（一）聚众哄闹、冲击法庭的；

（二）殴打司法工作人员或者诉讼参与人的；

（三）侮辱、诽谤、威胁司法工作人员或者诉讼参与人，不听法庭制止，严重扰乱法庭秩序的；

（四）有毁坏法庭设施，抢夺、损毁诉讼文书、证据等扰乱法庭秩序行为，情节严重的。

——《中华人民共和国刑法》

一、扰乱法庭秩序罪的概念

扰乱法庭秩序罪，是指有下列情形之一的行为：（一）聚众哄闹、冲击法庭的；（二）殴打司法工作人员或者诉讼参与人的；（三）侮辱、诽谤、威胁司法工作人员或者诉讼参与人，不听法庭制止，严重扰乱法庭秩序的；（四）有毁坏法庭设施，抢夺、损毁诉讼文书、证据等扰乱法庭秩序行为，情节严重的。

笔者在此重点介绍聚众哄闹、冲击法庭的行为，对于殴打司法工作人员或者诉讼参与人的；侮辱、诽谤、威胁司法工作人员或者诉讼参与人，不听法庭制止，严重扰乱法庭秩序的；有毁坏法庭设施，抢夺、损毁诉讼文书、证据等扰乱法庭秩序行为，情节严重的，由于这些行为可以是单独犯，因此在此不予以介绍。

法庭即审判庭，是人民法院代表国家行使审判权，依法进行审判活动的场所。法庭代表的是国家的尊严和法律的权威，任何人都必须遵守法庭秩序和法庭纪律。任何无视法律，扰乱法庭秩序的行为都是法律所不允许的。而在司法实践中，特别是在民事、行政审判活动中，一些人干扰法庭审判活动、扰乱法庭审判秩序的现象屡有发生，严重地干扰了法庭的审判活动，甚至使得法庭的审判活动无法进行，极大地损害了法律的权威。为此，1996 年《中华人民共和国刑事诉讼法》第 161 条第 2 款规定："对聚众哄闹、冲击法庭或者侮辱、诽谤、威胁、殴打司法工作人员或者诉讼参与人，严重扰乱法庭秩序，构成犯罪的，依法追究刑事责任。"2007 年《中华人民共和国民事诉讼法》第 101 条第 3 款规定："人民法院对哄闹、冲击法庭，侮辱、诽谤、威胁、殴打审判人员、严重扰乱法庭秩序的人，依法追究刑事责任。"在《中华人民共和国民事诉讼法》颁布时和在修正《中华人民共和国刑事诉讼法》时，1979 年《中华人民共和国刑法》尚未修订，而 1979 年《中华人民共和国刑法》对哄闹、冲击法庭，侮辱、诽谤、威胁、殴打审判人员、严重扰乱法庭秩序的人，依法追究刑事责任和对聚众哄闹、冲击法庭或者侮辱、诽谤、威胁、殴打司法工作人员或者诉讼参与人，严重扰乱法庭秩序的行为，构成犯罪的，以什么罪名追究行为人的刑事责任没有明确规定。而在实践中，严重扰乱法庭秩序的行为又经常发生，正是由于没有专门规定扰乱法庭秩序罪，没有适当的罪名和法条可以引用，使得上述有关扰乱法庭秩序的行为，应当追究刑事责任的规定得不到切实贯彻，在司法实践中很少对此类情况追究行为人的刑事责任，大多数都没有以犯罪论处，以致严重影响人民法院的权威甚至法律的权威。在处理扰乱法庭秩序的行为时，一般有三种做法：一是给情节严重的行为人以司法拘留或者罚款；二是对情节较为严重的行为人，在法庭休庭后由司法警察将行为人驱除出法庭；三是对情节一般的行为人当场予以批评教育。上述做法并不是因为这些行为都不构成犯罪，其中具有严重社会危害性的行为亦不乏少见，而是往往由于没有明确的刑事法律的处罚规定，从而放纵了部分犯罪行为。这充分说明修订后的《中华人民共和国刑法》规定扰乱法庭秩序罪是非常必要和非常及时的。《中华人民共和国刑法》规定扰乱法庭秩序罪的主要目的是为了保障法庭的审判工作顺利进行，维护法庭的尊严，也就是维持法律的尊严。全国人民代表大会在修订《中华人民共和国刑法》时，吸收了 1996 年《中华人民共和国刑事诉讼法》第 161 条和 2007 年《中华人民共和国民事诉讼法》第 101 条的规定并作了两点修改：一是在危害行为方式上，只规定了三种行为方式，即：聚众哄闹法庭、聚众冲击法庭和殴打司法工作人员，而将其他诸如对司法工作人员进行侮辱、诽谤、威胁的行为方式没有规定为扰乱法庭秩序罪；二是在犯罪对象方面，没有把对诉讼参与人的攻击、殴打行为作为扰乱法庭秩序罪处理。上述规定是与我国当前人们的法律意识水平相适应的，同时这种修改并不意味着上述行为就一定不构成犯罪，只是如果构成犯罪不以扰乱法庭秩序罪论处，可以以其他罪如侮辱罪、诽谤罪等论处。而且扰乱法庭秩序罪规定的三种行为方式必须达到严重扰乱法庭秩序的程度，如果仅是一般性的哄闹、冲击法庭或者对法庭的司法工作人员冲撞属于一般违法行为，不构成犯罪。扰乱法庭秩序罪是与1996年《中华人民共和国刑事诉讼法》第161条第2款和2007年《中华人民共和国民事诉讼法》第101条第3款并存并相互照应而增加的新罪。《最高人民法院关于执行〈中华人民共和国刑法〉确定罪名的规定》和《最高人民检察院关于适用刑法分则规定的犯罪罪名的意见》在确定罪名时，没有采用列举的方式将某一种行为特征列举出来，而是直接以犯罪的危害后果，即“扰乱法庭秩序”来确定，并确定为扰乱法庭秩序罪。《中华人民共和国刑法修改案（九）》第37条对本罪进行了修正，规定“有下列扰乱法庭秩序情形之一的，处三年以下有期徒刑、拘役、管制或者罚金：（一）聚众哄闹、冲击法庭的；（二）殴打司法工作人员或者诉讼参与人的；（三）侮辱、诽谤、威胁司法工作人员或者诉讼参与人，不听法庭制止，严重扰乱法庭秩序的；（四）有毁坏法庭设施，抢夺、损毁诉讼文书、证据等扰乱法庭秩序行为，情节严重的”，增加了一些扰乱法庭秩序的情形。

对于扰乱法庭秩序罪是不是聚众犯罪的问题或者说存在不存在聚众犯罪的问题，各类刑法理论书籍鲜有涉及。《中华人民共和国刑法》对扰乱法庭秩序罪规定了四种行为：一是聚众哄闹、冲击法庭的；二是殴打司法工作人员或者诉讼参与人的；三是侮辱、诽谤、威胁司法工作人员或者诉讼参与人，不听法庭制止，严重扰乱法庭秩序的；四是有毁坏法庭设施，抢夺、损毁诉讼文书、证据等扰乱法庭秩序行为，情节严重的。殴打司法工作人员或者诉讼参与人；侮辱、诽谤、威胁司法工作人员或者诉讼参与人，不听法庭制止，严重扰乱法庭秩序的；有毁坏法庭设施，抢夺、损毁诉讼文书、证据等扰乱法庭秩序行为由于可以是单独犯，因此，行为人实施了殴打司法工作人员或者诉讼参与人；侮辱、诽谤、威胁司法工作人员或者诉讼参与人，不听法庭制止，严重扰乱法庭秩序的；有毁坏法庭设施，抢夺、损毁诉讼文书、证据等扰乱法庭秩序的行为时，可以单独定罪，即使是多人共同殴打司法工作人员时，也只是任意的共同犯罪，当然不是聚众犯罪。当行为人没有殴打司法工作人员或者诉讼参与人；侮辱、诽谤、威胁司法工作人员或者诉讼参与人，不听法庭制止，严重扰乱法庭秩序的；有毁坏法庭设施，抢夺、损毁诉讼文书、证据等扰乱法庭秩序而仅仅只是哄闹、冲击法庭时，法律规定只有聚众实施哄闹、冲击法庭的行为时才构成犯罪，这时聚众就成为哄闹、冲击法庭行为构成扰乱法庭秩序罪的必要构成要件，当聚众成为某一犯罪的必要构成要件时，那么某一犯罪就是聚众犯罪，因此，（聚众）扰乱法庭秩序罪是必要的共同犯罪，就是聚众犯罪的一种。如果没有殴打司法工作人员或者诉讼参与人；侮辱、诽谤、威胁司法工作人员或者诉讼参与人，不听法庭制止，严重扰乱法庭秩序的；有毁坏法庭设施，抢夺、损毁诉讼文书、证据等扰乱法庭秩序的行为，又没有以聚众的形式，只是一人或者二人哄闹、冲击法庭，即使扰乱了法庭秩序，也不构成扰乱法庭秩序罪，只能按《中华人民共和国刑事诉讼法》关于“在法庭审判过程中，如果诉讼参与人或者旁听人员违反法庭秩序，审判长应当警告制止。对不听制止的，可以强行带出法庭；情节严重的，处一千元以下的罚款或者十五日以下的拘留”的规定或者按《中华人民共和国民事诉讼法》关于“人民法院对违反法庭规则的人可以训诫，责令退出法庭或者予以罚款、拘留”的规定处理。因此，在扰乱法庭秩序罪中行为人有两种行为方式是我们所说的聚众犯罪。而且这种聚众犯罪不是扰乱法庭秩序罪的加重、从重情节，而是两种行为构成扰乱法庭秩序罪的必要构成要件。因此，扰乱法庭秩序罪存在着聚众犯罪。

二、扰乱法庭秩序罪的构成

1. 扰乱法庭秩序罪的犯罪主体是为一般主体，即凡年满16周岁达到刑事责任年龄且具有刑事责任能力的自然人均可以成为扰乱法庭秩序罪的犯罪主体。在司法实践中，一般多为正在开庭审理的案件的诉讼参与人及其参加旁听的诉讼参与人的亲朋好友。

2. 扰乱法庭秩序罪在主观方面必须出于故意，即明知自己的行为是聚众哄闹、冲击法庭的行为而仍然决意聚众哄闹、冲击，行为人明知自己的行为会严重扰乱法庭秩序而仍然希望这种结果的发生，从行为人的主观心态来说，主要是无视法律的权威、无视法庭的权威。过失不能构成扰乱法庭秩序罪，如果行为人主观上没有扰乱法庭秩序的故意，仅仅因为情绪激动，不能自制，性格率直，坚持自己的见解等原因在法庭上言语过激，言辞冲撞，行为不当，就不应当以扰乱法庭秩序罪论处。

3. 扰乱法庭秩序罪在客观方面表现为聚众哄闹、冲击法庭的行为。因聚众而构成扰乱法庭秩序罪的行为有两种形式。一是聚众哄闹法庭。所谓聚众，在扰乱法庭秩序罪中是指聚集、纠合三人以上的多人；所谓哄闹，在扰乱法庭秩序罪中是指在法庭上或者法庭周围进行起哄、喧哗、吵闹、搅乱、喧闹、指责、诽谤、辱骂、播放噪音等活动，使法庭审判活动无法正常进行。法庭，是指人民法院依法审理各种案件的场所。既包括设在人民法院内部专门用于审理案件的正规的固定的场所，也包括设在人民法院在案发地临时设立的开庭场所，如巡回法庭。无论是何种法庭，只要正在审理案件，行为人对正在开庭审理案件的法庭进行聚众哄闹，都可构成扰乱法庭秩序罪。二是聚众冲击法庭。所谓聚众，在扰乱法庭秩序罪中是指聚集、纠合三人以上的多人。所谓冲击，在扰乱法庭秩序罪中是指未经许可、不听劝阻，强行闯入法庭；向法庭投掷石块、泥土、污秽物品；砸毁、破坏门窗、桌椅、设施等带有暴力色彩的活动，实际上是未经法庭允许，参加法庭庭审活动及旁听的人员强行冲进法庭或者以暴力行为在法庭内外扰乱审判活动正常进行。

2003 年 2 月 26 日上午 10 时许，被告人孙某兄、孙某弟两兄弟在西安市中级人民法院旁听他们的父亲孙某利被被告人赵某、赵敏强杀害一案时，置法警的劝阻于不顾，强行冲入审判区对两名正在被审判的赵某、赵某强进行殴打，严重扰乱了法庭秩序，使法庭审判活动被迫中止。法庭内中文速录机、电脑、桌椅等也被损坏，经估价造成经济损失 2820 元。陕西省西安市莲湖区人民法院于 2003 年 7 月 5 日开庭审理了此案。被告人孙某兄、孙某弟都承认自己没有听取法警的警告和劝阻，冲进审判区殴打了赵某和赵某强。但是两人辩解称，当时他们和母亲在一起，母亲见到杀人凶手后出现后，情绪非常激动，哭闹起来，被人带出法庭，他们受到母亲感染，对杀父仇人分外愤恨，所以冲上去打了赵某和赵某强。孙某兄、孙某弟的两名辩护律师分别为孙氏兄弟作了无罪辩护，认为孙氏兄弟扰乱法庭秩序并无预谋，而是因为见到杀父仇人情绪失控而引发不理智行为，且事发后对西安中级人民法院的损失已经作出了赔偿，所以希望法庭对两被告人只处罚金或者司法拘留等。孙某兄、孙某弟也强调自己不是故意的，希望法庭从轻处罚。法庭根据《中华人民共和国刑法》第 309 条的规定，考虑到两被告人认罪态度较好，又积极赔偿法庭损失，对孙某兄、孙某弟扰乱法庭秩序罪作了从轻判处，以扰乱法庭秩序罪，一审分别判处孙某兄有期徒刑一年，孙某弟有期徒刑六个月、缓刑一年。

二人当庭未表示上诉。[1] 本案的判决似乎存在很大的问题，孙氏两兄弟的行为无疑是扰乱了法庭的秩序。但是，由于他们二人虽然冲击了法庭，却不是聚众冲击的，因此，他们的行为不能认定为聚众哄闹、冲击法庭。他们殴打法庭上的人，但是没有殴打司法工作人员，而在《刑法修正案（九）》颁布前，只有殴打司法工作人员才构成扰乱法庭秩序罪，因此，对孙氏兄弟不能认定为扰乱法庭秩序罪。辩护人及其被告人的辩护和辩解均没有抓住案件的关键。孙氏兄弟的行为可以不按犯罪论处，而应当按1996年《中华人民共和国刑事诉讼法》第161条第1款“在法庭审判过程中，如果诉讼参与人或者旁听人员违反法庭秩序，审判长应当警告制止。对不听制止的，可以强行带出法庭；情节严重的，处一千元以下的罚款或者十五日以下的拘留”的规定处理。《刑法修正案（九）》颁布后，类似孙氏兄弟殴打被告人的行为也就构成打扰法庭秩序罪了。此外，扰乱法庭秩序罪还必须以严重扰乱法庭秩序为构成要件。否则虽然有聚众哄闹、冲击法庭的行为，但是尚未给法庭造成严重扰乱，也不能构成扰乱法庭秩序罪。所谓严重扰乱法庭，在扰乱法庭秩序罪中主要是指造成法庭审理案件进程中断，无法正常进行；造成法庭设施设备损坏；致伤司法工作人员、当事人及其他诉讼参与人或者旁听人员；致使当事人或者诉讼参与人遭受较大损失等。如湖南省安仁县平背乡某村农民张某生于2000年9月22日上午在旁听安仁县人民法院民事审判庭开庭审理某民事案件时，就座于旁听席上。在案件审理过程中，张某生认为法庭审理案件不如其意，即带领在一起旁听的亲友多人冲入审判区内，冲上审判台，围攻正在审理案件的审判人员，用手掌拍击审判台，有的人抢案卷，有的摔牌子，聚众哄闹法庭，致使该法庭秩序混乱，审判工作无法进行。当法院法官进行制止时，张某生还手持钢管，冲上法院办公楼三楼执行局办公室，用钢管撬开手铐，将法院留置的人员强行带走，然后又将一位审判人员强行挟持到县人大大院，肆意扰乱法庭秩序。安仁县人民法院审理认为，被告人张某生聚众哄闹法庭，拍击审判台、摔砸法庭设施，围攻正在开庭审案的审判人员，致使法庭无法继续审理案件，严重扰乱了法庭秩序，张某生的行为已经构成扰乱法庭秩序罪，判处有期徒刑二年零六个月。[2] 被告人张某生的行为就属于聚众哄闹法

---

① 宗边：《冲击法庭殴打庭审被告人——两兄弟扰乱法庭秩序被判刑》，载《人民法院报》2003年7月10日。

② 梁建军、黄俊斌、陈学：《肆意扰乱法庭秩序——湖南一农民被判刑》，载《人民法院报》2003年5月19日。

庭，严重扰乱法庭秩序的行为。在此次犯罪中，如果只有张某生一人冲击上审判台，而没有聚众的话，只要张某生没有殴打司法工作人员，就不构成扰乱法庭秩序罪，构成犯罪的话也只构成其他罪。在聚众哄闹法庭、聚众冲击法庭这两种行为中，只要具备其中一种即可以构成扰乱法庭秩序罪。对于一些行为人扰乱法庭秩序，情节显著轻微，危害不大的，或者经劝告、制止而及时停止扰乱行为的，可以不按扰乱法庭秩序罪论处。扰乱法庭秩序罪是结果犯。

最初，立法者在立法时，充分考虑到了扰乱法庭秩序的情形，如果行为人是单独犯，则只有殴打了法庭司法工作人员才构成犯罪，由此似乎会产生未殴打法庭的司法工作人员则不构成犯罪的印象。为此，立法者又将只有聚众哄闹、冲击法庭行为而又没有殴打法庭司法工作人员行为也规定为扰乱法庭秩序罪，《刑法修正案（九）》再次进行了修正，这就彻底堵住了法律的漏洞，同时也与一般性哄闹、搅扰而不构成犯罪的行为区别开来了。保证了既不扩大打击面，也不缩小打击面。对于同时具备四种行为的行为人，当然可以按扰乱法庭秩序罪论处。

4. 扰乱法庭秩序罪侵害的客体是人民法院的法庭审判秩序。法庭是人民法院依法行使宪法赋予的审判职能的庄严场所，是严格执行公开审判制度，体现法制文明的场所，必须秩序良好。人民法院的法庭秩序严格说来也是社会管理秩序、国家机关秩序的一种，维持好法庭秩序，对于公开、公平、公正地审理好案件有着十分重要的意义，也是维护法庭尊严、法律权威的需要。为了保证审理案件公开举证、质证、认证，公开宣判的顺利进行，对于藐视国家法律权威、妨害司法活动正常进行的行为，对于扰乱法庭秩序的行为应当予以惩治。其他各国刑事立法对法庭秩序的保护更为严格，只要行为人有蔑视法庭的言行就可以以蔑视法庭罪予以处罚，相对而言《中华人民共和国刑法》对法庭的保护要弱一些，即使扰乱法庭秩序罪也规定得较为严格。例如，《韩国刑法典》第 138 条侮辱法庭或者国会会议场所罪就规定："对以妨害法院裁判或国会审议为目的，在法庭、国会会议场所或其附近，侮辱或者骚扰的，处三年以下劳役或者一百万元以下罚金。"对于聚众犯侮辱法庭或者国会会议场所罪的予以加重处罚。《法国刑法典》第 434－24 条侵犯对司法应有之尊重罪就规定："对正在履行职责的法官、陪审员或其他司法建制中的任何人，以言语、动作或者威胁或者以各种未公开的文字或者形象，寄送任何物品，对其进行侮辱，旨在侵犯其尊严或者侵犯对其所担负之职责的尊重的，处一年监禁并科10万元法郎罚金。侮辱行为发生在法院、法庭或者司法机构开庭审理之时，所受之刑罚加重至二年监禁并科20万元法郎罚金。”

三、认定扰乱法庭秩序罪应当注意的问题

1. 如果行为人在聚众哄闹、冲击法庭时，还有烧砸法庭设施，造成公共财物较大损毁等行为的，而且又能够独立构成其他犯罪的，如放火罪、故意毁坏财物罪等的，在如何处理上有着两种不同的观点。有的观点认为，应当在追究行为人扰乱法庭秩序罪的同时，还应当按数罪并罚的原则分别追究其他罪的刑事责任。[①] 也有的观点则认为，这种行为应当属想象竞合犯，应当择一重罪进行处罚。[②] 对此，笔者认为，烧砸法庭设施，造成财物较大损毁等行为已超出聚众哄闹、冲击法庭的手段与目的了，两者在手段与目的之间没有必然的关系，因此，不能按牵连犯处理，即不能按牵连犯的原则择一重罪处理。而想象竞合犯是指一个犯罪行为而触犯数个罪名的犯罪，即基于一个犯意的发动，实施一个犯罪行为，侵犯数个客体，成立数个罪名的情况。[③] 很显然，在“聚众哄闹、冲击法庭”的行为中当然不包括烧砸法庭设施的行为，只是哄闹、冲击行为，如果在聚众哄闹、冲击法庭的行为中还实施了烧砸法庭设施的行为，就不是实施一个行为了，而是实施了数个行为，因此，当然不能按想象竞合犯的原则处理，而应当按数罪并罚的原则处理。

2. 行为人聚众哄闹、冲击设在人民法院内部的法庭，在一般情况下也只能构成扰乱法庭秩序罪而不构成聚众冲击国家机关罪。但是，如果行为人在冲击人民法院内部设立的法庭的同时，又冲击人民法院，并造成相应的后果的，则属于结果牵连犯，如果造成严重损失的，则应当以聚众冲击国家机关罪从重处罚，不实行数罪并罚。同时，在追究刑事责任方面，扰乱法庭秩序罪是追究所有参加聚众哄闹、冲击法庭的行为人的刑事责任，而聚众冲击国家机关罪则只追究首要分子和积极参加者的刑事责任。

3. 注意划清扰乱法庭秩序罪与聚众扰乱社会秩序罪的界限。在聚众哄闹、冲击法庭构成扰乱法庭秩序罪与聚众扰乱社会秩序罪在行为方式上有相同之处。两者不同之处也是明显的。一是发生的时间方面，扰乱法庭秩序罪的聚

---

① 曾芳文、段启俊主编：《个罪法定情节研究与适用》，人民法院出版社2002年版，第735页。
② 吴明夏、江绍恒、王亲生主编：《新刑法通释》，人民出版社1998年版，第1071页。
③ 马克昌主编：《犯罪通论》，武汉大学出版社2001年版，第671页。

众哄闹、冲击法庭的行为是发生在人民法院对案件审理的阶段，如不是在案件审理阶段，即使聚众哄闹、冲击法庭也不构成扰乱法庭秩序罪；而聚众扰乱社会秩序罪则无时间上的限制。二是对象的不同，扰乱法庭秩序罪所哄闹、冲击的对象是人民法院正审理案件的法庭，而聚众扰乱社会秩序罪所扰乱的对象是企事业单位。三是在处罚方面，扰乱法庭秩序罪是追究所有参加聚众哄闹、冲击法庭的行为人的刑事责任，而聚众扰乱社会秩序罪则只追究首要分子和积极参加者的刑事责任。

四、扰乱法庭秩序罪的处罚

根据《中华人民共和国刑法》第 309 条的规定，犯扰乱法庭秩序罪的，处三年以下有期徒刑、拘役、管制或者罚金。

对聚众哄闹、冲击法庭的行为人应当追究哪些人的刑事责任则刑法未予明确规定，不像其他聚众犯罪那样明确规定追究首要分子或者积极参加者的刑事责任。笔者认为，在法律没有明确的情况下，追究所有参加聚众哄闹、冲击法庭的行为人的刑事责任并无不当。但是，由于在通常情况下，聚众犯罪都是只追究首要分子和积极参加者的刑事责任。因此，有的学者也认为可以只追究在聚众哄闹、冲击法庭中起组织、策划、指挥作用的人和积极参加者的刑事责任。[①] 这种观点在司法实践是可行的，但从理论上来说还是应当追究所有参加者的刑事责任。笔者认为，我们在司法实践中，在追究聚众哄闹、冲击法庭的行为人的刑事责任时可以参考有关聚众犯罪的一般原则处理，注意控制打击面。在人数不多的情况下，可以全部追究；在人数较多的情况下，对一般参加者，则可以按《中华人民共和国刑事诉讼法》“在法庭审判过程中，如果诉讼参与人或者旁听人员违反法庭秩序，审判长应当警告制止。对不听制止的，可以强行带出法庭；情节严重的，处一千元以下的罚款或者十五日以下的拘留”的规定处理。即使全部追究聚众哄闹、冲击法庭的行为人的刑事责任，在处理上，也可以按有期徒刑、拘役、管制或者罚金不同的处罚层次进行处罚，要按行为人在实施犯罪时所起的作用有所区别，以体现我国刑法宽严相济和罪刑相适应原则。

---

① 曾芳文、段启俊主编：《个罪法定情节研究与适用》，人民法院出版社 2002 年版，第 735 页。

第二节　破坏监管秩序罪

第三百一十五条　依法被关押的罪犯，有下列破坏监管秩序行为之一，情节严重的，处三年以下有期徒刑：

（一）殴打监管人员的；

（二）组织其他被监管人破坏监管秩序的；

（三）聚众闹事，扰乱正常监管秩序的；

（四）殴打、体罚或者指使他人殴打、体罚其他被监管人的。

——《中华人民共和国刑法》

一、破坏监管秩序罪的概念

破坏监管秩序罪，是指依法被关押的罪犯，破坏监管秩序，情节严重的行为。

破坏监管秩序罪是在修订《中华人民共和国刑法》时吸收《中华人民共和国监狱法》第58条的规定新增加的一个罪名。1979年《中华人民共和国刑法》没有破坏监管秩序罪，1994年12月29日第八届全国人民代表大会常务委员会第十一次会议通过的《中华人民共和国监狱法》第58条第1款规定："罪犯有下列破坏监管秩序情形之一的，监狱可以给予警告、记过或者禁闭：（一）聚众哄闹监狱，扰乱正常秩序的；（二）辱骂或者殴打人民警察的；（三）欺压其他罪犯的；（四）偷窃、赌博、打架斗殴、寻衅滋事的；（五）有劳动能力拒不参加劳动或者消极怠工，经教育不改的；（六）以自伤、自残手段逃避劳动的；（七）在生产劳动中故意违反操作规程，或者有意损坏生产工具的；（八）有违反监规纪律的其他行为的。"第3款还规定："罪犯在服刑期间有第一款所列行为，构成犯罪的，依法追究刑事责任。"但是，构成犯罪以什么罪名追究行为人的刑事责任，法律没有规定。因此，修订《中华人民共和国刑法》时，有的学者提出应当设立破坏监管秩序罪的立法建议，认为破坏监管秩序罪，也称抗拒改造罪，是指被监管人员，违反监管法规，破坏扰乱监管场所秩序，情节严重的行为，提出将《中华人民共和国监狱法》的规定在修订后吸收到《中华人民共和国刑法》中来，确定为“破坏监管秩序罪”。[①] 立法机关接受了学者们的建议，在《中华人民共和国监狱法》第58条第1款规定的8项破坏监管秩序的行为的基础上将其中规定的5项破坏监管秩序的行为排除在犯罪行为之外；修改了规定的3项破坏监管秩序的行为，即将“辱骂或者殴打人民警察的”修改为“殴打监管人员的”作为第1项；将“聚众哄闹监狱，扰乱正常秩序的”修改为“聚众闹事，扰乱监管正常秩序的”作为第3项；将“欺压其他罪犯的”修改为“殴打、体罚或者指使他人殴打、体罚其他被监管人的”作为第4项，增加了一项破坏监管秩序的犯罪行为的规定，即“组织其他被监管人破坏监管秩序的”作为第2项，上述修改和增加的部分就成为《中华人民共和国刑法》破坏监管秩序罪犯罪的客观方面的组成部分。立法机关为了司法机关便于掌握，对破坏监管秩序罪罪状叙述详尽，将能够构成破坏监管秩序罪的四种行为一一加以列举。但是，最高人民法院、最高人民检察院在确定罪名时都使用了较为简洁的罪名——破坏监管秩序罪，这既反映了破坏监管秩序罪的基本特征，也体现了罪名的简洁性。

在破坏监管秩序罪中，只有“聚众闹事，扰乱正常的监管秩序的”行为是聚众犯罪，其他三项行为则为单独犯罪，而且这种聚众犯罪不是破坏监管秩序罪的加重、从重情节，而是某一行为构成破坏监管秩序罪的必要构成要件。因此，破坏监管秩序罪既可以是单独犯罪，也可以是聚众犯罪，破坏监管秩序罪存在聚众犯罪。本节将重点介绍破坏监管秩序罪中的聚众犯罪。

二、破坏监管秩序罪的构成

1. 破坏监管秩序罪的犯罪主体是特殊主体，只有依法被关押的罪犯才能成为破坏监管秩序罪的犯罪主体。

所谓罪犯，是指依法经人民法院的生效刑事判决或者裁定为犯罪，并且已被交付执行刑罚的人。所谓生效刑事判决或者裁定，就是指已经发生法律效力的刑事判决或者裁定。根据《中华人民共和国刑事诉讼法》第259条第2

---

① 赵秉志主编：《刑法修改研究综述》，中国人民公安大学出版社1990年版，第372页。

款规定："下列判决和裁定是发生法律效力的判决和裁定：（一）已过法定期限没有上诉、抗诉的判决和裁定；（二）终审的判决和裁定；（三）最高人民法院核准的死刑判决和高级人民法院核准的死刑缓期二年执行的判决。"只有根据上述生效的判决或者裁定所确定的罪犯才有可能构成破坏监管秩序罪的犯罪主体，他们既包括在监狱、未成年犯管教所等服刑处所服刑的罪犯，也包括依法在看守所、拘役所等处所服刑的罪犯。但是，不管是在哪里服刑都必须是正在被依法关押、监管的。依法决定暂予监外执行、被依法判决或者裁定宣告缓刑、被依法裁定假释的罪犯由于他们没有被关押在监管场所服刑，当然不能成为破坏监管秩序罪的犯罪主体；同样，未依法经人民法院的生效判决或者裁定确定为有罪的犯罪嫌疑人、被告人、虽然被一审判决认定为有罪但是尚未经终审判决或者裁定为有罪或者虽然被告人未上诉、检察机关未抗诉但是尚未过上诉期的被告人和其他被依法关押的劳动教养人员、被民事拘留、行政拘留的人员等，他们虽然被依法关押，由于他们或者不具有确定的罪犯的身份，或者不具有罪犯身份，这些人也不能成为破坏监管秩序罪的犯罪主体，而且具有上述身份的人并没有关押在监狱内，因此，也就谈不上破坏监管秩序。对那些已经执行刑罚的期限已到，但是尚未来得及释放的刑满人员，因为已经不再具有罪犯的身份，同样不能成为破坏监管秩序罪的犯罪主体。对那些被生效判决或者裁定裁判为缓刑，但是尚未来得及释放的罪犯，也不能成为破坏监管秩序罪的犯罪主体，对他们可以根据《中华人民共和国刑法》第 77 条第 2 款"被宣告缓刑的犯罪分子在缓刑考验期限内，违反法律、行政法规或者国务院公安部门有关缓刑的监管规定，情节严重的，应当撤销缓刑，执行原判刑罚"的规定处理，由原作出缓刑裁判的人民法院根据同级公安机关的建议作出撤销缓刑的裁定。对那些被依法裁定假释，但是尚未来得及释放的罪犯，同样不能成为破坏监管秩序罪的犯罪主体，对他们可以依照《中华人民共和国刑法》第 86 条第 3 款"被假释的犯罪分子在假释考验期限内，有违反法律、行政法规或者国务院公安部门有关假释的监督管理法规的行为，尚未构成新的犯罪的，应当依照法定程序，撤销假释，收监执行未执行完毕的刑罚"的规定处理，由原作出假释裁判的人民法院根据监狱管理机关的建议作出撤销假释的裁定。上述不能成为破坏监管秩序罪的犯罪主体的人即使有破坏监管秩序的行为，也不能构成破坏监管秩序罪。构成犯罪的可以其他罪论处，或者撤销假释或者撤销缓刑。

2. 破坏监管秩序罪在主观方面必须是出于故意，即行为人明知自己的行为是破坏监管秩序的行为但是仍然决意实施。过失不能构成破坏监管秩序罪。至于行为人的动机可以是多种多样，有的是发泄不满，有的是感到前途无望，有的则是恶习难改，一般是抗拒改造，无论行为人的动机如何，只要是出于破坏监管秩序的动机且实施了破坏监管秩序罪所规定的四种行为之一的就构成破坏监管秩序罪。

3. 破坏监管秩序罪中的聚众犯罪在客观方面表现为“聚众闹事，扰乱正常监管秩序”，情节严重的行为，对其他三项行为在此就不论述。

首先，要有聚众闹事的行为。所谓聚众，在破坏监管秩序罪中是指聚集、纠合三人以上的在押罪犯。所谓闹事，在破坏监管秩序罪中，是指在押的罪犯纠集在一起哄闹、制造事端，不服管教，如围攻监管人员；煽动他人绝食、罢工、寻衅滋事等。

其次，聚众闹事的行为必须是情节严重才构成破坏监管秩序罪。如果行为人的情节尚未达到严重程度，即使实施了聚众闹事行为，也不构成破坏监管秩序罪，可以按《中华人民共和国监狱法》第 58 条的规定给予警告、记过或者七至十五天的禁闭。所谓情节严重，是指聚众闹事致使正常的监管秩序无法维持。在司法解释出台之前，有学者认为，主要是有两个方面。一是因破坏监管秩序经由监狱机关给予禁闭两次后又破坏监管秩序的。这是因为禁闭措施是监狱对于具有一般破坏监管秩序行为的在押罪犯最重的处罚措施。在押罪犯因破坏监管秩序受到两次禁闭后，如果拒不悔改，又实施破坏监管秩序行为，说明行为人主观恶性大，当然应当追究行为人的刑事责任。二是一次实施多种破坏监管秩序行为。在押罪犯一次实施了多种破坏监管秩序行为，说明行为人手段恶劣，人身危害性大。[①] 有的学者认为，认定行为人的行为是否构成情节严重时，必须坚持主客观相一致的原则，一是要看行为人在主观上是否具有抗拒劳动改造的主观恶性，二是要看行为人实施行为的性质及其造成的危害后果的程度，在全面分析的基础上进行认定，不构成犯罪的就不以犯罪论处。[②] 破坏监管秩序罪是结果犯。

4. 破坏监管秩序罪所侵害的客体是监狱、未成年犯管教所、看守所、拘役所等关押罪犯的场所的管理秩序，即监狱依照有关监狱法规、管理规章制度对服刑罪犯进行惩罚、教育、改造的正常活动。有的学者还认为，这些场

---

① 曾芳文、段启俊主编：《个罪法定情节研究与适用》，人民法院出版社 2002 年版，第 749 页。

② 刘生荣主编：《施刑范典》，中国方正出版社 1999 年版，第 896 页。

所也包括罪犯在服刑期间外出劳动的场所，在押解移送途中或者其他临时关押场所。[①] 良好的监管秩序是对罪犯进行有效管理、改造的保障，使有罪者得到相应的刑罚处罚，从而实现刑罚的一般预防与特殊预防的目的。因此，破坏监管秩序的行为，必然会妨害监狱的正常管理活动，妨害对罪犯的改造，使刑罚的社会防卫职能不能得到彻底的贯彻。对于破坏监管秩序的犯罪行为，理应严厉打击。

三、认定破坏监管秩序罪应当注意的问题

在破坏监管秩序罪中对“聚众闹事，扰乱正常监管秩序”，情节严重且在闹事中有致人伤害的行为，应当以轻伤为限，致人重伤或者死亡的，应当以破坏监管秩序罪和故意伤害或者故意杀人罪数罪并罚。如果是“殴打、体罚或者指使他人殴打、体罚其他被监管人的”，致人重伤、死亡的，则是“殴打、体罚或者指使他人殴打、体罚”行为手段牵连，属牵连犯，则应当以一罪论处，即以故意伤害罪或者故意杀人罪论。

四、破坏监管秩序罪的处罚

根据《中华人民共和国刑法》第 315 条的规定，犯破坏监管秩序罪的，判处三年以下有期徒刑。在此必须注意，破坏监管秩序罪只有一个量刑幅度，即最高刑为有期徒刑三年，最低刑为有期徒刑六个月，不存在适用管制、拘役等刑种的问题。由于法律没有规定聚众闹事，破坏监管秩序，情节严重，是对首要分子还是积极参加的或者其他参加的追究刑事责任，因此，原则上所有参加的都应当按破坏监管秩序罪论处，只是在量刑时应当按首要分子、积极参加的、其他参加的情形，适当拉开刑期。当然，如果只对首要分子处罚也不是不可以。

---

① 刘生荣主编：《施刑范典》，中国方正出版社 1999 年版，第 896 页。

第三节　组织越狱罪

第三百一十七条第一款　组织越狱的首要分子和积极参加的，处五年以上有期徒刑；其他参加的，处五年以下有期徒刑或者拘役。

——《中华人民共和国刑法》

一、组织越狱罪的概念

组织越狱罪，是指在押的罪犯、被告人、犯罪嫌疑人相互勾结，在首要分子的组织、策划、指挥下有组织、有预谋、有计划地进行公然越狱逃跑的行为。这种越狱行为是非暴力的越狱，如果在越狱的过程中使用了暴力就不再构成组织越狱罪了，而是构成暴动越狱罪。

对于组织越狱罪是不是聚众犯罪的问题，各种刑法理论书籍也鲜有论述，有的学者在论述组织越狱罪的犯罪主体时曾经指出，组织越狱罪的犯罪主体是在押人犯，提出一般是三人以上实施犯罪活动，否则就不构成组织越狱罪。[①] 这一观点是正确的，但该观点仍然没有明确组织越狱罪是不是聚众犯罪的问题。有的学者则指出组织越狱罪是具有“聚众性”的，指出组织越狱罪因为它的聚众性、有组织性而区别于脱逃罪。[②] 但是，这种观点也没有明确指出组织越狱罪是不是聚众犯罪。组织越狱罪虽然使用了组织二字，但是这种组织行为本身并没有被刑法分则规定为实行行为，从陈兴良教授关于“犯罪的组织行为规定为实行行为”和“非犯罪的组织行为规定为实行行为”的两种情形中也可以看出，陈兴良也没有将组织越狱罪包括在“犯罪的组织行为规定为实行行为”和“非犯罪的组织行为规定为实行行为”这两种情形之中。[③] 可见组织越狱罪的组织行为本身并不是实行行为。关于组织越狱罪是不

① 林准主编：《中国刑法教程》，人民法院出版社 1989 年版，第 293 页。

② 陆敏主编：《刑法原理与案例解析》，人民法院出版社 2001 年版，第 769 页。

③ 陈兴良：《刑法适用总论（上卷）》，法律出版社 1999 年版，第 476～478 页。

是聚众犯罪的问题，只要我们仔细分析一下组织越狱罪的罪状就不难看出，组织越狱罪的罪状表述是“组织越狱的首要分子和积极参加的”，这种表述完全是按聚众犯罪的罪状形式表述的。同时，《中华人民共和国刑法》第 97 条规定：“本法所称的首要分子是指在犯罪集团或者聚众犯罪中起组织、策划、指挥作用的犯罪分子。”而从组织越狱罪的罪状来看，立法者在罪状中使用了首要分子、积极参加者、其他参加者这些概念，而首要分子的概念只能在犯罪集团和聚众犯罪之中选择使用；积极参加者、其他参加者的概念则只能在有组织性共同犯罪和聚众犯罪中选择使用，而现实中一般不存在一个什么专门进行越狱的犯罪集团的问题，更不存在一个专门进行越狱的犯罪组织，只能是临时聚合在一起的在押的罪犯、被告人、犯罪嫌疑人，一群乌合之众。同时其他的组织行为是实行行为的情形则在罪状中从未使用过首要分子这一概念，如组织淫秽表演罪；当使用了首要分子的情形时也是在认定犯罪集团时使用，如组织他人偷越国（边）境罪规定的组织他人偷越国（边）境罪集团的首要分子。那么，组织越狱犯罪行为的性质也就只能是选择为聚众犯罪了。因此，组织越狱罪在罪名、罪状上虽然没有使用聚众二字，仍然不能改变组织越狱罪的聚众犯罪的性质，它的本质就是在押的罪犯聚众越狱。因此，笔者建议在今后对《中华人民共和国刑法》修正时，应当将“组织越狱罪”修正为聚众越狱罪，使之成为非暴力性聚众犯罪。

组织越狱罪与下两节的暴动越狱罪、聚众持械劫狱罪是在对 1979 年《中华人民共和国刑法》第 96 条和第 161 条第 2 款进行修改后确定的。1979 年《中华人民共和国刑法》第 96 条设立了两个罪名，即聚众劫狱罪和组织越狱罪，第 161 条第 2 款是对脱逃罪的加重处罚的规定。在制定 1979 年《中华人民共和国刑法》的时候就曾考虑将聚众劫狱罪和组织越狱罪作为危害公共安全罪一章，认为此罪不一定有反革命目的，如果有反革命目的也可以定为持械聚众叛乱罪或者反革命破坏罪。后来考虑到监狱或者其他劳动改造场所是国家对敌人实行专政的国家机器，是关押反革命和其他罪犯的场所，有人公然聚众劫狱或者组织越狱对抗专政机关，其本身反革命目的和性质就十分明显，因此应当将其列入反革命罪中。由于修订后的《中华人民共和国刑法》取消了反革命罪，也就取消了犯上述罪行必须“以反革命为目的”的主观要件，更加有利于打击此类犯罪。因为有些组织越狱、聚众劫狱并不一定具有反革命目的，仅仅是为了脱离监狱的监管，而且在确定行为人是否具有反革命目的也非易事。有的刑法理论教科书提出，对于反革命目的的确定，要根据案件的全部过程作出确有根据的符合实际的判断，一定要防止主观片面性，指出判定有无反革命目的的关键在于：一是要查明行为人为什么越狱。如果在密谋策划越狱就明确提出，越狱后继续与人民为敌，如投靠境外敌对势力，实际上行为人越狱的目的就是出于反革命的目的。二是看在组织越狱或者聚众劫狱的暴力程度，暴力程度大的，行为人的行为就是具有顽固与人民为敌的反革命目的。[①] 这种判定标准主观性较大，在司法实践中不易掌握，也容易放纵一些不“以反革命为目的”而组织越狱、聚众劫狱的犯罪分子。因此，在修订《中华人民共和国刑法》时遂将原属于反革命罪的组织越狱罪、聚众劫狱罪纳入妨害司法的聚众犯罪的一种，并从原组织越狱中分离出使用暴力组织越狱的行为，增设了暴动越狱罪，这样就不论行为人是出于什么样的目的，只要是行为人知道自己的行为是在以暴力或非暴力手段聚众越狱、聚众持械劫狱，就可以根据其客观行为来定罪。因此，我们对修订后的《中华人民共和国刑法》的有关条文进行分析，就可以看出，修订后的《中华人民共和国刑法》对1979年《中华人民共和国刑法》在聚众妨害监管秩序的犯罪作了如下修改：一是将组织越狱罪与暴动越狱罪、聚众持械劫狱犯罪分别设置，将暴动越狱从组织越狱中分离出来设立一个单独的罪名，将刑法条款改为两款，分别规定了不同的刑期和刑种，体现了对组织越狱罪和暴动越狱罪、聚众持械劫狱罪的严厉打击的不同层次。二是取消了1979年《中华人民共和国刑法》第161条第2款关于使用暴力方法犯逃脱罪加重处罚的规定，将其纳入暴动越狱罪之中。三是降低了组织越狱罪的法定最低刑和法定最高刑，1979年《中华人民共和国刑法》第96条规定的组织越狱罪最低刑为有期徒刑三年，法定最高刑则可以直至死刑，而修订后的《中华人民共和国刑法》将组织越狱罪最低法定刑降到拘役，取消了死刑，取消了财产附加刑，这其中的主要原因就是组织越狱的行为不包括使用暴力行为在内，体现了修订后《中华人民共和国刑法》宽严相济的原则。

二、组织越狱罪的构成

1. 组织越狱罪的犯罪主体为特殊主体，但这一犯罪主体的范围，法律上并没有明确规定，一般论者认为，只有在押的罪犯、被告人、犯罪嫌疑人才

---

① 林准主编：《中国刑法教程》，人民法院出版社1989年版，第293～294页。

能成为组织越狱罪的犯罪主体。[①] 所谓在押的罪犯，是指被关押在监狱、未成年犯管教所、拘役所、看守所等羁押场所、押解途中等处于被剥夺人身自由的罪犯。对于未决犯即被告人、犯罪嫌疑人是否能成为组织越狱罪的犯罪主体问题，法律上没有明确。一般论者都认为，在组织越狱罪的犯罪主体既包括在押的已决犯即被人民法院生效判决或者裁定确认有罪、判处了刑罚并需要羁押的罪犯，又包括依法已经被拘留、逮捕的未决犯，即还未经人民法院生效判决确认有罪的被告人、犯罪嫌疑人。台湾地区“刑法”对涉及脱逃的犯罪均明确规定了犯罪主体为“依法逮捕、拘禁之人”。《法国刑法典》在第四卷第三编第四章第三节第二目越狱罪中对越狱罪的犯罪主体在第434－28条明确规定：“下列各种人员视为在押人犯：1. 受到看守的人；2. 处于诉讼之中或执行逮捕令或经看管后，提交司法机关的人；3. 已接到仍然有效的拘留证或逮捕证的人；4. 服自由刑或因服此种刑罚而被拘留的人；5. 被置于引渡管制之下的人。”对《中华人民共和国刑法》中有关越狱罪的主体的范围涉及对“狱”的理解问题，从广义的意义上讲，“狱”当然包括关押未决犯的场所，这样，未决犯组织越狱当然可以按组织越狱罪论处。但是，如果我们对与有关妨害监管秩序的其他犯罪进行分析就不难看出，破坏监管秩序罪的犯罪主体法律明确规定为“依法被关押的罪犯”，限定在“依法被关押的罪犯”范围内；脱逃罪的犯罪主体法律明确规定为“依法被关押的罪犯、被告人、犯罪嫌疑人”；劫夺被押解人员罪的犯罪对象法律明确规定为“罪犯、被告人、犯罪嫌疑人”。两者相比较，我们可以发现与破坏监狱管理秩序有关的犯罪主体使用的是“罪犯”的概念，与行为人欲脱离监管有关的犯罪主体则使用的是“罪犯、被告人、犯罪嫌疑人”，而组织越狱罪正是与脱离监管有关的犯罪，因此，我们就不应当将这个“狱”限制在关押已决犯的场所，组织越狱罪的犯罪主体也就不应当限制在被人民法院判处刑罚并被关押的罪犯。[②] 当然，如果立法机关或者最高司法机关对组织越狱罪的犯罪主体作了明确的立法解释或司法解释，则应当按立法或司法解释办。从这里我们也可以看出立

---

① 多数论者在论及组织越狱罪的概念时，将组织越狱罪的主体表述为“在押的罪犯、被告人、犯罪嫌疑人”。参见周道鸾、张军主编：《刑法罪名精释》，人民法院出版社1998年版，第691页。刘生荣主编：《施刑范典》，中国方正出版社1999年版，第905页。

② 在一些刑法论著中，在论及组织越狱罪的概念时，也有将组织越狱罪的主体表述为“在押罪犯”的，但是在具体论述组织越狱罪的犯罪构成时，又将组织越狱罪的主体表述为“被依法关押的罪犯、被告人、犯罪嫌疑人”。参见吴明夏、江绍恒、王亲生主编：《新刑法通释》，人民出版社1998年版，第1094页。

法上的缺陷，对于此类特殊的犯罪主体的犯罪，法律上一定要明确予以规定，否则司法界在司法实践中很难操作。非上述在押的罪犯、被告人、犯罪嫌疑人，包括虽然为罪犯但是未被羁押如被依法取保候审、监视居住及判处管制、单独判处罚金或者剥夺政治权利、依法宣告缓刑、裁定假释、决定暂予监外执行的未决犯和已决犯，只要没有被依法关押，都不能成为组织越狱罪的犯罪主体。不为罪犯、被告人、犯罪嫌疑人的其他被依法关押的人，如被依法进行司法拘留、行政拘留、劳动教养的人，因为他们不具有罪犯、被告人、犯罪嫌疑人的身份，自然就更不存在所谓的越狱问题，因而也不能构成组织越狱罪的犯罪主体。所有在首要分子的组织、策划、指挥下参加了越狱的罪犯、被告人、犯罪嫌疑人与首要分子一起均构成组织越狱罪的犯罪主体。所谓首要分子，是指在组织越狱罪中起组织、策划、指挥作用的犯罪分子。所谓积极参加者，是指在组织越狱罪中表现出积极的心态、作用较大的犯罪分子。所谓其他参加者，就是指在组织越狱罪中一般参加者、跟随一起越狱的。

2. 组织越狱罪在主观方面必须出于故意，并且具有通过组织越狱的行为以逃避法律制裁的动机。组织越狱罪为必要的共同犯罪，但是并不要求行为人的动机都相同，行为人只要认识到自己与他人在一起实施有组织、有预谋、有计划地越狱逃跑行为而仍然决意实施越狱逃跑行为，即以可构成组织越狱罪的故意。也有学者认为，对于其中不明真相而尾随组织越狱的行为人一起逃跑的也可以不以组织越狱罪论处。[①] 但是，对这种行为以什么罪名追究也未明确表态。笔者认为，这种情况如不以组织越狱罪论处，就至少应当以脱逃罪论处，因为行为人至少是知道他是在非法脱离监管以逃避法律制裁。

3. 组织越狱罪在客观方面表现为在押的罪犯、被告人、犯罪嫌疑人相互勾结，有组织、有预谋、有计划地集体越狱逃跑的行为。所谓越狱，在组织越狱罪中主要是指逃离监狱、未成年犯管教所、劳动改造队、拘役所、看守所等羁押场所。在押解途中、执行死刑的刑场以及参观、学习、劳动、医治的地方等进行逃跑的，也应当以越狱论处。《法国刑法典》第434－29条规定："下列行为亦构成越狱罪并科相同之刑罚：1. 置于医疗或住院机构的在押人犯摆脱其受到的监视；2. 任何被判刑人犯，在法院对其作出监外执行的决定之场合，或者在其享有半释放待遇或允许其离开监狱机构时摆脱其应受之监督；3. 任何被判刑人犯，在其刑罚中止期满或监禁刑分期执行期满，不返

① 陆敏主编：《刑法原理与案例解析》，人民法院出版社2001年版，第769页。

监服刑。”从《法国刑法典》对越狱罪的规定可以看出，大陆法系国家和地区刑法对越狱行为的“狱”的概念外延是基本一致的，只要行为人处于司法机关的监管下即可认定为“狱”。所谓有组织、有预谋、有计划地越狱，在组织越狱罪中是指行为人在首要分子的组织、策划、指挥下，相互勾结、串通，予以策划、分工、准备，选择时机、路线，伺机进行集体逃跑。至于越狱的方式，几乎所有的刑法理论书籍均认为组织越狱的行为包括暴力行为。① 当然也有例外，如陆敏就明确指出了组织越狱的非暴力性，但是陆敏对此仍然有所保留，认为这种非暴力性主要体现在非集体性地、有计划地使用暴力，若是个别人非有计划地使用暴力或者使用轻微的暴力都是符合非暴力性的要求的。②

笔者认为，组织越狱的行为方式一般是有组织、有预谋、有计划实施非暴力手段，趁人不备，集体公然越狱的行为。实施暴力的，也仅仅除限于针对监管设施实施的诸如砸毁门窗、围墙等暴力而绝对不能是针对监管人员实施暴力，即使有也通常是在被发现后实施的，未发现前，一般还是有尽量不让监管人员发现的意图，如果公然使用暴力组织越狱，就不构成组织越狱罪了，而是构成暴动越狱罪。笔者认为，不使用暴力公然组织越狱是与公然实施暴力越狱有着明显的区别的。这也是立法者将暴动越狱罪从组织越狱罪中分解出来并降低法定刑的重要原因。组织越狱罪是行为犯。

4. 组织越狱罪所侵害的客体是司法机关的监管秩序，具体说来则是监狱、未成年犯管教所、拘役所、看守所等监管机关的监管秩序。1994 年 12 月 29 日第八届全国人民代表大会常务委员会第十一次会议通过的《中华人民共和国监狱法》第 2 条规定：“监狱是国家的刑罚执行机关。依照刑法和刑事诉讼法的规定，被判处死刑缓期二年执行、无期徒刑、有期徒刑的罪犯，在监狱内执行刑罚。”第 74 条还规定：“对未成年犯应当在未成年犯管教所执行刑罚。”也就是说，对判处死刑缓期二年执行、无期徒刑、有期徒刑的罪犯应当或者关押在监狱中执行刑罚或者关押在未成年犯管教所中执行刑罚。《中华人民共和国刑事诉讼法》第 264 条第 2 款规定：“对于被判处死刑缓期二年执行、无期徒刑、有期徒刑的罪犯，由公安机关依法将该罪犯送交监狱执行刑罚。对于被判处有期徒刑的罪犯，在被交付执行刑罚前，剩余刑期在一年以

---

① 吴明夏、江绍恒、王亲生主编：《新刑法通释》，人民出版社 1998 年版，第 1095 页。刘荣生主编：《施刑范典》，中国方正出版社 1999 年版，第 905 页。

② 陆敏主编：《刑法原理与案例解析》，人民法院出版社 2001 年版，第 769 页。

下的，由看守所代为执行。对于被判处拘役的罪犯，由公安机关执行。”第3款规定：“对未成年犯应当在未成年犯管教所执行刑罚。”即公安机关的看守所可以代为执行在交付执行刑罚时剩余刑罚为一年以下的有期徒刑罪犯；公安机关的拘役所执行被判处拘役的罪犯的刑罚。此时，在关押了被依法判决的罪犯的看守所、拘役所也在监狱的范围内了。《中华人民共和国看守所条例》规定，看守所是羁押被依法逮捕的犯罪嫌疑人、被提起公诉的被告人的场所，也是司法监管的重要场所，其监管秩序同样不容侵害。

三、认定组织越狱罪应当注意的问题

1. 行为人在组织越狱中被人发现而实施诸如致伤、致死监管人员，抢夺、抢劫枪支、弹药，故意毁坏监管设施、绑架人质予以威胁等行为的，则同时触犯组织越狱罪与他罪，属牵连犯罪，对之，应当择一重罪而从重处罚，一般可以按暴动越狱罪论。

2. 组织越狱的行为是逃脱行为的一种特殊状态，组织越狱罪的规定属特别法条，后者则为普通法条，两者之间存在法条竞合关系，是想象竞合犯，对于组织越狱的行为，按照法条竞合的特别法条优于普通法条的一般适用原则，都应当以组织越狱罪治罪，而不再以脱逃罪论处。

四、组织越狱罪的处罚

根据《中华人民共和国刑法》第317条第1款的规定，犯组织越狱罪的，对首要分子和积极参加的，处五年以上有期徒刑；其他参加的，处五年以下有期徒刑或者拘役。从《中华人民共和国刑法》对组织越狱罪规定的量刑幅度来看，也可知组织越狱罪的社会危害性并不太大，其实也就排除了行为人在组织越狱过程中实施了暴力行为，而暴动越狱罪则可以直至判处死刑。

第四节　暴动越狱罪

第三百一十七条第二款　暴动越狱或者聚众持械劫狱的首要分子和积极参加的，处十年以上有期徒刑或者无期徒刑；情节特别严重的，处死刑；其他参加的，处三年以上十年以下有期徒刑。

——《中华人民共和国刑法》

一、暴动越狱罪的概念

所谓暴动越狱罪，是指被依法关押的罪犯、被告人、犯罪嫌疑人在首要分子的组织、策划、指挥下，有组织、有预谋、有计划地使用暴力的形式公然脱离监管场所而共同越狱逃跑的行为。

暴动越狱罪是新增加的罪名。有学者认为《中华人民共和国刑法》第 317 条第 2 款的罪名应当是"暴动越狱或者聚众持械劫狱罪"。这种观点是错误的，因为暴动越狱罪和聚众持械劫狱罪是犯罪主体和犯罪客观方面均不相同的两种犯罪行为。从犯罪主体上看，暴动越狱罪的犯罪主体是在押的罪犯、被告人、犯罪嫌疑人；聚众持械劫狱罪的犯罪主体是狱外人。在犯罪客观方面，后者还要求持械行为。这两种犯罪行为的构成特征各不相同，只能作两罪分别处理。因此，也有的学者认为对暴动越狱罪和聚众持械劫狱罪应当分两款来规定。① 笔者赞同此观点，因为这毕竟是两个完全不同的罪名，在犯罪主体、犯罪的客观方面以及犯罪对象上都有所不同，不能因为两罪的量刑幅度一样且归于一个条款中就认为是一个罪。对于暴动越狱罪是不是聚众犯罪的问题，在各类刑法理论书籍中同样鲜有论及，目前只有个别学者认为暴动越狱罪是指被依法关押的犯罪分子，以有组织的或者聚众的形式集体使用暴

---

① 陈兴良：《刑法疏议》，中国人民公安大学出版社 1997 年版，第 500 页。

力手段强行越狱的行为。[①] 但是，该论者仍然未点明暴动越狱罪就是聚众犯罪。笔者认为暴动越狱罪是聚众犯罪的一种。从暴动越狱罪的罪状来看，立法者在罪状中使用了“首要分子”“积极参加的”“其他参加的”这些概念，而首要分子的概念只能在犯罪集团和聚众犯罪中选择使用；积极参加者、其他参加者则只能在聚众犯罪和有组织性共同犯罪中选择使用。而现实中一般不存在一个什么专门进行越狱的犯罪集团的问题，更不存在一个专门进行越狱的犯罪组织，只能是临时聚合在一起的在押罪犯、被告人、犯罪嫌疑人，一群乌合之众。因此，暴动越狱犯罪行为的性质也就只能是选择为聚众犯罪了。与我国大陆刑法的暴动越狱相同的台湾地区“刑法”规定的聚众以强暴胁迫犯脱逃罪就是一种聚众犯罪。而且将暴动越狱的行为视为聚众犯罪更符合该罪的本质特征。因此，暴动越狱罪在罪名、罪状上虽然没有使用“聚众”二字，仍然不能改变暴动越狱罪是聚众犯罪的性质，从暴动两字来看也表明暴力越狱罪的单独犯不能，是具有当然的聚众性。实质上就是在押罪犯聚众暴动越狱。因此，笔者建议在今后对《中华人民共和国刑法》修正时，将暴动越狱罪明确修正为聚众暴动越狱罪。《韩国刑法典》对此类犯罪认为是脱逃罪的一种特殊形式，在第 164 条规定的特殊脱逃罪中规定“破坏监舍设备、器具或者对看守人员施加暴行或胁迫”犯脱逃罪的，处“七年以下劳役”。

二、暴动越狱罪的构成

1. 暴动越狱罪的犯罪主体为特殊主体，但暴动越狱罪犯罪主体的范围在法律上没有明确规定，一般论者认为，只有在押的罪犯、被告人、犯罪嫌疑人才能成为暴动越狱罪的犯罪主体。所谓在押罪犯，是指被关押在监狱、未成年犯管教所、劳动改造队、拘役所、看守所等羁押场所、押解途中等处而被剥夺人身自由的罪犯。对于罪犯，一般认为只包括在押的已决犯即已经被人民法院生效判决、裁定有罪，判处了刑罚并需要羁押的罪犯。所谓在押的被告人、犯罪嫌疑人，是指被关押在看守所的依法已经被拘留、逮捕的未决犯，即还未经人民法院生效判决、裁定确认为有罪的被告人、犯罪嫌疑人也是暴动越狱罪的犯罪主体。台湾地区“刑法”第 161 条第 3 项规定的聚众以强暴胁迫犯脱逃罪与《中华人民共和国刑法》规定的暴动越狱罪相同，规定

---

① 陆敏主编：《刑法原理与案例解析》，人民法院出版社 2001 年版，第 770～771 页。

的犯罪主体为“依法被逮捕或拘禁之人”。依法被逮捕或拘禁之人的范围就包括所有的未决犯和已决犯。如果将来立法机关和最高司法机关对暴动越狱罪的犯罪主体问题有了明确的立法或者司法解释就应当以立法或者司法解释为准。非上述在押的罪犯、被告人、犯罪嫌疑人，包括虽然为罪犯但是没有被羁押如被依法取保候审、监视居住及判处管制、单独判处罚金或者剥夺政治权利、依法裁判宣告缓刑、裁定假释、决定暂予监外执行的未决犯或者已决犯，都不能成为暴动越狱罪的犯罪主体。不属于罪犯、被告人、犯罪嫌疑人的其他被依法关押的人，如被依法进行司法拘留、行政拘留、劳动教养的人，因为他们不具有罪犯、被告人、犯罪嫌疑人的身份，自然不存在所谓的越狱问题，因而也不能成为暴动越狱罪的犯罪主体。所有在首要分子的组织、策划、指挥下参加了暴动越狱的罪犯、被告人、犯罪嫌疑人与首要分子一起均构成暴动越狱罪的犯罪主体。所谓首要分子，是指在暴动越狱罪中起组织、策划、指挥作用的犯罪分子。所谓积极参加者，是指在暴动越狱罪中表现出积极的心态、作用较大的犯罪分子。所谓其他参加者，是指在暴动越狱罪中一般参加者，跟随越狱者。

2. 暴动越狱罪在主观方面必须出于故意，并且具有通过暴动越狱的行为以逃避法律制裁的动机，一般要求首要分子不仅自己有使用暴力强行越狱的故意，而且还要有与其他参加者共同使用暴力的故意。暴动越狱罪为必要的共同犯罪，但是并不要求行为人的动机都相同，行为人只要认识到自己是在与他人在一起实施有组织、有预谋、有计划地暴动越狱行为而仍然决意实施的，哪怕是行为人见到别人使用暴力后自己也跟着使用暴力，即可以构成暴动越狱罪的故意。

3. 暴动越狱罪在客观方面表现为行为人在首要分子的组织、策划、指挥下，有组织、有预谋、有计划地使用暴力而共同公然越狱的行为。所谓越狱，是指逃离监狱、未成年犯管教所、劳动改造队、拘役所、看守所等羁押场所。在押解途中、执行死刑的刑场以及参观、学习、劳动等地方进行有组织、有预谋、有计划地采用暴力的方法共同逃跑，也应当视为暴动越狱罪的越狱。所谓有组织、有预谋、有计划地使用暴力共同越狱，是指行为人在首要分子的组织、策划、指挥下，进行秘密策划，相互勾结、串通，认真准备、分工而决意采用暴力进行集体越狱。至于暴力，则通常表现为杀伤、杀害监管人员，抢夺枪支、弹药、交通工具，砸毁监舍门窗等方式，而且这种暴力行为在组织、策划时就已经确定在越狱时使用并且对此进行了准备而不是在越狱时被发现而临时使用暴力，这是与组织越狱罪最大的区别。暴动越狱罪的性质集中体现在聚众性、暴动性和强行越狱性。所谓聚众性，是指暴动越狱的人数必须是三人以上的多人，这是因为在刑法分则中凡使用了首要分子这个词汇的法条都是指三人以上的共同犯罪。所谓暴动性，是指集体共同使用暴力，而且是事先就预谋好了，将暴力作为越狱的手段，强调的是暴力行为必须是集体使用，仅有个别人使用不是所谓的暴动。所谓强行越狱性，是指以共同的暴力行动排除监管人员的管制，逃离关押场所，强调的仍然是公然性和暴力行动。这三者就将暴动越狱行为与组织越狱行为区别开来。暴动越狱罪是行为犯。

4. 暴动越狱罪所侵害的客体与组织越狱罪一样，也是监狱、未成年犯管教所、拘役所、看守所等监管机关的监管秩序。

三、认定暴动越狱罪应当注意的问题

1. 暴动越狱罪与组织越狱罪有许多相似之处，如犯罪主体都是在押的罪犯、被告人、犯罪嫌疑人，主观方面都是处于共同的直接故意，并且具有通过集体越狱的行为而达到逃避法律制裁的动机，侵害的客体亦都是司法机关的监管秩序等，但是一般学者们均认为两者仍然有着以下关键区别：①主观故意的内容不尽相同。暴动越狱罪在主观方面要求参加者都知道自己在与他人共同实施暴动越狱即采取暴力手段进行集体越狱；而后者则仅要求参加者明知自己在与他人一起共同逃跑即可，是否采用暴力方法并不是暴动越狱罪的认识、意志要素的内容。②客观方面表现不同。暴动越狱罪在客观方面必须表现为暴力的形式。对于这种暴力，行为人事先会就暴力的方式、分工、如何实施等进行密谋、策划与分工。暴力本身也是主观方面的不可缺少的内容。就客观表现而言，通常具有公然性、规模性、主动袭击性等行为特性；而后者在客观方面虽然也具有公然性、规模性，但主要是表现为非暴力的方式，即使实施暴力，也未能形成规模而且带有暴动色彩的暴力，这种暴力通常是在被发现后实施的，组织越狱行为的本质特征，重在有组织、有计划、有预谋地进行集体逃跑，暴力仅是为使他们逃跑不受阻碍而顺利进行的一个辅助行为，并非组织越狱罪的主要的特征。如果暴力特征是行为的重要特征时，则就构成暴动越狱罪，而不是组织越狱罪。① 但笔者认为，组织越狱罪与暴动越狱罪最大的区别在于组织越狱罪不具有暴动性甚至没有暴力，而暴动越狱罪则具有暴动性。因为这两个罪名是从1979年《中华人民共和国刑法》第96条的“组织越狱罪”分解而来的，现在分为两个罪的目的其实质就在于区别行为人在聚众进行越狱时是否使用了暴力，当然，这种暴力是指达到了暴动程度的暴力，否则如果认为组织越狱罪也可以使用暴力，在立法上也就失去了分解原“组织越狱罪”的必要，两者也就不会在法定刑上有如此之大的悬殊。而在1979年《中华人民共和国刑法》对组织越狱罪是可以判处死刑的。暴动越狱罪其实也是组织越狱，只是以暴动的形式组织越狱，组织越狱罪与暴动越狱罪之间存在法条竞合关系，是想象竞合犯，对此只需择一重罪即暴动越狱论处即可。

2. 行为人在暴动越狱中，使用暴力方法实施诸如致伤、致死监管人员，抢夺、抢劫枪支、弹药，故意毁坏监管设施、绑架人质予以威胁等行为的，则同时触犯暴动越狱罪与他罪，属牵连犯罪，对之，应当择一重罪从重处罚。这是因为暴动本身就包含了行为人有杀人、伤害、抢夺、抢劫枪支、弹药的多种行为方式在内，可以把致人重伤和死亡的情形包括进来，如果对这些行为还要单独定罪的话也就失去了暴动的实际意义。同时，暴动越狱罪本身是一重罪，对行为人可以判到死刑。

3. 暴动越狱是逃脱行为的一种特殊状态，实质上也就是脱离监管，是脱逃行为的一种。因此，在台湾地区“刑法”第161条第3项规定了聚众以强暴胁迫犯脱逃罪作为一个单独的罪名而区别于单纯脱逃罪，在实质上与《中华人民共和国刑法》规定的暴动越狱罪是一样的。暴动越狱罪是作为脱逃罪的一种特殊形式出现的。对暴动越狱罪的规定属特别法条，对脱逃罪的规定则为普通法条，两者之间存在法条竞合关系，是想象竞合犯。对于暴动越狱的行为，按照特别法条优于普通法条的一般适用原则，应当以暴动越狱罪治罪，而不再仅仅以脱逃罪论处。

四、暴动越狱罪的处罚

根据《中华人民共和国刑法》第317条第2款规定，犯暴动越狱罪的，

---

① 吴明夏、江绍恒、王亲生主编：《新刑法通释》，人民出版社1998年版，第1097页。

对首要分子和积极参加的，处十年以上有期徒刑或者无期徒刑；情节特别严重的，处死刑；其他参加的，处三年以上十年以下有期徒刑。暴动越狱罪的法定刑明显高于组织越狱罪。

所谓暴动越狱罪情节特别严重的情节，在司法解释出台前，有学者提出可以理解为下列情形之一的：①在暴动越狱过程中，杀害监管人员一人以上，或者重伤三人以上的；②在暴动越狱过程中，抢夺、抢劫枪支、弹药、爆炸物并且用于实施犯罪行为的；③因为实施暴动越狱而造成多名其他被监管人员脱逃的；④具有其他特别严重情节的。[①] 这些情节特别严重的情节是暴动越狱罪的加重情节。

第五节 聚众持械劫狱罪

第三百一十七条第二款 暴动越狱或者聚众持械劫狱的首要分子和积极参加的，处十年以上有期徒刑或者无期徒刑；情节特别严重的，处死刑；其他参加的，处三年以上十年以下有期徒刑。

——《中华人民共和国刑法》

一、聚众持械劫狱罪的概念

聚众持械劫狱罪，是指狱外的人聚众使用暴力的方法劫夺被依法关押的罪犯、被告人、犯罪嫌疑人的行为。

聚众持械劫狱罪是在对1979年《中华人民共和国刑法》第96条的基础上进行修订而来的。该条文规定：“聚众劫狱的首要分子或者其他罪恶重大的处无期徒刑或者十年以上有期徒刑；其他积极参加的，处三年以上十年以下有期徒刑。”并且规定：“对国家和人民危害特别严重、情节特别恶劣的，可以判处死刑。”《中华人民共和国刑法》修订后，将聚众劫狱的行为修订为聚

① 曾芳文、段启俊主编：《个罪法定情节研究与适用》，人民法院出版社2002年版，第757页。

众持械劫狱的行为，取消了“以反革命为目的”的规定，在客观方面增加了“持械”的规定，并将聚众持械劫狱罪划归妨害司法的犯罪。在罪名的确定上，最高司法机关均根据其罪状确定为聚众持械劫狱罪。

二、聚众持械劫狱罪的构成

1. 聚众持械劫狱罪的犯罪主体为一般主体，即在狱外的年满 16 周岁达到刑事责任年龄且具有刑事责任能力的自然人均可以成为聚众持械劫狱罪的犯罪主体。实际可以成为聚众持械劫狱罪犯罪主体的是一切参加聚众持械劫犯罪行为的人，无论是首要分子还是积极参加者或者是其他参加者。所谓狱外的人，既可以是依法被判处刑罚但是没有被关押的罪犯，如裁判宣告缓刑、裁定假释、决定暂予监外执行的罪犯，又可以是未被依法拘留、逮捕的犯罪嫌疑人、被告人，还可以是被依法关押而脱逃出来的罪犯、犯罪嫌疑人、被告人以及其他狱外的人，无论是什么人，必须是行为人的人身自由没有被实际剥夺，否则，也就当然不能成为聚众持械劫狱罪的犯罪主体而构成聚众持械劫狱罪。所谓首要分子，是指在聚众持械劫狱罪中起组织、策划、指挥作用的犯罪分子。所谓积极参加者，是指在聚众持械劫狱犯罪中，表现出积极的心态、作用较大的犯罪分子。所谓其他参加者，是指在聚众持械劫狱犯罪中除首要分子和积极参加的犯罪分子以外的其他犯罪分子，他们的作用一般相对而言较小。

2. 聚众持械劫狱罪在主观方面必须出于故意，并且具有劫夺在押罪犯被告人、犯罪嫌疑人的动机。过失不构成聚众持械劫狱罪。聚众持械劫狱罪是聚众犯罪，是必要的共同犯罪，因此，行为人之间必须要有犯罪的意思联络。至于动机则有的是贪图钱财，有的是迷恋女色，有的是哥们儿义气，有的是发泄不满等，他们的动机如何不影响聚众持械劫狱罪的成立，只要行为人之间存在劫夺在押罪犯的意思联络即可。

3. 聚众持械劫狱罪客观方面表现为聚众持械劫狱的行为。所谓聚众，是指聚集、纠合三人以上。所谓持械，是指携带、持有、使用枪支、管制刀具以及其他具有较大杀伤力、破坏力的器械，包括各种枪支、弹药，如军用枪支、民用枪支及其他非法制造的各种具有杀伤力的枪支、弹药等；管制刀具，如匕首、双刃刀、三棱刀等；其他器械如木棒、铁棍、菜刀、斧头、炸药等。所谓劫狱，是指采用暴力或者其他方法劫夺狱中在押的罪犯。具体方式多种多样，如采用聚众持械冲进监狱，杀伤、杀死监管人员，砸毁、破坏监舍设施，抢夺、抢劫枪支、弹药、交通工具，绑架人质、以药物麻醉监管人员等方法劫夺狱中在押的罪犯；或者采用其他方法调动监管人员，以便狱中人员逃跑。台湾地区“刑法”第162条第3项规定的聚众以强暴胁迫犯纵放或便利脱逃罪即与我们的聚众持械劫狱罪相似，它也是作为脱逃罪的一种特殊形态。至于劫狱的“狱”，在这里应当作广泛的理解，是泛指一切关押、羁押、监管罪犯的场所。不仅包括监狱、少年犯管教所、拘役所、看守所等羁押场所，对罪犯进行审判的审判场所以及对罪犯执行死刑的场所，罪犯参观、学习、劳动、医治的场所。也有的认为不应当包括执行死刑的执行场所，即所谓的法场。[①] 但是，此处的“狱”应当明确不包括押解罪犯的途中，否则就构成劫夺被押解人员罪。

4. 聚众持械劫狱罪所侵害的客体是监狱、未成年犯管教所、拘役所、看守所等监管机关的监管秩序。对象则为狱中的在押罪犯、被告人、犯罪嫌疑人。所谓在押罪犯，是指依法被剥夺人身自由而被司法机关予以羁押、监管的罪犯，既包括关押在监狱、少年犯管教所、拘役所、看守所等专门羁押场所的罪犯，又包括诸如在审判场所、执行死刑的场所、学习、劳动、参观场所中的罪犯，但是在聚众持械劫狱罪的犯罪对象则至少不应当包括在押解途中的罪犯、被告人、犯罪嫌疑人。学者们一般均认为聚众持械劫狱罪的犯罪对象既包括已决犯，即经过人民法院生效判决、裁定确认有罪而被判刑关押的罪犯，又包括未决犯，即还没有经过人民法院生效判决或者裁定确认为有罪并被关押的被告人、犯罪嫌疑人。[②] 除非法律或者立法、司法解释明确规定不包括未决犯。在法律、立法解释尚未规定之前，司法机关可以对聚众持械劫狱罪的犯罪对象进行司法解释。非罪犯即使被依法关押，如被采取司法拘留、行政拘留、劳动教养等而被羁押的人或者虽然为罪犯但是没有被关押而丧失人身自由，如被采取取保候审、监视居住措施的被告人、犯罪嫌疑人，被单独判处罚金或者剥夺政治权利的罪犯，被宣告缓刑、裁定假释、决定暂予监外执行的罪犯等，因为他们没有被依法关押，则不能构成聚众持械劫狱罪的对象。

---

① 曾芳文、段启俊主编：《个罪法定情节研究与适用》，人民法院出版社2002年版，第757页。

② 也有学者认为聚众持械劫狱罪在对象仅为在押的罪犯而不包括未决犯。见刘生荣主编：《施刑范典》，中国方正出版社1999年版，第908页。

三、认定聚众持械劫狱罪应当注意的问题

1. 聚众持械劫狱罪与劫夺被押解人员罪有很大的相似之处，如两罪的犯罪主体都应是狱外人，手段都可能包括暴力方法，劫夺的对象一般都认为是在押的罪犯、被告人、犯罪嫌疑人等，两罪很容易混淆。两者的主要区别在于聚众持械劫狱罪的对象是被关押在狱中的罪犯、被告人、犯罪嫌疑人。前者既可以是在监狱、少年犯管教所等固定的监管场所又可以是除押解途中外的不固定而带有移动特征的监管场所，如劳动场所。而后者只能是押解途中的罪犯、被告人、犯罪嫌疑人。劫夺没有在押解途中的罪犯、被告人、犯罪嫌疑人，则不构成劫夺被押解人员罪。聚众持械劫狱罪在客观方面表现为聚众持械劫狱。聚众、持械、劫狱是聚众持械劫狱罪在客观方面必须同时具备的三个要素，缺少其中一个如持械但是没有聚众进行劫狱，或者聚众劫狱但是没有持械或者聚众持械但是不是为了劫狱，均不构成聚众持械劫狱罪。而劫夺押解人员罪在客观方面则表现为劫夺押解途中的罪犯、被告人、犯罪嫌疑人的行为。是否聚众、持械并不影响该罪的成立。而且聚众持械劫狱罪是必要的共同犯罪，而劫夺押解人员罪是单独犯。行为人如果聚众且持械劫夺押解途中的罪犯、被告人、犯罪嫌疑人，也应当按劫夺被押解人员罪论处。

2. 行为人在聚众持械劫狱的过程中，使用暴力方法伤害、杀害监管人员，绑架人质，抢劫枪支、弹药，破坏监舍设备、设施等同时触犯聚众持械劫狱罪与他罪，属牵连犯罪，对之，应当择一重罪从重处罚。这是因为“持械”本身就包含了行为人有杀人、伤害、抢夺、抢劫枪支、弹药的多种行为方式在内，也就意味着致人重伤和死亡的可能，可以把致人重伤和死亡的情形包括进来，是手段或结果的牵连。如果对这些行为和后果还要单独定罪的话，也就失去了“持械”的实际意义。同时，聚众持械劫狱罪本身是一重罪，对行为人是可以直至判处死刑的。

四、聚众持械劫狱罪的处罚

根据《中华人民共和国刑法》第 317 条第 2 款的规定，犯聚众持械劫狱罪的，对首要分子和积极参加的，处十年以上有期徒刑或者无期徒刑；情节特别严重的，处死刑；其他参加的，处三年以上十年以下有期徒刑。

所谓情节特别严重的情形，在司法解释未出台之前，一般认为，是指下列情节之一：①在聚众持械劫狱过程中，致人死亡或者杀害监管人员、警卫人员的；②在聚众持械劫狱过程中，抢劫、抢夺监管人员、警卫人员的枪支、弹药并用于劫狱的；③聚众使用火力武器进行劫狱的；④具有其他特别严重情节的。[①] 这些“情节特别严重”的情形是聚众持械劫狱罪的加重情节。

对于使用暴力手段劫狱的，各大陆法系国家和地区刑法均给予较为严厉的刑罚。台湾地区“刑法”对于纵放或便利脱逃罪的惩罚有一个主体减轻处罚的规定，即台湾地区“刑法”第 163 条第 5 项规定的“配偶、五亲等内之血亲或三亲等内之姻亲”犯“便利脱逃罪者，得减轻其刑”，而对于“聚众以强暴胁迫犯纵放或便利脱逃罪”的则没有这种规定。这说明刑法一般对暴力劫狱的打击力度是相当重的。

---

① 曾芳文、段启俊主编：《个罪法定情节研究与适用》，人民法院出版社 2002 年版，第 758 页。

第十章　危害国防利益的聚众犯罪

在《中华人民共和国刑法》规定的危害国防利益的犯罪中，有一类危害军事管理秩序的聚众犯罪，这就是聚众冲击军事禁区罪、聚众扰乱军事管理区秩序罪，它严重地破坏了军事禁区和军事管理区的秩序，危害着中华人民共和国的国防利益。国防利益是一个国家的国家利益的重要组成部分，是一个国家生存与发展的保障，是一个国家为了强化国防，保障军队正常的工作、训练秩序，防止外敌入侵，所规定的具有高度排他性的一种特殊利益。它对于保卫国家独立与安全、主权和领土完整，不受外来势力的侵略，维护世界和平起着重要的保障作用。一个国家的国防利益一旦受到危害，这个国家的其他国家利益和安全就会受到严重威胁并可能丧失。而其中危害国防利益的聚众犯罪的危害性更大、影响更为恶劣。因此，各国和地区刑事立法无不对危害国防利益的犯罪予以严厉惩治。我国在修订《中华人民共和国刑法》时，根据我国某些危害国防利益犯罪的实际情况，在借鉴国外刑事立法经验的基础上，吸收 1990 年 2 月 23 日第七届全国人民代表大会常务委员会第十二次会议通过的《中华人民共和国军事设施保护法》有关规定，制定了惩治危害国防利益的聚众犯罪的刑事法律规范，目的就在于对国防利益的特殊保护。

第一节　聚众冲击军事禁区罪

第三百七十一条第一款　聚众冲击军事禁区，严重扰乱军事禁区秩序的，对首要分子，处五年以上十年以下有期徒刑；对其他积极参加的，处五年以下有期徒刑、拘役、管制或者剥夺政治权利。

——《中华人民共和国刑法》

一、聚众冲击军事禁区罪的概念

所谓聚众冲击军事禁区罪，是指聚众冲击军事禁区，严重扰乱军事禁区秩序的行为。

聚众冲击军事禁区罪是修订后的《中华人民共和国刑法》新增加的罪名。1979 年《中华人民共和国刑法》对妨害军事禁区的行为没有单独规定为犯罪。1999 年《中华人民共和国军事设施保护法》对扰乱军事禁区的犯罪行为制定了刑事法律规范。该法第 33 条规定："扰乱军事禁区、军事管理区管理秩序，情节严重的，对首要分子和直接责任人员比照刑法第一百五十八条的规定追究刑事责任。"即按扰乱社会秩序罪来定罪量刑，在主体上是"首要分子和直接责任人"。但也有学者认为这是以类推立法形式设立了一个新罪名，即扰乱军事禁区、军事管理区秩序罪。[①] 也有的认为构成了扰乱军事区域罪。因为 1999 年《中华人民共和国军事设施保护法》第 33 条使用的是"比照"二字，故其是新罪名，但是按 1979 年《中华人民共和国刑法》第 158 条量刑。[②]

近年来，因为社会各方利益格局的变化，各地一些冲击军事禁区的犯罪行为时有发生。这不仅对我军的正常军事活动产生了消极的影响，而且直接对我国的国防安全构成威胁，危害了我国的国防利益。为更好地保障中国人

---

① 陈兴良主编：《刑法新罪评释全书》，中国民主法制出版社 1995 年版，第 1371 页。

② 匡顺美主编：《新罪名概述》，湖南省高级人民法院刑事审判第一庭 1995 年自刊，第 318 页。

民解放军的军事活动的正常开展，促进我国国防事业的顺利发展和保障我国的国防利益，修订后的《中华人民共和国刑法》将聚众冲击军事禁区的行为作为犯罪行为而吸收进来，一是增加了聚众这一客观方面；二是将犯罪主体由“首要分子和直接责任人”修订为“首要分子和积极参加的”，使之更符合对聚众犯罪惩治的立法例，明确了这一犯罪行为是聚众犯罪。罪名确定为聚众冲击军事禁区罪。

二、聚众冲击军事禁区罪的构成

1. 聚众冲击军事禁区罪的犯罪主体为一般主体，即年满16周岁达到刑事责任年龄且具有刑事责任能力的自然人均可以成为聚众冲击军事禁区罪的犯罪主体。但是，真正能成为聚众冲击军事禁区罪的犯罪主体的必须是聚众冲击军事禁区，严重扰乱军事禁区秩序的首要分子和其他积极参加者。所谓首要分子，在聚众冲击军事禁区罪中是指在聚众冲击军事禁区，严重扰乱军事禁区秩序活动中起组织、策划、指挥作用的犯罪分子。所谓其他积极参加者，在聚众冲击军事禁区罪中是指除首要分子以外的积极实施冲击军事禁区，严重扰乱军事禁区秩序活动的犯罪分子，一般是指挑起事端、扩大事态，造成严重后果起到重要作用的参加者。对于其他一般参加者，只是在冲击军事禁区，扰乱军事禁区活动中有一般违法行为的，对他们不能以聚众冲击军事禁区罪论处，根据1999年《中华人民共和国军事设施保护法》第33条的规定，对这些人可以依照《中华人民共和国治安管理处罚条例》第19条的规定进行处理。[①]

2. 聚众冲击军事禁区罪在主观方面必须出于故意，通常是基于某种个人的动机，企图通过扰乱军事禁区的秩序，制造事端，向有关方面施加压力，以达到自己的某种正当或者不正当的要求，不论行为人的动机如何，只要聚众冲击者都明知自己的行为是冲击的是军事禁区的行为而仍然决意去冲击就可以认定行为人有聚众冲击军事禁区罪的共同故意。

3. 聚众冲击军事禁区罪在客观方面表现为聚众冲击军事禁区，严重扰乱军事禁区秩序的行为。

首先，必须具有聚众冲击军事禁区，严重扰乱军事禁区秩序的行为。所

① 此条文与《中华人民共和国治安管理处罚法》第23条相对应，此后可以适用这一条文。

谓冲击军事禁区，在聚众冲击军事禁区罪中是指使用交通工具、徒步或者其他诸如翻越围墙，穿越铁丝网或者其他方法强行擅自闯入军事禁区的行为。所谓扰乱军事禁区秩序，扰乱即搅扰，在聚众冲击军事禁区罪中是指被搅扰的军事禁区出现混乱、不安的局面，致使被搅扰的军事禁区的工作人员无法进行正常的工作，生活紊乱的行为。扰乱的形式是多种多样的，如有的擅自闯入军事禁区；有的强占或者封锁军事禁区；有的强占或者封锁区域内的军事机关，生产、科研场所、训练基地，军事设施，军用仓库等；有的在军事禁区内哄闹、辱骂、喧嚣；有的围攻、揪斗、殴打军事管理人员等。而所谓聚众，在聚众冲击军事禁区罪中是指在首要分子的组织、策划、指挥下，纠集多人共同进行扰乱活动，由一人闹事而引起多人的围观的不应当视为聚众。多人是指三人或者三人以上。

其次，还应当以特定的犯罪地点为构成要件，即只有在军事禁区内进行聚众冲击、扰乱活动的才可能构成聚众冲击军事禁区罪。如果是在军事禁区以外冲击或者冲击的不是军事禁区则不构成聚众冲击军事禁区罪，比如军事禁区的人员在军事禁区以外进行活动被人聚众冲击也不构成聚众冲击军事禁区罪。但是，如果是在界外附近封锁这些区域的出入道路，也应当认定为构成聚众冲击军事禁区罪。

最后，必须因聚众冲击军事禁区的行为严重扰乱了军事禁区的秩序才能构成聚众冲击军事禁区罪。如果没有严重扰乱军事禁区的秩序，即使有冲击行为，亦不能以聚众冲击军事禁区罪论处。所谓严重扰乱军事禁区秩序，在聚众冲击军事禁区罪中主要是指由于聚众冲击军事禁区的行为致使军事指挥机关无法指挥；军事单位的人员、车辆、船只、舰艇无法通行；作战、训练、演习、战备、戒严、抢险、抗洪救灾、教学、科研等工作无法正常进行；航空器无法起飞降落等情况。因此，聚众冲击军事禁区罪是结果犯。

4. 聚众冲击军事禁区罪所侵害的客体是军事禁区的管理秩序，具体说来，则是军事禁区内的生产、工作、教学、科研、训练、戒严、战备等秩序。《中华人民共和国军事设施保护法》第 2 条规定："本法所称军事设施是指国家直接用于军事目的的下列建筑、场地和设备：（一）指挥机关、地面和地下的指挥工程、作战工程；（二）军用机场、港口、码头；（三）营区、训练场、试验场；（四）军用洞库、仓库；（五）军用通信、侦察、导航、观测台站和测量、导航、助航标志；（六）军用公路、铁路专用线，军用通信、输电线路，军用输油、输水管道；（七）边防、海防管控设施；（八）国务院和中央军事委员会规定的其他军事设施。前款规定的军事设施，包括军队为执行任务必需设置的临时设施。”而所谓军事禁区，依照《中华人民共和国军事设施保护法》第 8 条、第 10 条的规定，就是国家根据军事设施的性质、作用、安全保密的需要和使用效能的要求，对最为重要的或者具有重大危险因素的军事设施所规定的保护区域，它包括陆地军事禁区、水域军事禁区以及空域军事禁区，由于对军事禁区是采取特殊措施加以重点保护，所以军事禁区的范围一般比较小，数量也不多。依照《中华人民共和国军事设施保护法》第 9 条的规定，军事禁区由国务院和中央军事委员会确定，或者由军区根据国务院和中央军事委员会的规定确定。陆地和水域的军事禁区的范围由军区和省、自治区、直辖市人民政府共同划定，或者由军区和省、自治区、直辖市人民政府、国务院有关部门共同划定。空中军事禁区和特别重要的陆地、水域军事禁区的范围由国务院和中央军事委员会划定。也就是说，军事禁区划定的权限就部队而言是省军区以上军事机关（在首都为卫戍区、在直辖市为警备区），就地方而言是省级以上人民政府。其他国家机关无权设置、划定某个区域为军事禁区。如果行为人聚众冲击了某个军事单位，要认定行为人构成聚众冲击军事禁区罪的话就要查明被冲击的该军事单位是不是军事禁区，或者说公诉机关必须提供该军事单位是军事禁区的有关批准文件。同时，为了保护军事禁区，《中华人民共和国军事设施保护法》第 14 条规定：“军事禁区管理单位应当根据具体条件，按照划定的范围，为陆地军事禁区修筑围墙、设置铁丝网等障碍物；为水域军事禁区设置障碍物或者界线标志。”因此，可以根据保护军事禁区内的设施的要求，在军事禁区外沿设置安全警戒标志。这一规定的目的在于对非军事区域内的人员起到警示、告知作用。如果没有设置这些警示标志，在认定行为人是否明知他们的行为是冲击军事禁区的行为时就必须非常慎重。在台湾地区，军事禁区被称为“要塞堡垒地带”，他们的《要塞堡垒地带法》对什么是“要塞堡垒地带”也有明确的界定，对禁止及限制事项和惩罚也有明确的规定，但是他们没有惩治聚众冲击的规定。如果某个区域被划为军事禁区，一般即使是军事人员如果不属于这个禁区的军事人员要进入该禁区也需要得到有关部门的批准，更不要说非军事人员聚众冲击了。为了维护军事禁区的正常秩序，《中华人民共和国军事设施保护法》第 15 条明文规定：“禁止陆地、水域军事禁区管理单位以外的人员、车辆、船舶进入禁区……但经军区级以上军事机关批准的除外……禁止航空器进入空中军事禁区，依照有关规定取得许可的除外。”该法第 17 条还规定：“在军事禁区外安全控制范围内，不得进行爆破、射击以及其他危害军事设施安全和使用效能的活动。”这是国家对军事禁区的特殊保护，任何人如果无视上述法律规定，擅自闯入军事禁区或者经过允许进入后不按规定的范围活动都是违法的，更不用说聚众冲击军事禁区了，这种聚众冲击军事禁区的行为破坏了军事禁区的管理秩序，必然造成严重危害，构成犯罪当然应该对行为人依法追究刑事责任。

三、认定聚众冲击军事禁区罪应当注意的问题

1. 在认定聚众冲击军事禁区罪的时候，要注意与聚众扰乱社会秩序罪的界限。这两个罪在犯罪主体、犯罪的主观方面、犯罪的客观方面都是相同的，两者的区别在于各自所侵害客体特别是对象不同。聚众冲击军事禁区罪所侵害的对象是军事禁区。聚众扰乱社会罪所侵害的对象是非国家机关的工作区、学校、企事业单位、科研单位等。从广义上说，军事禁区的管理秩序也是社会秩序的一个组成部分，聚众冲击军事禁区的行为应当为聚众扰乱社会秩序罪所包容，两者存在着包含与被包含的法条竞合关系，是想象竞合犯。对想象竞合犯，不适用数罪并罚，应当按照行为人所触犯的数罪中法定刑较重的罪适用刑罚或者依照特别法条定罪。就聚众冲击军事禁区罪而言，是对军事禁区的特别保护，法定刑也比聚众扰乱社会秩序罪重。因此，根据军事刑法或者特别法优先适用的原则，对于聚众冲击军事禁区的行为构成犯罪的，在法律已经有了明文规定的情况下，应当适用特别规定按聚众冲击军事禁区罪定罪处罚，而不能按聚众扰乱社会秩序罪论处。

2. 行为人在聚众冲击军事禁区的过程中，如果因行为人冲击的行为直接导致人员伤亡，或者重大公私财产毁损的，有的学者认为也应当按想象竞合犯的原则处罚，即择一重罪处罚。[①] 但笔者认为，应当具体案件具体分析，对于在聚众冲击军事禁区犯罪中导致人员伤亡的，由于导致人员伤亡与聚众冲击军事禁区罪不存在想象竞合，同样也不存在手段牵连的问题，在聚众冲击军事禁区罪中有伤害也仅以轻伤为限，如果发生了死亡和重伤的后果，也只应当对直接致人死亡或者重伤的责任人以聚众冲击军事禁区罪和故意杀人罪、故意伤害罪数罪并罚；而对于在聚众冲击军事禁区时，行为人造成了重大公

① 曾芳文、段启俊主编：《个罪法定情节研究与适用》，人民法院出版社2002年版，第960页。

私财产毁损的，则可以按手段牵连的牵连犯原则处理，择一重罪处罚。行为人在聚众冲击军事禁区的过程中，趁机盗窃、抢劫、抢夺公私财物的，由于也不存在想象竞合和手段牵连的问题，因此，对行为人应当以聚众冲击军事禁区罪和盗窃罪、抢劫罪实行数罪并罚。

四、聚众冲击军事禁区罪的处罚

根据《中华人民共和国刑法》第 371 条第 1 款的规定，犯聚众冲击军事禁区罪的，对首要分子判处五年以上十年以下有期徒刑；对其他积极参加的，处五年以下有期徒刑、拘役、管制或者剥夺政治权利。根据《最高人民检察院、公安部关于公安机关管辖的刑事案件立案追诉标准的规定（一）》第 89 条的规定，“组织、策划、指挥聚众冲击军事禁区或者积极参加聚众冲击军事禁区，严重扰乱军事禁区秩序，涉嫌下列情形之一的，应予立案追诉：（一）冲击三次以上或者一次冲击持续时间较长的；（二）持械或者采取暴力手段冲击的；（三）冲击重要军事禁区的；（四）发生在战时的；（五）其他严重扰乱军事禁区秩序应予追究刑事责任的情形”。

第二节　聚众扰乱军事管理区秩序罪

第三百七十一条第二款　聚众扰乱军事管理区秩序，情节严重，致使军事管理区工作无法进行，造成严重损失的，对首要分子，处三年以上七年以下有期徒刑；对其他积极参加的，处三年以下有期徒刑、拘役、管制或者剥夺政治权利。

——《中华人民共和国刑法》

一、聚众扰乱军事管理区秩序罪的概念

聚众扰乱军事管理区秩序罪，是指聚众扰乱军事管理区秩序，情节严重，

致使军事管理区工作无法进行，造成严重损失的行为。

聚众扰乱军事管理区秩序罪是《中华人民共和国刑法》修订后新增加的一个罪名，聚众扰乱军事管理区秩序罪也是吸收了《中华人民共和国军事设施保护法》的有关规定而增加的内容。该法第33条规定："扰乱军事禁区、军事管理区管理秩序，情节严重的，对首要分子和直接责任人员比照刑法第一百五十八条的规定追究刑事责任。"即按扰乱社会秩序罪来定罪量刑。《中华人民共和国刑法》正是吸收了上述规定进行了修订，一是增加了聚众这一客观方面，二是将犯罪主体由"首要分子和直接责任人"修订为"首要分子和积极参加的"，使之更符合对聚众犯罪惩治的立法例，明确了其为聚众犯罪。罪名确定为聚众扰乱军事管理区秩序罪。

二、聚众扰乱军事管理区秩序罪的构成

1. 聚众扰乱军事管理区秩序罪的犯罪主体为一般主体，即年满16周岁达到刑事责任年龄具有刑事责任能力的自然人均可以成为聚众扰乱军事管理区秩序罪的主体。但是，实际能构成聚众扰乱军事管理区秩序罪的只能是聚众扰乱军事管理区秩序的首要分子和其他积极参加者。所谓首要分子，在聚众扰乱军事管理区秩序罪中是指在聚众扰乱军事管理区，严重扰乱军事管理区秩序活动中起组织、策划、指挥作用的犯罪分子。所谓其他积极参加者，在聚众扰乱军事管理区秩序罪中是指除首要分子以外的积极实施扰乱军事管理区，严重扰乱军事管理区秩序活动的犯罪分子，一般是指挑起事端、扩大事态，造成严重后果起到重要作用的参加者。对于其他一般参加者，只是在冲击军事管理区，扰乱军事管理区活动中有一般违法行为的，对他们不能以聚众扰乱军事管理区秩序罪论处，根据1999年《中华人民共和国军事设施保护法》第33条的规定，对他们可以依照《中华人民共和国治安管理处罚条例》第19条的规定进行处理。①

2. 聚众扰乱军事管理区秩序罪在主观方面必须出于故意，即明知自己的行为是扰乱军事管理区的行为而仍然决意聚众扰乱。通常还具有满足某些个人正当或者不正当的要求。

3. 聚众扰乱军事管理区秩序罪在客观方面表现为聚众扰乱军事管理区秩

---

① 此条文与《中华人民共和国治安管理处罚法》第23条相对应，此后可以适用这一条文。

序，情节严重，致使军事管理区工作无法进行，造成严重损失的行为。所谓聚众，在聚众扰乱军事管理区秩序罪中是指聚集、纠合三人以上包括三人对军事管理区进行扰乱。所谓扰乱，在聚众扰乱军事管理区秩序罪中是指搅扰、冲击军事管理区域、在军事管理区域哄闹，使得军事管理区域出现混乱不安的局面，致使军事管理区的工作无法进行。扰乱的方式多种多样，有的在军事管理区域内的机关、单位的办公室、会议室、实验室、生产车间、训练基地等哄闹、骚扰；有的殴打、辱骂军事管理人员；有的封锁要道、路口；有的强行截断电源、水源等。聚众扰乱军事管理区秩序罪不仅要有聚众扰乱的行为，而且还必须达到情节严重，致使军事管理区工作无法进行，造成严重损失的才能构成聚众扰乱军事管理区秩序罪。所谓致使军事管理区工作无法进行，在聚众扰乱军事管理区秩序罪中主要是指造成军事指挥机关无法指挥，军事单位的人员、车辆、舰艇无法通过，飞机无法升降，作战、训练、戒严、教学、科研、生产、抗洪、抢险、救灾等军事管理区的工作无法开展等。所谓情节严重，在聚众扰乱军事管理区秩序罪中主要是指动机卑劣、不听劝阻，多次聚众阻碍，长时间进行扰乱，持械冲击军事管理区域等。所谓造成严重损失，在聚众扰乱军事管理区秩序罪中是指因行为人的行为造成严重实际上损害，如造成军事秘密的泄露、恶劣的政治影响、巨大的经济损失以及致使武器装备毁损、失控、军用物资失去保障能力、人员伤害等。因此，聚众扰乱军事管理区秩序罪是结果犯。

4. 聚众扰乱军事管理区秩序罪所侵害的客体是军事管理区内的正常管理秩序。《中华人民共和国军事设施保护法》第 2 条规定："本法所称军事设施是指国家直接用于军事目的的下列建筑、场地和设备：（一）指挥机关、地面和地下的指挥工程、作战工程；（二）军用机场、港口、码头；（三）营区、训练场、试验场；（四）军用洞库、仓库；（五）军用通信、侦察、导航、观测台站和测量、导航、助航标志；（六）军用公路、铁路专用线，军用通信、输电线路，军用输油、输水管道；（七）边防、海防管控设施；（八）国务院和中央军事委员会规定的其他军事设施……"而所谓军事管理区，依照《中华人民共和国军事设施保护法》第 8 条的规定，就是国家根据军事设施的性质、作用安全保密的需要和使用效能的要求，对较为重要的或者具有较大危险因素的军事设施所规定的保护区域；依照《中华人民共和国军事设施保护法》第 9 条的规定，军事管理区由国务院和中央军事委员会确定，或者由军区根据国务院和中央军事委员会的规定确定。也就是说，军事管理区划定的权限就部队而言是省军区（在首都为卫戍区、在直辖市为警备区）以上军事机关，就地方而言是省级以上人民政府。其他任何机关单位均不得擅自划定某一区域为军事管理区。如果行为人聚众扰乱了某个军事单位，要认定行为人构成聚众扰乱军事管理区秩序罪的话就要查明被扰乱的单位是不是军事管理区，或者说公诉机关必须提供该军事单位是军事管理区的有关批准文件。同时，为了保护军事管理区，《中华人民共和国军事设施保护法》第 18 条规定："军事管理区管理单位应当按照划定的范围，为军事管理区修筑围墙、设置铁丝网或者界线标志。"这一规定的目的在于对非军事管理区域的人起到警示、告知作用。如果没有相应的警示标志，对于行为人是否明知自己的行为是聚众扰乱军事管理区的行为就应当慎重对待。由于军事管理区设立的条件、管理的范围都比军事禁区要宽，它的重要性相对军事禁区要小，因而聚众扰乱军事管理区秩序罪的法定刑也较之聚众冲击军事禁区罪而言也就相对要轻一些。

三、认定聚众扰乱军事管理区秩序罪应当注意的问题

1. 根据《中华人民共和国军事设施保护法》第 8 条的规定，我国的军事设施共分为三类：第一类是需要划定为禁区予以保护的军事设施即军事禁区；第二类则是需要划定为军事管理区予以保护的军事设施即军事管理区；第三类是不便于划定保护区域但是仍然需要采取有效措施加以保护的军事设施。聚众扰乱军事管理区秩序罪所侵害的对象是军事管理区，如果聚众扰乱的不是军事管理区而是军事禁区或者其他未划入军事禁区、军事管理区域内的军事设施亦不能构成聚众扰乱军事管理区秩序罪，构成犯罪的应当以聚众冲击军事禁区罪、破坏军事设施罪论处。

2. 行为人在聚众扰乱军事管理区的过程中，如果因他们的冲击的行为直接导致人员伤亡，或者重大公私财产毁损的，也应当具体案件具体分析，对于在聚众扰乱军事管理区犯罪中导致人员伤亡的，由于导致人员伤亡与聚众扰乱军管理禁区罪不存在想象竞合，同样也不存在手段牵连的问题，在聚众扰乱军事管理区秩序罪中有伤害也仅以轻伤为限，因此，如果造成了死亡或者重伤结果的，应当对直接致人死亡或者重伤的责任人以聚众扰乱冲击军事管理区罪和故意杀人罪、故意伤害罪数罪并罚；而对于在聚众扰乱军事管理区时，行为人造成了重大公私财产毁损的，则可以按手段牵连的牵连犯原则

处理，择一重罪处罚。行为人在聚众扰乱军事管理区的过程中，趁机盗窃、抢劫、抢夺公私财物的，由于也不存在想象竞合和手段牵连的问题，因此，对行为人应当以聚众扰乱军事管理区秩序罪和盗窃罪、抢劫罪实行数罪并罚。

四、聚众扰乱军事管理区秩序罪的处罚

根据《中华人民共和国刑法》第 371 条第 2 款的规定，犯聚众扰乱军事管理区秩序罪的，对首要分子处三年以上七年以下有期徒刑；对其他积极参加的，处三年以下有期徒刑、拘役、管制或者剥夺政治权利。《最高人民检察院、公安部关于公安机关管辖的刑事案件立案追诉标准的规定（一）》第 90 条规定："组织、策划、指挥聚众扰乱军事管理区秩序或者积极参加聚众扰乱军事管理区秩序，致使军事管理区工作无法进行，造成严重损失，涉嫌下列情形之一的，应予立案追诉：（一）造成人员轻伤以上的；（二）扰乱三次以上或者一次扰乱持续时间较长的；（三）造成直接经济损失五万元以上的；（四）持械或者采取暴力手段的；（五）扰乱重要军事管理区秩序的；（六）发生在战时的；（七）其他聚众扰乱军事管理区秩序应予追究刑事责任的情形。"

第十一章　聚众犯罪的转化犯和作为加重情节的聚众犯罪

第一节　聚众犯罪的转化犯

在聚众犯罪中由于出现了由法律规定的，在一定的条件下转化成为另一种更为严重的犯罪，并应当按后一种犯罪定罪量刑的犯罪形态，这就是聚众犯罪的转化犯。在聚众犯罪中存在转化犯的主要有聚众斗殴的转化犯，对这一点是无疑议的。此外，聚众“打砸抢”是不是存在转化问题则是一个有争议的问题，笔者也将在此一并论述。

一、聚众犯罪的转化犯的概念

在我国刑事法律中存在一种自成体系的犯罪类型，这就是转化犯。在旧中国刑事法律中和外国的一些刑事法律中都有类似的规定。我国刑事法律最早对转化犯作出规定的是 1979 年《中华人民共和国刑法》中的第 136 条后半段规定的进行刑讯逼供的国家工作人员，如果“以肉刑致人伤残的，以伤害罪从重论处”。第 137 条规定：“严禁聚众‘打砸抢’。因‘打砸抢’致人伤残、死亡的，以伤害罪、杀人罪论处。毁坏或者抢走公私财物的，除判令退赔外，首要分子以抢劫罪论处。”第 153 条规定：“犯盗窃、诈骗、抢夺罪，为窝藏赃物、抗拒逮捕或者毁灭罪证而当场使用暴力或者以暴力相威胁的，依照本法第一百五十条抢劫罪处罚。”第 162 条第 3 款规定的对窝藏、包庇犯罪中“事前通谋的，以共同犯罪论处”和第 175 条第 2 款规定的对“故意破坏国家边境的界碑、界桩或者永久性测量标志的”如果“以叛国为目的，按照反革命罪处罚”。第191条第2款规定，邮电工作人员私自开拆或者隐匿、毁弃邮件、电报“而窃取财物的，依照第一百五十五条贪污罪从重处罚”。修订后的《中华人民共和国刑法》中类似的规定则更多，这种法律规定的犯罪类型，在过去的国内外刑法学研究中虽然有所研究，但是没有提出过一个明确的概念。[①] 而其他大陆法系国家和地区刑法对此类问题一般是用“准犯”的概念来代替，提出了诸如“准强盗罪”“强盗性盗窃罪”等罪名。为此，我国刑法界在当时也有人在解决此类问题时引用了“准犯”这个概念，并解释“准犯”“是指符合某一基本构成要件的行为，由于行为情状的特殊而使其社会危害性升高到另一个基本犯的危害程度，因此刑法准许适用危害性更高的基本犯以定罪量刑”。[②] 而在台湾地区对此类问题，则是由台湾地区刑法学者陈朴生提出了“追并犯”的概念而得以解决，他提出：“原罪依法律之特别规定，因与犯罪后之行为合并，变成他罪。”[③] 转化犯这一概念是我国刑法界的首创，较早明确提出“转化犯”这一概念的是我国刑法学者王仲兴、杨旺年和徐逸仁。[④] 其中，王仲兴对准犯这个概念进行了分析。他认为，准者，即准许、依照、按照之意，就是准许此犯罪在一定条件下以另一犯罪论处的意思，它体现了原来的犯罪对后一种更为严重的犯罪依附关系，必须具备法律明文规定的特征。但是，具有依附性和法律明文准许以某一条款论罪处罚，并不都具有转化性。至于“追并犯”的概念，王仲兴认为，虽然这一概念的内涵是可取的，但是这一概念的称谓却过于生僻难解。为此，王仲兴鉴于我国大陆刑法理论界均认为1979年《中华人民共和国刑法》第153条所规定的是转化形式的抢劫罪而不是典型意义上的抢劫罪的观点，由此而提出了“转化犯”的概念，认为转化犯从称谓上来看，比“准犯”和“追并犯”更通俗易懂，更明确，同时更为重要的是它突出了此类犯罪的动态特征，强调了此类犯罪是由一种犯罪向另一种犯罪的转化，提示了转化的条件性，同时又表明了原来的罪对转化后的罪的依附性。在提出转化犯的概念后，王兴仲还对转化犯

---

① 高铭暄教授主编的《刑法学》和林准主编的《中国刑法学教程》是20世纪80年代代表我国大陆刑法理论界和实务界的两本主要的刑法学著作，在这两本著作中对涉及此问题时也只提出了“行为性质的转化”而未明确提出转化犯的概念。在台湾地区的如韩忠谟的《刑法原理》、郑健才的《刑法总则》、张灏的《中国刑法理论及实用》等代表台湾地区刑法理论的权威性著作中也未提及。

② 丁文华：《我国刑法犯罪类型的研究》，载《政治与法律》1986年第1期。

③ 陈朴生：《刑法总论》，台湾地区台北正中书局1969年版，第168页。

④ 徐逸仁主编：《中国当代刑法学》，东南大学出版社1992年版，第181页。

的基本特征进行了阐述。[①] 这一概念一经提出，立即得到我国大陆刑法界的一致赞同。修订后的《中华人民共和国刑法》吸收了刑法理论界的最新研究成果，使转化犯在立法上得到了进一步的完善。

在介绍聚众犯罪的转化犯的概念之前，有必要介绍一下转化犯的基本概念。目前，在我国大陆刑法理论界关于转化犯的含义大致有八种观点。一是王仲兴提出的观点，他认为，转化犯是指由法律特别规定的，某一犯罪在一定条件下转化成另一种更为严重的犯罪，并且相应依照后一种犯罪定罪量刑的犯罪。[②] 二是杨旺年提出的观点，他认为，转化犯是指某一违法行为或者犯罪行为在实施过程中或者非法状态持续过程中，由于行为人主客观表现的变化，而使整个行为的性质转化为犯罪或者转化为更为严重的犯罪，从而应当以转化后的犯罪定罪或应当按法律拟制的某一犯罪论处的情形。[③] 三是陈兴良提出的观点，他认为，转化犯是指行为人在实施某一较轻的犯罪时，由于连带的行为又触犯了另一较重的犯罪，因而法律规定应当以较重的犯罪论处的情形。也就是说，转化犯是指在实施某种犯罪构成要件的危害行为，在一定的条件下转化为性质更严重的另一种犯罪，法律规定应当依照后一种犯罪的条文定罪量刑的情况。[④] 四是储槐植所提出的观点，他认为，转化犯就是行为人出于一个犯罪故意，行为实施过程中发生了性质的转化而改变罪名的犯罪形态。[⑤] 五是赵嵬提出的观点，他认为，转化犯是指行为人在实施某一较轻犯罪（基本犯罪）后，由于行为人特定的不法行为，而使轻罪转化为某一重罪，法律明文规定应当以转化后的重罪定罪量刑的犯罪形态。[⑥] 或者王彦、黄明儒、张杰等提出的观点，他们认为，转化犯是指行为人在实施某一较轻的故意犯罪过程中，由于行为人的行为的变化，使其性质转化为更为严重的犯罪，依照法律规定应当按重罪定罪处罚的犯罪形态。[⑦] 六是金泽刚提出的观点，他认为，转化犯是指行为在实施基本罪的危害行为过程中，由于出现特定的犯

---

① 王仲兴：《论转化犯》，载《中山大学学报》1990 年第 2 期。

② 王仲兴：《论转化犯》，载《中山大学学报》1990 年第 2 期。

③ 杨旺年：《转化犯探析》，载《法律科学》1992 年第 6 期。

④ 陈兴良：《转化犯与包容犯：两种立法例之比较》，载《中国法学》1993 年第 3 期；《刑法适用总论（上卷）》，法律出版社 1999 年版，第 664 页。

⑤ 储槐植：《一罪与数罪》，载《法学研究》1995 年第 3 期。

⑥ 赵嵬：《论转化犯》，载《法制与社会发展》1997 年第 6 期。

⑦ 王彦、黄明儒、张杰：《试论转化犯的基本概念与基本特征》，载《国家检察官学院学报》1999 年第 1 期。

罪情节，而使基本罪的性质发生改变，转化为某一重罪，并且按重罪定罪量刑的犯罪形态。[①] 七是初炳东、许海波、邢书恒等提出的观点，他们认为，转化犯是指行为人在实施某一较轻的犯罪行为时，由于具备了某种情形，刑法明文规定不再以本罪论处，而是按照刑法另一条文规定的较重的罪论处的情况。[②] 八是肖中华提出的观点，他认为，转化犯是指行为人实施一个故意犯罪（本罪）的同时，或者在本罪造成的不法状态持续过程中，由于行为人实施了特定的行为，而这一特定行为与其本罪行为的结合足以填充另一个故意犯罪（转化罪）的构成，从而使行为人的行为符合转化罪的犯罪构成，并根据刑法规定以转化罪定罪处刑的犯罪形态。[③] 从我国大陆刑法理论界关于转化犯概念的聚讼来看，实质上只有两种观点，“广义的转化犯说”和“狭义的转化犯说”，两者的主要分歧在于转化犯的实质仅仅是罪质的转化还是包括非罪向罪的转化。也就是说，“广义的转化犯”不仅包括罪质的转化，而且也包括非罪向罪的转化，如杨旺年的观点；“狭义的转化犯”则只包括罪质的转化而不包括非罪向罪的转化，如其他人的观点。近年，又有学者如赵炳贵在对上述观点进行分析和矫正后，提出所谓转化犯是指行为人在实施某一犯罪过程中，由于行为人的故意内容以及由此决定的客观行为的变化又触犯了另一较重的犯罪，或者出现其他法定转化条件时，刑法规定以较重的犯罪定罪处刑的犯罪类型。[④] 这一观点将行为人故意内容和行为方式的变化作为转化的条件引入转化犯的概念，而不仅仅是法定条件。但总体来说，还是持“狭义的转化犯说”。而笔者在此则持“广义的转化犯说”，这样在解释聚众“打砸抢”犯罪时就比较好解释。

综上所述，将一般转化犯的概念运用到聚众犯罪中来，所谓聚众犯罪的转化犯，就是指行为人在聚众犯罪中的实施聚众犯罪时由于连带的行为又触犯了另一较重的犯罪，因而法律规定以较重的犯罪论处的情形，此时对行为人不再以行为人所实施的聚众犯罪的罪名处罚，也不按数罪并罚的原则处理，而是以刑法规定的其他条文规定的另一罪名处罚。

---

① 金泽刚：《论转化犯的构成入立法例分析》，载《山东法学》1998 年第 4 期。

② 初炳东、许海波、邢书恒：《论刑法中的包容犯与转化犯》，载《法学》1998 年第 6 期。

③ 肖中华：《论转化犯》，载《浙江社会科学》2000 年第 3 期。

④ 赵炳贵：《转化犯与结果加重犯》，载《中国刑事法杂志》2001 年第 1 期。

二、聚众犯罪转化犯的基本特征

要弄清聚众犯罪的转化犯的基本特征，就有必要对转化犯的基本特征有一个比较清楚的了解。

对于转化犯的基本特征，刑法理论界存在不同的表述。王仲兴认为，转化犯具有三个基本特征。一是法律表现形式的特定性，是指转化犯以特定的法律用语作为识别标志。由于转化犯是法律特别规定的犯罪类型，它是以特定的法律表述形式，规定本条文的犯罪必须依照另一条文的另一犯罪“论处”或者“处罚”，要求不仅应当按照后一条文量刑，而且还应当按照后一条文定罪。转化犯必须由法律特别规定是转化犯得以成立的外部条件，使得它与牵连犯、吸收犯等犯罪形态区别开来。二是转化范围的特定性，是指转化犯必须是由此罪向彼罪的转化，而且是轻罪向重罪的转化。它表明，转化犯原先所犯的是较轻的罪，转化后成为较重的罪，且前后两罪属于不同的种类，这种转化必须是由轻罪向重罪转化，否则提出转化犯就没有意义了。三是转化条件的特定性，是指转化犯的成立是以特定的条件为基础的。转化犯的成立必须要有一定的条件，这是因为一种犯罪向另一种犯罪转化，必须具备法律明文规定的条件，没有这种条件就不可能发生此罪向彼罪的转化。这个条件就是犯罪构成的具体要件。上述三个特征必须同时具备才能构成转化犯。[①] 陈兴良认为，转化犯具有三个基本特征。一是转化犯的转化性，认为转化犯的关键词是转化。所谓转化，是由此罪到彼罪的转化。因此，转化犯存在着时间上具有先后衔接性的两个犯罪，本罪与他罪。本罪是指转化前的犯罪，他罪是指转化后的犯罪。转化是转化犯的基本特征，没有犯罪之间的这种转化性，也就不存在转化犯。二是转化犯的递进性，在存在转化犯的情况下，由本罪向他罪的转化，它们之间存在一种递进关系，这种递进关系首先表现为行为的质的转变，也就是说由于行为人的主、客观表现的变化，使得整个行为脱离了作为基础行为的质的特性，转而符合另一行为的质的特性，因而应当以转化后的行为特性来适用刑法，定罪量刑；这种递进关系其次还表现为转化前后的行为性质的趋重性。三是转化犯的法定性，是指只有在法律明文

---

① 王仲兴：《论转化犯》，载《中山大学学报》1990年第2期。

规定的情况下，才能构成转化犯。凡法律没有明文规定转化的不能构成转化犯。[①] 但赵炳贵认为，转化犯有四个基本特征。一是转化犯是罪质的转化，而且一定是轻罪向重罪转化。这样就不包括非罪向罪的转化。二是转化犯的转化前提是行为人主观故意内容和客观行为方式的变化，或者具有其他法定的转化条件，并且故意内容的转化是转化犯转化的重要前提。如果故意内容和行为方式并未发生质的转化，仍然承继着原有的故意内容和客观行为，虽然发生了重的结果，仍然不能称为转化犯。三是转化犯必须是刑法明文规定的犯罪类型或形态，即它必须具有法定性。四是转化犯是行为人基于两个犯罪故意并实施了两种犯罪行为，同时触犯了两个犯罪构成。由于行为在实施某个犯罪过程中，故意内容以及由此决定的行为方式发生变化，或者出现了法定条件，使原有的罪质难以容纳，但是又由于两个行为之间存在着过程的紧密连续性和衔接性，因而立法者将其转化为另一重罪。[②] 笔者认为上述观点均从基本相同的方面对转化犯的基本特征作了概括，基本上是可取的。赵炳贵的观点是对转化犯研究的重要补充，他强调了行为人的主观故意和行为方式的转化，而且触犯了两个罪，只是法律规定转化为另一重罪。这些观点对于我们理解聚众犯罪的转化犯有着十分重要的帮助作用。

根据刑法理论界对转化犯的特征的理解，笔者认为聚众犯罪转化犯成立必须具备三个方面的条件。一是行为人事先必须实施了刑法分则规定的某种聚众犯罪的构成要件的危害行为。这种行为必须是属于刑法分则规定的构成某种聚众犯罪所需要的危害行为。如果这种行为本身不是刑法分则规定的构成某一种聚众犯罪构成要件的危害行为，当然就不可能从一种聚众犯罪转化为另一种犯罪，也就是说不存在转化的前提或基础。二是前一种聚众犯罪行为必须在一定的条件下才能转化为一种性质更为严重的犯罪。这种转化应当是性质从轻到重的转化。三是前一聚众犯罪行为转化为性质更为严重的另一种犯罪的条件以及转化为何种犯罪都应当由刑法明文规定。这个条件既可以是发生了某种更为严重的危害后果，也可以是别的构成要件的转化，还可以是危害行为本身发生质的变化。用一个逻辑公式来表示就是 $A+q=B$，在这里，A 就是转化前的较轻的聚众犯罪，q 就是转化的条件或者法定条件，B 就是转化后的重罪。其中，A、q、B 都必须是刑法明文规定的。

---

① 陈兴良：《刑法适用总论（上卷）》，法律出版社 1999 年版，第 665～666 页。

② 赵炳贵：《转化犯与结果加重犯》，载《中国刑事法杂志》2001 年第 1 期。

转化犯概念的提出一般认为是为了解决罪数问题，因此，转化犯的特征问题对于正确理解聚众犯罪转化犯是有着重大意义的，它对于解决审判实践中裁判中的聚众犯罪一罪与数罪问题，做到罪刑法定、罪刑相适应有着十分重要的意义。

三、聚众斗殴罪的转化犯问题

《中华人民共和国刑法》第 292 条第 2 款规定："聚众斗殴，致人重伤、死亡的，依照本法第二百三十四条、第二百三十二条的规定定罪处罚。"一般均认为这是一种转化犯的立法例，是最为典型的聚众犯罪的转化犯。[①]

聚众斗殴罪是从 1979 年《中华人民共和国刑法》规定的流氓罪中分解出来的一个罪名。在《中华人民共和国刑法》修订前，根据 1984 年 11 月 2 日《最高人民法院、最高人民检察院关于当前办理流氓案件中具体应用法律的若干问题的解答》的规定，行为人如果在流氓犯罪中，"携带并使用凶器，已造成重伤、杀人后果的，应与伤害罪、杀人罪并罚"。在当时，流氓罪不存在转化的问题，解决流氓罪的罪数问题是按数罪并罚的原则来处理的。修订后的《中华人民共和国刑法》则规定在聚众斗殴犯罪中致人重伤、死亡的分别按故意伤害罪、故意杀人罪定罪处罚，这就是按转化犯处理。在这里，聚众斗殴罪就是转化前性质较轻的聚众犯罪，致人重伤或者致人死亡就是转化的条件，故意伤害罪或者故意杀人罪就是转化后性质较重的罪，且这种转化是为刑法所明文规定的。因此，《中华人民共和国刑法》第 292 条第 2 款规定的就是我们所说的聚众斗殴罪的转化犯。

在聚众斗殴中致人重伤、死亡的，依照《中华人民共和国刑法》第 234 条、第 232 条的规定以故意伤害罪、故意杀人罪定罪处罚，这在法律上是无疑议的，但是在聚众斗殴中一旦发生致人重伤、死亡的后果，是不是所有参加聚众斗殴的行为人都要按故意伤害罪或者故意杀人罪定罪处罚呢？是不是所有的首要分子都要按故意伤害罪、故意杀人罪定罪处罚呢？对这两个问题，在我国大陆刑法理论界均没有作过深入讨论。在一般刑法理论著作中，均只是笼统地说聚众斗殴致人重伤、死亡的，依照《中华人民共和国刑法》第 234 条、第 232 条的规定以故意伤害罪、故意杀人罪定罪处罚。但具体到这两个

---

① 陈兴良：《刑法疏议》，中国人民公安大学出版社 1997 年版，第 472 页。

问题时，都避而不谈。笔者也曾与刑法理论界的一些名家进行过探讨，但他们也是语焉不详。在审判实践中各地做法不一，有时在同一个省的同一级法院作出的判决也不尽相同，这就严重地影响了司法公正，司法实践界迫切需要刑法理论界对此问题作出回答。

要解决这两个问题，首先就要弄清楚聚众斗殴的参加者在聚众斗殴犯罪中所起的作用。对于聚众斗殴中发生致人重伤、死亡的后果，是否所有的聚众斗殴的参加者都要以故意伤害罪或者故意杀人罪定罪处罚的问题而言，答案是否定的，至少在审判实践中绝大多数司法机关对此问题都还是持否定态度的。除首要分子外，如果聚众斗殴的其他积极参加者没有直接致人重伤、死亡的，不能以故意伤害罪或者故意杀人罪定罪处罚，只有直接致人重伤、死亡的直接凶手才能以故意伤害罪或者故意杀人罪定罪处罚。如湖南省临武县土地乡小湾村部分村民与该县金沙镇罗家村部分村民于2001年3月因琐事发生争执和斗殴。为争强斗狠，小湾村的被告人唐建某纠集小湾村的被告人唐小某等十余人持械与罗家村的被告人罗华某纠集的罗家村的被告人罗某、罗飞某、陈学某和邻县桂阳县荷叶镇水源村的被告人卢海某、卢玉某、卢年某等十余人持猎枪聚众斗殴，在聚众斗殴中卢海某、卢玉某分别持猎枪开枪打死小湾村参加聚众斗殴倪小某、唐国某。在本案中当然存在一个从聚众斗殴罪向故意杀人罪的问题，但是司法机关并没有对所有聚众斗殴的参加者都以故意杀人罪定罪处罚，而只对卢海某、卢玉某以故意杀人罪定罪处罚，对其他行为人则按聚众斗殴定罪处罚。这种处理的办法是合理的，也是符合罪刑法定、罪刑相适应原则的。对于在聚众斗殴中发生致人重伤、死亡的后果，是不是所有的首要分子都要按故意伤害罪、故意杀人罪定罪处罚的问题则相对复杂一些，有些地方的人民法院在审判案件时对首要分子不问情形，一律按转化犯处理；有些地方的人民法院在审判案件时则又未按转化犯处理。但是，为什么有的按转化犯处理，有的不按转化犯处理，则说不出个所以然。这涉及对聚众斗殴中的首要分子在聚众斗殴中的具体作用如何认识的问题。如果聚众斗殴的首要分子在参加聚众斗殴时他本身就是直接致人重伤或者死亡的直接凶手，对这种情况首要分子当然应当直接适用转化犯的规定，按故意伤害罪或者故意杀人罪处罚，这是不争的观点。但是，对于聚众斗殴的首要分子不是直接致人重伤或者死亡的直接凶手，对他们是否应当适用转化犯的规定则不能一概而论。我们知道，在聚众犯罪中存在着首要分子，这些首要分子在聚众斗殴中起了组织、策划、指挥作用，这种作用是实际上的组织行为，是组织犯。但是，由于我国刑法分则对聚众犯罪都有明文规定，因此，聚众犯罪的首要分子的组织行为就不再是刑法总则上的非实行行为的组织行为，而是属于实行行为。因此，聚众斗殴的首要分子的组织、策划、指挥行为也是实行行为了。虽然如此，我们在对聚众斗殴的首要分子的作用进行分析时，还是可以运用组织犯的原理进行分析研究。我们在研究时，不能不考虑到聚众斗殴的首要分子的“组织行为”和“组织的故意”。所谓组织行为是指在共同犯罪中，一般是聚众犯罪、集团性共同犯罪中首要分子的组织、策划、指挥行为和有组织性共同犯罪中组织者、领导者的组织、领导行为。在通常情况下组织行为具有不同于实行行为的特点，它不是由刑法分则一一加以规定，而是由刑法总则加以规定。但是，聚众斗殴的组织行为，是由刑法分则的条文加以规定的，这种所谓的“组织行为”也就不再是非实行行为的组织行为了，而是实行行为。这种实行行为是不是对聚众斗殴的全部后果负责，负责到什么程度，也应当由刑法分则加以明确规定，在法律没有明确规定的情况下，就要注意分析首要分子的“组织的故意”。我们前面说了，聚众犯罪是一种共同犯罪，众人之间必然要有一种共同的意思联络，也就是行为人对于他们的犯罪行为具有同一的认识，对他们行为的社会危害性和可能造成危害社会的结果持希望的心理状态。这种共同故意是聚众斗殴犯罪行为人承担以及如何承担、承担什么样的刑事责任的主观方面的基础。在聚众斗殴犯罪中首要分子的“组织的故意”固然被刑法分则所规定，但是我们仍然可以对首要分子的“组织的故意”从共同的故意中分离出来进行分析。有学者在分析共同犯罪的故意时提出了“共同犯罪故意的认识因素”和“共同犯罪故意的意志因素”的概念。认为共同犯罪故意的认识因素是一种双重认识，它是指共同犯罪人对本人的行为的社会危害性的认识以及对自己与他人共同实施犯罪的认识，这种认识是对本人的行为的认识与对他人的行为的认识的有机统一。而共同犯罪故意的意志因素同样是一种双重意志，是指共同犯罪人在认识本人的行为和他人的行为的基础上，对于本人行为和他人行为的社会危害性和可能造成的危害社会的结果持希望的心理态度，这种意志是对本人行为的社会危害性和可能造成的危害社会的结果持希望的心理状态与对他行为的社会危害性和可能造成的危害社会的结果的希望持心理状态的有机统一。[①] 在聚众斗殴犯罪中，存在着一种“组织”与“被组织”的关系，即聚众

① 陈兴良：《刑法适用总论（上卷）》，法律出版社 1999 年版，第 486 页。

斗殴的首要分子与聚众斗殴的其他积极参加者之间的关系是“组织”与“被组织”的关系。没有上述两者的有机统一，就失去了聚众斗殴的首要分子是否对聚众斗殴的其他积极参加者的所作所为负责的基础。所谓聚众斗殴的首要分子的组织的故意，就是聚众斗殴的首要分子明知自己的行为是组织、策划、指挥他人进行聚众斗殴的行为，并且明知自己的组织行为的社会危害性和可能造成危害社会的结果发生的主观心理状态。一般而言，聚众斗殴的首要分子的组织的故意是具有双重的心理状态的，一方面在认识因素中，聚众斗殴的首要分子不仅认识到自己的“组织”行为会使“被组织者”也即聚众斗殴的其他积极参加者会产生聚众斗殴的意图并去进行聚众斗殴，而且还认识到“被组织者”也即聚众斗殴的其他积极参加者的聚众斗殴的行为将可能造成危害社会的后果。另一方面在意志因素中，聚众斗殴的首要分子不仅希望自己组织行为引起“被组织者”也即聚众斗殴的其他积极参加者的聚众斗殴的意图和聚众斗殴的行为，而且希望“被组织者”也即聚众斗殴的其他积极参加者的聚众斗殴的行为和结果的发生。因此，在一般情况下，聚众斗殴的首要分子应当对聚众斗殴的后果负全部责任。

但是我们知道，在共同犯罪中理论中有一种被称之为实行过限的理论，这种理论的提出，就是要解决在实行过限的情况下，实行过限的行为人当然应当对自己犯罪行为承担责任，但是，对没有实行过限的其他共同犯罪人应当如何处理的问题。所谓实行过限，也有称为共同犯罪中的过剩行为，是指实行犯实施了超出共同犯罪故意的行为。我国刑法并没有对实行过限明文规定，一般认为，根据我国的刑法理论，处理实行过限的基本原则应当是行为人只有在对某一危害结果主观上具有罪过的情况下才能负刑事责任，而过限行为超出了共同故意的范围，应当由实行过限行为的人对过限行为单独承担刑事责任，其他共同犯罪人对过限行为不负刑事责任。因此，笔者认为，在聚众斗殴中，首要分子和积极参加者可以说是“共同实行犯”，在共同实行犯中没有直接致人重伤或者死亡的行为人当然不能对直接致人重伤或者死亡的实施者的过限行为承担故意伤害罪或者故意杀人罪的刑事责任。对于聚众斗殴中的首要分子，笔者认为，同样不能当然认为直接致人重伤或者死亡的实施者的过限行为承担故意伤害罪或者故意杀人罪的刑事责任。我们在认定聚众斗殴中直接致人重伤或者死亡的“被组织者”也即聚众斗殴的其他积极参加者的行为是否是实行过限，必须对首要分子的“组织”内容进行认真考察，以确定“被组织者”也即聚众斗殴的其他积极参加者的行为是否实行过限。

在“组织”的内容较为明确的情况下，认定直接致人重伤或者死亡的实行者是否实行过限是较为容易的。如甲纠集乙、丙、丁与另一方人进行聚众斗殴，甲明确表示不能持械，并制止了乙、丙带器械，但在斗殴的过程中，丙在斗殴现场就地捡了一块砖头将对方一参加聚众斗殴的成员头部打破，致人死亡。对丙的行为就可以认定为实行过限，对丙就应当以故意杀人罪定罪量刑，对甲、乙、丁及对方的首要分子和其他积极参加者就应当以聚众斗殴罪定罪量刑。同样，如果甲在纠集过程中积极准备铁棍、三角刮刀等足以致人重伤或者死亡的器械，即使甲没有到现场，由乙持刀将对方聚众斗殴的某一成员捅死，甲仍然应当与乙共同以故意杀人罪定罪量刑。这些情形在理论上和实践中都比较好办，关键是在聚众斗殴的首要分子的组织的故意的内容较为概括的情况下，就使得确定“被组织者”直接致人重伤或者死亡是否实行过限较为困难，而这恰是这类案件难以处理的原因所在。笔者受到刑法理论上的“概然性教唆”这一概念的启迪。[①] 提出“概然性组织”这一概念，即聚众斗殴的首要分子的组织的故意的内容是较为概括的“组织”。在这种“概然性组织”的情况下，由于“组织”的内容不太明确，甚至不明确，只要首要分子进行了“组织”行为，就要对由于聚众斗殴致人重伤或者死亡的后果负故意伤害罪、故意杀人罪的刑事责任。在这里应当注意的是，对于“组织的故意”不能光看首要分子是否有直接的“组织的故意”，还应当看首要分子有没有间接的“组织的故意”，特别是当其他积极参加者携带足以致人重伤或者死亡的器械时，虽然首要分子自己没有准备或者提供，但是首要分子仍然“组织”他人进行聚众斗殴，在此时，首要分子就应当按聚众斗殴罪的转化犯处理，由首要分子与直接致人重伤或者死亡的实施者承担故意伤害罪或故意杀人罪的刑事责任或者在直接致人重伤或者死亡的实施者无法查明的情况下，由首要分子直接承担故意伤害罪或者故意杀人罪的刑事责任，当然在量刑上还是应当有所注意，不一定一律都判处死刑或者从重判处。

综上所述，笔者认为对于聚众斗殴罪的转化犯问题在没有明确的司法解释出台之前，应当按以下基本原则处理：①在聚众斗殴中，首要分子本身就是直接致人重伤或者死亡的实施者的，对首要分子按聚众斗殴罪的转化犯处理，以故意伤害罪或者故意杀人罪定罪量刑，对其他积极参加者则按聚众斗殴罪定罪量刑；②在聚众斗殴中，首要分子明确表示不准携带足以致人重伤

---

① 陈兴良：《刑法适用总论（上卷）》，法律出版社 1999 年版，第 505 页。

或者死亡的器械的，其他积极参加者中也未使用直接致人重伤或者死亡的器械而致人重伤或者死亡的，对直接致人重伤或者死亡的实施者按聚众斗殴罪的转化犯处理，以故意伤害罪或者故意杀人罪定罪量刑，对首要分子和其他积极参加者则按聚众斗殴罪定罪量刑；③在聚众斗殴中，首要分子组织的故意不明确，参加聚众斗殴时参加者都未携带足以致人重伤或者死亡的器械的，其他积极参加者在聚众斗殴现场临时寻找足以致人重伤或者死亡的器械致人重伤或者死亡的，对直接致人重伤或者死亡的实施者，按聚众斗殴的转化犯处理，以故意伤害罪或者故意杀人罪定罪量刑，对首要分子和其他积极参加者则按聚众斗殴罪定罪量刑；④在聚众斗殴中，虽然有人携带了足以致人重伤或者死亡的器械而其他参加者包括首要分子均不知道，而在聚众斗殴中该携带者直接致人重伤或者死亡的，对直接致人重伤或者死亡的实施者，按聚众斗殴的转化犯处理，对首要分子和其他积极参加者则按聚众斗殴罪定罪量刑；⑤对首要分子组织的故意不明确，但是首要分子明知其他积极参加者携带了足以致人重伤或者死亡的器械而仍然决意“组织”他人进行聚众斗殴，致人重伤或者死亡的，对首要分子和直接致人重伤或者死亡的实施者均要按聚众斗殴的转化犯处理，对其他积极参加者则按聚众斗殴罪定罪量刑；⑥在聚众斗殴中，首要分子组织的故意较为概括，直接致人重伤或者死亡的实施者无法确定，对首要分子按聚众斗殴的转化犯处理，以故意伤害罪或者故意杀人罪定罪量刑，对其他积极参加者则按聚众斗殴罪定罪量刑。

四、聚众“打砸抢”的转化犯问题

第二百八十九条 聚众“打砸抢”，致人伤残、死亡的，依照本法第二百三十四条、第二百三十二条的规定定罪处罚。毁坏或者抢走公私财物的，除判令退赔外，对首要分子，依照本法第二百六十三条的规定定罪处罚。

——《中华人民共和国刑法》

2003年5月14日，《最高人民法院、最高人民检察院关于办理妨害预防、控制突发传染病疫情等灾害的刑事案件具体应用法律若干问题的解释》第9条规定：“在预防、控制突发传染病疫情等灾害期间，聚众‘打砸抢’，致人伤残、死亡的，依照刑法第二百八十九条、第二百三十四条、第二百三十二条的规定，以故意伤害罪或者故意杀人罪定罪，依法从重处罚。对毁坏或者抢走公私财物的首要分子，依照刑法第二百八十九条、第二百六十三条的规定，以抢劫罪定罪，依法从重处罚。”对于聚众“打砸抢”犯罪是否适用转化犯的问题，法律没有规定，刑法理论界也没有专题研究。由于可以认为聚众“打砸抢”是聚众犯罪的一种，而且也是多发性犯罪，因此，对聚众“打砸抢”的是否是转化犯的问题进行研究还是有着重要的意义。

在各大陆法系国家和地区刑法典中，均没有聚众“打砸抢”的规定，而我国刑法中出现聚众“打砸抢”的规定，主要是因为在“文化大革命”中由于林彪、“四人邦”反革命集团大搞无政府主义，致使一些地方“打砸抢”成风，严重地破坏了社会秩序，给人民生命财物带来了重大损失。为此，“文化大革命”结束后，我国总结历史的惨痛教训，在制定刑法时，1979 年《中华人民共和国刑法》将严禁聚众“打砸抢”写入我国刑法分则的条文中，规定“严禁聚众‘打砸抢’。因‘打砸抢’致人伤残、死亡的，以伤害罪、杀人罪论处。毁坏或者抢走公私财物的，除判令退赔外，首要分子以抢劫罪论处。”

对于聚众“打砸抢”是不是单独的一个罪名，在当时有不同的观点，一种观点认为，聚众“打砸抢”是一个单独的罪名，即聚众“打砸抢”罪，理由是，聚众“打砸抢”有自己的主、客观方面的犯罪特征，且该条第 2 款规定，犯前款罪的，可以单处剥夺政治权利。据此，可以推论聚众“打砸抢”是一个独立的罪名。① 这种观点以刑法理论界为主。另一种观点则认为，聚众“打砸抢”不是一个单独的罪名，认为该条规定是把“打、砸、抢”三种行为首先用综合罪状来表述，申明予以“严禁”，然后分别规定了三种行为的罪状和援引的罪名，并没有规定综合罪状的独立的法定刑。据此，不能推论出聚众“打砸抢”当然是一个独立的罪名。② 这种观点以刑法实务界为主。按当时认为聚众“打砸抢”是一个独立的罪名来理解的话，聚众“打砸抢”就是典型的转化犯。修订后的《中华人民共和国刑法》保留了 1979 年《中华人民共和国刑法》第 137 条第 1 款的规定，取消了第 2 款的规定，并将聚众“打砸抢”从侵犯人身权利、民主权利罪一章移入妨害社会管理秩序罪一章，现在最高司法机关已经明确聚众“打砸抢”不是一个单独的罪名了，因此有学者认为它仅仅是一个提示性规定，作此规定，有无必要，大可商榷。③

---

① 高铭暄主编：《刑法学（修订本）》，法律出版社 1982 年版，第 476～477 页。陈兴良：《刑法疏议》，中国人民公安大学出版社 1997 年版，第 469 页。

② 林准主编：《中国刑法教程》，人民法院出版社 1989 年版，第 447 页。

③ 陈兴良：《刑法疏议》，中国人民公安大学出版社 1997 年版，第 469 页。

聚众“打砸抢”虽然不再是一个单独的罪名，但是并不等于可以取消聚众“打砸抢”的规定，在现实生活中此类犯罪行为还是经常发生的，聚众“打砸抢”仍然是聚众犯罪的一种。《中华人民共和国刑法》分则对聚众“打砸抢”的规定，是将此条文放在妨害社会管理秩序罪这一大类罪中，但是对聚众“打砸抢”最终的处理则是以故意伤害罪、故意杀人罪（侵犯人身权利、民主权利罪）或者是抢劫罪（侵犯财产罪）定罪，是从聚众犯的形式转化为单独犯，虽然似乎聚众“打砸抢”的转化犯成立失去了一个基本前提，也就是前罪——“聚众‘打砸抢’罪”，但是从聚众“打砸抢”由聚众犯的形式向单独犯的形式的转化来看，这种转化的实质就是由一种罪向另一种罪的转化，因此，至少可以考虑引进“准转化犯”的概念。“准”者，准许也、依照也，指的是虽然它不是完整的转化犯，但是可以按照转化犯来理解、处理。也可以考虑运用“广义的转化犯”的概念来理解聚众“打砸抢”的转化犯问题。即某一违法行为在实施过程中或者非法状态持续过程中，由于行为人主客观表现的变化，而使整个行为的性质转化为犯罪，从而应当按法律拟制的某一犯罪论处的情形。在这里，聚众“打砸抢”就是“某一违法行为”，致人伤残或者死亡、毁坏或者抢走公私财产就是“行为人主客观表现的变化”，故意伤害罪或者故意杀人罪、抢劫罪就是“法律拟制的某一犯罪”。

所谓聚众“打砸抢”，是指首要分子聚集多人，实施“打砸抢”的行为。表现为两个方面：一是聚众；二是“打砸抢”。所谓聚众，就是首要分子聚集多人。所谓“打砸抢”，就是指行为人针对人或者财物实施暴力行为。但是，这种聚众“打砸抢”行为不能单独定罪，而是要根据行为人在聚众“打砸抢”中造成的后果来分别定罪量刑，“致人伤残的”按故意伤害罪定罪量刑。应当注意的是，在条文中，立法者没有使用“致人重伤”的表述，使用的是“致人伤残”表述，说明聚众“打砸抢”转化的条件不是“致人重伤”而是“致人伤残”。在中国语言文字中，“伤残”不是一个独立的词组。① 对于伤残应当理解为伤害致残疾，残疾是指肢体、器官或者功能方面的缺陷。② 这里的伤残不能仅按重伤来认定，《最高人民法院全国维护农村稳定刑事审判工作座谈会

---

① 在《现代汉语词典》（商务印书馆 1983 年版）中，在“伤”这一字条下面没有“伤残”这一词条。但是在《现代汉语词典（第五版）》（商务印书馆 2005 年版，第 1190 页）中有“伤残”这一词条，但是作动词用，则意为“受伤致残”。

② 中国社会实学院语言研究所词典编辑室编：《现代汉语词典（第五版）》，商务印书馆 2005 年版，第 130 页。

纪要》指出，在有关司法解释出台前，残疾的标准应当按1996年3月14日发布，1996年10月1日施行的《职工工作与职业病致残程度鉴定标准》来认定，该标准将伤残分为十级，一般残疾（十至七级）、严重残疾（六至三级）、特别严重残疾（二至一级）。最高人民法院正在抓紧制定《人体损伤残疾评定标准》，对伤残也将分为十级。这样，在审理此类案件时，对在聚众“打砸抢”致人伤残的情况，就不能按《人体轻伤鉴定标准》和《人体重伤鉴定标准》对受损伤的人仅进行轻伤或者重伤的鉴定，而应当对受损伤的人在进行重伤或者轻伤鉴定的同时还应当进行伤残等级鉴定，这是因为残疾中有一部分可能是轻伤。只要“致人伤残”，即被害人达到了伤残的标准，无论是一级还是十级，就可以按故意伤害罪定罪量刑，如果案件没有进行伤残鉴定，只有轻伤或者重伤鉴定，就可以认为事实不清而要求对残疾等级进行鉴定。“致人死亡的”则按故意杀人罪定罪量刑。在这里同样存在一个是否整体“转化”的问题，即是不是在聚众“打砸抢”中致人伤残、死亡的，所有的参加者都按故意伤害罪或者故意杀人罪论处？是不是所有的首要分子都按故意伤害罪或者故意杀人罪论处？笔者认为，在没有明确的司法解释的情况下，可以参考笔者对聚众斗殴罪转化犯研究提出的基本原则来处理。对于毁坏或者抢走公私财物的，对首要分子按抢劫罪定罪量刑。在这里，首要分子是指在聚众“打砸抢”过程中起组织、策划、指挥作用的犯罪分子，且只追究首要分子的刑事责任，对其他参加者不追究刑事责任，如果其他参加者毁坏财物数额较大或者有其他严重情节的，可以考虑按故意毁坏财物罪论处。笔者曾审理过一起聚众“打砸抢”的案件。被告人杨某某是某市综合农场退休干部。1998年6月，该农场遭遇了百年不遇的洪水。6月27日晚7时许，该综合农场大堤因低标准堤防无力抗御超高水位形成的强渗透压力和长时间的浸泡，致使堤身出现大险而人力一时无法救险而溃决。受灾群众不明真相，纷纷议论溃堤与农场负责人不负责有关，部分灾民还与农场负责人发生了冲突。7月1日上午，杨某某从家中骑自行车到堤上，边走边对临时栖住在堤上的灾民煽动，说农场党委书记是防汛抢险的指挥长，这次涨大水防汛器材不到位，造成垮堤，不管群众死活，将修堤的钱贪污了，自己盖的几栋楼房在高处，水淹不到，他是典型的贪官，大家要借水灾反贪官，将书记的房子砸掉，要坐牢由他顶着。之后，他又与被告人姜某龙商量去砸房屋的时间。杨某某提出过两天再去。然后，杨某某与姜某龙又到堤上对灾民进行煽动。途中，二人遇到被告人姜某新。之后三人一起对灾民进行煽动，并将他人所写的所谓“垮堤真相”的传单向灾民进行散发。当晚，杨某某在散发传单时被区委有关领导及时发现并劝止。杨某某当时承认自己在灾民中讲了一些不负责任的话，说灾民可能会去砸农场书记的房屋，并愿意与区委领导一起做灾民的工作，要灾民不要闹事。但是到了 7 月 2 日，被杨某某组织、煽动起来的灾民已经纷纷涌向农场三位负责人家，进行“打砸抢”，致三家财产损失 22 万余元。在“打砸抢”，姜某龙持木椅砸了两家的玻璃。姜某新持木椅子砸了一家的玻璃、茶几、房门。灾民还将前来制止的有关人员的汽车掀翻，造成损失 44000 余元的经济损失。这是一起典型的聚众“打砸抢”犯罪，如果法律不规定这一条，将无法对此案进行比较妥当的处罚。人民法院认定，杨某某、姜某龙、姜某新在不明溃堤原因的情况下，在灾民中以干部腐败和抢险措施不力而造成溃堤为由，进行煽动，聚众“打砸抢”导致毁坏巨额财物，杨某某、姜某龙、姜某新是聚众“打砸抢”的首要分子，杨某某、姜某龙、姜某新的行为均已经构成抢劫罪，分别判处有期徒刑十年、八年、七年。在本案中，杨某某与姜某龙组织、策划并指挥聚集灾民进行“打砸抢”，具体提出了行动的时间、“打砸抢”的对象，杨某某、姜某龙首要分子的地位比较明显，按抢劫罪处罚是适当的。但在本案中，姜某新仅有一般煽动行为，并没有进行组织、策划、指挥，他的首要分子的地位并不明显，最多只能算个积极参加者，在审判此案时，笔者当时不主张对姜某新按抢劫罪论处，而应当按故意毁坏财物罪论处比较妥当。由于笔者是少数派，只能按少数服从多数的原则作出判决。

在处理聚众“打砸抢”案件时，要注意区别不同的情况，分别对待。聚众“打砸抢”是妨害社会管理秩序罪中的一种特殊的聚众犯罪。因此，在审理聚众“打砸抢”案件时，一是要注意划清因婚姻纠纷、山林水利纠纷引起的群众性“打砸抢”行为的区别，行为人构成什么罪就按什么罪论处，不要按聚众“打砸抢”处理。二是要注意划清在武装暴乱、叛乱中“打砸抢”行为的区别，行为人在武装暴乱、叛乱中的“打砸抢”行为已经被武装暴乱、叛乱行为吸收，是按吸收犯的原则处理。

第二节　作为加重情节的聚众犯罪

一、煽动分裂国家罪　煽动颠覆国家政权罪

第一百零三条第二款　煽动分裂国家、破坏国家统一的，处五年以下有期徒刑、拘役、管制或者剥夺政治权利；首要分子或者罪行重大的，处五年以上有期徒刑。

第一百零五条第二款　以造谣、诽谤或者其他方式煽动颠覆国家政权、推翻社会主义制度的，处五年以下有期徒刑、拘役、管制或者剥夺政治权利；首要分子或者罪行重大的，处五年以上有期徒刑。

第一百零六条　与境外机构、组织、个人相勾结，实施本章第一百零三条、第一百零四条、第一百零五条规定之罪的，依照各该条的规定从重处罚。

第一百一十三条　本章上述危害国家安全罪行中，除第一百零三条第二款、第一百零五条、第一百零七条、第一百零九条外，对国家和人民危害特别严重、情节特别恶劣的，可以判处死刑。

犯本章之罪的，可以并处没收财产。

——《中华人民共和国刑法》

煽动分裂国家罪，是指煽动分裂国家，破坏国家的统一的行为。煽动颠覆国家政权罪，是指以造谣、诽谤或者其他方式煽动颠覆国家政权，推翻社会主义制度的行为。

对于煽动分裂国家罪、煽动颠覆国家政权罪是不是聚众犯罪的问题，我国大陆刑法理论界并没有涉及。笔者仔细研究了《中华人民共和国刑法》对这两个罪的罪状的规定，《中华人民共和国刑法》第103条第2款规定："煽动分裂、破坏国家的统一的，处五年以下有期徒刑、拘役、管制或者剥夺政治权利；首要分子或者罪行重大的，处五年以上有期徒刑。"第105条第2款规定："以造谣、诽谤或者其他方式煽动颠覆国家政权、推翻社会主义制度的

处五年以下有期徒刑、拘役、管制或者剥夺政治权利；首要分子或者罪行重大的，处五年以上有期徒刑。”从上述两条的规定不难看出，这两个罪的罪状是分两段的，后一段均分别使用了首要分子这个概念。《中华人民共和国刑法》第 97 条规定：“本法所称首要分子是指在犯罪集团或者聚众犯罪中起组织、策划、指挥作用的犯罪分子。”也就是说，凡在《中华人民共和国刑法》分则中出现首要分子这个概念时，就意味着存在犯罪集团或聚众犯罪。从上述两个罪的罪状来看，这两个罪中一般不存在一个专门煽动分裂国家或者煽动颠覆国家政权的犯罪集团，理由在论述分裂国家罪和颠覆国家政权罪时已经说明。因此，在这里的首要分子就只能选择是聚众犯罪的首要分子了。出现“罪行重大的”时，只能在聚众犯罪之中。这两个罪的罪状后半段的实质就是以聚众犯罪的形式犯煽动分裂国家罪和以聚众犯罪的形式犯煽动颠覆国家政权罪。再从这两个罪的罪状来看，首要分子和罪行重大者量刑幅度超过了单个犯罪分子煽动分裂国家或者颠覆国家政权的行为的有期徒刑五年的最高法定刑，因此，这一量刑是一种加重处罚。在这里，聚众就不再是煽动分裂国家罪和煽动颠覆国家政权罪定罪的必要构成要件，而是这两个罪加重处罚的情节。即以聚众犯罪的形式犯煽动分裂国家罪和以聚众犯罪形式犯煽动颠覆国家政权罪是煽动分裂国家罪和煽动颠覆国家政权罪的加重处罚的情节。在煽动分裂国家罪和煽动颠覆国家政权罪中是存在聚众犯罪的情形的，同时也是危害国家安全的聚众犯罪。严格地说，这应当构成独立的犯罪或者罪名，即应当是聚众煽动分裂国家罪和聚众煽动颠覆国家政权罪，而不应当将聚众犯罪行为作为煽动分裂国家罪和煽动颠覆国家政权罪的加重处罚情节，这样更符合这两个罪罪状的特征。

下面简略地介绍一下这两个犯罪的基本构成。两罪的犯罪主体是一般主体，即凡年满 16 周岁达到刑事责任年龄且具有刑事责任能力的人均可以成为两罪的犯罪主体，而不论犯罪主体的国籍。两罪的主观方面必须是出于故意，包含有企图促使他人实施分裂国家、破坏国家的统一或者颠覆国家政权、推翻社会主义制度的内容在内。两罪均有煽动的行为，这里的煽动应当理解为以语言、文字、图像等方式对他人进行鼓动、宣传，意图使他人相信煽动者所鼓动、宣传的内容，或者意图使他人去实施所鼓动、宣传的行为。[①] 煽动的方式、方法是多种多样，包括书写、张贴标语、传单，进行演说、报告，制

---

① 胡康生、李福成主编：《中华人民共和国刑法释义》，法律出版社 1997 年版，第 114 页。

造、散布谣言，投寄匿名信件，播放电视录像片等形式和方法。煽动的内容则分别为分裂国家、破坏国家的统一或者颠覆国家政权、推翻社会主义制度以及中国共产党的领导地位。否则，不构成此两罪。此两罪均为行为犯，也即是只要出于故意实施了煽动分裂国家或者煽动颠覆国家政权的行为，不论煽动者的目的是否达到，亦不论被煽动者是否实施了煽动的内容，对煽动者而言均为既遂。煽动行为严格说来是一种教唆行为，但是刑法分则没有将这种行为视为非实行行为的教唆行为，而是将这种行为规定为实行行为。两罪所侵害的客体是我国国家的统一或者是我国人民民主专政政权、社会主义制度。对以聚众犯罪形式犯煽动分裂国家罪或者煽动颠覆国家政权罪的，在处罚上，目前应当注意以下两点：一是罪名仍然是煽动分裂国家罪或者煽动颠覆国家政权罪；二是对首要分子或者罪行重大者应当处五年以上有期徒刑，对积极参加者或者其他参加者，《中华人民共和国刑法》没有列举单独的处罚规定，一般应当理解为仍然按单独犯的量刑幅度量刑，即处五年以下有期徒刑、拘役、管制或者剥夺政治权利。所谓首要分子，是指在聚众煽动分裂国家或者煽动颠覆国家政权犯罪中起组织、策划、指挥的犯罪分子。所谓罪行重大者，是指在聚众煽动分裂国家罪或者煽动颠覆国家政权犯罪中，除首要分子外，罪行相对较重的犯罪分子，如主要煽动行为的实施者等。

在审理这两类犯罪的案件时，应当注意划清煽动分裂国家罪和分裂国家罪、煽动颠覆国家政权罪和颠覆国家政权罪的界限。它们在主体、主观方面、客体都是相类似的，但是它们在客观方面却存在着根本的区别。这两种煽动型犯罪的客观方面主要在于行为人只有煽动行为，自己并不直接组织、策划、实施分裂国家或者颠覆国家政权的行为，如果行为人在煽动的同时还组织、策划、实施分裂国家或者颠覆国家政权的行为，行为人的煽动行为就被分裂国家或者颠覆国家政权的行为所吸收，即煽动行为已经被组织行为所吸收，就不再单独构成煽动分裂国家罪或煽动颠覆国家政权罪，与分裂国家罪或颠覆国家政权罪并罚，而应当按分裂国家罪或者颠覆国家政权罪论处。同样，如果被煽动者接受了煽动者的观点而去实施分裂国家或者颠覆国家政权的行为，对被煽动者不能按煽动者的共同犯罪处理，对煽动者应当按煽动分裂国家罪或煽动颠覆国家政权罪，对被煽动者且实施了分裂国家或颠覆国家政权行为的则应当按分裂国家罪或者颠覆国家政权罪论。因为在一般情况下，煽动行为是一种教唆行为，不能构成一个单独的罪名。所谓教唆行为，是指引起他人实行犯罪意图的行为，是教唆犯承担刑事责任的客观基础。它具有不同于实行行为的特点，它不是由刑法分则加以规定的，而是由刑法总则加以规定的。如果某种教唆行为已经由刑法分则作了规定，那就不再是教唆犯的教唆行为，而这种教唆行为本身就是实行行为。煽动分裂国家罪或煽动颠覆国家政权罪在我国刑法中已经被作为实行行为加以规定，不再按教唆犯的规定处理，而是成为一个单独的罪名了。[①] 也就是说，煽动分裂国家罪或煽动颠覆国家政权罪与被煽动者实施分裂国家罪或颠覆国家政权罪之间不是共同犯罪的关系。

二、强制猥亵、侮辱妇女罪　猥亵儿童罪

第二百三十七条　以暴力、胁迫或者其他方法强制猥亵妇女或者侮辱妇女的，处五年以下有期徒刑或者拘役。

聚众或者在公共场所当众犯前款罪的，处五年以上有期徒刑。

猥亵儿童的，依照前两款的规定从重处罚。

——《中华人民共和国刑法》

《中华人民共和国刑法》第 237 条规定了强制猥亵、侮辱妇女罪和猥亵儿童罪，第 1 款规定："以暴力、胁迫或者其他方法强制猥亵妇女或者侮辱妇女的，处五年以下有期徒刑或者拘役。"第 2 款规定："聚众或者在公共场所当众犯前款罪的，处五年以上有期徒刑。"第 3 款规定："猥亵儿童的，依照前两款的规定从重处罚。"强制猥亵、侮辱妇女罪是新增加的罪名，它是从 1979 年《中华人民共和国刑法》第 160 条流氓罪中分解出来后再加入新的行为而构成的。侮辱妇女的行为是 1979 年《中华人民共和国刑法》第 160 条流氓罪的表现形式之一。1984 年 11 月 2 日公布的《最高人民法院、最高人民检察院关于当前办理流氓案件中具体应用法律的若干问题的解答》规定，用淫秽行为或者暴力、胁迫手段，侮辱、猥亵妇女多人，或者人数虽然少，但是后果严重的，以及在公共场所公开猥亵妇女引起公愤的，构成流氓罪。在此增加了一个猥亵妇女的行为。《最高人民法院、最高人民检察院关于当前办理流氓案件中具体应用法律的若干问题的解答》将强制侮辱、猥亵妇女的行为是按流氓行为处理的，刑罚最重的还有判处死刑的。而猥亵儿童罪也是新增加的

① 陈兴良：《刑法适用总论（上卷）》，法律出版社 1999 年版，第 478～481 页。

罪。在以往的司法实践中，《最高人民法院、最高人民检察院关于当前办理流氓案件中具体应用法律的若干问题的解答》只将鸡奸幼童、强行鸡奸少年的行为规定为流氓罪。但在社会生活中猥亵儿童的行为时有发生，而且也不仅仅限于鸡奸行为，猥亵的对象也不仅仅是男童、男少年。因此，在取消流氓罪的规定后，增设猥亵儿童罪就显得十分必要，可以加大对儿童保护的力度。同时，鉴于犯罪对象的特殊性，猥亵儿童罪也不要求以强制为前提条件，且处罚上也是比照强制侮辱、猥亵妇女罪从重处罚。

在一般情况下，强制猥亵、侮辱妇女罪和猥亵儿童罪是单独犯。但是，当行为人以聚众犯罪的形式犯强制猥亵、侮辱妇女罪或者猥亵儿童罪时，聚众虽然不是强制猥亵、侮辱妇女罪或者猥亵儿童罪构成犯罪的必要的构成要件，但是却是强制猥亵、侮辱妇女罪或猥亵儿童罪的加重处罚的情节。以聚众犯罪形式的犯强制猥亵、侮辱妇女罪和猥亵儿童罪具有较大的社会危害性，《中华人民共和国刑法》对这种情形规定了加重处罚的法定刑。因此，强制猥亵、侮辱妇女罪和猥亵儿童罪存在着聚众犯罪的形式。至于“在公共场所当众犯”强制猥亵、侮辱妇女罪和猥亵儿童罪的情形不属于本书研究的内容，在此不作介绍。

下面简要地介绍一下强制猥亵、侮辱妇女罪和猥亵儿童罪的基本构成。强制猥亵、侮辱妇女罪和猥亵儿童罪的主体是一般主体，即凡年满 16 周岁具有刑事责任能力的人均可以成为强制猥亵、侮辱妇女罪和猥亵儿童罪的犯罪主体。强制猥亵、侮辱妇女罪和猥亵儿童罪的主观方面表现为故意，且为直接故意，还必须要有猥亵、侮辱妇女或者猥亵儿童的动机，过失不构成强制猥亵、侮辱妇女罪或者猥亵儿童罪。强制猥亵、侮辱妇女罪和猥亵儿童罪的客观方面表现在以暴力、胁迫或者其他方法强制猥亵妇女或者侮辱妇女的行为和猥亵儿童的行为（猥亵儿童罪不以暴力、胁迫或者其他方法为前提）。所谓猥亵，是指二人之间除性交以外的所有淫秽、下流的行为。是行为人为了寻找刺激、兴奋、满足自己的性欲或者刺激、兴奋、满足他人的性欲的行为，带有深厚的性色彩、性倾向，具有伤风败俗的性质。所谓侮辱妇女，一般是指用淫秽、下流的行为调戏取乐而对妇女实施有损于妇女人格的行为。如追逐、堵截妇女；向妇女身上泼洒污物等。强制猥亵、侮辱妇女罪和猥亵儿童罪所侵害的客体分别是妇女的人格尊严和儿童的身心健康，侵害的对象则分别为妇女（强制猥亵、侮辱妇女罪的对象不包括不满 14 周岁的幼女）和男、女儿童。

所谓聚众犯前款罪，就是指行为人以聚众犯罪的形式犯强制猥亵、侮辱妇女罪和猥亵儿童罪，它也是一种聚众犯罪。所谓聚众，就是指组织、策划、指挥多人对妇女进行强制猥亵、侮辱或者对儿童进行猥亵。在这个聚众犯罪中，同样存在首要分子和其他参加者。在处罚时，法律没有单独对首要分子、积极参加者或者其他参加者的处罚进行规定，笔者认为也就意味着对聚众犯强制猥亵、侮辱妇女罪和猥亵儿童罪的所有参加者包括首要分子、积极参加者、其他参加者均应当加重处罚，即均应当在五年以上有期徒刑量刑。当然，每个犯罪分子的刑罚可以在五年以上有期徒刑内相对拉开点距离，如对首要分子判处有期徒刑十二年、积极参加者判处有期徒刑九年，其他参加者判处有期徒刑五年等，以示区别对待。

第十二章 我国聚众犯罪刑事立法和司法完善

在前面各章节，我们在介绍了相关的聚众犯罪的理论后，运用这些理论和我国刑法关于犯罪构成的理论，探讨了我国聚众犯罪的基本概念、构成和认定聚众犯罪应当注意的问题。在研究过程中，笔者认为我国聚众犯罪的刑事立法和司法还存在一些不足之处，有待在今后的刑事立法中加以修正，在司法实践中加以完善。为此，笔者就我国聚众犯罪刑事立法和司法的完善提出相应的建议，以供有关方面参考。

一、我国聚众犯罪刑事立法的完善

（一）刑法总则有关聚众犯罪的立法完善

《中华人民共和国刑法》总则关于共同犯罪的理论主要是关于任意的共同犯罪的规定，而没有关于必要的共同犯罪特别是聚众犯罪的规定，这当然是因为聚众犯罪作为必要的共同犯罪的一种，是由《中华人民共和国刑法》分则所规定的犯罪构成。因此，在规定犯罪构成的《中华人民共和国刑法》总则中可以不对聚众犯罪加以规定。但是，由于聚众犯罪是一个多发的必要的共同犯罪，立法机关有必要在刑法总则中对“聚众犯罪”的概念以及聚众犯罪中的“首要分子”“罪行重大的”“积极参加的”“其他参加的”等概念在刑法总则“其他规定”这一章中加以解释，或者对上述概念以立法解释的形式予以解决。

（二）关于危害国家安全的聚众犯罪的立法完善

在《中华人民共和国刑法》关于危害国家安全的犯罪中存在着聚众犯罪。对此，《中华人民共和国刑法》应当在分裂国家罪，武装叛乱、暴乱罪，颠覆国家政权罪的罪状中，对这三个罪的行为方式——组织、策划、实施前面明确加上**聚众**二字，即将这三个罪的行为方式明确规定为**聚众**组织、策划、实施，罪名则可以加上**聚众**二字，也可以不加。

对于煽动分裂国家罪、煽动颠覆国家政权罪，笔者主张对单独犯和聚众犯分款规定，并增加两个新罪名，即分为煽动分裂国家罪、**聚众煽动分裂国家罪**；煽动颠覆国家政权罪、**聚众煽动颠覆国家政权罪**。

综上所述，对《中华人民共和国刑法》第 103 条、第 104 条、第 105 条笔者主张作如下修正：

"第一百零三条（分裂国家罪）　聚众组织、策划、实施分裂国家、破坏国家统一的，对首要分子或者罪行重大的，处无期徒刑或者十年以上有期徒刑；对积极参加的，处三年以上十年以下有期徒刑；对其他参加的，处三年以下有期徒刑、拘役、管制或者剥夺政治权利。

"**（煽动分裂国家罪）**　煽动分裂国家、破坏国家统一的，处五年以下有期徒刑、拘役、管制或者剥夺政治权利。

"**（聚众煽动分裂国家罪）　聚众**煽动分裂国家、破坏国家统一的，对首要分子或者罪行重大的，处十年以上有期徒刑；积极参加的，处三年以上十年以下有期徒刑；其他参加的，处三以下有期徒刑、拘役、管制或者剥夺政治权。

"第一百零四条（武装叛乱、暴乱罪）　聚众组织、策划、实施武装叛乱或者武装暴乱的，对首要分子或者罪行重大的，处无期徒刑或者十年以上有期徒刑；对积极参加的，处三年以上十年以下有期徒刑；对其他参加的，处三年以下有期徒刑、拘役、管制或者剥夺政治权利。

"策动、胁迫、勾引、收买国家机关工作人员、武装部队人员、人民警察、民兵进行武装叛乱或者武装暴乱的，依照前款的规定从重处罚。

"第一百零四条（颠覆国家政权罪）　聚众组织、策划、实施颠覆国家政权、推翻社会主义制度的，对首要分子或者罪行重大的，处无期徒刑或者十年以上有期徒刑；对积极参加的，处三年以上十年以下有期徒刑；对其他参加的，处三年以下有期徒刑、拘役、管制或者剥夺政治权利。

"**（煽动颠覆国家政权罪）**　以造谣、诽谤或者其他方式煽动颠覆国家政权、推翻社会主义制度的，处五年以下有期徒刑、拘役、管制或者剥夺政治权利。

"**（聚众煽动分裂国家罪）　聚众**以造谣、诽谤或者其他方式煽动颠覆国家政权、推翻社会主义制度的，对首要分子或者罪行重大的，处十年以上有期徒刑；积极参加的，处三年以上十年以下有期徒刑；其他参加的，处三年以下有期徒刑、拘役、管制或者剥夺政治权利。”

（三）关于侵犯人身权利、财产的聚众犯罪的立法完善

《中华人民共和国刑法》中关于侵犯人身权利、财产犯罪中涉及聚众犯罪有强制猥亵、侮辱妇女罪，猥亵儿童罪；聚众阻碍解救被收买的妇女、儿童罪，聚众哄抢罪。这些罪的罪状的规定从立法技术上来看，还不太符合有关聚众犯罪的概念和特征或者法定刑太低。

对《中华人民共和国刑法》第 237 条笔者主张作如下修正，增设两个罪名，即**聚众强制猥亵、侮辱妇女罪，聚众猥亵儿童罪**：

“第二百三十七条（强制猥亵、侮辱妇女罪）　以暴力、胁迫或者其他方式强制猥亵妇女或者侮辱妇女的，处五年以下有期徒刑或者拘役；在公共场所当众以暴力、胁迫或者其他方法强制猥亵妇女或者侮辱妇女的，处五年以上有期徒刑。

“（聚众强制猥亵、侮辱妇女罪）　聚众以暴力、胁迫或者其他方式强制猥亵妇女或者侮辱妇女的，对首要分子处五年以上有期徒刑，积极参加的，处五年以下有期徒刑或者拘役。

“（猥亵儿童罪、聚众猥亵儿童罪）　猥亵儿童的，依照前两款规定从重处罚。”

对《中华人民共和国刑法》第 242 条笔者主张予以删除，将聚众阻碍解救被收买的妇女、儿童的行为作为妨害公务罪的加重情节，或者增设一个**“聚众妨害公务罪”**，将《中华人民共和国刑法》第 242 条的规定纳入《中华人民共和国刑法》第 277 条并对《中华人民共和国刑法》第 277 条作如下修正：

“第二百七十七条（妨害公务罪）　以暴力、威胁方法阻碍国家机关工作人员依法执行职务的，处三年以下有期徒刑、拘役、管制或者罚金。

“以暴力、威胁方法阻碍全国人民代表大会和地方各级人民代表大会代表依法执行代表职务的，依照前款的规定处罚。

“在自然灾害和突发事件中，以暴力、威胁方法阻碍红十字会工作人员依法履行职责的，依照第一款的规定处罚。

“故意阻碍国家安全机关、公安机关依法执行国家安全工作任务，未使用

暴力、威胁方法，造成严重后果的，依照第一款的规定处罚。

“**（聚众妨害公务罪）　聚众**阻碍国家机关工作人员解救被收买的妇女、儿童的首要分子，处五年以下有期徒刑或者拘役；其他参与者使用暴力、威胁方法的，依照第一款的规定处罚。”（或者不将第五款设置新罪名）。

对《中华人民共和国刑法》第268条规定的聚众哄抢罪，笔者认为它的危害性比抢夺罪大，但是它的法定刑却比抢夺罪低。因此，笔者主张提高它的法定刑，作如下修正：

“第二百六十八条（聚众哄抢罪）　聚众哄抢公私财物，数额较大或者有其他严重情节的，对首要分子和积极参加的，处三年以下有期徒刑、拘役或者管制，并处罚金；数额巨大或者有其他特别严重情节的，处三年以上十年以下有期徒刑，并处罚金；数额特别巨大或者有其他特别严重情节的，处十年以上有期徒刑或者无期徒刑，并处罚金或者没收财产。”

（四）关于扰乱公共秩序的聚众犯罪的立法完善

《中华人民共和国刑法》对冲击国家机关、扰乱企事业单位、公共场所、公共交通秩序这一类聚众犯罪的规定比较完善，没有什么可以再进行修正的。而对蔑视社会公德和社会秩序这一类聚众犯罪的某些规定还不太符合有关聚众犯罪的概念和特征。

笔者认为，对引诱未成年人参加淫乱活动的行为应当是作为首要分子的一个构成要件，而不应当构成一个单独的罪名。为此，对《中华人民共和国刑法》第301条的规定，笔者主张修正如下：

“第三百零一条（聚众淫乱罪）　聚众进行淫乱活动的，对首要分子或者多次参加的，处五年以下有期徒刑、拘役或者管制。

“引诱未成年人参加淫乱活动的，是聚众淫乱的首要分子，依照前款的规定从重处罚。”

笔者认为，对赌博罪的规定应当或者设立一个聚众赌博罪，或者规定对聚众赌博的只追究首要分子的刑事责任，即对单独犯和聚众犯分款规定。为此，对《中华人民共和国刑法》第303条的规定，笔者主张修正如下：

“第三百零三条（赌博罪）　以营利为目的，开设赌场或者以赌博为业的，处三年以下有期徒刑、拘役或者管制，并处罚金。

“以营利为目的，**聚众**赌博的，对首要分子依照前款的规定处罚。”

或者修正如下：

“第三百零三条（赌博罪）　以营利为目的，开设赌场或者以赌博为业的，处三年以下有期徒刑、拘役或者管制，并处罚金。

“**（聚众赌博罪）**　以营利为目的，**聚众**赌博的，对首要分子处三年以下有期徒刑、拘役或者管制，并处罚金。”

（五）关于妨害司法的聚众犯罪的立法完善

在《中华人民共和国刑法》中妨害司法的聚众犯罪不完善的地方主要在于对此类犯罪的主体应当在法律中明确。

扰乱法庭秩序罪应当分两款对单独犯和聚众犯罪分别规定。为此，对《中华人民共和国刑法》第309条，笔者主张应当修正如下：

“第三百零九条（扰乱法庭秩序罪）　殴打司法工作人员，严重扰乱法庭秩序的，处三年以下有期徒刑、拘役、管制或者罚金。

“聚众哄闹、冲击法庭，严重扰乱法庭秩序的，对首要分子处三年以下有期徒刑、拘役、管制或者罚金。”

或者修正如下：

“第三百零九条（扰乱法庭秩序罪）　殴打司法工作人员，严重扰乱法庭秩序的，处三年以下有期徒刑、拘役、管制或者罚金。

“**（聚众扰乱法庭秩序罪）**　**聚众**哄闹、冲击法庭，严重扰乱法庭秩序的，对首要分子处三年以下有期徒刑、拘役、管制或者罚金。”

破坏监管秩序罪也应当分两款对单独犯和聚众犯分别规定，并将“组织其他被监管人破坏监管秩序的”的行为规定为聚众犯。为此，对《中华人民共和国刑法》第315条修正如下：

“第三百一十五条（破坏监管秩序罪）　依法被关押的罪犯，有下列破坏监管秩序行为之一，情节严重的，处三年以下有期徒刑：

“（一）殴打监管人员的；

“（二）组织其他被监管人破坏监管秩序的首要分子；

“（三）聚众闹事，扰乱正常监管秩序的首要分子；

“（四）殴打、体罚或者指使他人殴打、体罚其他被监管人的。”

或者修正如下：

“第三百一十五条（破坏监管秩序罪）　依法被关押的罪犯，有下列破坏监管秩序行为之一，情节严重的，处三年以下有期徒刑：

“（一）殴打监管人员的；

“（二）殴打、体罚或者指使他人殴打、体罚其他被监管人的。

“**（聚众破坏监管秩序罪）** 组织其他被监管人破坏监管秩序或者**聚众**闹事，扰乱正常监管秩序，情节严重的，对首要分子，处三年以下有期徒刑。”

对组织越狱罪最好是规定为聚众越狱罪，将暴动越狱罪规定为聚众暴动越狱罪，并明确聚众越狱罪、聚众暴动越狱罪的主体和聚众持械劫狱罪的对象为“被依法关押的罪犯、被告人、犯罪嫌疑人”，并将第 317 条分三款规定上述三个罪名。为此，对《中华人民共和国刑法》第 317 条修正如下：

“**第三百一十七条（聚众越狱罪）** 被依法关押的罪犯、被告人、犯罪嫌疑人**聚众**越狱的首要分子和其他积极参加的，处五年以上有期徒刑；其他参加的，处五年以下有期徒刑或者拘役。

“**（聚众暴动越狱罪）** 被依法关押的罪犯、被告人、犯罪嫌疑人**聚众**暴动越狱的首要分子和其他积极参加的，处十年以上有期徒刑或者无期徒刑；情节特别严重的，处死刑；其他参加的，处三年以上十年以下有期徒刑。

“**（聚众持械劫狱罪）** **聚众**持械劫取被依法关押的罪犯、被告人、犯罪嫌疑人的首要分子和其他积极参加的，处十年以上有期徒刑或者无期徒刑；情节特别严重的，处死刑；其他参加的，处三年以上十年以下有期徒刑。”

二、我国聚众犯罪刑事司法的完善

立法的完整性、准确性是司法工作的基础。同样，司法完善又可以反过来弥补立法的不足，促进立法的完善。在立法尚不十分完善的情况下，司法完善就显得十分重要。《中华人民共和国刑法》修正后，我国对聚众犯罪的司法完善尚未跟进，以至于在司法实践中错误适用法律或者适用法律不平衡的情况时有发生。为此，笔者就我国聚众犯罪的刑事司法完善提出一些建议。

（一）最高司法机关应当适当选择一些典型案例公布

最高司法机关有必要对于每一种类的聚众犯罪选择一些典型的案例，对这些案例的定罪量刑和适用法律问题经过最高司法机关确认后，在《最高人民法院公报》上予以公布，供司法机关在审理聚众犯罪案件时参考。还可以通过最高司法机关主办的其他案例判解类刊物对一些聚众犯罪的案例进行判解研究，以指导各级司法机关审判。

（二）加强对聚众犯罪的司法解释工作

刑事司法解释是由最高司法机关对于刑事法律规范涵义所作的阐释，属于有权解释。[①] 第五届全国人民代表大会常务委员会第十九次会议《关于加强法律解释工作的决议》规定："凡属于法院审判工作具体应用法律、法令的问题，由最高人民法院进行解释。凡属于检察院检察工作中具体应用法律、法令的问题，由最高人民检察院进行解释。最高人民法院和最高人民检察院的解释如果有原则性的分歧，报全国人民代表大会常务委员会解释和决定。"据此，有关刑事司法解释具有以下三个主要特征：①司法解释的主体仅限于最高人民法院、最高人民检察院；②解释的范围仅限于审判工作和检察工作中具体适用法律、法令的问题；③司法解释的效力不仅仅涉及某一具体的案件，对人民法院和人民检察院的审判工作和检察工作都具有普遍约束力。

在我国聚众犯罪的刑事立法中，对于许多如何具体适用法律、法令的问题，没有作明确的规定，在《中华人民共和国刑法》关于聚众犯罪的条款中，有许多诸如"罪行重大的""积极参加的""其他参加的"以及"组织""策划""实施""境外""策动""胁迫""勾引""收买"和"数额较大或者有其他严重情节的""数额巨大或者有其他特别严重情节的""情节严重""造成严重损失的"等规定，但是这些规定的具体内容是什么，法律无明确规定，这就亟待最高司法机关以司法解释的形式予以明确，以便下级司法机关在司法实践中执行，以达到法制的统一，定罪量刑的相对均衡。

特别是对组织越狱罪、暴动越狱罪的犯罪主体和聚众持械劫狱罪的犯罪对象，在法律没有明确规定，立法解释没有出台，在理论上又有争议的情况下，最高司法机关应当尽早以司法解释的形式予以明确规定。

---

① 吴祖谋主编：《法学概论》，法律出版社 1984 年版，第 57～58 页。

后 记

2005 年 9 月初，《检察日报》编辑曾献文打电话向我索要《聚众犯罪研究》的书影，说北京大学法学院陈兴良教授写了一篇题为《聚众犯罪研究开拓之作》的书评，对我撰写的《聚众犯罪研究》进行了评论，要在《检察日报》上发表。当月 17 日，该文即见报。书评对本书给予了高度的评价，并对书中聚众犯罪主体是行为主体还是责任主体的问题提出了不同意见。对陈兴良教授的鼓励，本人十分感动并深表感谢。

本书当年在写作的过程中，笔者将其中一部分内容以论文的形式在一些报刊上发表，这些论文的发表受到了刑法学理论界的关注，其中发表在《中外法学》2004 年第 4 期上发表的《论必要的共同犯罪》和在《零陵学院学报》2004 年第 1 期上发表的《论聚众犯罪主体》两篇文章的主要观点被《刑法学的新动向（首卷·2004 年卷）》一书收入。后来看到其他人写的涉及聚众犯罪内容的论文中本人的观点一再被引注，着实让我倍感兴奋。笔者认为，本书对刑法理论最重要的贡献就是在分析哲学的引导下，运用逻辑学、语义学、语用学的理论和方法提出了共同犯罪的一种新的分类法，也就是将共同犯罪分为任意的共同犯罪和必要的共同犯罪，任意的共同犯罪又分为一般结伙性共同犯罪、集团性共同犯罪；必要的共同犯罪又分为对行性共同犯罪、聚众性共同犯罪和有组织性共同犯罪，特别是对集团性共同犯罪与有组织性共同犯罪之间所进行的分析研究，更是在马克昌、陈兴良、张明楷等刑法学大家的理论研究成果的基础上有所创新、有所发展。在此基础上，笔者对聚众犯罪的主体、归责原则提出了自己独到的理论见解。这些都是我认为最值得自豪的地方。《聚众犯罪研究》出版后的另一个成果就是《聚众犯罪研究》成为我申报“全国审判业务专家”的学术著作。由于我从事刑事审判的经历和学术成果，本人于 2011 年 11 月 4 日被最高人民法院授予第二届“全国审判业务专家”的称号，这可以说是对法官的最高奖励，我认为。

本书经过湖南人民出版社初版、修订版，目前市场上早已销售一空，而其间又有不少新进同志进入刑事司法领域。在与大家交流的过程中，我发现这些同志还没有完全掌握处理聚众犯罪的基本原理和方法。前些时候在与人民法院出版的编辑交流时得知他们正在出版“全国审判业务专家司法理论与实践丛书”，他们表示有兴趣将本书收入丛书之中。于是，我抽空对书稿进行了再次修订，调整、增加了部分内容交付出版、发行。希望这本书的再次出版能对奋斗在刑事司法岗位的同志在处理聚众犯罪案件时准确适用法律有所帮助，为刑事司法工作尽一份绵薄之力。

李宇先

二〇一九年十月于湖南长沙嘤鸣斋